턴어웨이

턴어웨이
임신중지를 거부당한 여자들

초판 1쇄 펴낸날 2021년 12월 30일

지은이	다이애나 그린 포스터
옮긴이	김보영
감수	윤정원
펴낸이	이건복
펴낸곳	도서출판 동녘

주간	곽종구
책임편집	박소연
편집	구형민 정경윤 김혜윤
마케팅	박세린
관리	서숙희 이주원

등록	제311-1980-01호 1980년 3월 25일
주소	(10881) 경기도 파주시 회동길 77-26
전화	영업 031-955-3000 | 편집 031-955-3005 | 전송 031-955-3009
블로그	www.dongnyok.com
전자우편	editor@dongnyok.com
인쇄·제본 영신사 | 라미네이팅 북웨어 | 종이 한서지업사

ISBN   978-89-7297-013-2 (03330)

·잘못 만들어진 책은 바꿔드립니다
·책값은 뒤표지에 쓰여 있습니다

턴어웨이

임신중지를 거부당한 여자들

다이애나 그린 포스터 지음

김보영 옮김

윤정원 감수

동녘

추천사

오랜 세월 동안 임신중지에 관한 실체 없는 소문들이 법과 제도의 근거가 되어왔다. 임신중지는 과연 이기적인 선택인가? 피임만 완벽하면 임신중지를 할 일이 없을까? 임신중지는 여성의 신체적·정신적 건강에 해로운 영향을 미치는가? 임신중지를 거부당하고 결국 출산을 하면 행복해질까?

이 책은 10년에 걸친 연구 결과를 통해 소문의 허점을 낱낱이 드러내고 있다. 그리고 어떠한 현실들이 임신중지 결정과 그 이후에 영향을 미치는지를 구체적으로 탐색한다. 임신중지의 이유는 복합적이고, 여성들은 다양한 사회경제적 여건 속에서 자신과 아이가 살아가야 할 삶에 대한 판단을 통해 임신중지를 결정한다.

여전히 태아의 생명권과 여성의 결정권이라는 이분법적 구도에 갇혀 있는 정부와 국회부터 이 책을 꼭 읽어보길 바란다. 근거 없는 소문 대신, 우리 사회의 구체적인 현실에서부터 무엇이 보장되어야 하는지를 이 책이 자세히 안내해줄 것이다.

나영
성적권리와 재생산정의를 위한 센터 셰어SHARE 대표

―――――――――

민주주의에 관한 단 한 권의 책을 읽는다면 단연코 이 책이다.
자신의 몸에 결정을 내릴 권한이 없다면 민주주의도 없다.
재생산의 자유와 정의가 없다면 그 어떤 자유와 정의도 없다.

글로리아 스타이넘
시민운동가

―――――――――

나는 언제나 페미니스트로서 모든 여성을 위해,
미래 세대를 위해 재생산권을 보호할 책임이 있다고 믿는다.
이 책에 등장하는 통계와 이야기는 임신중지를 하는 여성뿐 아니라
거부당한 여성에게 어떤 결과가 발생하는지를 보여준다.

이사벨 아옌데
《영혼의 집》 저자

저자는 '거부당한 여성들'에 귀를 기울인다.
여성들의 이야기는 임신중지에 대한 접근을 제한하는
정치적인 서사를 파괴한다.

《라이브러리 저널》

———————

이 책은 임신중지를 거부당하는 것이 여성의 정신적·신체적 건강,
경제적 복지, 관계, 가족에 미치는 영향을 심층적으로 살펴본 최초의 시도다.
임신중지라는 복잡하고 중요한 문제를 더 잘 이해하길 원하는 사람뿐 아니라
모든 법조인, 정치인, 공직 후보자가 읽어야 한다.

세실 리처즈
전 플랜드 패런트후드Planned Parenthood 대표

———————

턴어웨이 연구 결과에 따르면,
최근의 수많은 임신중지 제한의 근거,
이른바 임신중지가 여성들에게
무조건 해롭다는 주장은 손쉽게 반박당한다.

《뉴요커》

———————

이 연구는 코로나19 팬데믹 상황 속에서 임신중지에 대한 접근성을
제한하려는 여러 시도가 이루어지고 있는 지금 특히 유효하다.

《허핑턴 포스트》

———————

임신중지에 관한 담론은 사회과학적인 방법론이나 사실관계 없이 너무 자주
감정적으로 다뤄지거나 이데올로기의 문제가 되었다. 저자는 임신중지를 경험한
당사자들의 실제 삶과 임신중지가 그들의 삶에 미친 영향을 연구하는 데
10여 년을 보냈다. 반드시 읽어야 할 책이다.

일리즈 호그
NARAL 프로 초이스 아메리카 대표

여성이 왜 임신중지를 하는지에 관한 많은 속설을 뿌리뽑는다.
인터뷰이들의 감동적인 이야기는 임신중지를 제한하는 정책이
어떻게 여성과 그 가족의 삶에 영향을 끼치는지,
왜 여성이 임신중지를 거부당해서는 안 되는지를
임신중지를 찬성하는 사람, 반대하는 사람 모두에게 보여준다.

주디 노르시지안, 제인 핑커스
《우리 몸 우리 자신》 공저자

_____

턴어웨이 연구는 임신중지에 대한 접근성이 높을수록
여성들의 건강과 복지가 강력하게 향상되는 반면,
임신중지를 거부당할 경우 여성들이 막대한 신체적·경제적 피해를
입을 수 있다는 결정적인 증거를 제공한다.

《미즈 매거진》

_____

풍부하고 정확한 정보는 가슴을 울리는 여성들의 이야기와 공명한다.
의료 전문가에게 충분한 정보를 제공하는 동시에 일반 독자에게도
유용한 임신중지에 관한 완벽한 책이 여기 있다.

네이다 L. 스토틀랜드
전 미국정신의학협회 회장

_____

재생산 정의에 관심 있는 사람들을 위한 필독서.
《커커스리뷰》

_____

저자의 명료한 설명은
이 논쟁적인 주제를 둘러싼 소음을 뚫고 나아간다.
《퍼블리셔스 위클리》

가짜 뉴스에 희생되었던 재생산권에 대해
가장 명확한 근거를 보여주는 연구다.

아이린 카먼
《노터리어스 RBG》 공저자

———————

임신중지 기금 전국 네트워크가 수십 년 동안
지원 활동을 하면서 목격한 것들이 담겼다.
도움을 요청하는 전국의 수십만 명의 사람들은
그들에게 필요한 조치를 받기 위해 너무나 많은 장벽을 넘어서고 있다.

야마니 에르난데스임
임신중지 기금 전국 네트워크 이사

———————

저자는 논쟁의 가장 중심에 있으면서도 간과되곤 하는
당사자들의 이야기를 획기적으로 반영했다.

모니카 R. 맥레모어
미국공중보건학회 성·재생산 건강 위원장

———————

정치, 종교적 신념, 여성의 변화하는 사회적 역할 등
임신중지를 둘러싼 소란스러운 담론은 때때로 너무나 강력하여
실제로 누가, 무엇을, 언제, 왜 결정을 내리는지,
또 임신중지가 실제 건강에 미치는 영향 및 사회적 결과가
무엇인지에 대해 관심을 기울이지 않게 한다.
이 책은 자신의 의견을 뒷받침할 사실관계를 찾는
과학자, 정치인, 의료인에게 없어서는 안 될 자료다.

스테파니 틸
콜로라도대학교 의과대학 산부인과 교수

추천의 말

윤정원

국립중앙의료원 산부인과 전문의

턴어웨이 연구는 임신중지를 시행받는 것이 건강과 안녕을 해치지 않는다는 것, 오히려 임신중지를 거절당하는 것이 경제적·건강적 측면에서 여성과 아이, 가족에게 불리하다는 것을 보여준, 2000년대의 가장 잘 설계된 연구 중의 하나로, 의학과 보건학, 사회학 여러 분야에서 큰 반향을 일으킨 연구이다. 이 연구 이전에는 '원하지 않은 임신'이 여성에게 어떤 건강상 영향과 사회적 결과를 미치는지에 대한 연구가 없었다. 기존 연구들은 임신중지가 정신 건강에 영향을 미치는지, PTSD를 일으키는지, 알코올이나 약물 문제는 안 생기는지를 궁금해했는데, 사실 그 연구 설계들이 잘못된 경우가 많았다. 원하지 않은 임신을 중단한 여성과 원하던 아이를 출산한 여성을 비교하거나, 과거의 임신중지와 출산 경험을 비교하는 연구 설계는 기본적으로 편향된 의도와 결과를 낳을 수밖에 없었다. 이는 임신중지에 대한 왜곡된 편견을 강화하고, 임신중지를 선택할 수밖에 없는 여성들에게 낙인과 심적 부담을 가중시킨다.

이 책의 바탕이 된 〈턴어웨이 연구〉에서는 무려 50편 이상의 논문으로 기존의 통념을 하나씩 격파해나간다. 임신중지를 시행한 여성은 임신을 지속한 여성에 비해 우울, 불안, 자살 사고가 높지 않았다. 5년 이후 임신중지에 대해서 다시 질문했을 때, 95퍼센트의 여성들이 자신한테 옳은 선택을 했다고 응답했다. 반면 원하지 않은 임신을 유지했던 여성들은 빈곤선 하한으로 살아갈 확률이 네 배나 높아졌고, 임신 관련 합병증으로 위중해질 위험이 더 높아졌으며, 미래에 대한 희망적 계획을 세우는 빈도가 더 적었고, 임신중지 거부는 태어난 아이와 기존에 키우고 있던 아이들의 건강과 발달에까지 영향을 미쳤다.

저자들은 이 발견들이 학계에서만 끝나지 않도록 《턴어웨이》를 출간했고, 온라인으로 들을 수 있는 대중 강연 시리즈[1]도 제공하고 있다. 국제 턴어웨이 연구 모임Global Turnaway Studies을 만들어 여러 나라의 학자들과 방법론을 공유하고 협업하여 세계 곳곳에서 벌어지고 있는 여성의 재생산권 침해를 기록하고 증거를 만들어내고 있다. 미국은 1973년 로 대 웨이드Roe v. Wade 판결 이후 여성의 임신중지를 포함한 재생산권이 헌법적 기본권이라는 입장을 공고히 해왔는데, 트럼프 행정부 이후로 각 주별로 이를 뒤집기 위한 시도들이 가시화되고 있는 상황이다. 10장에서는 현재 미국의 첨예한 재생산권 전선과, 거기에 과학적 근거로서 기여한 본 연구와 연구자들의 역할을 생생하게 그려내고 있다.

이 책이 우리 사회에 주는 함의는 크게 두 가지로 생각해 볼 수 있다. 첫째, 임신중지는 우리가 그동안 들어왔던 것보다 훨씬 안전하다. 신체적으로도 정신적으로도. 합병증과 후유증에 대한 과도한 (그리고 근거가 부족한) 강조는 과잉 진료와 규제 강화로 이어질 수 있다. 지금도 일선 의료기관에서는 근거 수준이 낮은 유착방지제와 영양제를 비급여로 권하고 있고, 여성의 공포와 불안을 밑천 삼아 '당신은 이걸 받을 자격이 있잖아요'라는 페미니즘의 문구로 포장한 상업주의는 표준 진료와 의사, 환자 관계를 왜곡한다. 한편 임신중지가 위험하다는 편견은 제도 입안에 있어 더 많은 규제의 형태로 나타나게 되는데, 2020년 정부가 내놓은 형법의 모자보건법 일부개정법률안 및 의원 입안들을 보면 24시간 숙려 기간 의무화, 허용 주수 제한, 시술 가능 시설의 자격 제한과 같은 내용이 담겨 있다. 이 책이 수없이 강조한 것과 같이, 규제를 늘리는 것은 임신중지를 안전하게 만드는 것이 아니라, 임신중지를 더 늦어지게 할 뿐이다.

둘째, 우리에겐 선험적 고정관념이 아닌 과학적 사고가 필요하다. 대한산부인과학회에서 발간한 《인공임신중절 임상가이드라인》[2]은, 수술 통증 관리에 두 페이지, 수술 후 환자 생활 안내에는 한 페이지를 할애한 반면, 임신중지 이후 신체적 합병증에 세 페이지, 정신과적 합병증에는 무려 여섯 페이지를 할애하고 있다. 세계보건기구WHO 가이드라인에서는 환자를 상담할 때 유산 방법과 시술 과정, 발생 가능한 부작용을 인지하는 방법에 더불어, 안전한 임신중지를 경험한 대부분의 여성은 생식 건강 상태를 포함한 전반적 건강에 있어 임신중지의 후유증과 관련된 장기적 부작용(임신중단 이후 다시 임신할 경우 합병증, 부정적 정신적 예후, 유방암 등)을 겪지 않을 것이라는 내용을 제공함으로써 여성에게 과도한 불안과 낙인을 안기지 말 것을 요구하고 있는데 말이다.

학계가 보수적이 된 데에는 물론 그동안 임신중지의 법적인 지위(임신중지를 불법으로 규정하고 최소한의 허용 한도에서만 허가하며, 시술한 의사를 처벌할 수 있는)가 중요한 역할을 해왔다. 형법이 없어졌다고 오랫동안 형성되어온 의료인을 포함한 대중의 생각과 정서가 한순간에 변하지는 않는다. 여성의 경험과 현실을 반영한 잘 설계된 더 많은 연구가 우리나라에도 필요하며, 정책 설계는 소수의 전문가 이익집단의 의견이 아니라 과학적 근거들을 기반으로 만들어져야 한다. 보건복지부 출산정책과(그렇다. 성과 재생산 건강과 관련된 모든 정책은 인구정책실 출산정책과 담당인데, 이름에 걸맞게 출산과 관계 있는 일들만 하고 있다)와 보험급여과, 식약처 담당자들에게 10장과 11장을 추천한다.

낙태죄 폐지는 끝이 아니라 시작이었다. 의지 있는 의료인, 공급 체계, 의료인 교육, 약물 도입 등 여러 조건들이 필요한데 아직 법조차 개정되지 않은 상황이다. 더 많은 의료인들의 참여와 공론화, 해외 사례들의 공유가 필요하며, 공급자 중심이 아니라 여성이 중심이 되기 위해서는 대중이 끊임없이 관심을 가져야 한다. 30년 전 헌법적 임신중지권을 얻어냈지만 아직도 전선의 한복판에 있는 미국의 사례들을 보면서 다시 생각한다. 임신중지는 여성이 자신의 삶을 주체적으로 통제하는 것에 관한 문제이다. 우리는 다시는 속박된 어제로 돌아가지 않을 것이다.

일러두기
* 본문의 각주는 옮긴이주입니다.

턴어웨이 연구에 참여한
여성들에게

차례

2021년 서문
코로나19와 임신중지

이 책이 나온 2020년은 비극적이고 정치적으로 소란스러웠으며 우리 삶에 심대한 영향을 미친 해였다. 물론 내가 원고를 다 쓰고 책을 냈을 무렵에는 이러한 임박한 재앙과 정치적 격변을 내다보지 못했다. 코로나19의 확산을 늦출 수 있는 검사, 접촉 추적, 검역과 같은 공중보건 조치를 보편적으로 시행하지 않음으로써 상황은 더욱 악화되었고, 세계적인 팬데믹은 수백만 명의 목숨을 앗아갔다. 임신중지를 둘러싼 논쟁의 특징인 과학과 이데올로기의 충돌이 팬데믹 논쟁에서도 나타났고 이는 팬데믹에 대한 대응을 방해했다. 동시에 팬데믹은 정치인들에게 임신중지에 대한 권리를 제한할 수 있는 또 다른 기회가 되면서 임신중지 권리에 대한 갈등을 심화시켰고, 임신중지에 대한 접근성을 더욱 위험에 빠트렸다. 인종 정의racial justice를 지지하기 위한 시민들의 집회는 오랜 시간 간과했던 근본적이고 체계적인 불평등에 대한 관심을 환기했고, 이는 임신하거나 의료적 조치가 필요한 유색인들의 경험과도 공명했다. 그리고 루스 베이더 긴즈버그 Ruth Bader Ginsburg대법관의 죽음과 그 빈자리에 임신중지를 반대하는 사람을 임명한 것은 미국 연방대법원은 물론 임신중지에 대한 접근성을 재편하는 계기가 되었다. 2020년에 벌어진 이 일련의 사건은 턴어웨이 연구의 결과를 더욱 적절하며 긴요한 것으로 만들었다.

코로나19 팬데믹은 우리가 임신중지 논쟁에서 볼 수 있는 수많은 쟁점을 제기했는데, 이를테면 의도하지 않은 임신이 누구의 책임인지에 관한 것들이다. 예를 들어 한 페이스북 게시물엔 "어떤 사람들이 마스크를 어떻게 쓰는지를 보니, 이제야 피임이 왜 실패하는지를 알겠다"라고 쓰여 있었다. 내가 마스크 위로 코를 내놓고 쓰는 사람들을 보고 놀라워했음을 인정한다. 사람들은 아마 비슷한 이유로 마스크를 제대로 쓰거나 피임을 완벽하게 하지 않을 것이다. 두 가지 모두 알 수 없는 위험을 불확실하더라도 보호해준다. 피임 없이 섹스를 하더라도 임신하지 않는 반면 매번 피임을 하더라도 임신이라는 결과를 마주하기도 한다. 이와 유사하게 사회적 거리두기를 실천하지 않고 마스크를 쓰지 않으면서도 바이러스에 감염되지 않기도 하지만, 이 모든 것을 실천했음에도 불구하고 감염되기도 한다. 마스크를 쓰고 사회적 거리두기를 실천하는 것은 피임을 하는 것과 비슷하다. 위험을 줄이는 것이지 확실성을 보장하는 것은 아니다. 그래도 적어도 코로나19에 대해서는 마스크 착용 여부 및 사회적 거리두기 실천 여부와 상관없이 감염된 사람이 의료적 조치를 받을 수 있어야 한다는 것에 모두가 동의하는 것 같다. 나는 원하지 않은 임신을 경험한 사람에게도 이 같은 관대함이 적용되었으면 한다.

마스크를 둘러싼 논쟁에서 가장 아이러니한 장면은 마스크 착용에 반대하는 사람들이 임신중지 권리 옹호자들의 언어를 사용했다는 것이다. 이들은 "나의 몸은 나의 선택My Body, My Choice"이라는 구호를 사용하고 다녔다. 정부에 의한 지나친 신체 자율성 침해에 대한 우려는 이해할 수 있다. 그렇다면 마스크 착용에 대한 정부의 권한과 원하지 않은 임신을 한 사람이 출산을 하도록 만드는 정부의 권한에는 어떠한 차이가 있는가? 그 답은 과학과 데이터에 있다. 마스크 착용에 관한 한, 개인의 권리를 침해하는 수준은 미미하고 공중보건에서의 이익은 매우 크다. 임신중지에 있어서 양육과 관련한 개인의 의사결정에 정부가 개입하는 것은 미미한 수준의 침해가 아니다. 게다가 턴어웨이 연구가 보여주듯 원하지 않은 임신을 유지해 출산하는 것은 여성의 단기적·장기적 신체 건강, 경제적 안정성, 가족의 복지 상태에 큰 영향을 미친다. 개인의 몸과 삶에 대한 정부의 권력 행사는 그것의 영향과 필요성 모두를 다루는 적절한 과학에 의해 뒷받침되어야 한다. 과학은 코로나19 퇴치에 강력한 근거를 내놓고 있다. 한편 턴어웨이 연구가 증명했듯 과학은 임신을 둘러싼 사람들의 의사결정에 장애물을 설치하거나 임신중지에 제한을 두는 것이 올바른 방향이 아님을 보여주기도 한다.

코로나19 팬데믹은 임신중지 서비스를 제공하는 일에 즉각적인 영향을 미쳤으며, 이러한 서비스들이 얼마나 취약한 상황에 놓여 있는지, 또 한편으로는 얼마나 필수적인지를 보여주었다. 임신중지와 관련한 조치는 많은 여정을 필요로 했다. 임신중지를 원하는 사람 다섯 명 중 한 명은 의료적 조치를 받기 위해 약 80킬로미터 이상을 이동해야 했다.[1] 전국의 27개 대도시에는 약 160킬로미터 이내에 임신중지 시설이 없는 상황이다. 임상의 또한 임신중지 시술을 제공하기 위해 먼 거리를 이동해야만 한다.[2] 보수적인 주에 위치한 클리닉들은 주 밖에 사는 의사들이 의료적 조치를 위해 오는 것에 대한 계약을 맺기도 했다.[3] 한편 우리가 경험했듯 클리닉에서 일하는 직원들은 학교가 운영에 차질을 빚으면서 육아의 난관에 직면했고, 이는 가족을 돌보는 동안 자신의 직업을 유지하는 것을 불가능하게 했다. 코로나19 감염증, 직원간의 격리, 다른 곳에서 임상의를 요청하는 상황들이 맞물리는 가운데, 많은 임신중지 시설은 계속해서 임신중지 시술을 제공하기 위해 고군분투했다. 4분의 1 이상의 클리닉이 팬데믹 기간 동안 임신중지 시술을 취소하거나 연기해야 하는 상황에 처하기도 했다.[4]

어떤 정치인들은 이를 임신중지에 대한 접근성을 저해시킬 기회로 삼았다. 2020년 3월과 5월 사이, 12개 주에서 일시적으로 임신중지를 비필수 의료 서비스로 규정했는데, 이는 임신중지 클리닉 운영이 허용되지 않음을 뜻한다.[5] 임신중지 시설이 코로나19 환자를 치료하는 병동에서 필요한 개인 보호 장비PPE, personal protective equipment를 사용하기 때문이라는 게 명분이었다. 물론 임신한 여성이 팬데믹이 끝날 때까지 임신중지 시술을 기다릴 수 있다는 생각은 터무니없는 것이다. 이러한 상황은 대부분 오래가지 못했다. 사람들로부터 이의를 제기당했으며 법원은 그 조치들을 기각했다.[6] 텍사스를 제외하고서는 말이다. 텍사스는 한 달 동안 임신중지 서비스를 모두 중단했다.

텍사스는 임신중지를 비필수 의료 서비스로 지정했고, 그 결과 2020년 3월 22일부터 4월 21일까지 주 내의 임신중지 클리닉이 모두 폐쇄되었다. 이는 임신중지에 관한 의료 전달 체계가 나쁜 공공정책에 얼마나 취약한지를 보여주는 증거가 되었다.[7] 4월 한 달 동안, 임신중지 건수는 전년에 비해 거의 2000건(38퍼센트) 감소했다. 이웃한 주에서 임신중지 시술을 받는 사람이 그 달에만 거의 1000명에 달했는데, 보통 임신중지를 하러 주 밖으로 떠나는 사람의 다섯 배에서 아홉 배에 달하는 수이긴 했지만 텍사스 내의 임신중지 감소를 상쇄할 만큼은 아니었다. 1분기에 이루어졌을지도 모르는 많은 수의 임신중지가 2분기로 미뤄졌다.[8] 그리고 텍사스에 있는 수천 명의 사람들은 이 책에 나오는 임신중지 시술을 받을 수 없었던 여성들과 비슷한 경험을 했을 수 있다.

　임신중지 시술에서 사용되는 PPE의 양이 매우 적다는 것이 드러났고 팬데믹 기간 동안 임신중지 시설들은 PPE를 더욱 적게 사용하는 방법을 고안해내기도 했다. 미국 식품의약국FDA이 부과한 조치 때문에 여성들은 직접 임상의로부터 임신중지 약물을 받기 위해 클리닉을 찾아 이동해야 했다.[9] 이 규칙에는 어떠한 의료적 근거도 없다. 임신중지 약물 수령에 대한 자격 심사는 전화를 통해 이루어질 수도 있고, 클리닉으로의 이동과 클리닉에서 보내는 시간은 팬데믹 기간에 어쩌면 더 위험한 조치일 수 있다. 임신중지를 원하는 여성의 이동에 의한 위험이 증가함에 따라 연방법원은 2020년 7월, FDA의 조치가 위헌이라고 판단했고 다른 법률이 임신중지에 대한 원격 진료를 금지하지 않는 주에서 여성의 위험 부담을 줄이는 데 기여했다.[10] 전국적으로 임신중지 시술에 대한 규정은 대면 진료를 위한 여정을 줄이기 위해 극적으로 변경되었고, 약물적 임신중지에 대한 접근 절차를 간소화했다. 전국의 임신중지 제공자들에 대한 연구는 임신중지 시술 제공자의 87퍼센트가 대면 진료 대신 인터넷이나 전화를 통한 원격 진료를 하는 등 시술 제공 방법을 바꾸었음을 보여준다.[11] 많은 전문 의료 기관은 '노-터치no-touch'에 기반한 약물적 임신중지 진료를 지지했다.[12] 6개월간 대부분의 주에서 임신한 사람들은 임신중지 클리닉에 전화를 걸어 약물적 임신중지를 위한 검사를 받을 수 있고, 클리닉이나 그 주변에서 약을 수령하거나 우편으로 받아볼 수 있었다.

2021년 1월, 미국 연방대법원은 지난 몇 달 동안 코로나19에 대한 노출과 이동에 따른 위험이 증가하였음에도 이 판결을 번복하고 다시 한 번 대면 진료를 요구했다. 왜 연방대법원은 팬데믹 기간 동안 임신중지에 대한 접근을 더욱 어렵게 만들었는가? 그럴 수 있었기 때문이다. 페미니스트 영웅 루스 베이더 긴즈버그Ruth Bader Ginsburg는 2020년 9월 18일 사망했고 대법관 에이미 코니 배럿Amy Coney Barrett의 매우 빠른 임명 및 확정은 연방대법원의 주요한 변화를 야기했다. 임신중지를 반대하는 사람들이 6 대 3으로 다수가 된 것이다. 긴즈버그의 사망은 임신중지 권리를 지지하는 사람들에게 특히나 큰 타격을 주었다. 긴즈버그가 죽기 전, 법원의 고위직이 임신중지 권리의 중요성, 즉 임신중지가 "여성의 삶의 과정에서 자율적인 책임"에 관한 일임을 알고 있다는 것은 크게 안심이 되는 일이었다.[13] 나는 이러한 관점이 새로운 연방대법원에서 잘 구현되리라는 확신이 없다. 연방대법원은 배럿 판사와 함께 임신중지에 관한 첫 번째 사건에서 사람들이 임신중지 약물을 받기 위해 직접 이동하도록 요구하는 정책을 복원시켰다. 예상할 수 있듯 6 대 3으로 말이다.[14] 이러한 결정이 예고하듯 이 새로운 대법원은 전국적으로 보장되고 있는 임신중지 권리를 끝장낼지도 모른다.

일부 프로초이스 옹호자들은 로 대 웨이드 판결에 대한 도전을 갈망하는 것처럼 보이기도 한다.[15] 아마도 그들은 임신중지에 대한 지역적 통제를 허용하는 것이 논쟁을 줄일 수 있을 것이라 생각하고 또 그 결정이 외부로부터 온 것, 즉 연방 정부로부터 결정된 것이 아닌 것처럼 보일 수 있도록 하기 때문이다. 논쟁을 주 정부 차원으로 가져오면 미국인 중 다수가 임신중지 권리를 지지할 것이 드러나리라는 희망을 갖고 있기도 하다.[16] 또한 연방대법원이 로 대 웨이드 판결을 뒤집는다면 정치적 백래시에 불을 붙일 수 있고 이를 통해 대규모 시위를 일으켜 임신중지를 반대하는 사람들을 패배시킬 수 있으리라는 생각을 갖고 있기도 하다. 오랫동안 임신중지를 금지해왔던 법이 2020년 아르헨티나와 한국에서 성공적으로 끝장났던 것처럼 말이다.[17] 새로운 연방대법원의 임신중지에 대한 제한은 임신중지에 대한 합법화를 압도적으로 지향해온 국제적인 추세에 역행할 것이다.[18] 하지만 나는 이러한 정치적인 이유로 로 대 웨이드 결정이 뒤집어지길 기대하는 것은 매우 문제적이라 생각한다. 새로운 공적 토론을 통한 정치적 이득은 임신중지 시술을 필요로 하는 사람들을 희생시킴으로써 가능해진다. 특히 임신중지를 금지하는 법이 있는 21개 주에서 현재는 위헌이라 효력이 없는 법들이 로 대 웨이드 판결이 뒤집힌다면 효력이 생길 수도 있다.[19]

이 책에서 서술했듯 턴어웨이 연구는 사람들이 임신중지

시술을 받을 수 없어 원하지 않은 임신을 유지해 출산하게 될 때 신체적 건강, 경제적 안녕, 그들의 삶의 궤적에서 부정적 결과에 직면한다는 사실을 보여준다. 임신중지에 대한 정부의 제한은 아이를 가질 수 있는 사람들의 삶을 더욱 힘들고 불안정하게 만드는 부당한 부담을 지운다. 임신중지에 대한 장벽은 임신중지를 원하는 사람의 절반 이상을 차지하는 유색인에게 더욱 악영향을 미친다.[20] 사람들은 자신의 삶을 조건을 스스로 좌우하지 못하거나 아이들을 위해 안전하고 경제적으로 안정적인 환경을 만들어줄 수 없을 때 더욱 어려움에 직면한다. 이 책에서 가장 중요한 메시지는 재생산권에 관한 정부의 역할은 사람들이 자신의 몸, 출산, 그리고 삶에 대해 적절한 결정을 내릴 수 있도록 돕는 것이라는 사실이다. 사람들은 임신중지의 결과, 임신 유지 및 출산에 따른 결과를 이해하고 있으며 스스로 결정을 내릴 수 있다. 나는 우리가 공중보건 위기에 직면하여 불가피하게 임신중지 정책과 권리에 관심을 가질 때, 정부가 과학 및 여러 가지 근거에 관심을 두길 바란다. 우리 몸의 건강 및 통합성, 우리 가족의 경제적 안정, 우리 아이들의 행복은 거기에 달려 있다.

2021년 1월 20일

머리말

10명의 여성이 병원 대기실에 앉아 있다. 그들은 여기서 약 500킬로미터나 떨어진 곳에서 왔다. 이 클리닉을 찾기 위해 여기저기에 전화를 해봐야 했고, 오는 길에 소리를 지르는 시위대도 만나야 했다. 남편의 손을 잡은 여성, 남자친구와 온 대학생도 있다. 동거인에게 전화를 걸어 세 살 된 아이가 잘 있는지 묻는 여성도 있다. 통화 중인 또 다른 여성은 자기가 지금 어디에서 무엇을 하려는지 설명 중이다. 병색이 완연한 불행한 표정의 여성도 있다. 두 여성은 자신들이 병원에 너무 늦게 온 건 아닌지 하는 걱정 탓에 긴장되어 보인다. 대부분 20대처럼 보이지만 친구와 온 10대도 두 명 있다. 바깥의 시위대 때문에 화가 난 게 분명해 보이는 마지막 여성은 방명록을 펼쳐 다른 사람들이 쓴 글을 훑어본다. 곧 한 명씩 진료실로 들어가면 자신이 클리닉에 제때 도착했는지 알게 될 것이다.

임신을 깨닫고, 파트너나 부모와 상의하고, 어떻게 할지 결정하고, 돈을 충분히 모으고, 어디로 어떻게 가야 할지 선택하느라 임신중지 시기가 너무 늦어버린 것은 아닐까? 여성들은 원하는 대로 임신중지를 하고, 또 한 번의 기회를 얻게 될까? 아니면 임신중지를 거부당하게 될까?

이 장면은 샌프란시스코의 한 병원에서, 메인주 한복판의 작은 클리닉에서, 노스다코타와 사우스다코타의 유일한 클리닉에서, 멕시코 국경에 있는 텍사스의 어느 클리닉에서, 맨해튼 고층 건물의 클리닉에서, 시카고에 있는 큰 시설에서, 애틀랜타와 보스턴, 리틀록, 시애틀, 루이빌, 앨버커키, 터스컬루사, 댈러스, 피츠버그, 탤러해시, 클리블랜드, 피닉스, 포틀랜드, 로스앤젤레스, 미국 전역 수백 곳의 클리닉과 병원에서 매일 반복된다. 매년 수천 명이 임신을 알아채고 너무 늦게 병원에 왔다는 이유로 임신중지를 거부당한다.[1]

이 책은 '데드라인' 바로 직전에 클리닉에 도착해 임신중지 시술을 받을 수 있던 여성들과, 그보다 불과 며칠 혹은 몇 주 후에 도착해 임신중지를 거부당한 여성들에 관한 이야기다. 또한 미국의 임신중지 접근성과 여기에 영향을 받는 사람들에 관한 이야기다.

미국은 정치 상황에 의해 임신중지 접근성에 차이가 있기 때문에 어느 주에 사는지에 따라 임신중지가 불가능한 시점이 다르다. 태아의 생존 가능성 시점 이후의 임신중지를 금지하고, 모성 건강이나 생명이 위태로울 때는 임신중지를 허용하도록 한 기념비적인 사건인 1973년 로 대 웨이드Roe v. Wade* 판결 이후 수십 년이 흐르면서 연방대법원은 주 정부가 임신중지와 임신중지에 필요한 것들을 제한하도록 허용해왔다.[2] 보수적인 주 의회들은 임신중지를 합법으로 유지하면서도, 임신중지가 덜 제한적인 주를 찾아 먼 거리를 이동할 수 없는 여성들이 임신중지를 하기 어렵게 만드는 여러 규제를 만들어왔다. 43개 주에서는 대부분의 여성에게 특정 시점 이후의 임신중지를 금지한다.[3] 그런 주들 중 3분의 1에서는 임신 주수 20주를 기준으로 임신중지를 금지한다. 2019년에는 적어도 17개 주에서 임신 6주, 혹은 그보다 더 이른 시기의 임신중지를 금지하는 법안을 도입했다.[4] 이 법안들은 조지아, 켄터키, 루이지애나, 미시시피, 오하이오에서 통과되었지만, 곧바로 법적 시험대에 오르며 시행이 연기되었다. 각 주들에서 어떤 제한을 만들든 많은 병원에서 1분기**를 넘어선 여성에게 임신중지 시술을 제공하지 않을 것이다. 더 많은 병원에서

---

* 　미국 연방대법원의 1793년 결정. 여성이 가지는 헌법상의 사생활 권리가 임신중지에 대한 결정을 포함한다고 하며 임신중지에 대한 접근을 범죄화하거나 제한한 법이 위헌이라고 판단했다. 짧게 '로Roe'라고 지칭되며, 미국의 임신중지 의제가 로 이전과 로 이후로 구분될 정도로 역사적인 결정이다. ―백영경 외, 《배틀그라운드: 낙태죄를 둘러싼 성과 재생산의 정치》, 후마니타스, 2018, 146쪽.

** 　임신을 세 기간으로 나누어 보통 임신 1주에서 14주를 1분기, 15주에서 28주를 2분기, 그 이후를 3분기로 지칭한다.

는 각 주들에서 허용한 법적 한계 근처까지 가지 않을 것이다. 훈련된 의료진이 부족하고, 임신중지 시설을 제한하는 다양한 법이 있으며, 임신중지에 반대하는 시위대와 정치인의 주목을 받고 싶지 않기 때문이다.

임신중지 가능 기한을 제한하는 법들이 소송으로 이어진 것은 다분히 의도적이다. 국회의원과 임신중지 반대 활동가 들은 로 대 웨이드 판례에 도전하기 위해 이러한 법안들을 성안했다. 특히 임신중지 금지법을 허용하는 것에 우호적인 대법관들로 새로 구성된 연방대법원에 사건이 올라가도록 의도한 것이기도 하다. 도널드 트럼프Donald Trump의 러닝메이트이자 임신중지를 강력히 반대했던 부통령인 마이크 펜스Mike Pence는 2016년 선거 유세에서 "우리가 도널드 트럼프의 뜻대로 미국 연방대법원에 엄격한 구성주의자들을 임명한다면, 로 대 웨이드 판결은 역사의 잿더미로 돌아갈 것"이라고 굳게 약속했다.[5] 둘은 첫 임기 동안 그 약속을 진짜 가능성으로 만들었다. 닐 고서치Neil Gorsuch, 브렛 캐버노Brett Kavanaugh를 대법관에 임명함으로써 1973년 임신중지 권리에 관한 법을 뒤집을 수 있는 충분한 보수표를 갖게 되었기 때문이다. 즉 임신중지에 대한 연방대법원의 신중한 접근을 거부하는 대신 주 정부가 임신중지를 노골적으로 금지하는 재량권을 허용한 것이다.

로 대 웨이드 판결 이후 임신중지는 미국의 정치적 논의를 지배해왔다. 임신중지에 대한 접근을 제한하려는 정치적·법적 노력이 지난 10년보다 치열했던 적은 없었다. 정치적 수사와 정책 제안은 임신중지 시술 제공자를 처벌하는 것부터 환자를 투옥하는 것까지 확대되었다. 최근 207명의 국회의원은 2016년에 위헌 판결을 받은 텍사스의 법*과 유사한 루이지애나의 제한법**을 지지해달라는 서한을 연방대법원 대법관들에게 보냈다.[6] 게다가 임신중지 권리가 헌법에 의해 보호되는 것인지 재고할 기회를 가질 것을 요청했다.[7] 다시 말해 임신중지 접근성은 45년 전 로 대 웨이드 판결 이후 그 어느 때보다 더 큰 위험에 처했다.

임신중지에 대한 제한은 임신중지를 더 안전하게 시행하거나, 임신중지로 인한 여성의 심리적 상해와 후회를 막는다는 명분 아래 유지되었다. 임신중지에 대한 정치적 논쟁은 지난 몇

---

* 텍사스는 임신중지 클리닉에 대한 접근성을 제한하기 위해 2013년 '텍사스 하우스 빌 2Texas house bill 2, H.B,2' 법안을 통과시켰다. 이는 모든 임신중지 클리닉에 일정 규모와 시설을 갖춘 통원수술센터를 설치하라는 요건과, 약 50킬로미터 반경 이내 한 명의 의사에게만 환자 이송 및 입원 권한을 주도록 의무화함으로써 임신중지 접근성을 저해하는 법으로 꼽힌다. 이는 2016년 연방헌법재판소에서 여성의 건강과 헌법상의 권리에 과도한 부담을 주기 때문에 위헌이라고 판결났다.

** 루이지애나의 제한법 역시 텍사스의 법과 비슷하게, 약 50킬로미터 이내에 두 개의 클리닉을 둘 수 없으며, 한 명의 의사에게만 이송 및 입원 권한을 주도록 강제하는 법이다. 이렇게 임신중지 제공자들에게 제한 요건들을 부여해 접근성을 저하시키는 법들을 '임신중지 시술 제공자들에 대한 제한TRAP'이라 한다.

십 년 동안 바뀌어왔다. 임신중지를 반대하는 이들은 태아의 권리와 여성의 권리를 대립시키는 대신 임신중지에 대한 정치적 논쟁의 초점을 여성의 건강 문제로 옮겼다. 임신중지가 여성을 해치고 우울과 불안, 자살 생각을 유발한다는 식으로 말이다. 입법자들은 근거가 부족하면 근거를 발명해버렸다. 2007년 앤서니 케네디Anthony Kennedy 대법관은 임신 후기의 임신중지 금지를 주장하는 다수 의견을 작성하면서 임신중지를 경험한 여성들의 심리적·정신적 상태를 알아볼 기회가 있었다. 그는 "이 현상을 측정할 수 있는 신뢰할 만한 자료를 찾지는 못했으나 일부 여성이 임신중지를 후회한다는 결론을 내리는 것에 이의를 제기하기는 어렵다. 심각한 우울과 자존감 상실이 뒤따를 수 있다"라고 썼다.[8] 2007년에는 분명히 임신중지의 결과에 대한 신뢰할 만한 자료가 필요했다.

불과 1년 전 샌프란시스코 종합병원 '여성의 선택 센터 Women's Options Center'의 엘리너 드레이Eleanor Drey 박사는 내게 "우리가 임시중지 시술을 거부한 여성들에게 무슨 일이 일어나는지 궁금하다"라고 말했다. 나는 샌프란시스코 캘리포니아대학교 UCSF의 산부인과 생식과학 연구원이고, 드레이 박사와는 임신중지를 원하는 여성들의 임신중지가 왜 2분기로 미뤄지는지 연구했다. 임신중지를 원하는 여성들의 극히 일부이긴 하지만, 임신 후기에 임신중지를 원하는 여성들은 더 큰 법적 제한과 사회적 비난, 구조적 장애물에 직면한다. 미국 질병통제예방센터CDC의 자료에 따르면, 미국에서 임신중지를 하는 여성의 대다수(90퍼센트 이상)가 1분기, 즉 마지막 월경기의 첫날 이후 13주 이내에 임신중지를 한다.[9] 8퍼센트는 14주에서 20주 사이에 임신중지를 한다. 임신 20주 이상일 때의 임신중지는 1퍼센트를 조금 넘는다.

드레이 박사와 나는 여성들이 임신중지를 뒤로 미루는 이유를 알고 싶었다. 후기 임신중지는 대부분 더 많은 비용과 시간이 들고, 시술받기도 어려우며 캘리포니아 외에서는 법적 제한도 많기 때문이다. 우리가 발견한 2분기 임신중지의 주요 원인은 당사자들이 임신한 사실을 깨닫지 못했기 때문이었다. 우리의 캘리포니아 연구에 참여한 2분기 임신중지 여성 200명 중 절반 이상이 임신 1분기를 지날 때까지 임신 사실을 몰랐다.[10] 이들 중 많은 수가 임신 증상을 경험하지 않았다. 임신 사실을 깨닫고 자신이 임신을 원하지 않는다는 결정을 내린 시점이 1분기를 지났다면 임신중지를 하는 데 어려움(더 비싼 수술비부터, 더 긴 휴가, 교통편, 자녀가 있다면 돌봄에 필요한 지원까지)이 크게 증가할 것이다. 임신 주수가 길어질수록 의료 절차가 복잡해지면서 비용이 올라가고 이런 서비스를 제공하거나 이용 가능한 의료 시설은 더욱 거리가 멀어진다. 눈덩이 효과가 일어난다. 클리닉에 도착할 때쯤이면 이미 늦었을지도 모른다.

드레이 박사와의 2분기 임신중지에 관한 연구 이후, 원하는 대로 임신중지 시술을 받은 여성과 이를 거부당한 여성 들 모두에게 무슨 일이 일어나는지 알고 싶어졌다. 임신에 함께한 남성과 계속 관계를 유지하는지, 기존의 아이를 잘 돌보는지, 임신중지를 거부당했다면 태어난 아이를 잘 돌보는지, 나중에 아이를 갖고 싶은지, 임신중지를 한 여성들은 임신중지를 후회하는지, 임신중지를 거부당한 여성들은 아이를 낳은 것을 후회하는지 궁금했다. 임신중지를 원하는 여성과 임신중지를 거부당한 여성을 비교하면서 나는 논쟁의 여지가 있는 다음 질문들에 대답할 수 있는 가능성을 발견했다. 임신중지가 여성에게 해를 끼치는가? 임신중지를 원하지만 임신중지를 할 수 없는 상황이 여성에게 끼치는 해악은 무엇인가?

　　나는 이것을 '턴어웨이 연구Turnaway Study'라고 이름 붙였는데, 드레이 박사가 임신 주수가 너무 길어서 그의 병원에서 임신중지 시술을 하기 어려운 여성들을 '턴어웨이turnaway'라고 불렀기 때문이다. 내게도 그 단어는 임신을 둘러싼 여성의 의사 결정에 관한 일련의 문제를 상기시킨다. 임신중지를 원하는 여성들은 엄마가 될 가능성을 '외면'하는 것인 동시에, 임신중지가 거부될 경우 아이와 무관했던 그들의 미래 계획을 '거부당하는' 것이기도 하다. 엄마가 될 여성의 삶을 고려하지 않고 태아의 도덕적 지위를 토론하는 것은 사회가 여성을 거부하는 일이다. 임신중지를 할 수 없는 저소득층 여성에게 충분한 양육 지원과 식량 및 주거비 지원을 하지 않는 것도 정부가 여성과 아이 모두를 거부하는 일이다. 턴어웨이 연구는 임신중지를 한 여성과 임신중지를 원하지만 할 수 없던 여성을 비교해 임신중지가 여성에게 어떤 영향을 미치는지 조사한 첫 번째 연구다. 우리 연구 전에 임신중지가 여성에게 해를 끼치는지에 관한 논쟁에서 사용된 데이터는 임신중지를 먼저 고려했는지 여부와 관계없이 출산을 한 여성과 임신중지를 한 여성 사이의 비교 연구다. 여성은 타이밍이 좋을 때 출산을 선택할 가능성이 더 높기 때문에 이런 비교는 문제가 있다. 즉 파트너와의 관계가 원만하고 경제적으로 안정적이고 아이를 키울 준비가 되었다고 느낄 때다. 반면 타이밍이 나쁠 때는 임신중지를 선택할 가능성이 더 높다. 파트너와의 관계가 부정적이고 건강이 좋지 않고 경제적으로 불안정할 때다. 임신중지를 한 여성과 출산을 한 여성을 비교할 때 나타나는 차이점들은 임신중지를 한 사실보다는 여성이 원하는 임신이었는지 여부와 관련이 있을 것이다.

이 책은 미국에서 임신중지를 했거나 임신중지를 하려던 여성들의 경험을 10년 동안 조사한 내용 중 핵심을 다룬다. 역학자, 인구통계학자, 사회학자, 경제학자, 심리학자, 통계학자, 간호사, 공중보건학자 등 40명 이상의 연구자가 이 연구를 위해 10년 이상 협업했다. 우리는 미국 전역의 30개 시설에서 임신중지를 원하는 여성을 1000명 이상 모집했고 여기에는 임신 초기에 임신중지를 한 여성, 가까스로 시기를 맞춰 임신중지를 한 여성, 시기를 놓쳐 임신중지를 거부당한 여성이 포함된다. 우리는 5년간 6개월 단위로 각 여성들을 인터뷰하면서 임신중지를 한 여성과 임신중지를 거부당한 여성 사이의 정신적·신체적 건강과 삶에 대한 열정, 가족의 안녕에 어떤 차이가 있는지 알아보고자 했다. 우리는 의학, 공중보건, 사회학의 주요 학술지에 거의 50편의 학술 논문을 발표했다. 우리의 연구 설계와 자료는 다양한 분야에서 관심과 찬사를 받았고 저명한 매체에 인용되기도 했으며 임신중지가 여성의 정신 건강에 영향을 미치는지에 관한 '가장 엄밀한' 연구로 《뉴욕타임스 매거진》에 소개되었다.[11] 미국 여성의 임신중지 경험에 관한 방대한 연구 결과를 요약한 이 책은 우리의 10년에 걸친 심층 연구 결과를 한곳에 모은 첫 번째 책이기도 하다. 더욱 생생하게 연구 결과를 전달하기 위해 임신중지가 필요한 상황에 처한 이유, 임신중지를 하거나 하지 못한 상황 등에 여성이 자기 자신의 언어로 풀어놓은 이야기를 모았다.

　이 책에서 나는 자신의 뜻에 따라 임신중지를 한 여성과 임신중지를 거부당한 여성의 감정, 건강, 사회경제적 상황에 대해 쓸 것이다. 법을 만들고 집행하는 사람들(그리고 그들을 그 자리에 앉힌 사람들)이 임신중지 권리 침해나 임신중지의 범죄화를 고려하기 전에 우선 임신중지를 금지하는 것이 여성과 아이들에게 어떤 의미인지부터 이해하길 바란다.

　　나는 정치나 여성의 권리를 생각하면서 이 연구를 설계하진 않았다. 나는 임신중지와 임신 유지 및 출산의 긍정적 측면과 부정적 측면 모두를 기록하고 싶은 열망을 느끼고 연구에 임했다. 원하지 않은 임신으로 아이를 낳게 된다면 여성이 부담과 즐거움을 모두 느낄 것이라 상상했다. 여성은 자신의 삶의 상황에 따라 임신중지를 선택할 수 있지만 임신중지를 하는 것이 상당한 고통이나 죄책감, 후회 등을 야기할 수 있다고 믿었다. 설문조사를 통해 임신중지가 여성의 삶을 더욱 낫게 만드는 지점과 나쁘게 만드는 지점 모두를 측정하려고 했다. 추상적으로 토론되는 이야기를 그 상황을 직접 경험하는 여성에게 듣고 싶었다.

　　이 책은 과학적 연구에 관한 것이다. 그러나 주제가 임신중지인 만큼 정치, 정책, 여성과 아이 들의 삶에 관한 것이기도 하다. 나는 "태아가 언제 사람이 되는가"라는 도덕적 질문을 과학이 해결하지 못함을 깨달았다. 또한 "임신을 한 여성보다 태아의 권리가 더 중요해지는 시점이 언제부터인가"라는 법적 질문에도 대답하지 못함을 깨달았다. 하지만 우리의 도덕적·법적 주장은 사회에 대한 정확한 이해에 기반해야 한다. 부족한 자료는 임신중지에 대한 우리의 이해를 가로막는다. 턴어웨이 연구는 임신중지와, 임신중지를 규제하는 법이 여성의 삶에 끼치는 즉각적이고 지대한 영향을 살펴볼 수 있는 흔하지 않은 기회를 제공할 것이다.

용어 설명

본 연구는 연구 참여자들을 '여성'이라는 단어로 지칭한다. 출생 시 여성으로 지정되었지만 후에 남성이나 논바이너리nonbinary로 정체화하는 사람들이 있고 이들도 원하지 않는 임신을 경험하거나 임신중지 시술을 받고자 한다. 하지만 우리의 연구 동의서에 연구 참여 대상은 임신한 여성으로 명시되었고 내가 아는 한 트랜스 남성은 연구에 참여하지 않았다. 내가 규명한 여러 주제는 임신한 트랜스 남성과 논바이너리인 사람들에게도 반향을 일으킬 것 같다. 트랜스 남성이 재생산 건강과 관련해 겪는 문제가 이 연구에서는 포착되지 않지만 향후 연구의 중요한 주제다.

나는 임신중지 당사자를 더 정확하게 지칭하기 위해 연구 바깥에서는 '사람들'이라는 단어를 사용하기도 한다. 하지만 피임을 하기 어렵거나 의사 결정 능력을 의심받는다면, 정치인이 누군가의 몸에 중요한 영향력을 행사할 수 있다면 그 이유는 이 사람들이 '여성'이기 때문이라고 믿는다. 때때로 나는 여성혐오와 문제의 근본 원인을 강조하기 위해 '임신중지가 필요한 사람들'이라는 보다 포괄적인 단어 대신 '여성(들)'이라는 단어를 사용하고자 한다.

통계 설명

우리 연구팀은 약 8년 동안 약 1000명의 여성을 대상으로 8000번의 인터뷰를 수행했다. 신용 보고서 및 사망 보고서 자료에는 1100명 이상의 여성이 포함되었다. 통계는 이런 방대한 데이터를 분석하는 강력한 도구다. 모집 장소에 따른 결과 변동을 설명하고, 오랜 시간에 걸쳐 동일한 여성에게서 반복되는 측정값을 분석하고, 시간이 지남에 따라 연구 참여를 그만두는 여성에게 발생할 수 있는 값의 편향을 보정하고, 연구 집단 간의 차이가 있는 경우 비교 기준점을 조정한다.

이 일이 흥미롭게 느껴진다면 우리의 웹사이트 www.turnawaystudy.com에서 여러 논문을 읽어보길 바란다. 이 책에서 나는 클리닉의 임신중지 가능 기한을 넘겼기 때문에 임신중지를 할 수 없어 출산을 한 여성과 임신중지 가능 기한 전에 임신중지를 할 수 있었던 여성 간의 차이를 간단한 퍼센트 비교로 요약했다. 한 시점에서의 차이를 뜻하는 게 아니다. 우리의 통계 모델은 두 집단의 전체 양상이 시간이 지남에 따라 달라짐을 보여줬다. 우연이 아니다. 퍼센트의 차이는 단지 집단의 크기를 느

낄 수 있게 도와줄 것이다. 그래프는 이 두 집단의 양상을 나타낸
다.[1] 이 연구는 임신중지 가능 기한 바로 직전에 임신중지를 한
여성들에 대한 연구라 대부분이 2분기에 임신중지한 여성들인
데, 이들의 통계가 1분기 임신중지와 너무 차이가 나는 경우에는
1분기에 임신중지한 여성들의 통계도 함께 제시했다.

1

턴어웨이
연구

1987년 여름, 로널드 레이건Ronald Reagan 대통령은 워싱턴 DC에서 열린 한 모임에서 생명권 운동에 앞장서는 이들에게 연설했다. 임신중지가 미국에서 합법화된 이래로 미국 공화당의 대통령들이 계속해서 해온 일이기도 하다.[1] 그는 수십 년이 지난 지금도 공화당의 종교적 우파들의 한으로 남은 1973년 연방대법원의 로 대 웨이드 판결을 뒤집기 위해 싸우겠다고 약속했다.

레이건은 "'인간의 생명 수정안Human Life Amendment'이 우리 헌법의 일부가 될 때까지 멈추지 않겠다"라고 약속하며 1973년 이후 배아와 태아에게 법적 인격을 부여하고 모든 임신중지를 예외 없이 효과적으로 범죄화하는 다양한 헌법 수정안의 이름을 언급했다. 그때까지 그런 제안은 의회에서 크게 다뤄지지 않았고 레이건도 임기 마지막 해에 일이 커지리라 생각하지 않았다. 임신중지 반대에 앞장서는 이들의 박수가 끝나기 전에 레이건은 임신중지에 대한 점진적인 공격으로 대화의 방향을 틀었다. 그는 "법 개정 싸움이 승리하기 전에 지금 당장 취할 수 있는 실질적인 조치들을 모색해야 한다"라고 말했다.

레이건은 행정부가 취한 네 가지 조치를 열거하며 이것들이 "태어나지 않은 아이들의 생명을 보호하기 위해 지금 당장 할 수 있는 일의 강력한 사례"라고 믿었다. 그러나 네 가지 조치 중 세 번째 조치는 '태어나지 않은 아이들'을 호명한 것이 아니라 임신중지가 여성을 해친다는 증거의 필요성을 언급했다. 그는 "임신중지를 한 많은 여성이 부정확한 정보에 속아왔다. 임신중지 전에 모성 사망에 대한 정확한 정보를 여성들에게 제공하는 것은 '설명 후 동의'의 필수 요소다. 그러므로 나는 공중보건국장에게 임신중지가 여성에게 미치는 신체적·정서적 효과에 대한 종합적인 의학 보고서를 발표하도록 지시한다"라고 했다.

그 임무는 공중보건국장 에버랫 쿱C. Everett Koop에게 맡겨졌다. 쿱은 소아외과 의사로 임신중지를 공개적으로 반대하는 인물이었다. 그는 임신중지가 노인과 장애인에 대한 강제 안락사로 이어질 것이라 주장하는 책을 쓰고 영상을 제작했다.[2] 임신중지의 해악을 설명하며 전국을 순회하기도 했다. 그는 임신중지가 여성에게 해를 끼친다는 것을 발견했다는 이유로 임무를 맡게 되었고 레이건과 그의 종교적 우파 지지자들은 쿱의 보고서가 임신중지 반대에 대한 입법을 위한 근거가 되길 바랐다.

하지만 쿱은 그런 근거를 찾을 수 없었다. 노력이 부족해서가 아니었다. 쿱이 레이건에게 1년 6개월 후 보낸 마지막 서한에 임신중지가 정신 건강에 미치는 영향에 관한 250개가 넘는 연구를 검토했다고 썼다.[3] 또한 그는 임신중지를 한 여성들을 인터뷰했고 양 진영의 수많은 의학, 사회, 철학 단체와 이야기를 나눴다.

과학과 공중보건에 대한 쿱의 헌신은 종교적·정치적으로 반대편에 있는 사람들에게도 놀라운 것이었다. 임신중지가 여성에게 해롭다거나 그 반대의 결론을 내린 연구 모두 방법론적 문제가 있다고 지적했기 때문이다. 그는 "대통령님, 공중보건 및 민간 부문에 대한 신중한 검토를 진행했지만 유감스럽게도 과학적 연구들은 임신중지가 여성의 건강에 미치는 영향에 결정적 자료를 제공하지 않았습니다"라고 썼다.

레이건 대통령에게 보낸 1989년 서한을 통해 쿱은 임신중지의 영향에 대한 더 많은 연구를 요청했다. 특히 임신을 시도했지만 임신하지 못했을 때, 계획하거나 계획하지 않은 임신이 이뤄졌을 때, 원하거나 원하지 않은 임신이 일어났을 때, 임신이 출산·유산·중지로 이어졌을 때 각각의 정신적·신체적 영향을 포함한 성과 재생산에 대한 5년간의 예비 연구를 요청했다. 하지만 이는 이후 20년 동안 실현되지 않았다.

2007년 우리 사회과학연구팀이 쿱이 구상한 연구의 일부를 수행했다. 원하지 않은 임신을 했을 때 출산을 한 경우와 임신중지를 한 경우를 비교했다. 임신중지는 의학적 절차이지만 매우 논쟁적이기에 선거에 영향을 미치거나 추수감사절 저녁 만찬을 망치기도 한다. 하지만 임신중지는 매우 흔한 일이기도 하다. 여성 네 명 중 한 명, 혹은 세 명 중 한 명이 살면서 임신중지를 경험한다.[4] 하지만 그런 사실이 임신중지를 쉽게 연구할 수 있음을 뜻하진 않는다. 우리는 쿱이 검토한 것처럼 이전 연구의 신뢰도를 하락시킨 방법론적 함정을 극복해야만 했다. 특히 우리는 임신중지를 한 여성과 임신을 원한 여성을 비교하는 길을 피해야 했다.

임신중지 그 자체보다는 임신을 원하지 않게 만드는 상황(가난, 건강하지 않은 정신, 사회적 지원의 부족)이 나쁜 결과를 만드는 주요 원인일 수 있다. 여성이 직업이나 집, 가족의 지원, 아이를 키우기 위한 다른 자원들이 부족한 상황에서 임신 사실을 알게 되었을 때 드러나는 어려움을 생각해보자. 여성은 의도하지 않은 임신뿐 아니라 임신중지를 결정할 때 고려해야 되는 여러 가지 삶의 조건 때문에 고통스러울 수 있다.

편향되지 않은 연구는 아이를 가질 수 있다고 느끼지 않거나 아이를 가질 의지가 없는 여성이 임신한 경우에 초점을 맞춘다. 제시카Jessica는 23세고, 임신했으며, 두 아이의 엄마다. 그는 전에 임신으로 심각한 건강 문제를 겪었고, 폭력적인 남편과 헤어지고 싶어 했다. 한편 소피아Sofia는 19살 때 그의 말대로라면 남자친구와 '험난한' 관계를 맺었고 살던 집에서 가족과 함께 쫓겨난 상태였다. 우리는 제시카처럼 자신이 원하는 대로 임신중지를 한 여성과 소피아처럼 임신 주수가 길다는 이유로 임신중지를 거부당한 여성의 신체적·정신적·경제적 상태, 파트너 및 가족 관계를 비교했다.

우리의 연구 설계는 사회과학자들이 '자연 실험'이라고 부르는 종류에 해당한다. 프로그램이나 의료 서비스 접근에 대한 무작위성은 의료 서비스를 받은 사람과 그렇지 않은 사람을 비교할 수 있도록 한다. 오리건에서 메디케이드Medicaid* 확장을 위해 누가 건강보험을 받을 것인지 추첨하는 방식이기도 하다.[5] 여성이 임신 중지를 원함에도 연구를 위해 임신중지를 무작위로 거부하는 건 비윤리적이다. 하지만 미국의 여성은 항상 임신중지를 거부당한다. 때로는 비용을 마련하기 어려워서, 때로는 임신 주수에 맞춰 임신중지를 하는 병원이 근처에 없어서다(이런 여성들이 1년에 최소 4000명에 달한다).[6]

턴어웨이 연구 설계의 강점은 임신중지 가능 기한을 바로 앞뒤에 둔 여성들이 같은 상황에 직면했다는 점이다. 때로는 불과 며칠 간격으로 임신중지 가능 여부가 결정되기도 한다. 결과의 차이는 그들이 자신의 뜻대로 임신중지 시술을 받았는지 여부에 달렸다. 2008년부터 2010년까지 3년 동안 21개 주, 30개의 임신중지 시설의 대기실에서 1000명 이상의 임신한 여성을 모집했다. 각 병원의 임신중지 가능 기한은 의사의 능력 수준 및 주법state law을 반영했다. 우리가 선택한 시설의 대부분이 2분기라는 한계 시점을 정했지만 미국에서 임신중지를 시도한 여성의 90퍼센트 이상이 대부분 1분기에 임신중지를 한다. 또한 우리는 보다 전형적인 임신중지 경험을 다루기 위해 임신 1분기에 해당하는 당사자

---

* 미국의 국민의료보조제도로써 65세 미만의 저소득층과 장애인을 위한 것이다. 미국 연방 정부와 주 정부가 공동으로 재정을 보조하고 운영은 주에서 맡고 있다.

를 모집했다. 각 장소에서, 임신중지를 거부당한 여성 한 명당 임신중지 가능 기한 바로 직전에 임신중지를 한 여성 두 명, 1분기에 임신중지를 한 여성 한 명을 모집했다.

이 여성들이 임신중지나 출산으로 몸을 쉽게 회복하거나 힘들게 회복하는 동안 약 1년에 두 번, 최장 5년 동안 전화로 인터뷰를 진행했다. 우리는 그들의 감정적·정신적·신체적 건강, 삶의 목표와 경제적인 안정, 아이들의 건강과 발달 상황을 물었다. 임신중지를 거부당한 여성들에 한해서 우리는 임신중지를 하려고 다른 병원을 계속 찾는 이들을 따라갔다. 임신중지를 거부당한 여성들 중 대다수(70퍼센트)가 임신을 유지했고, 우리는 그들에게 출산과 그에 따른 양육 결정에 대해 질문했다. 우리는 임신중지를 했거나 거부당한 여성들에게 임신중지가 그들의 삶과 가족에 미치는 영향의 거의 모든 측면을 조사했다. 우리는 여성이 왜 임신을 끝내고 싶어 하는지, 미국에서 임신중지를 하는 것이 얼마나 어려운지에 대한 자료를 모았다. 또한 연구 참여자들에게 임신중지 당시 그들이 마주친 시위대나 의사가 보여준 배아 혹은 태아의 초음파 사진(일부 주법은 의사가 초음파 사진을 보여주도록 규정한다)을 봤을 때의 상황을 이야기하도록 했다. 우리는 이런 경험이 장기적으로 여성의 임신중지에 대한 감정에 어떤 영향을 미치는지 알고 싶었다. 우리는 임신, 임신중지, 출산 이후 몇 년간 신체적 건강이 어떻게 변화했는지 기록했다. 임신중지를 결정할 때 남성의 역할과 임신의 결과가 어떻게 애정 관계에 영향을 미치는지 분석했다. UCSF 연구팀은 최신 통계 기법을 사용하며 수천 건의 인터뷰 데이터를 분석했고 전국의 과학자들과 협업했다.

연구의 시작

혼자서는 턴어웨이 연구를 진행할 수 없었을 것이다. 앞으로 보게 되겠지만 나는 시작부터 여러 사람의 도움을 받았다. 처음 연구를 구상한 2007년, 샌디 스톤시퍼Sandy Stonesifer는 샌프란시스코 종합병원의 가족계획 부서에서 일했다. 나는 임신중지를 할 수 없다는 소식을 받아들인 여성들이 연구에 참여할 수 있을지 시범 연구가 필요했다. 샌디는 임신중지 시술을 받기에 너무 늦은 것으로 간주된 여성들을 모집하기 위해서 여성의 선택 센터로 갈 것을 제안했다. 시범 연구는 성공적이었고 샌디는 연구를 관리했다. 샌디는 임신중지를 한 여성과, 임신중지 시술을 거부당한 여성을 우리에게 연결해줄 임신중지 클리닉을 찾는 일을 했다. 샌디와 나는 임신중지 클리닉들을 순회했다. 우리는 눈보라가 몰아치는 2월의 어느 날 노스다코타주 파고에 있는 한 클리닉을 방문했고, 무더운 7월의 어느 날엔 텍사스에 있는 한 클리닉을 찾았다. 클리닉 직원들은 우리를 환영했다. 그들은 자신들이 도울 수 있던 여성과 도울 수 없던 여성의 경험을 이해하기 위한 우리의 연구에 열렬한 지지를 보내줬다. 또한 그들 모두 클리닉을 자랑스러워했다.

어떤 클리닉은 아름다운 건축물 같았다. 높이 솟은 격자무늬 나무 천장 대기실이 있던 애틀랜타의 클리닉이 그랬다. 다른 곳들은 중서부의 개조된 자동차 정비소처럼 검소한 모습이었다. 몇몇 클리닉에는 페미니스트 문구가 전시되어 있기도 했다. 투표를 하라고 독려하거나 "훌륭한 여성은 임신중지를 한다good women have abortions"라고 적힌 포스터가 붙었다. 우리가 방문한 대부분의 클리닉은 내가 어릴 때 다닌 메릴랜드의 학교를 지은 건축가가 설계한 것 같았다. 그 건축가는 아이들이 학교에 있는 동안 자연광을 볼 필요가 없다고 믿은 게 분명하다. 임신중지 클리닉은 시위대를 막을 수 있도록 설계되었다. 임신중지 클리닉에서는 보안이 매우 중요하다. 임신중지 시술을 하는 어떤 의사들은 방탄조끼를 입고 일하기도 한다.[7] 우리가 클리닉을 순회한 2007년부터 2010년까지는 1980년대나 1990년대보다는 클리닉에서의 폭력이 덜했다.[8] 우리가 방문한 대부분의 곳은 그저 바빠 보일 뿐이었다. 대략 절반의 클리닉 근처에 시위대가 있었지만 그들은 그저 평화롭게 서 있었고 클리닉 안으로 들어가는 여성에게 말을 걸지는 않았다.[9] 소수의 시설에만 시끄럽고 공격적인 시위대가 포진했다.

우리가 클리닉을 둘러본 이후 10년 동안 괴롭힘과 위협,

폭력 발생률이 상당히 증가했다. 폭탄 테러와 총격 사건이 발생했고 때때로 치명적이었다.[10] 가장 최근에는 2015년 콜로라도주 콜로라도 스프링스에서 플랜드 패런트후드Planned Parenthood* 클리닉에서 세 명이 살해되었다.[11] 하지만 총격 사건이나 폭탄 테러가 있을 때 언론이 임신중지 클리닉에 관심을 가진다는 사실은 이곳들이 끊임없이 폭력에 노출된다는 오해를 불러일으킨다. 시위대에게 초점을 맞춘 보도는 임신중지가 일상적인 건강 관리라기보다 정치적인 행위라는 인식에 영향을 준다.

몇 년 후 샌디는 그의 뛰어난 능력을 펼치기 위해 워싱턴 DC로 떠났고 나는 점점 더 복잡해지는 연구를 위해 컬럼비아대학교의 재생산 연구 전문가인 라나 바라Rana Barar를 고용했다. 바라는 모집 병원 수를 확대하고 7851개의 인터뷰에서 데이터를 수집하는 일을 감독했다. 우리는 결과적으로 약 240킬로미터 내에 있고 임신중지를 제한하는 주수 기준이 가장 늦은 30개의 클리닉을 선정했다. (한 여성이 이 클리닉들 중 한 곳에 너무 늦게 도착했다면 근처에 있는 다른 어떤 클리닉도 임신중지 시술을 제공할 수 없는 상황이다.) 각 클리닉마다 한 직원이 여성에게 다가가 임신중지를 원하는 여성에 관한 연구에 관심이 있는지 묻는 일을 맡았

---

* 미국에서 1916년 설립된 비영리 단체로 미 전역 600개 이상의 보건 센터와 협력해 성·재생산 건강 서비스 및 필수 정보, 성교육 등을 제공하고 있다.

다. 처음에는 이 모집자 역할을 맡은 대다수가 임신중지를 거부당한 여성이 연구에 대해 설명을 들어줄지, 무엇보다 그들이 임신중지를 거부당했다는 것을 고려할 때 연구 참여에 동의를 해줄지 회의적이었다. 여성의 70퍼센트가 연구 참여에 동의한 드레이 박사의 '여성의 선택 센터'의 성공 사례는 다른 클리닉의 모집자들로 하여금 여성들에게 다가갈 용기를 줬다. 노스다코타주 파고의 담당자인 타미 크로메나커Tammi Kromenaker는 여성들에게 "당신의 이야기를 들려줄 기회"라고 말하곤 했다.

여성들

이 연구에 참여하기로 한 여성들의 구성 분포는 전국에서 임신중지를 하는 여성들의 구성 분포와 유사하다.[12] 3분의 1 이상(37퍼센트)은 비라틴계 백인이고, 29퍼센트는 아프리카계 미국인, 21퍼센트는 라틴계, 4퍼센트는 미국 원주민, 3퍼센트는 아시아계 미국인이다. 임신중지를 하는 여성의 전국 분포도와 유사하게 임신중지 시점의 절반 이상(60퍼센트)이 20대. 다섯 명 중 한 명(18퍼센트)은 10대고 다섯 명 중 한 명(22퍼센트)은 30대 이상이다. 후기 임신중지를 원하는 여성의 빈곤율이 더욱 높긴 했지만 전체의 절반이 가난한 상태였다. 1분기에 임신중지를 원하는 여성의 40퍼센트, 병원의 임신중지 가능 기한 내의 여성 57퍼센트가 빈곤 상태에 놓여 있었다.[13] 물론 연구 참여자들 중 경제적으로 특권 계층인 여성도 있다. 참여자의 약 4분의 1은 중산층이거나 부유층이고 개인 건강보험을 갖고 있으며 거의 항상 충분한 돈이 있다고 응답했다. 다양한 민족적·경제적 배경의 여성이 임신중지 시술을 한다.

그들은 전국 40개 이상의 주에서 우리가 선정한 21개 주의 클리닉으로 찾아왔다. 메인에서 플로리다로, 워싱턴에서 텍사스로 왔다. 60퍼센트는 아이가 있고 45퍼센트는 전에 임신중지를 경험한 적이 있다. 61퍼센트는 임신에 함께한 남성과 현재까지 사귀고 있고 39퍼센트는 임신에 함께한 남성이 친구, 전 남자 친구, 지인 또는 아무런 관계가 없는 사이라고 말했다. 여성들 중 5분의 1은 성폭력 및 강간을 당했고 11명이(1퍼센트) 그 결과로 임신했다고 말했다.

이 연구의 여성 구성 분포가 전국에서 임신중지를 하는 여성의 구성 분포와 다른 점은 임신 몇 주차에 임신중지를 했는지다. 미국 여성 중 임신중지를 한 여성의 90퍼센트가 임신 1분기(13주 이하) 내에 임신중지를 했고, 20주를 넘기는 경우는 1퍼센트에 불과했다. 하지만 턴어웨이 연구에서는 25퍼센트의 여성이 1분기에 있고 30퍼센트가 14주에서 19주 사이, 45퍼센트가 20주 이상이다. 이는 정치적으로 취약하고 사회적으로 가장 받아들여지지 않는 임신중지에 대한 매우 중요한 자료다.

나는 모성 건강이나 태아 이상을 이유로 임신중지를 하려는 여성을 제외했다. 이 경우들은 태아의 생존 가능성에 따라 법적으로 임신중지를 허용하기 때문이다. 이런 여성들까지 모집했다면 연구 분석 과정에서 이들을 제외해야만 했다. 그들은 임신중지를 원하는 여성 집단에는 속할 수 있지만 임신중지를 거부당한 여성 집단에는 속할 수 없기 때문이다. 이는 임신중지 가능 기한 전후의 여성들이 유사한 조건임을 전제로 하는 연구 설계 기준을 무너뜨릴 수 있다. 돌이켜보면 그들을 개별적으로 분석하기 위해 연구에 포함해도 좋았을 것이다. 원하던 임신이지만 태아나 자신의 건강 문제로 임신중지를 한 여성의 경험 또는 정서적 반응에 대해 거의 알려진 바가 없기 때문이다. 이전의 연구는 원하던 임신이었지만 태아의 문제 때문에 임신중지를 한 여성이 임신중지 직후 더 많은 어려움을 경험할 수 있다고 보고한다.[14] 그러나 이런 이유로 임신중지가 나쁜 결과를 낳는다고 말하기 전에 우리는 원하지 않은 임신이 출산으로 이어질 때의 고통을 알아야 한다. 그 여성이 후에 더 건강한 임신을 했는지, 장기적으로 그들의 정서적 건강 상태가 어땠는지 지켜봐도 흥미로울 것이다. 이 영역의 더 많은 연구가 필요하다.

연구의 결과

우리는 임신중지가 여성에게 해롭다는 증거를 찾지 못했다. 우리가 분석한 결과에 따르면 임신중지를 한 여성은 임신중지를 거부당한 여성과 비슷하거나 더 잘 사는 일도 많았다. 그들의 신체적 건강 상태나 경제적 상태, 고용 지표는 더 나아졌고, 정신 건강은 임신중지 초기에 더 좋았으며 이후 같은 상태로 유지되었다. 미래에 대한 열망이 생기고 원하는 임신을 하게 되며 몇 년 후 좋은 관계를 맺을 가능성이 더 높았다. 이미 키우던 그들의 아이들도 더 잘 지냈다.

우리는 원하지 않은 임신이 출산까지 이어질 때의 해악을 많이 봤다. 지속적인 임신과 출산은 신체 건강의 높은 위험성과 관련이 있는데 우리 연구에 참여한 두 여성은 출산과 연관된 원인으로 사망했다. 또 출산으로 합병증을 앓거나 향후 5년 동안 만성적인 두통과 관절 통증, 고혈압을 경험하거나 전반적으로 자신의 건강을 나쁘다고 평가하는 일도 많았다. 단기적으로는 임신중지를 거부당한 이후 삶의 만족도가 낮아지고 삶에 대한 열망이 저조해졌다. 출산 후에 폭력적인 파트너로부터 벗어나기가 더욱 어려워지기도 했다. 임신중지를 거부당한 여성은 자신의 뜻에 따라 임신중지를 한 여성에 비해 경제적 어려움을 몇 년이나 더 겪기도 했다.

임신중지에 반대하는 사람들은 종종 임신중지를 원하는 여성이 무책임하고 부도덕하며 잘못된 정보를 기반으로 임신중지를 결정한다고 비난한다. 턴어웨이 연구가 분명히 밝히듯 여성은 임신중지에 관해 숙고하고 사려 깊은 결정을 내린다. 왜 임신중지를 하고 싶은지 물으면 구체적이고 개인적인 이유를 말한다. 그들의 두려움은 원하지 않은 임신이 출산까지 이어진 여성의 경험에서 비롯되기도 한다. 임신중지를 원하는 여성은 아이를 키울 여유가 없음을 걱정하고, 우리는 임신중지를 거부당한 여성이 가난할 확률이 더 높다는 사실을 발견했다. 또한 임신중지를 원하는 여성은 그들이 맺는 관계가 아이를 키울 만큼 튼튼하지 않음을 걱정했는데, 우리는 출산을 하든지 임신중지를 하든지 관계없이 임신에 함께한 남성과의 관계가 해체될 수 있음을 알게 되었다. 또 그들은 이미 키우는 아이들을 돌볼 수 없을까 봐 걱정했는데 우리는 임신중지를 했을 때보다 원하지 않은 임신이 출산으로 이어졌을 때 아이들의 건강이나 발달 상태가 저조함을 발견했다. 턴어웨이 연구는 여성이 결과를 예측하고 그들의 삶과 가족에게 가장 좋은 결정을 내릴 수 있는 능력이 있음을 뒷받침하는 강력한 증거를 제공한다.

여성들의 이야기

이 책을 통해 원하던 대로 임신중지를 한 여성과 임신중지를 거부당한 여성의 삶이 어떻게 변화하는지 살펴볼 수 있다. 임신중지는 임신뿐 아니라 그들과 그들 아이들의 삶의 방향을 형성하는 데까지 영향을 미친다. 임신중지를 한 여성과 임신중지를 거부당한 여성에 대한 측정 가능한 양적 결과가 모든 걸 말해주지는 않는다. 우울 증상, 수입 수준, 고혈압 여부 등을 알려주지만 그게 전부는 아니다. 연구를 통해 여성의 삶의 경험을 더욱 깊게 이해하기 위해서는 여성에게 그 이야기를 직접 들을 필요가 있다. 헤더 굴드Heather Gould는 31명의 여성과 심층 인터뷰를 진행했다. 그중 28명은 5년 동안의 조사 과정에서 무작위로 선정되었고, 두 명은 아이를 입양 보냈으며, 한 명은 스페인어로 조사에 참여했다. 당신은 이 31명 여성(모두 가명이다)의 이야기 대부분을, 그리고 내가 경험의 폭과 목소리의 힘을 기준으로 선정한 10명의 이야기 전부를 읽을 수 있다.

이 여성들은 원하지 않은 임신 경험을 그들의 언어로 이야기한다. 어떤 이는 임신 초기에 했든 후기에 했든 그들의 임신중지 경험을 말한다. 어떤 이는 자신이 낳은 아이들에 대해 말한다. 부모가 되기를 선택하거나 아이를 입양 보낸 이들도 있다. 똑똑하고 야심 넘치는 20살이던 젊은 여성의 이야기도 읽을 수 있다. 심한 천식을 앓던 그 여성은 집을 담배 연기로 가득 채우던 남성 파트너와 살았는데 그는 강제로 성관계를 하거나 여성에게 상처를 입혔다. 그 여성은 자신의 파트너와 2년간의 휴대폰 공동계약 때문에 그 관계에 자신을 묶어둬야 했다고 합리화하기도 했다. 그 여성이 보다 독립적이 되기 위해서는 '우연한' 임신의 현실을 직시해야 했다. 또한 당신은 활발하고 사교적인 가게 점원이 스테이크하우스의 웨이터와 사랑에 빠지면서 크리스천 카페 주인으로 변신하는 이야기를 살펴볼 수 있다. 이 여성은 자신이 사는 도시에서 임신중지를 할 수 없었다. 후기 임신중지를 위해 약 400킬로미터 이상을 이동해야 했는데 여성의 가족이 이를 종용했다. 여성은 거부했고 고립과 우울을 경험했다. 그러나 아들이 태어나자 결국 행복해졌다. 이런 이야기들은 재생산과 관련된 삶의 모습이 매우 복잡함을 보여준다. 임신중지를 한 여성이 임신을 원하기도 한다. 아이를 입양 보낸 여성이 후에는 새로 태어난 아이를 키우기도 한다.

10명의 여성이 임신중지를 하는 매년 100만여 명을 대표할 수는 없다. 그러나 턴어웨이 연구 속 10명의 이야기는 임신중지를 원하는 여성의 개인적인 경험을 통해 통찰력을 준다. 이름과 개인 정보는 바꿔 기재했지만 이 책에 쓰인 단어들은 그 여성들의 인터뷰 녹취록에서 가져왔다. 각 장 사이의 이야기는 연구에 참여할 당시 임신 주수순대로 수록했다. 가장 이른 시기에 임신중지를 한 여성 또한 매우 복잡한 이야기가 있다는 사실은 우연이 아니다. 에이미Amy는 가난하거나 아프거나 지지받지 못한 경우가 아니었고, 결정에 갈등을 일으키는 사람이 없었기 때문에 여기에 등장하는 다른 여성들보다 비교적 이른 시기에 임신중지를 할 수 있었을 것이다. 누구나 원하지 않은 임신을 경험할 수 있다는 점에서 에이미의 이야기로 시작하는 게 적합해 보인다.

에이미는 유쾌하고 친절한 사람으로, 자신의 '화려하고 멋진 평범한 삶'에 감사한다. 임신중지가 삶을 위태롭게 하는 건 아니다. 임신을 피하기 위해 30년 이상 노력했어도 사고는 발생할 수 있고 한 번 이상 일어날 수도 있다. 에이미는 행복하고 안정적이었는데 임신중지가 그 행복과 안정을 지킬 수 있게 해줬다. 임신중지는 에이미가 삶과 가족을 계획하는 행동의 일부였다. 에이미 부부는 이미 아이가 있었고 아이를 더 원하지 않았다. 에이미는 아이를 입양 보내려고 한 적도 있지만, 그 방법이 자신에게 맞지 않다는 걸 알았다. 에이미의 경험은 생명윤리학자 케이티 왓슨Katie Watson이 자신의 책 《주홍글씨 A Scarlet A》에서 '평범한 임신중지'라고 말한 것의 예시로 볼 수 있다.[15] 임신중지 권리를 주장하는 사람들은 때때로 극단적인 예시를 든다. 이를테면 폭력적인 파트너가 있거나 질환으로 삶을 위협받는 것을 가정하거나, 친척에게 강간당한 14세 소녀를 상상하기도 하고, 출생 후 거의 생존하지 못할 태아를 임신한 사례를 내세우기도 한다. 누군가의 공감을 불러일으키기 위해 이런 예시를 들지만, 자칫 임신중지가 심각한 상황에서 행해지는 일이라는 메시지를 전달할 수도 있다. 에이미가 보여주듯 임신중지는 가족을 계획하고 의미 있는 삶을 살아가기 위한 평범한 일상 중 하나일 수 있다. 물론 극단적인 일도 일어나고 그런 경우 공감과 지지가 필요하지만, 대부분의 임신중지는 몸, 출산, 삶을 스스로 통제하고 싶어 하는 평범한 여성들의 이야기이기도 하다.

에이미
Amy

처음부터 다시 시작하는 건 상상할 수 없어요.

둘째 아이를 키우게 된다면 첫째 아이를 잃게 될 거예요.

부모님과 텍사스에서 살았어요. 엄마는 양로원에서 일했고 아빠는 정비사였어요. 부모님은 제가 어릴 때 이혼했는데, 각자 재혼해서 가족이 있었죠. 우리는 여전히 텍사스에서 지내요. 부모님이 이혼한 시기가 어린 제게 좋진 않았어요. 농장을 운영하던 조부모님 말고는 크게 기억나는 게 없어요. 농장에는 동물들이 아주 많았죠. 하지만 부모님이 좋은 분들이었다는 것은 기억해요.

남편과는 고등학생 때부터 사귀었어요. 임신을 했을 때 우리는 막 결혼한 상태였죠. 첫째 딸을 임신한 사실을 알게 된 건 17살 때인데 입양을 고려했어요. 딸은 우리가 입양을 철회할 때까지 우리가 선택한 어떤 가족과 2주 동안 함께 지냈어요. 딸이 누려야 할 마땅한 삶을 우리가 줄 수 없다면 다른 사람들에게 기회를 주는 게 낫다고 생각했어요. 우리는 서류에 서명을 했어요. 딸은 그 가족과 함께였고 저는 너무 슬펐죠. 산후 우울증과 감정을 분리하려고 했는데, 이게 산후 우울증이 아닌 걸 알았어요. 다른 것을 희생하더라도 우리는 딸을 다시 데리고 와서 키워야 했어요.

우리는 그저 아메리칸 드림을 꿈꿨고 최선을 다해 딸을 키웠어요. 딸이 어릴 때, 우리는 아이를 더 갖는 것에 대해 이야기를 나눴어요. 남편은 "있지, 우리 하나 더 낳아야 해"라고 말하곤 했고 처음엔 저도 "그래. 첫아이가 네 살이 되면" 하고 대답했어요. 그리곤 '다섯 살이 되면, 여섯 살이 되면, 일곱 살이 되면'이라고 생각했어요. 다시 시작해봐야 아무 의미가 없죠. 우리가 딸에게 줄 시간이, 방이, 더 먹일 것이 없었어요. 모든 결혼 생활에는 어려움이 있죠. 평범하지 않은 일이라도 있었냐고요? 아뇨, 우리는 다른 결혼한 커플들처럼 지냈어요.

당시 10살이던 딸에게 피겨 스케이팅을 가르쳤고, 저는 일을 다니고 있었는데 갑자기 임신을 한 거죠. 우리는 결정을 내려야 했어요. 형편이 어렵지는 않았지만 최근에 집을 샀고 딸의 피겨 스케이팅에는 많은 돈이 들었어요. 우리는 딸을 사립학교에 보낼 계획이 있었어요. 제가 할 수 있는 모든 것을 딸에게 해주고 싶었어요. 두 아이에게는 한 아이에게 해주고 싶은 모든 것을 해줄 수 없었겠죠.

다시 임신했다는 걸 알았을 때 무섭기도, 좋기도, 괜찮기도 했고 '어떻게 해야 하지?' 싶었어요. 더 이상의 아이를 원하지 않는다는 걸 알았기 때문에 슬프기도 했어요. 남편도 마찬가지였습니다. 믿을 수 없다고 했어요. 딸이 거의 기적적으로 생긴 아이여서요. 남편의 10대 시절, 건강상의 문제가 있었고 수술을 한 의료진은 남편에게 생식 가능성이 희박하다고 했어요. 그래서 첫딸이 생겼을 때 정말 놀랐죠. 게다가 두 번째 임신이라니. 감당하기 쉽지 않았어요.

남편의 생일에 임신 사실을 말했습니다. 남편은 "우리 어떻게 해야 할까?"라고 물었고 우리는 무엇을 선택해야 할지 이미 알았어요. 입양을 보내는 건 어렵다고 생각했어요. 우리는 그럴 수 있는 사람들이 아니었어요. 그래서 임신중지를 고려했어요. 그게 우리의 계획에 더 적합했죠. 제가 새로운 아이를 원하지 않는다는 것을 잘

아는, 거의 10년 동안 알던 의사에게 갔더니 제게 팸플릿 하나를 주더군요. 팸플릿의 전화번호로 전화를 걸어 약속을 잡았고요.

그 클리닉 밖에는 시위자들이 몇 명 있었어요. 수가 많지 않아서 저도 당황하지 않았어요. 제가 무엇을 원하는지 스스로 알았고 강한 편이거든요. 시위자들이 결정을 바꾸진 못해요. 하지만 자신의 결정에 100퍼센트 확신이 없는 사람에겐 그 시위대가 영향을 미칠 수도 있을 것 같아요. 하지만 전 그냥 클리닉 안으로 들어갔어요. 무척 긴장되었어요. 우선 아는 사람을 마주치고 싶지 않았어요. 고개를 숙이고 그저 이겨내면 되지만요. 우리 부부는 그곳에서 온갖 사람들을 봤지만 직원들은 훌륭했어요. 임신중지 이후 약간 정신이 혼미했을 때 직원들이 친절하고 정확하게 일을 처리한 게 기억나요.

그들은 제 용기를 칭찬했고 스스로를 위해 올바른 선택을 했다는 느낌을 줬어요. 모든 것이 괜찮았고 가슴에 돌덩이가 치워진 기분이었어요. 임신중지가 제게 부정적인 영향을 미쳤다고 생각하지 않아요. 솔직히 저도 그게 긍정적인지는 잘 모르겠네요. 제 생각에 그건 해야 하는 일이었고 우리는 일상으로 돌아갔어요. 남편은 사업을 하고 저는 제가 사랑하는 일을 해요. 저는 의료 보조원이에요. 어릴 때 장난감 의료 도구로 인형의 심장 소리를 들은 기억이 나요. 예전부터 의료 서비스업을 하고 싶었어요. 30년이 지난 지금 그 일을 하고요. 딸은 제가 줄 수 있고 주고 싶고 주어야 하는 모든 것을 받으며 자랐어요. 우리는 집과 가족이 있어요. 좋은 삶이죠. 지금 행복합니다. 딸은 이제 10대예요. 제 인생에서 정말 중요한 존재죠. 저는 기본적으로 제가 해온 모든 일이 딸을 위한 거라고 생각합니다.

그래서 매 순간 딸과 함께할 수 있다는 것이 축복이에요. 딸은 너무 착한 아이예요. 우리는 정말 평범한 삶을 살아요. 매우 화려하고 멋진, 평범한 삶 말입니다. 딸을 낳고 난 뒤로 더 이상의 아이를 원하지 않았습니다. 딸은 아주 어릴 때부터 한 남자아이와 사귀었어요. 우리는 그 남자아이를 많이 도와주기도 해요. 더 이상의 아이를 원하지 않지만 다른 아이를 돕는다는 사실이 즐겁습니다. 참 재밌어요. 저는 그 아이를 놀리곤 해요. "넌 원한 적 없는 아들이야."

6개월에 한 번 정도 연구에 참여할 때면 인터뷰를 하는 사람들이 묻곤 해요. "얼마나 자주 임신에 대해 생각하세요?" 저는 대답하죠. "당신이 전화할 때만요." 그 일은 절 괴롭히거나 생각에 잠기게 하지 않아요. 그저 해야 할 일이었을 뿐이에요. 임신중지를 하지 않았다면 아마 다시 시작해야만 했겠죠. 태어난 아이는 유치원에 다니고 1학년이 되고 우리는 같은 일을 반복했을 거예요. 처음부터 다시 시작하는 건 상상할 수 없어요. 둘째 아이를 키우게 된다면 첫째 아이를 잃게 될 거예요. 전 외동이라서 이기적이었고 지금도 그렇다고 생각해요. 저는 한 명에게만 제가 줄 수 있는 모든 것을 주고 싶습니다. 다른 집을 샀어야 할지도 몰라요. 더 큰 집이 필요했을지도요. 이번에 휴가를 떠나요. 여름에는 딸을 멕시코로 보냈고요. 아마 둘째가 있었다면 불가능했겠죠.

임신중지를 해서 다행이에요. 그게 전혀 나쁜 일이라고 생각하지 않아요. 그건 전적으로 여성의 선택에 달린 일이에요. 제가 제 가족과 결정했고 우리에게 최고의 선택이었어요. 저는 남편의 지지를 받았고, 임신중지를 피임의 한 형태로 생각하는 건 아니지만 이건 언제나 여성의 선택이라고 믿어요.

지금 목표는 딸을 좋은 대학에 보내는 겁니다. 그래서 딸이 자신의 미래를 준비하도록 하고 싶어요. 모두가 그런 것처럼 저도 행복하고 싶습니다. 적어도 우리가 지원해줄 수 있는 한, 딸에게 밝은 미래가 있을 것이라고 여깁니다. 행복해지고 싶고, 든든한 버팀목을 갖길 바라는 건 꽤 좋은 목표죠.

에이미 · 텍사스 출신 · 백인

임신중지 당시 28세 · 임신 6주에 임신중지

2

왜
임신중지를
하는가?

알 자지라 잉글리시Al Jazeera English에서 오랫동안 방영된 프로그램의 하나로, 미국의 논쟁적인 정치를 다룬 다큐멘터리 시리즈 〈폴트 라인Fault Lines〉의 2012년 에피소드는 미국의 시끄러운 임신중지 토론장으로 시청자를 불러들인다.[1] 이 에피소드는 '미국의 임신중지 대학살'의 생존자들을 대표해 로스앤젤레스 베니스 비치 길가에 "죽은 것처럼 누워" 시위하는 10대들을 비추며 시작한다. 하지만 '임신중지 전쟁The AbortionWar'이라는 제목의 이 에피소드에서 나를 가장 놀라게 한 건 시위가 아니라 오하이오 의회에서 일어난 일이다.

기자 제이나 아와드Zeina Awad는 당시 오하이오주 하원의원이던 짐 뷔시Jim Buchy를 그의 사무실에서 인터뷰했다. 그린빌 출신의 공화당원인 그는 태아의 심장 활동이 확인되면 임신중지를 금지하는 법안을 공동 발의했다. 심장 활동은 빠르면 배아 단계인 임신 6주에도 발견될 수 있다. 이 무렵 많은 여성이 자신이 임신한 건 아닌지 의심한다. 한편 증상이 없는 여성은 임신을 의심할 만한 단서도 발견하지 못한다.

오하이오의 법안은 통과되지 못했지만 이 법안은 여러 주들이 이른바 '심장박동법heartbeat bills'을 제정하려는 물결의 시발점이 되었다. 2013년 아칸소와 노스다코타 두 주에서 이런 법이 성공적으로 통과되었다. 태아의 생존 가능성이 확보되기 전의 임신중지를 막는 것은, 로 대 웨이드 판결과 이후 대법원 결정들에 위배되기 때문에 법원은 끝내 이 법안을 통과시키지 않았다. 하지만 그것은 시작일 뿐이었다. 2019년에는 오하이오를 포함한 12개 이상의 주에서 심장박동법을 통과시켰다. 새로운 두 보수적 대법관들이 연방대법원에 온 후 일어난 일이니 우연이 아니었다. 또한 각 법안들은 연방대법원이 임신중지 권리의 헌법적 근거를 재검토하길 요청했다.[2]

〈폴트 라인〉 에피소드의 처음에 뷔시는 임신중지 정책에 대해 매우 자신감 있게 말한다. 그는 '생명의 거룩함'을 신봉하고 "임신중지를 줄이거나 사라지게 할" 법을 옹호했다. 하지만 아와드가 "여성이 왜 임신중지를 한다고 생각하시나요?"라고 묻자 잠시 말을 멈췄다. 뷔시는 바로 대답을 못하고 우물거리며 몸을 꼼지락댔다. "글쎄, 이유야 많겠죠. 나, 나는 여성이 아니라 알 수가……" 그는 농담하듯 얼버무렸지만, 굳은 표정으로 일관하는 아와드에게서 어떤 반응도 이끌어내지 못했다. "지금 생각해볼게요. 내가 여성이라면, 내가 왜 임신중지를 원할까……" 뷔시는 하늘이 답을 내려줄 것처럼 위를 올려다봤다. "어떤 건 경제적인 문제예요." 그는 답했다. "많은 부분이 경제적인 것과 관련이 있어요. 모르겠네요. 한 번도 생각해본 적이 없어서." 이 질문은 그가 한 번도 생각해본 적 없는 것이었다.

임신중지를 둘러싼 수십 년간의 싸움에서 우리가 포착한 이 한순간은 임신중지를 제한하는 정치와 임신중지를 원하는 여성의 경험 사이의 단절을 보여준다. 임신중지에 강력히 반대하는 입장을 취한 이 남성은 그가 영향을 미치는 여성들의 삶을 진지하게 생각해본 적이 없다. 그가 그토록 경멸하는 행위, 그러니까 여성이 왜 임신중지를 원하는지 궁금해하지 않았던 것이다.

하지만 전적으로 뷔시 탓을 할 수만은 없다. 그의 의견이 신문에 기반해서 만들어진 것이라면, 신문을 통해 임신중지에 대한 끔찍한 기사들만 접했지, 여성들이 왜 임신중지를 원하는지는 접하지 못했을 것이다. 공중보건 사회과학자인 케이티 우드러프Katie Woodruff는 버클리 캘리포니아대학교의 박사과정 학생일 당시 여성의 삶에 대한 이처럼 저조한 관심의 원인을 연구했다.[3] 우드러프는 '임신중지'를 언급한《워싱턴 포스트》,《뉴욕 타임스》,《AP》의 2년치 기사를 읽었다. 기사는 많았다. 평균적으로 하루에 하나씩은 다뤄졌다. 우드러프가 검토한 기사 중 대부분은 임신중지를 뜨거운 정치적 이슈의 예시로 다뤘다. 783개의 기사 중 32개(4퍼센트)만이 원하지 않은 임신을 경험한 실제 여성의 이야기를 다뤘다. 내가 쓴 학술 논문이 기사에 실릴 때 거기에 첨부되는 사진은 주로 머리는 없고 배가 크게 나온 임신한 여성의 몸통 사진이다. 대부분의 여성은 배가 나오기 전에 임신중지를 하고 임신중지를 한 여성들은 머리가 있다! 몸통 사진을 쓰는 것이 사진에 나온 모델에게 낙인을 남기지 않기 위한 시도라고는 생각되지만, 한편으로는 여성이 의사 결정권자로서 존재하지 않는 양상을 보여주기도 한다.

기사를 잘 읽어내는 사람일지라도 임신중지에 대한 통찰력은 거의 없을 수 있다. 앞서 언급했듯 미국 여성의 4분의 1에서 3분의 1 가량이 임신중지를 한다. 적어도 뷔시의 친구, 친척, 동료, 이웃 중 한 명은 임신중지를 했을 가능성이 크다. 물론 그들 중 한 명이 원하지 않은 임신을 끝내기로 했다고 뷔시에게 설명할 가능성은 더 적다. 임신중지를 한 여성들은 대체로 그것을 이야기하지 않고 더군다나 임신중지를 반대하는 사람에게는 더욱 침묵한다. 지금은 뉴욕대학교 사회학과 교수로 재직 중인 UC 버클리의 또 다른 박사과정 학생이던 세라 코완 Sarah Cowan은 이것을 연구했다.[4] 코완은 임신중지 권리를 지지하지 않는 미국인이 임신중지 권리를 지지하는 미국인보다 임신중지에 관한 이야기를 들을 확률이 낮다는 사실을 발견했다. 그래서 여성의 신체 자율성에 반하는 태아의 도덕적 지위를 옹호하면서도 여성의 입장은 고려하지 않을 수 있는 것이다. 임신중지를 제한할 수 있는 권력을 가진 정치인 대부분은 남성이며, 이들의 경험이 여성의 경험과는 관련이 없다는 현실을 직시하자.

나는 이웃에서 이런 현상을 목격하기도 했다. 아이를 직접 키워보니 동갑내기 아이들의 엄마들에게 안도감과 동지애를 느꼈다. 10여 년 전에, 아이를 같은 어린이집에 보내는 엄마들과 모임을 했다. 새로운 엄마가 합류하게 되었고 어떻게 그 말이 나

오게 되었는지는 모르겠지만(아마 어떤 이가 나를 가리키며 '임신중지를 연구하는 여성'이라고 설명했을 것이다), 그 새로 온 여성이 "어떻게 자기 자식을 죽일 수 있는지 모르겠다"라고 말하는 걸 듣게 되었다. 그리고 정적이 흘렀다. 모두가 그 말을 들었지만 아무도 대꾸하지 않았다.

30분쯤 후 그 여성이 가장 먼저 자리를 떠났다. 그가 나가자마자 이야기들이 쏟아졌다. 한 여성은 고등학생 때 임신중지를 한 경험을 말하며 그때 임신중지를 한 까닭에 성인이 되어 계획적인 두 번의 임신을 할 수 있어서 다행이라 말했다. 또 다른 여성은 최근 매우 계획적으로 임신을 했지만 임신 24주에 임신중지를 할 수밖에 없었던 슬픈 이야기를 했다. 의사가 그 아이는 태어나자마자 유전적 문제 때문에 곧 죽을 것이라고 말했다고 한다. 당시에는 망연자실했지만 임신중지를 해준 의사에게 고맙다고도 덧붙였다. 임신을 유지했다면 4개월이라는 시간동안 아이에게 더 고통을 줄 수 있었기 때문이다. 다음으로 18살에 성폭력 피해를 입은 여성이 말했다. 그는 미국 밖에서 자랐는데 그 나라에서는 강간으로 인한 임신을 제외하고는 임신중지가 불법이었고 의사의 도움을 통해 안전하고 합법적으로 임신중지를 할 수 있었다고 했다. 우리 여덟 명 가운데 세 명이 임신중지 경험을 이야기했고, "어떻게 자기 자식을 죽일 수 있는지 모르겠다"라고 발언한 여성은 어떤 것도 듣지 못했다. 아마 우리가 다들 그의 관점을 공유한다고 생각하며 자리를 떴을지도 모른다. 당신이 아는 그 누구도 임신중지를 한 적이 없다고 생각한다면 그건 아마 당신이 아는 사람들 중 그 누구도 당신에게 임신중지를 한 적이 있다고 말하지 않았을 가능성이 크다. 당신이 아는 사람도 임신중지를 한 적이 있을 것이다. 인종, 민족, 정치적 성향, 종교 등이 어떻든 임신중지를 하는 여성은 어디에나 있다.[5]

그렇다면 왜 여성들은 임신중지를 선택할까? 우리는 턴어웨이 연구에 참여한 여성들에게 자유롭게 대답이 가능하도록 질문을 던졌다. 임신중지를 결심한 이유는 무엇인가요? 우리는 연구 참여자가 자유롭게, 또 그들이 원하는 만큼 많은 대답을 하길 바랐다. 그 후 우리는 이것들을 유형별로 묶었다. 예를 들면 경제적 이유, 파트너 문제, 키우던 아이를 위해서 등. 키아라Kiara와 브렌다Brenda는 경제적 이유로 임신중지를 한 여성의 범주에 포함되었다. 켄터키에서 임신중지 시술을 받은 26세의 키아라는 "싱글맘으로 두 명의 아이는 고사하고, 한 명의 아이도 겨우 키워요."라고 말했다. 24세의 브렌다는 뉴욕에서 임신중지를 거부당했는데 "아이를 키울 생각조차 할 수 없는 처지"라고 말하며 "기저귀 값을 감당할 수 없다"고 했다.

앞서 언급했다시피 결과를 공유할 만한 가치가 있는 학술 논문이 수십 개 있다. 하지만 이제 한 논문에 초점을 맞춰보자. 왜 여성이 임신중지를 하는지에 대해 사회심리학자 안토니아 빅스Antonia Biggs가 이끈 연구의 논문을 살펴보려고 한다. 턴어웨이 연구 자료로 처음 발표된 이 논문은 여성이 임신중지를 원하는 이유가 임신중지를 거부당했을 때 그들이 경험하게 될 결과를 분명히 예측하기 때문임을 보여준다. 표 1은 임신중지를 원하는 구체적인 이유들의 빈도를 보여준다.

표 1   **미국의 여성들이 임신중지를 고려하는 이유 (2008~2010)**

경제적으로 준비되지 않아서	40%
아이를 키우기 적절한 때가 아니어서	36%
파트너의 문제 때문에	31%
키우고 있는 아이에게 집중하려고	29%
미래 계획에 방해가 되어서	20%
감정적·정신적으로 준비가 안 되어서	19%
건강 관련 이유로	12%
자신이 줄 수 있는 것보다 더 나은 삶을 아이가 살길 바라서	12%
아이를 키울 만큼 충분히 독립적이거나 성숙하지 않아서	7%
가족 또는 친구의 영향 때문에	5%
아이를 원하지 않거나, 입양을 보내고 싶지 않아서	4%
기타	1%

출처   Biggs MA, Gould H, Foster DG, Understanding why women seek abortions in the US, *BMC Women's Health*, 13(29), 2013.7.5.

돈이 전부가 아니다

마르티나Martina가 고등학생일 때 그의 보수적인 부모님은 마르티나가 남자친구와 손을 잡지도 못하게 했다. 마르티나는 별 볼 일 없고 어린, 이미 아이가 있는 남성의 아이를 임신한 사실을 알게 되자 부모님에게 말을 할 수가 없었다. 마르티나가 22살 때였다. 마르티나는 대학교 졸업 후 임신중지를 하기로 마음을 먹고 부모님이 절대 모르게 하려고 했다. 부모님을 실망시킬 것이라는 생각은 마르티나를 괴롭게 했고 마르티나의 임신중지는 슬프고 외로운 경험이 되었다. 그런데 회복실에서 임신중지를 경험한 여성들의 이야기를 읽으며 매우 놀랐고, 위안을 얻었다. 마르티나는 그 여성들의 이야기에 놀랐다. "모든 여성의 상황이 특별했어요." 마르티나는 여성들이 임신중지를 하는 이유가 사람들이 보통 생각하는 것과는 다르다는 것을 배웠다. 여성들의 임신중지 경험은 저마다의 고유한 이유가 있다는 마르티나의 말은 옳다. 약 1000명의 데이터를 살펴보면 패턴이 있기도 하다. 우리가 인터뷰한 여성들 중 약 3분의 2가 임신을 끝내고 싶은 이유를 한 가지 이상 말했다. 하원의원 뷔시의 생각도 맞긴 하다. 우리 연구에 참여한 여성들 중 약 40퍼센트가 그들이 아이를 키우기에, 혹은 아이가 이미 있을 때 새로운 아이를 키우기에 충분한 돈이 없기 때문에 임신중지를 원한다고 답했다. 돈이 가장 흔한 이유였다. 그 여성들은 이미 음식, 주거, 교통비와 같은 기본 생활비조차 넉넉하지 않다고 답했다. 후에 보게 되겠지만 고민은 당연하다. 이 여성들을 계속 추적하면 임신중지를 한 여성보다 거부당한 여성의 빈곤율이 훨씬 더 높다.

자신이 충분한 돈을 벌지 않기 때문에 임신중지를 원한다고 답한 여성은 40퍼센트이고, 경제적 이유만이 전부라고 답한 여성은 6퍼센트에 불과했다. 한 42세 여성은 모든 게 경제적 이유 때문이라고 했지만 "직업이 없고 사망보험금에 의지해서 살고 있어요. 14살짜리 아들도 키우고요"라며 계속해서 다른 이유를 말하곤 했다. 임신중지를 하는 데 경제적인 이유만을 말하는 여성은 거의 없다. 이 사실은 여성과 아이 들을 위한 충분한 지원이 있더라도 임신중지 비율이 극적으로 줄어들지 않을 수 있음을 시사한다.

두 번째로 많은 이유는 아이를 낳기에 적절하지 않은 때라는 것이다. 이 장의 끝에 나올 제시카의 이야기처럼 현실적인 문제 때문이다. 제시카는 23살 때 첫아이를 낳은 지 불과 5개월 만에 다시 임신한 사실을 알게 되었다. 하지만 이미 갓난아이가 있기 때문에 임신중지를 결정한 것만은 아니었다. 이 어린 엄마는 자신의 건강과 남편과의 관계 모두 악화되고 있음을 느꼈다. "그럭저럭 버티거나 죽거나. 둘 중 하나를 선택하는 일이었어요. 전 남편을 알아요. 제게 무슨 일이 생긴다면 아이들을 돌보지 않

을 거예요. 지금도 그래요. 다시 감옥에 갔거든요. 미래를 가늠할
수가 없었어요. 맞아요. 저는 이기적이어야만 했어요."

연구에 참여한 다른 여성들은 타이밍이 나빴다고 말하기
도 했다. "다른 아이를 돌볼 수 없다고 느꼈어요"라고 말한 어떤
여성처럼 아이를 키울 여력이 되지 않는다고 느꼈다. 이 연구는
양육 준비가 되지 않았을 때 임신할 경우 어떤 일이 일어나는지
알 수 있도록 설계되었다. 자신이 원해서 임신중지를 한 여성이
후에 아이를 갖게 되면 원하지 않은 출산을 한 여성보다 아이와
더 강한 유대감을 느낀다는 것을 알았다. 이에 대해서는 7장에서
더욱 자세히 설명하고자 한다.

한편 남성과 관계가 좋지 않을 때 임신중지를 원하는 경
향도 있다. 거의 세 명 중 한 명이 이런 이유로 임신중지를 원했
다. 연구에 참여한 임신중지를 원하는 여성들 중 다수가 아이를
키우기엔 (혹은 새로운 아이를 키우기엔) 파트너와의 관계가 건
강하지 않다고 느꼈다. 사실 많은 경우 파트너와의 관계가 이미
무너지고 있었고, 그들 중 몇 명은 임신을 깨닫기 전에 이미 남성
에게 학대당하는 해로운 관계를 맺고 있었다. 우리는 임신중지
를 했거나 임신중지를 거부당해 출산을 한 여성 중 절반 이상이
2년 안에 임신을 함께한 남성과 헤어진 사실을 발견했다.[6] 이에
대해서는 8장에서 더 자세히 살펴볼 예정이다.

연구에 참여한 여성 중 60퍼센트는 이미 아이가 있었는

데 그중 절반은 그 아이를 잘 키우기 위해 임신중지를 원한다고 했다. 한 여성은 새로 태어날 아이를 위한 신체적·경제적 자원은 말할 것도 없고 더 이상의 에너지를 쓰기 힘들다고 말했다. 중서부의 한 31살의 백인 여성은 그의 아픈 아이 때문에 임신중지를 고려했다. "아들이 암 진단을 받았어요. 치료를 위해서는 10시간 동안 운전을 해서 뉴욕으로 이동해야 해요. 아들은 제게 의지하고 있어요." 이 엄마의 이야기는 턴어웨이 연구를 통해 나온 가슴 아픈 이야기 중 하나다. 현재 있는 아이에게 더 좋은 엄마가 되기 위해 임신중지를 원하는 여성의 이야기는 더욱 흔하다. 앞서 언급한 바 있는 텍사스의 에이미 사례도 마찬가지다. 에이미는 딸에게 "할 수 있는 모든 것"을 해주고 싶기 때문에 임신중지를 원했다.

행복한 결혼 생활을 하고 경제적인 어려움도 없던 에이미와 달리 플로리다 출신의 아프리카계 미국인인 30세 데스티니 Destiny는 임신 사실을 알았을 때 두 살 난 아이를 키우는 싱글맘이었다. 데스티니는 대학교 학위를 따기 위해 애쓰면서 동시에 자신의 사업을 운영했다. 임신에 함께한 남성의 도움을 기대할 수 없었기 때문에 데스티니는 이미 키우던 두 살 난 아이의 양육에 집중하기 위해 임신중지를 결정했지만 늦어버렸다. 한 가족이 데스티니의 아이를 입양하겠다고 했다가 취소했고, 결국 데스티니는 스스로 두 아이를 키울 수밖에 없었다.

다음으로 많은, 5분의 1가량 정도의 여성이 아이를 가지면 삶의 계획과 직업적 목표가 흐트러질 것이라고 말했다. 6장에서 임신중지를 하거나 임신중지를 거부당하는 것이 여성의 삶에 어떻게 영향을 미치는지 살펴볼 것이다. 짧게 대답해보자면, 임신중지를 원했지만 거부당한 여성은 이후 1년 동안 삶에 대한 열망이 줄어들고, 이후 원하는 임신을 하는 데 영향을 받았다.[7] 임신중지를 거부당하는 것이 교육적 성취에 미치는 영향은 불분명하지만, 고용 및 수입에 미치는 영향은 분명하다. 원하던 대로 임신중지 시술을 받은 여성이 고용이 유지되고 빈곤선 이상의 삶을 영위할 가능성이 높았다.[8]

수년간 결정적인 자료가 없는 상황에서 정치인과 임신중지 반대 활동가 들은 임신중지가 우울을 비롯해 정신에 악영향을 미친다고 주장해왔다. 그런데 흥미롭게도 거의 20퍼센트의 여성은 정신 건강과 정서적 안정을 위해 임신중지를 선택한다. 뉴저지 출신의 19세 라틴계 여성은 "저한테는 심각한 문제가 많아요"라고 말했다. 그는 이미 한 아이의 엄마였고, 우울을 앓은 적이 있었고, 신체적 학대를 당한 경험이 있었다. 그는 자신에게 최선의 선택은 임신중지였으며 "다른 아이를 맞을 준비가 안 됐어요"라고 말했다. 우리는 임신중지가 정신적으로 해롭지 않지만 임신중지를 거부당한 여성들 사이에서 불안 증상이 증가하고 자존감이 낮아지는 현상이 단기적으로 나타나는 것을 발견했다.

또한 여성은 자신의 건강을 위해서 임신중지를 선택하기도 했다. 앞서 말했듯이 이 연구는 여성의 건강에 심각한 위험을 초래한 임신중지 사례는 포함하지 않는다. 그럼에도 불구하고 이 연구에 참여한 여성 여덟 명 중 한 명이 생명을 위협하는 정도는 아니지만 건강상의 위험을 이유로 임신중지를 선택했다.

다음에 읽게 될 제시카의 이야기에서 나오겠지만 제시카는 임신 때문에 건강이 크게 악화됐다. 심층 인터뷰에 참여한 워싱턴에 사는 백인 여성 마고Margot는 2009년, 자신이 결혼하지 않은 상태로 예상치 못한 임신을 했을 때 오랫동안 앓던 신장 질환 때문에 임신중지를 하게 되었다고 말했다. 당시 마고는 언어폭력을 일삼는 남성과 사귀었다. 마고는 그와 헤어지고 혼자 이 둘째 아이를 키우는 것도 고려했지만 자신의 건강 상태가 임신중지의 결정적 이유였다. "15살 때부터 신장이 아프기 시작했어요. 심한 신장염이나 결석 같은 것들이 있어요. 아들이 태어났을 때 합병증을 겪었어요. 임신한 기간 중 6개월 이상을 침대에 누워 있었어요. 아이가 태어날 때는 전문의가 있어야 했어요. 제가 출산할 수 있을 것이라고 생각하지 않았거든요."

약 5퍼센트의 여성이 태아의 건강 때문에 임신중지를 원한다고 말했다. 하지만 지적해왔듯 턴어웨이 연구는 태아의 이상을 이유로 임신중지를 원하는 여성에 대한 정보를 얻기에 적절한 연구는 아니다. 이 연구에 태아 진단의 결과 때문에 임신중지를 원하게 된 여성은 포함되지 않았기 때문이다.

술, 담배, 약물

연구에 참여한 여성들 중 5퍼센트 가량은 임신 초기에 술, 담배, 약물 사용을 이유로 임신중지를 했다고 말했다(이들은 60쪽 표 1에서 건강 관련 이유로 임신중지를 시도한 여성들에 포함된다). 나중에 등장할 브렌다를 포함한 많은 여성이 임신 사실을 알기 전에 술을 마셨다. 특히 임신을 시도하지 않았을 때는 더욱 그렇다. 우리는 그들이 태아에게 해를 끼칠 수 있는 물질을 사용했기 때문에 임신을 원했음에도 임신중지를 하게 되는지 알고 싶었다. 임신 중 음주와 약물 사용에 관한 전문가인 공중보건 연구자 세라 로버츠Sarah Roberts 박사는 임신 중 음주와 약물 사용을 금지하는 공중보건 및 의학적 권고가 여성으로 하여금 태아가 해로운 영향을 받았을까 봐 걱정시켜서 임신중지를 하게 하는지, 태아의 약물 노출을 이유로 기소당하는 것이 두려운 나머지 임신중지를 하는지 연구하기 위해 턴어웨이 연구팀에 합류했다.

지난 20년 동안, 미국 전역의 수백 명의 여성이 자신의 몸 혹은 아이의 몸이 금지된 약물에 양성 반응을 보였다는 이유로 감옥에 갇혔다.[9] 이런 경향은 지난 20년간의 오피오이드 위기opioid crisis*의 부상과 '인격personhood' 운동과 동시에 일어난 것이다. 임신중지 반대 정치인과 운동가 들은 헌법에 '인격 수정안personhood amendments'을 포함하는 것을 비롯해 여러 법적 맥락에서 배아와 태아의 법적 지위를 확립하기 위해 애썼다. 인격에 대한 선례를 만들어 결국 임신중지를 금지하기 위한 목적에서 이뤄진 일이다.[10] 유권자들은 '인격 수정안'을 반대했다. 재생산 정의를 옹호하는 사람들의 조직과 이런 법이 체외 수정과 같은 특정 유형의 난임 치료와 피임에 미칠 영향 때문이었다.[11]

로버츠 박사는 술, 담배, 약물을 사용했다고 보고한 여성 중 대부분이 태아 발달에 우려되는 수준으로 해당 물질을 사용한 사실을 알았다. 음주나 약물 사용을 임신중지 이유로 꼽은 여성들 중 절반은 폭음 등의 문제를 보고했다. 3분의 2는 담배를 피웠다. 절반은 약물을 사용했다(20퍼센트는 마리화나, 30퍼센트는 기타 약물). 해당 물질의 사용 수준이 분명 태아에게 해를 끼칠 수 있는 정도이기는 하지만 위해 가능성 또는 위해의 심각성 때문에 원하던 임신을 반드시 중지하는 것은 아니다. 그러나 임신 중 약물 사용에 따른 기소의 위협이나 임신 중 모든 약물을

---

*   주로 북미 지역과 일부 유럽 지역에서 합성 오피오이드(펜타닐 및 펜타닐 유사체 등) 과다 복용으로 인한 사망 및 내원 사례가 급속히 증가하여 해당 국가에서 '위기'로 인지하고 있는 상황을 말한다.

금지하라는 의학적 권고가 자신이 임신을 원했음에도 임신중지를 하게 한다는 증거는 턴어웨이 연구를 통해 도출되지 않는다. 술이나 약물 문제로 임신중지를 원한 여성의 거의 전부(98퍼센트)가 원하지 않은 임신을 한 상태였다. 다시 말해 약물 등의 사용을 이유로 임신중지를 원하는 여성은 약물 사용의 수준이 아이에게 좋지 않은 결과를 초래할 수 있긴 했지만 그 이유만으로 임신중지를 원하는 건 아니었다.

임신중지를 해야 한다는 압박

임신중지의 이유 중 가장 흔하지 않지만 제일 우려되는 항목을 보자. 여성이 임신중지를 하도록 압박을 받는다는 생각(자신이 무엇을 하는지 모르거나 다른 이에게 임신중지를 강요받았다는 생각)은 대중의 상상 속에 널리 퍼져 있다. 이런 생각은 부모의 동의를 받아야 하는 법, 상담, 임신중지에 대한 대기 기간의 필요성을 정당화한다.[12] 턴어웨이 연구를 통해 우리는 임신중지를 원하는 여성들 사이에서 임신중지를 강요받는 일은 흔하지 않음을 알았다. 5퍼센트만이 가족이나 친구가 결정에 관여했다고 말했다. 이는 임신이 자신의 가족에게 부정적인 영향을 미칠 수 있다고 느끼거나, 가족이나 친구가 자신의 임신 사실을 알지 못하게 하기 위해 임신중지를 시도한다는 걸 의미할 수 있다. 1퍼센트의 소수만이 가족이나 친구로부터 임신중지를 하라는 압박을 실제로 받았다고 말했다. 이 여성들 중 일부는 자신의 의지에 반해 결정을 강요당했다고 느낄 수 있다. 한편 책임을 덜기 위해 다른 사람에게 압박을 받았다고 말할 수도 있다. 오하이오 출신의 17세 흑인 여성은 왜 임신중지를 원하는지 묻자, "엄마가 설득했어요"라고 말했다. 우리가 연구 참여자를 모집한 임신중지 시설은 모두 여성이 스스로 결정을 내리도록 돕는 정책과 절차를 마련해뒀다. 이는 임신한 여성이 압력을 받거나 강제로 임신중지 결정을 내렸다고 말한 경우 이 시설들이 임신중지 시술을 거부했을 수도 있음을 의미한다. 다른 사람에게 결정을 강요받았다고 말한 여성의 비율이 낮은 것은 국가적 통계와도 일치하는데, 이는 자신의 의지에 따라서가 아니라 결정을 강요받은 여성을 선별하는 시스템이 잘 작동하고 있는 것이거나, 애초에 임신중지를 강요당하는 여성이 적다는 것을 보여준다.[13]

임신중지가 늦어지는 이유

앞서 알 수 있듯 2분기의 임신중지는 드물다. 하지만 2분기에 임신중지를 하는 여성은 임신중지로 인한 낙인을 가장 극심하게 경험하기도 한다. 그 결과 가장 여론의 지지가 높은 임신중지 제한의 형태는 임신중지 가능 시점을 정하는 방식일 것이다. 로 대 웨이드 판결이 뒤집힌다면 태아의 생존 가능성보다 이른 시기의 임신중지 제한이 의회 때문에 통과될 수도 있다. 후기 임신중지에 대한 지지가 부족한 이유는 태아의 발달과 관련이 있다. 많은 이가 태아가 자랄수록 태아의 인격에 대한 권리도 커진다고 생각한다. 임신중지에 대한 주된 혐오와 낙인이 1분기 후에 임신중지를 시도하는 여성들(그리고 그것을 수행하는 의사들)을 향함에도 불구하고, 왜 어떤 여성들이 1분기 후에 임신중지를 하게 되는지는 거의 알려져 있지 않다. 턴어웨이 연구 덕분에 우리는 이 문제를 훨씬 명확하게 이해하게 되었다.

우리 연구는 임신중지 가능 기한 바로 전후의 여성들을 비교하도록 설계되었기 때문에 대부분 2분기에 있는 여성들이 참여하게 되었다. (지난 장에서 언급했듯 연구에는 1분기에 임신중지를 시도한 여성들도 포함되어 있다.) 원하지 않은 임신에 대한 2분기 임신중지를 시도하는 다수의 여성 연구 참여자를 통해 문제에 대한 답을 얻을 수 있게 되었다. 우선 여성은 왜 오랫동안 임신중지를 기다리게 되었을까?

스포일러 주의. 그들은 기다린 적이 없다. 앞의 질문은 잘못된 가정을 한다. 어떤 여성은 임신 사실을 일찍 깨닫지 못한다. 드물지만 출산을 앞두고 임신 사실을 알게 되는 여성들도 있다. 이런 현상을 다룬 다큐멘터리 시리즈도 있다. 2008년 시작된 〈내가 임신한 줄 몰랐어요I Didn't Know I Was Pregnant〉는 다섯 개 시즌이 방송되었는데 각 에피소드에는 출산 직전까지 임신 사실을 몰랐던 여성들이 등장한다.[14] 비록 이 주제는 의학적 관심보다는 미디어의 관음증적 관심을 더 많이 받았지만 임신 증상이 모든 여성에게 같은 방식으로 나타나지 않는 것은 분명하다.

모든 여성이 입덧과 구토로 임신의 1분기를 보낸다는 건 사실이 아니다. 임신으로 인한 호르몬 변화에 강하게 반응하지 않는 여성들은 메스꺼움이나 피로를 느끼지 않을 수 있다. 이런 증상이 나타나지 않는 게 임신을 원한 여성에게는 축복일 수 있지만, 다른 여성에게는 임신 사실을 늦게 알아차리게 되는 원인이 되기도 한다. 특히 어린 나이, 비만, 호르몬 조절을 통한 피임, 최근의 출산 등으로 월경 주기가 불규칙하거나 부정 출혈이 있다면 더욱 알아차리기 어렵다.

카밀라Camila와 소피아는 속옷에 규칙적으로 묻어나는 피가 월경혈이라고 생각했다. 임신 초기에 소량의 출혈은 드문 일이 아니며 임신을 예상하지 못한 여성에게 그 피는 월경혈처럼 보이기도 한다. 나중에 만날 브렌다처럼 월경을 주기적으로 하지 않는 여성들도 있다. 캘리포니아 출신의 18세 라틴계 여성인 미셸Michelle은 임신중지를 하기에 너무 늦은 시기까지 수개월간 임신 증상을 알아차리지 못했다. "저는 월경을 규칙적으로 한 적이 없어요. 입덧 때 남자친구가 독감에 걸려 있기도 했어요. 임신 말고는 이유가 없다는 걸 깨닫기까지 몸에 무슨 일이 일어나는지 몰랐죠."

　　우리 연구에 참여한 다른 여성들 중에도 임신중지를 하기에는 너무 늦어버릴 때까지 임신 사실을 알아차리지 못한 경우가 있었다. 뉴저지의 26세 여성인 페니Penny는 전에 두 아이를 임신했을 때는 주기적으로 매스꺼웠고, 신체의 변화도 알아차릴 수 있어서 임신 사실을 명확히 깨달았다. 신체의 변화도 알아챌 수 있었다. 하지만 세 번째 임신 때는 몸무게가 늘지 않았고 매월 월경도 했고 토할 것 같은 기분도 느끼지 않았으며 태아의 움직임도 전혀 눈치 채지 못했다. 산부인과를 찾았을 때 의사가 화를 냈다. 페니는 그 의사의 가혹한 말을 아직도 기억한다. "아이한테 문제가 있더라도 놀라지 마세요." 의사는 페니가 임신 후에 계속 담배를 피우고 약을 먹은 것, 일찍 산전 진료를 받지 않은 것에 화를 냈다. 하지만 페니는 전혀 몰랐다. 의사는 초음파 검사를 통해 페니의 자궁 상태와 태아의 크기가 작다는 사실을 확인하고는 사과했다.

증상을 느끼지 못해 임신을 알아차리지 못하는 것과 증상을 부정하는 건 다르다. 물론 일부 여성은 증상을 부정하기도 한다. 특히 나중에 보게 될 일리노이의 19살 여성 제이다Jada처럼 어리면 그럴 수 있다. "저는 사랑에 빠졌어요." 제이다는 고등학생 때 사귄 남자친구에 대해 말했다. "제가 임신할 수 있다는 생각을 한 적이 없어요. 친구들은 꽤 오래전부터 제게 임신했냐고 물었어요. 제가 뭔가 변했다는 걸 눈치 챘겠죠. 하지만 저는 제 변화를 눈치 채지 못했어요." 제이다는 이 변화를 알고 싶지 않았다는 사실을 이제 완전히 인정한다. "거의 20주 정도 됐을 때도 몰랐어요. 아마 제가 너무 부정하고 싶어서였을지도 몰라요." 임신을 부정하는 여성들 중 일부는 유산을 하게 된다.(임신의 10~20퍼센트는 자연 유산으로 끝난다.)[15] 하지만 임신이 자연 유산으로 끝나지 않는데 임신 사실을 계속 부정하는 것은 임신중지 시술을 받는 것을 더 어렵게 한다.

결정의 시간

턴어웨이 연구에서 초기에 임신중지를 하는 여성 또한 20주 이후의 후기 임신중지를 하는 여성처럼 임신중지 시기가 늦어지는 상황을 경험한다고 말했다. 1분기에 임신중지를 한 여성의 80퍼센트, 2분기에 임신중지를 한 여성의 94퍼센트가 그런 일을 겪었다.[16] 공중보건과학자인 우슈마 우파드헤이Ushma Upadhyay 박사는 초기 임신중지 및 후기 임신중지를 하는 여성 모두에게서 임신 사실을 발견하지 못해 임신중지 시기가 늦어진 경우가 있음을 발견했다. 43퍼센트가 그런 여성들이었다. 하지만 앞서 논의했듯이 후기 임신중지를 하는 여성은 초기 임신중지를 하는 여성보다 임신 사실을 훨씬 늦게 깨닫는 경우가 많았다. 초기 임신중지를 하는 여성이 보통 임신 5주에 임신을 깨닫는 것에 비해 후기 임신중지를 하는 여성은 평균적으로 임신 12주에 임신 사실을 알았다. 사람들은 후기 임신중지를 하는 여성이 그저 결정을 고민하느라 늦었으리라고 추측한다. 3분의 1(37퍼센트) 가량이 임신중지 여부를 결정하느라 늦어졌다고 말하기는 했지만 그건 단 며칠밖에 안 된다. 우리는 1분기에 임신중지를 시도하는 여성과 후기에 임신중지를 시도하는 여성 사이에 유의미한 차이점을 발견하지 못했다. 그림 1을 보라.

어떤 여성들에게는 임신중지 결정 과정이 그리 어렵지 않다. 연구에 참여한 여성의 30퍼센트는 임신중지 결정이 다소 쉽거나 매우 쉽다고 답했고 14퍼센트의 여성은 결정이 쉽지도 어렵지도 않다고 답했다.[17] 절반이 조금 넘는 여성이 어려운 결정이었다고, 29퍼센트는 다소 어렵다고, 27퍼센트는 매우 어려웠

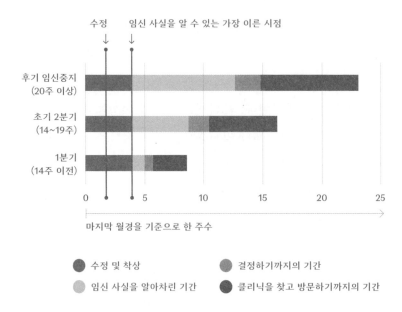

그림1　마지막 월경 이후 임신중지를 하기까지의 기간

수정　임신 사실을 알 수 있는 가장 이른 시점

후기 임신중지
(20주 이상)

초기 2분기
(14~19주)

1분기
(14주 이전)

0　　5　　10　　15　　20　　25

마지막 월경을 기준으로 한 주수

● 수정 및 착상　　　　　● 결정하기까지의 기간

● 임신 사실을 알아차린 기간　● 클리닉을 찾고 방문하기까지의 기간

다고 했다. 임신중지 결정은 어려울 수 있지만 항상 그런 건 아니다. 쉬운 결정이 무모한 결정을 뜻하는 것도 아니다. 상황을 고려할 때 올바른 선택이 무엇일지는 충분히 명확할 수 있다.

　　일단 여성이 결정을 내리면 절차를 진행하기까지 여성을 기다리게 할 필요가 없다. 4장에서 살펴보겠지만 결정의 정당함에 관한 여성들의 의견에 따르면 임신중지 여부를 여성이 얼마나 오랫동안 고민해야 하는지 정부가 관여할 필요가 없다. 임신중지 전에 의무적인 대기 기간은 좋은 제도처럼 들리지만(모든 사람이 중요한 결정을 앞두고 생각할 시간을 가질 필요가 있다), 임신중지에 대한 비용을 증가시키고 여성이 원하는 것보다 늦게 임신중지를 하게 만드는 의도하지 않은 결과를 가져온다.

피임 격차

원하지 않은 임신을 결국 중지하기로 결정한 여성들의 여러 가지 마땅한 이유에도 불구하고 어떤 사람들은 왜 그들이 애초에 임신을 했냐고 묻는다. 나는 턴어웨이 연구 결과에 근거해 여성은 자신의 임신 사실을 숙고해 올바른 판단을 내린다고 주장했다. 하지만 왜 그 여성의 판단을 믿어야 하는지 의아할 수 있다. 의도하지 않은 임신이었기 때문에 여성이 잘못된 판단을 내릴 것이라고 주장할 수도 있다.

어디서부터 시작해볼까? 우선 피임과 임신중지는 언제나 여성의 일이자 여성의 문제로 간주된다. 그러나 여성은 당연히 스스로 임신할 수 없다. 미국 사회에서는 여전히 갑작스러운 임신과 그 결과를 궁극적으로 여성의 잘못이자 여성이 짊어져야 할 짐으로 치부하는 경향이 있다.

여섯 아이의 엄마이자 모르몬교 신자인 가브리엘 블레어 Gabrielle Blair는 "여성의 재생산권에 대한 남성의 일장 연설을 듣는 것"에 넌더리가 난다고 트위터에 올렸다.[18] 블레어는 남성이 원하지 않은 임신의 책임을 같이 짊어지지 않기 때문에 비난받아야 한다고 주장했다. 블레어는 여성의 피임법과 달리 콘돔은 비싸지 않고 어디에서나 사용할 수 있고 즉각적인 효과가 있는데도 많은 남성이 콘돔을 사용하지 않는다고 주장했다. 블레어는 "남성이 무책임하게 오르가즘을 느끼고 있을 때만, 원하지 않은 임신이 일어날 수 있다"라고 올렸고, 10만 번 이상 리트위트되었다. "많은 남성이 무책임하게 사정해서 원하지 않은 임신을 초래하지만 그런 건 안중에도 없다. 아직도 그렇다. 임신중지에 대한 주제가 대화에 오르면 남성은 임신중지는 끔찍하고 여성은 임신중지를 해서는 안 된다고 생각할지도 모른다. 원하지 않은 임신을 '초래한' 남성은 고려하지 않는다. 원하지 않은 임신에 대한 남성의 책임을 묻지 않는다면 시간을 낭비하는 것이다. 병원 앞에서 시위하지 마라. 여성에게 수치심을 주지 마라. 임신중지법을 뒤집으려고 하지 마라. 정말 미국의 임신중지 시술을 줄이거나 없애고 싶다면 '남성에게 자기 행동에 대한 책임을 물으면 된다.'"

전적으로 여성을 향한 비난, 낙인, 처벌을 다른 방향으로 돌리려고 시도한 블레어를 이해한다. 그럼에도 강간이나 피임

방해 등을 제외하고는 성관계와 피임에 관한 의사 결정에 여성도 참여한다. 비난을 똑같이 나누는 게 해결책이라고 말하는 건 아니다. 우리는 덜 비난받고 더 많은 성교육, 더 나은 피임 선택권을 가질 필요가 있다.

계획된 임신을 위해 피임을 하지 않을 때를 제외하고 첫 성관계부터 완경기까지 꾸준히 피임을 실천하는 게 주된 방법이다. 피임은 돈이 많이 들고 부작용도 견뎌야 할 때가 있으므로 주의 깊고 신중한 고려가 필요하다. 18세에 성관계를 시작하고 45세에 완경을 맞이하는 이성애자 여성이 피임을 하면서, 준비가 되었을 때 두 아이를 가지려면 어떤 노력이 필요할까? 그 여성은 6844개의 피임약을 먹어야 하고, 거의 2000번의 성관계에서 매번 콘돔을 사용해야 하며, 975개의 패치나 325개의 질 내 고리를 때에 맞춰 교체해야 하고, 네 개에서 여섯 개의 자궁 내 장치IUDs를 삽입하고 제거해야 한다.

표 2는 성적으로 활발한 여성이 성인기에서 한 가지 피임법을 사용할 때 필요한 피임 도구의 양과 원하지 않는 임신을 할 확률을 나타낸 것이다. 물론 대부분의 여성이 평생 한 가지 이상의 방법을 사용하고 적절한 처방을 받으려고 정기적으로 병원에 가고 피임 도구를 구입하기 위해 약국에 방문할 것이다. 이 모든 건 안정적인 건강보험을 갖고 환자부담금을 지불할 수 있는 상황을 가정한 것이다. 미국에서 원하지 않은 임신

표 2

첫 번째 성관계부터 완경기까지
평생 두 아이만을 낳길 원할 때 필요한 가족계획 방법

		예상되는 필요량 또는 횟수	원하지 않는 임신의 횟수 (각 피임 도구를 사용함에도 불구하고)
가족계획의 방법으로써 피임법	콘돔	2000개 이상	0.5 ~ 3.8
	구리 자궁 내 장치	4개	0.2
	호르몬 자궁 내 장치	6개	0.1
	피임용 임플란트	9개	0.0
	경구 피임약	6844개	0.1 ~ 2.0
	피임 패치	975개	0.2 ~ 2.5
	질 내 고리	325개	0.1 ~ 2.0
	주사 피임제	100개	0.1 ~ 0.8
	질외 사정	2000번 이상	1.0 ~ 6.8
가족계획의 방법으로써 임신중지	초기의 약물 임신중지	30번	30
	2분기 임신중지	25번	25

- 이런 추정치는 이미 발표된 피임 실패율과 나이에 따른 성관계 빈도에 기초한다.[19]
- 이 추정치는 여성이 가임기 내내 성적으로 활발하고, 그 기간 동안 한 가지 방법으로 가족계획을 한다고 가정한다.

은 주로 피임 실패가 아니라 피임 격차 때문에 일어난다.[20] 가임기 동안 피임약을 꾸준히 복용하더라도 두 번, 콘돔을 사용하더라도 네 번, 질외사정을 한다면 일곱 번의 임신 가능성이 있다.

임신중지 권리를 지지하지만 그런 권리가 남용될까 봐 우려하는 사람들이 자주 제기하는 문제 (즉 임신중지가 합법화되면 여성들이 그걸 주요한 피임 수단으로 삼을 것이라는) 이야기를 해보자. 여성이 첫 성관계부터 완경될 때까지 다른 피임 없이 임신중절로만 가족계획을 한다면, 그녀는 1분기 임신중지를 30번, 2분기 임신중지를 25번을 하게 될 것이다. 임신중지를 피임 목적으로 쓴다는 것은 이런 뜻이다. 당신이 10번 미만의 임신중지 경험자를 언급하는 것이라면, 그들은 단지 운이 없거나 지속적인 피임을 하지 않는 사람일 뿐이다.

다양한 이유

실제 미국의 대부분의 여성은 수십 년에 걸쳐 다양한 방법으로 피임을 한다. 남성과 성관계를 하는 여성은 콘돔으로 시작해, 관계가 지속되면서 피임약을 복용하고 여러 방법을 시도한다. 하지만 완전히 만족스러운 방법은 없다. 때때로 피임을 하지 않아서 임신에 대한 공포를 느끼기도 한다. 임신중지를 하거나 유산을 할 수도 있다. 두세 명의 아이를 가질 수도 있다. 끝내 난관결찰술을 받을 수도 있다. 자주 이런 식으로 일이 흘러가지만 여성의 경험은 다양하다. 나는 콘돔을 사용했고 피임약을 먹었고 임신에 대한 공포를 느꼈으며, 보다 많은 약과 다이아프램,* 자궁 내 장치 삽입, 가슴 아픈 유산, 첫째 아이 출산, 자궁 내 장치 삽입, 둘째 아이 출산, 완경 전까지 더 많은 자궁 내 장치를 삽입하는 순으로 경험했다. 이 책에서 소개하는 여성들은 유산, 임신중지, 출산(원하던 임신이든 아니든), 피임약을 얻는 것과 건강을 악화시키지 않는 피임법을 찾는 데 어려움을 겪었다. 6장과 7장에서 만나게 될 멜리사Mellisa는 둘째부터 다섯째까지 출산한 후 매번 난관결찰술을 받으려 했지만 병원이 서류를 잃어버렸거나 멜리사가 제때 서명을 해주지 않았다는 이유로 난관결찰술을 받지 못했다. 멜리사도 깨닫지 못했지만 진실은 가톨릭 병원에서 출산을 한 데에 있었다. 그 병원은 난임 시술을 제공하지 않았다. 병원의 종교적 원칙에 어긋나기 때문이다. 난관결찰술을 받을 수 있는 방법은 가톨릭 병원이 아닌 병원에 가는 것이다. 결국 멜리사는 그렇게 했지만 이미 세 명의 아이를 낳고 한 번의 임신중지를 한 뒤였다.

---

* 자궁 경부에 씌워 정자가 자궁 내로 들어가는 것을 방지하는 피임 기구.

지식과 접근권의 문제

연구에 참여한 여성들 중 64퍼센트는 그들이 임신한 때에 피임을 하고 있었다. 그중 37퍼센트는 콘돔이나 페서리 같은 방법으로, 27퍼센트는 경구 피임약이나 패치, 링처럼 호르몬 조절 방법으로 피임을 했다.[21] 나머지 36퍼센트는 여성 또는 파트너가 피임을 하지 않아서 임신했다. 피임을 일관되게 하지 않거나 전혀 하지 않는 여성이 자신의 임신 가능성을 생각하지 않았다는 게 놀라울 수도 있다. 실제로 한 번의 성관계로 임신이 되는 건 쉬운 일이 아니다.

월경 주기상 자신이 어느 시점에 있는지 모를 때, 성관계에 따른 임신 가능성은 3퍼센트다.[22] 배란일로 이어지는 6일 이내에 성관계를 한다면 약 10퍼센트의 가능성이 있고, 그 외의 날에는 0퍼센트다. 대부분의 사람이 난관에 난자가 기다리고 있을 작은 가능성을 피해가는 식으로, 그러니까 마치 러시안 룰렛처럼 스릴 있게 성관계를 하진 않는다. 감정적으로 유대감을 느끼거나 쾌락을 경험하기 위해 합의하에 성관계를 할 때 임신 확률이 낮을 것이라고 생각해 피임을 하지 않는 때가 있다. 임신 확률이 적다는 건 대체로 맞는 말이다. 신호등을 어기고 길을 건너거나, 짧은 거리를 안전벨트를 매지 않은 채 차로 이동하거나, 과자가 바닥에 떨어졌을 때 '5초 규칙'을 따라본 적이 있다면 이 논리에 익숙할 것이다. 문제는 한 번의 성관계에 대한 위험 계산에 있는 게 아니다. 당신이 혹은 파트너가 임신을 하려는 생각이 전혀 없이 이성애 성관계를 했는데 임신을 하지 않았다면 단지 운이 좋았을 뿐이다. 반면 운이 좋지 않았던 이들은 임신중지를 위해서 병원에 간다.

재생산 건강 연구자와 의사 들은 피임에 대한 지식이 없거나 접근권이 부족하기 때문에 사람들이 임신의 위험을 자주 겪게 된다고 추정한다. 맞는 말이다. 이런 이유들은 어떤 사람들은 왜 무방비 상태로 성관계를 하게 되는지 설명해준다. 어떤 이들에게는 재생산 관련 생리학적 지식이나 임신의 위험에 대한 정확한 정보가 부족하기도 하다. 그러나 피임하지 않는 성관계의 이점도 물론 있다. 많은 커플에게 매번 피임을 목표로 하는 것보다 피임하지 않는 성관계가 감정적·성적으로 더욱 만족감을 줄 수도 있다.

위험을 감수하려는 성향이 있는 많은 여성이 피임에 어려움을 겪는다. 또 다른 연구에 따르면 다섯 명 중 한 명은 임신 전에 피임 용품이 바닥났다고 말했는데 이들을 포함해 임신중지를 시도하는 다섯 명 중 두 명이 피임에 어려움이 있다고 보고했다.[23] 누구나 피임에 쉽게 접근할 수 있는 방법을 찾아야 할 이유다. 예를 들어 약국에서 콘돔과 같이 경구 피임약을 처방전 없이 이용할 수 있게 함으로써 단기적인 피임법에 접근하는 절차를 간소하게 만들어야 한다. 비영구 장기 피임법LARC*은 피임에 대해 의논하고 임신에 대한 위험을 계산할 때 커플이 겪는 문제를 해결할 수도 있다. 여성들은 얻기 쉽고 사용하기 편한, 관능적인 경험과 파트너와의 연결감을 훼손하지 않는 다양한 피임법을 필요로 한다.

전에 피임을 하지 않는 성관계에 대한 연구를 하면서 피임 수단과 피임에 대한 정보를 얻기 어려운 상황이 얼마나 역효과를 가져오는지 알았다. 우리는 보수적인 정치인들과 이익 단체들이 미국의 전 대통령인 버락 오바마Barak Obama가 만든 피임에 대한 의료 규제를 약화시키는 상황을 목격했다. 오바마의 의료 규제 내용은 피고용주가 본인 부담금 없이 다양한 피임법에 접근할 수 있는 건강보험을 고용주가 제공하도록 한 것이다. 우리는 트럼프 정부 시절, 많은 저소득층 여성에게 피임을 제공해 온 가족계획 클리닉들이 임신중지 시술을 제공한다는 이유로 예산 삭감을 당하는 것을 지켜봤다. 또한 임신중지를 시도하는 여성에게 의료 연계를 제공할 때, 국제 가족계획 프로그램에 대한 예산 삭감 시도가 이뤄지는 것을 목격하기도 했다. 원하지 않는 임신을 예방하기 위해서는 피임이 필요하고, 여성의 욕구를 충족하는 새로운 방법 또한 개발해야 한다.

---

*   임플라논, 자궁 내 피임 장치 등 수년 이상 지속되며 가역적인 피임 시술들.

현재 사용 가능한 피임법은 모두를 만족시키지 못한다.[24] 나는 여성이 어떤 피임법을 원하는지 많은 연구를 해왔다. 여성들은 자신이 원하는 것을 얻지 못하고 있다. 여성들은 효과는 뛰어나지만 부작용이 적고, 얻기 쉬우며 사용하기 편한 방법을 원한다. 많은 여성이 피임 도구를 사용할지 말지, 또 언제 사용할지 스스로 통제할 수 있기를 바란다. 전에 한 연구들을 살펴보면 기존의 피임법은 여성이 그들에게 중요하다고 생각한 부분의 3분의 2 미만을 충족했다.[25]

일반적으로 유색인 여성은 백인 여성과 다른 선호도를 보였다. 예를 들어 사용을 통제할 수 있고 프라이버시가 존중되며 월경 주기에 변화가 없는 방식을 선호했다. UCSF의 교수 안드레아 잭슨Andrea Jackson과 한 다른 연구에서 유색인 여성은 백인 여성보다 피임을 시작하거나 멈추는 것에 대해 스스로 통제하기를 원했고, 의료진을 만나지 않고도 피임 수단을 얻기를 바라는 등각 피임법의 특징을 더 많이 고려한다는 것을 알았다.[26] 이런 차이는 의료 기관과 의료진 또는 새로운 피임법에 대한 역사적으로 근거가 있는 의심에 기반할 수도 있다. 미국은 유색인 여성의 인간성을 부정하고 재생산을 통제해온 기나긴 역사가 있다. 노예제 시대의 강제 출산에서부터 최근 수십 년간의 강제 불임 시술에 이르기까지 말이다.[27] 선호하는 피임법이 다르기 때문에 유색인 여성은 자신이 원하는 피임법을 찾는 일에 더 어려움을 겪는다. 운이 좋은 여성은 자신의 욕구를 충족하는 피임법을 찾게 된다. 하지만 많은 사람에게 원하지 않은 임신을 예방하는 일은, 부작용을 견디고 정기적으로 병원이나 약국에 가고 선호하지 않는 피임법임에도 불확실한 미래의 임신 위험을 낮추기 위해 많은 비용을 지불해야 하는 일이다.

다음은 제시카의 이야기로, 더 나은 피임법의 필요성을 말해주는 매우 명확한 사례다. 제시카의 내과적 상태는 모든 피임법과 맞지 않았고, 유일하게 사용 가능한 피임법에도 부작용을 겪었다. 피임에 대한 적절한 선택지가 없을 때 초래되는 결과는? "나 임신했어."

제시카
Jessica

존재하는 모든 것에는 하나님의 이유가 있어요.

임신중지는 저 같은 사람들을 위해 존재해요.

루이지애나의 정말 작은 마을에서 자랐어요. 모두가 서로를 알고 다른 사람들이 저를 더 많이 아는 곳이죠. 졸업생이 100명 남짓인 학교를 졸업했어요. 당신도 그렇게 말하겠지만 고등학교를 다닐 때까지 운동을 해서 저는 남자에 미쳐 있었어요. 운동하는 친구들과 야구 경기를 보러 다녔어요. 10대 때 엄마가 돌아가셨어요. 저는 집을 떠나 혼자 생활했죠. 한 여성이 제가 졸업할 때까지 자신의 집에서 아이를 돌보는 조건으로 함께 지내게 해줬어요.

고등학교를 졸업하고 전문대학교에 갔어요. 휴일을 맞아 집으로 오는데 심각한 교통사고가 나서 목이 부러졌어요. 상태가 심각해 아무것도 할 수 없었어요. 대학교를 중퇴했고 그때 존John을 만나 아들 이단Ethan을 갖게 된 거예요. 존은 제가 통화하거나 식료품점에서 대화를 나누는 모든 사람을 심각하게 질투했어요. 저와 같이 산 여성에게도 그랬죠. 존은 그 여성의 번호를 지우게 했고 대화도 못하게 했어요. 그는 밤에 나가면서 차와 휴대폰을 가져갔고 아이와 저를 집에 남겨뒀어요. 저는 누구와도 대화를 할 수 없었어요. 그는 바람을 피우고는 만회하려고 아등바등하더군요. 존은 당시에 조금 있던 저축 채권으로 400달러짜리 트레일러를 샀어요. 우리는 이동식 주택 주차장에 살았고 그는 제 조부모님이 내주시는 전기세를 제외한 거의 모든 비용을 냈어요.

제가 첫째를 가졌을 때 고향과 겨우 10분 정도 떨어진 곳에 살았어요. 20살이 되기 전에 이단을 낳았어요. 존은 고등학교를 졸업하고 처음 사랑에 빠진 남자였죠. 저는 그가 무엇을 하든 잘못한 일이 없다고, 그가 어떤 행동을 하든 저를 영원히 사랑한다고 생각했어요. 하지만 진실이 아님을 깨달았죠. 정신적으로나 육체적으로나 저는 학대받는 쪽이었어요. 존은 첫째가 태어났을 때부터 감옥을 드나들었어요. '결혼한 사이'라기 보다 제가 남편을 키웠다고 말하는 게 적절하네요.

첫째를 임신했을 때 밤에 발작한 적이 세 번이나 있어요. 발작하는 사람은 텔레비전에서만 본 적 있어요. 저에게 무슨 일이 일어나는지 정말 몰랐죠. 존은 밤에 집에 있던 적이 없었고요. 성매매를 하러 가거나 항상 취해 있었거든요. 심전도 검사를 비롯한 각종 검사를 했는데 아무런 원인을 찾을 수 없었어요. 제게 무슨 일이 일어났다는 걸 증명하는 방법은 모니터로 측정하고 있을 때 발작이 일어나거나 스스로 그것을 녹음하는 수밖에 없었어요. 저는 발작이 다가오는 것을 느꼈죠. 하지만 3분 안에 끝나버려서 잡아내지 못했어요. 이단을 낳은 후 발작은 다섯 번 더 찾아왔어요. 그때는 임신 상태가 아니었으니까 혈당 문제거나 포착되지 않는 어떤 문제 때문일 것이라고 생각했고요.

매디슨Madison을 임신했다는 걸 알았어요. 몸 상태가 나빠지기 시작해서 존에게 말했죠. "나 임신했어." 그는 "설마"라고 했고요. 저는 다섯 번이나 테스트했고 그중에는 비싼 테스트기도 있었어요. 임신했다는 결과가 뜨지 않더군요. 보건소에 가서 소변 검사를 해도 임신이 아니라고 했어요. 혈액 검사를 하자 임신이라고 나왔죠. 그럴 줄 알았어요. 제 몸이 마비되는 것 같았어요. 의사는 섬유근육통일 거라고 하더군요. 머리를 빗을 수도, 아무것도 할 수 없었어요. 정말 말도 안 되게 아팠어요. 전 임신 중이었고 아이가 제가 먹는 모든 것을 가져가는 것 같았어요. 할머니가 제가 좋아하는 음식을 해줬지만 먹을 수가 없었어요. 토할 것 같았거든요. 의사는 그저 임신 때문이라고 생각했던 것 같아요. 그게 잘못이었고요. 발작은 점점 더 심해졌죠. 매디슨이 태어나고 집에 온 이틀 후 병이 났어요. 의료진은 저를 3주 동안 병원에 입원시키고 모든 종류의 검사를 했어요. 결국 다발경화증과 심한 입덧으로 진단됐어요. 집에서 한 시간 거리의 병원에 입원했는데 존은 저를 보러 두 번 왔어요. 존의 친척 중 한 명이 제가 입원한 동안 아이를 봐줬고 존은 아이를 보러 두 번 갔고요. 돌이켜보면 오랫동안 존을 곁에 뒀다는 게 어리석었어요. 하지만 저는 우리 관계가 정말 괜찮길 바랐어요.

집으로 돌아온 이후 발작약을 먹어야 했는데 피임약은 발작약을 방해할 수도 있었어요. 그래서 피임 주사도 시도해봤는데, 맞는 내내 울었어요. 비참했어요. 보건소와 의사가 새로운 피임법을 생각해내길 기도했어요. 계속 약을 먹어야 했고 죽고 싶지 않았거든요. 저는 제가 세 번째 임신을 했다는 것을 알았어요. 보건소에 가서 피검사를 했더니 아니나 다를까 임신이었죠.

"괜찮거나 죽거나" 중에 하나인 상황이었어요. 알다시피 남편은 제게 무슨 일이 일어나도 아이들을 돌보지 않을 거고요. 지금도 다시 감옥에 잡혀 들어갔거든요. 저는 어찌할 바를 몰랐어요. 이기적으로 행동해야 했죠. 임신 사실을 알았을 때 무서워 죽을 지경이었어요. 왜냐하면 그전에 출산하고 나서 나팔관을 묶어달라 했을때, 의사들이 제 나이 때문에, 메디케이드법 때문에 안 된다고 했거든요. 또 제가 다시 임신한다면 득될 게 하나도 없다고 했고요. 매디슨을 낳은 후 6개월 동안 항암 치료를 받고 나서야 원래의 몸 상태로 되돌아갔어요. 임신한 동안 화학요법 치료를 한 번 더 받아야 했죠. 존은 절대 변하지 않았어요. 3주간 병원에 있을 때 그는 저를 보러 두번 왔고 휴대폰도 가져갔어요.

제 건강을 위해서가 아니라면 저는 할 수 있었을 거예요. 전에도 존 없이 아이를 키웠으니까요. 하지만 또다시 아플 수도 있고 심지어 죽을 수도 있어요. 저는 평생 임신중지를 반대해왔죠. 임신중지는 완전히 잘못된 일이에요. 하지만 실제로 그런 일이 일어났을 때 저는 무언가를 희생해야 한다는 것을 이해하게 됐어요. 이단, 매디슨을 떠나게 되거나 세 명의 아이를 혼자 기르게 되거나.

다발경화증은 치료할 수 없어요. 갑작스럽게 재발해 침대에서 일어나지 못할 수도 있어요. 깊이 고민했고 결론을 내렸죠. 존재하는 모든 것에는 하나님의 이유가 있어요. 임신중지는 저 같은 사람을 위해 존재해요. 임신중지의 나쁜 점은 "음. 좋아. 난 임신중지할 거니까 신경 쓰지 않아도 돼"라고 임신하자마자 생각하게 되는 거죠. 저는 어릴 적부터 지켜온 믿음을 뒤로 하고 저와 제 아이들을 위한 결정을 내려야 했어요. 신이 이런 일이 일어나길 원하지 않았다면 제가 어떻게 해야 할지 알아차리지 못하게 만들어놓았을 거예요.

저는 작은 마을에서 자랐기 때문에 산부인과 의사와 개인적으로 알았는데, 그는 제 주치의이기도 했어요. 의사는 임신중지를 추천하지 않았지만 팸플릿 하나를 주면서 다른 의견을 들어보길 권하더군요. 그러면서 다른 사람에게는 팸플릿 이야기를 하지 말라고 했어요. 의사는 제가 그걸 읽고 싶어 했다고 생각했을 거예요. 저를 어릴 때부터 봐왔으니까. 그 팸플릿은 제가 간 클리닉의 것이었어요.

임신중지를 하려면 돈이 있어야 했는데 존은 일을 하지 않았어요. 별로 친하지 않은 한 친척의 남편이 치과의사였는데, 제가 팸플릿을 받은 지 얼마 안 되어 그 친척에게 전화가 왔어요. 저는 친척이 형편이 괜찮다는 걸 알았고 돈을 부탁했어요. 그게 큰 무리는 아니었을 거예요. 그는 제가 걱정된다며 괜찮은지 확인하려고 전화했다고 하더라고요. 그러면서 제 결정을 존중하고 저를 판단하지 않을 거라고 했어요.

처음 임신중지 클리닉에 갔을 때 밖에 시위대가 있었어요. 시위대는 크게 소리 질렀어요. 그 다음에 갔을 때도 그랬죠. 신경이 쓰였어요. 존은 동행하지 않고 다른 일을 했어요. 두 번째 방문 때는 제가 운전을 할 수 없어서 그가 같이 와야만 했어요. 존은 달갑지 않아 했어요. 자기밖에 몰랐죠. 귀찮은 일은 신경 쓰지 않아요. 클리닉 직원들은 아주 친절했지만 클리닉의 모든 것이 그다지 좋은 경험은 아니었죠. 저는 계속 생각했죠. '이건 텔레비전에서가 아니라 나한테 일어난 일이야.' 제가 지금 당장 처리해야 하는 일이라고요.

임신중지 이후 제 목표는 결혼 생활이 나쁘다는 걸 깨닫고 어떻게든 존을 떠나는 것이었어요. 위대한 주님께선 정말 유머 감각도 뛰어나더군요. 존이 채권을 갚지 못해서 6개월 동안 감옥에 수감되었거든요. 그동안 저는 가정 폭력을 이유로 이혼 소송을 제기했고요. 마침내 이 관계에서 탈출했어요. 존이 이혼 서류에 서명하는 데 2년이나 걸렸지만 결국 전 해냈어요. 이혼 법정에 설 때 혹은 그와 싸울 때 존이 제게 복수하기 위해 페이스북에 공개적으로 제 임신중지를 비난할까 봐 걱정했어요. 제 임신중지 사실은 제 가족, 지금의 남편, 제 친구들도 이미 알고 있어요.

존이 감옥에 있을 때 제 기분도 정말 좋지 않았죠. 존을 정말 사랑했고 제 모든 것을 쏟아 부었으니까요. 그를 위해 친구들을 버렸고요. 무슨 이유에선지 이혼한 지 몇 년이 지났는데, 여전히 그가 감옥에 있으면 신경이 쓰여요. 그동안 존이 매달 333달러를 아이들 양육비로 지급하도록 되어 있는데, 그 기간을 통틀어 존은 300달러만을 지급했어요. 아들은 여전히 존 때문에 울어요. 아이들에게 존을 욕하고 싶진 않아요. 아이들이 스스로 알길 바랄 뿐이에요.

지금 남편은 길 아래 작은 마을 출신이에요. 로버트Robert와는 오래전부터 알고 지냈지만 그저 지인일 뿐이었죠. 저는 그가 쳐다보는 걸 알고 제 엉덩이를 그만 보라며 당황시키기도 했죠. 지금 생각하면 웃긴 일이에요. 그에게는 어린 아들이 있는데 하루는 로버트가 페이스북에 사진을 올렸고 저는 그에게 아이가 귀엽다고 메시지 보냈죠. 곧 대화가 다른 것으로 이어졌고 우리는 일주일 동안 이야기를 나눴어요. 로버트는 저와 데이트 하고 싶다는 기색을 넌지시 내비쳤지만 정말로 제게 묻진 않더라고요.

그래서 제가 나 좀 데리고 나가라고 했어요. 우리는 데이트를 했고, 그는 주말에 제 집에 온 이후로 떠나지 않았죠. 결혼하기 전에 저는 이사를 했고 로버트의 가족이 그의 집을 떠나면서 지금은 로버트와 제가 그 집에 살아요. 이사하면서 아들을 이 동네에 있는 학교에 보냈죠. 로버트는 건설 노동자예요. 로버트가 주말에만 집에 있어서 주중에는 거의 싱글맘이죠. 아직까지 병이 크게 재발한 적은 없어요. 아이 둘을 키워야 하기 때문에 이겨내야만 하죠.

정말 많은 일을 겪었어요. 누군가는 아이들이 아프거나 침대에서 몸을 일으킬 수 없어도 할 수 있는 일이죠. 항상 더 나쁜 상황에 처할 수 있으니 지금 가진 것에 감사해야 해요. 전 여기까지 왔고 포기하지 않을 거예요. 남편은 아들 하나만 있어요. 로버트가 아이를 원한다는 걸 알지만, 그는 항상 저를 먼저 걱정하기 때문에 아이 이야기를 하지 않아요. "나는 당신이 중요해. 당신이 없으면 어떡하겠어?"라고 말하죠. 언젠가 의사와 이 일을 상의한 적도 있어요. 하지만 이건 이런 종류의 일일 뿐이에요. 말하자면 어느 날 당신이 하와이에 가고 싶다고 쳐요. 아무도 당신이 하와이에 갈 수 없다고 말할 순 없죠. 당신은 어떻게 해서든 갈 수 있고요. 아니면 언젠가 집을 짓고 싶을 수도 있죠. 당장은 그럴 수 없지만 언젠가는 가능할 수도 있고요. 하지만 제가 그에게 아이를 낳아줄 수는 없어요.

로버트의 가족이 그에게 준 집은 침실이 두 개예요. 우리는 이단과 매디슨을 키우고 있고 격주로 남편의 아이가 와요. 이단은 아홉 살, 매디슨은 여섯 살이에요. 서로를 좋아하지 않을 나이죠. 그래서 우리는 더 큰 집으로 가기 위해 일해요. 우리는 땅이 조금 있거든요. 최상의 장소를 구했으니 저축을 시작할 거예요. 차도 샀죠. 내년 이맘때면 빚을 다 갚고 집을 사기 위해 저축을 시작할 수 있어요. 참을성 있게 기다려야 해요. 좋은 날이 올 거예요.

그 일은 임신중지에 대한 제 관점을 바꿨어요. 다시 말해 신이 한 일이죠. 신이 무언가를 만든 데에는 목적이 있어요. 모든 것을 남용하는 사람이 있는 것처럼 임신중지도 그런 사람이 있을 뿐이에요. 대부분은 좋은 목적으로 해요. 저는 아무에게도 그 일을 말하지 않아요. 조금이라도 언급될 때에는 "'임'으로 시작하는 단어"라고 말하죠. 얼마나 상처를 받든 간에 희생을 치러야 할 때가 있어요. 그냥 그게 인생이죠. 제가 한 일은 저를 구했고, 아이들을 키울 수 있게 해줬고, 로버트와 결혼하게 해줬으며, 할머니를 보살필 사람이 없을 때 제가 나설 수 있게 해줬고, 지금처럼 아빠도 돌볼 수 있게 했어요.

겪은 일 중 최악은 아이들의 삼촌과 이모가 아이들을 데리고 축제에 다녀왔을 때예요. 거기서 아이들이 하필이면 '임신중지 반대'라고 쓰인 풍선을 받아왔더라고요. 제가 혼내니까 아이들이 막 울고요. 첫째는 제가 밉다고 했지만 저는 이유를 말할 수 없었어요. 첫째는 저를 이해하지 못했고 그냥 엄마가 이유 없이 풍선을 터뜨려버렸다고 생각했어요. 저는 길 건너에 사는 친구에게 지금 기분이 좋지 않은데, 아이들을 좀 봐줄 수 있는지 물었어요. 아이들이 친구의 집으로 간 뒤 저는 그냥 울고 말았죠.

제가 희생해야 하는 일이었어요. 임신중지를 하지 않았다면, 저는 오늘 여기 없었을 거예요. 제 아이들이 위탁 가정에 있었을 수도 있죠. 긍정적인 면을 생각하려고 애써요. 모든 일에는 이유가 있죠. 당신은 이해하지 못할 수도 있지만요. 그래도 언젠가는 알게 될 거예요.

제시카 · 루이지애나 출신 · 백인

임신중지 당시 23세 · 임신 8주에 임신중지

3

미국의
임신중지
접근성

방금 당신이 읽은 이야기의 주인공인 제시카는 결정을 빨리 내렸다. 제시카는 아이들과 자신을 위해 임신중지를 원했다. 제시카는 우리 연구에 참여한 여성들 중 운이 좋은 편에 속한다. 마지막 월경 이후 한 달이 지난 이른 시점에 임신을 알았기 때문이다. 그러나 두 아이의 엄마인 23세의 제시카가 임신중지를 바로 결정했음에도 불구하고 병원에서 간호사가 제시카의 이름을 부르기까지는 한 달의 시간이 더 걸렸다.

임신중지에 대한 접근성은 당신이 임신 사실을 언제 알았는지, 돈이 얼마나 있는지, 어디 사는지에 달렸다. 제시카가 루이지애나가 아닌 캘리포니아에 살았다고 가정해보자. 우선 캘리포니아에서는 제시카의 주치의인 산부인과 의사가 제시카와 임신중지를 좀 더 터놓고 이야기할 수 있었을 것이다. 의사는 제시카가 출산하거나 임신중지를 하는 것이 건강에 미칠 영향을 스스로 고려하도록 도울 수도 있다. 은밀히 팸플릿을 건네며 아무에게도 이 팸플릿을 받았다는 사실을 이야기하지 말라고 하기보다는, 병원을 추천하고 이유를 말해줬을 수도 있다. 그 의사가 팸플릿을 가졌다는 걸 다시 생각해보자. 그 팸플릿이 필요한 첫 번째 환자가 제시카는 아니었을 것이다. 산부인과 의사에게 원하지 않은 임신을 한 여성을 만나는 건 일상적인 일이다.[1] 그가 팸플릿을 주긴 했지만 마치 그가 어떤 시술을 할 줄 모르기 때문에 환자에게 다른 병원으로 가라고 할 때처럼, 임신중지 시술을 하라고 다른 병원을 소개해주는 것이 그의 평판을 망칠 수도 있기 때문에 내키지 않을 수도 있다.

제시카는 병원에 가기 위해 한 시간 넘게 약 100킬로미터 이상을 이동해야 했다. 캘리포니아에서는 임신중지 시술을 제공하는 병원까지의 거리가 평균 약 10킬로미터다.[2] 제시카는 또 두 과정을 거쳐야 했는데 임신중지를 막기 위해 루이지애나에서 제공하는 정보를 들으러 가야 했고, 임신중지를 하기 위해 또 24시간을 기다려야 했다. 루이지애나를 포함한 몇 개 주에서는 의료적 목적이 아니라 절차를 지연하기 위해 이 같은 규정을 둔다.[3]

의무 대기 기간은 임신중지 전에 여성이 완전히 자신의 결정에 확신을 갖게 하기 위한 것일 수 있다. 하지만 이 법의 지지자들은 이런 과정이 임신중지 절차를 더욱 어렵게 하고 비용도 증가시킨다는 사실을 깨닫는 중인 것 같다. 임신중지를 다른 의료적 행위와 동일하게 취급하는 캘리포니아였다면 제시카는 두 번의 절차를 거치느라 대기 기간이 길어지는 일을 겪지 않아도 되었다.

임신 사실을 알았을 때 제시카는 실직한 남편, 두 아이를 포함한 네 식구를 1년에 1만 1000달러로 부양했다. 제시카는 건강보험이 없었다. 루이지애나와 캘리포니아의 가장 큰 차이점은 캘리포니아는 다른 임신 관련 지원과 마찬가지로 빈곤 여성의 임신중지 비용을 지원한다는 것이다. 캘리포니아의 저소득층 의료보장제도인 메디-캘Medi-Cal은 제시카의 임신중지 비용을 지원했을 것이다. 제시카가 선택한 임신중지 시술이 메디-캘이 직용되었다면 말이다. 루이지애나의 메디케이드는 임신한 여성이 위독하거나, 강간이나 근친상간으로 인한 임신임을 증명하지 못하면 임신중지를 지원하지 않는다. 그래서 제시카는 1분기 임신중지 비용인 500달러를 마련하기 위해 임신중지 결정부터 시술까지 한 달을 더 기다려야 했다. 제시카는 돈을 구하기 위해 그리 가깝지 않은 사람에게 원하지 않은 임신 사실을 알려야 했다. 결국 긴급 임신중지 기금abortion hotline fund에서 비용의 일부를 지원했고 제시카의 먼 친척이 나머지 160달러를 지불했다. 캘리포니아의 메디-캘은 제시카가 더욱 빠르게 임신중지를 하게 했을 뿐만 아니라 의료적이고 개인적인 프라이버시도 보호해줄 수 있었을 것이다.

제시카가 임신중지 시술 제공자가 거의 없고 제한이 많은 루이지애나에 산다는 것을 감안하면 최상의 시나리오대로 진행되긴 했다. 임신중지를 마치 피임의 한 방법으로 사용한다고 분노하는 이들의 주장에도 불구하고 대부분의 주에서 임신중지 접근성은 충분히 보장되어 있지 않다. 안전한 임신중지와 임신중지에 대한 후회를 줄이기 위해 임신중지를 제한하곤 하지만 이런 제한은 오히려 저소득층, 유색인, 만성질환을 앓거나 아이가 있는 여성, 10대 등 이미 어려운 상황에 있는 이들에게 임신중지 시술에 대한 접근을 더욱 어렵게 만든다.

경제적 장벽

임신중지를 시도하는 여성이 직면하는 주요 장벽들에는 절차에 드는 비용, 가장 가까이에 있는 시술 제공자에게 접근하는 것의 어려움, 임신중지를 제한하는 조치들, 낙인에 대한 두려움, 임신중지 시술 장소에 나타나는 시위대 등이 있다. 그중 가장 큰 어려움은 경제적인 부분이다. 앞에서 봤듯이 미국에서 임신중지를 시도하는 여성의 가장 흔한 임신중지 이유는 아이를 키우기 어렵거나, 지금 있는 아이보다 더 많은 아이를 부양하기 힘들다는 것이었다. 따라서 경제적 이유로 임신중지를 시도하는 여성이 임신중지 비용을 마련하기 위해 고군분투하는 게 놀라운 일은 아니다. 임신중지 비용을 버는 시간은 우리 연구에서 임신중지가 늦어지는 가장 흔한 이유로 드러났다. 임신중지 가능 기한에 가까워져서 병원에 도착한 여성의 3분의 2는 이런 이유들 때문에 늦어졌다고 보고되었다.[4]

미국에서는 모든 의료 시술이 비싼 편인데 임신중지도 예외는 아니다. 우리 연구에서 발견한 1분기 임신중지의 평균 비용은 500달러다.[5] 14주에서 20주 사이의 임신중지의 평균 비용은 750달러고 20주 후에는 1750달러다. 여기에는 교통비와 숙박비, 아이 돌봄 비용과 일을 하지 못해서 삭감된 임금 등이 포함되지 않았다. 공보험, 심지어 사보험도 임신중지 시술에 대한 보장이

다른 의료 시술보다 적을 확률이 높다. 이건 우연이 아니라 반反임신중지법의 결과다. 2019년 11개 주는 사보험의 임신중지 비용 보장을 금지했다. 26개 주는 보험제도에서 임신중지 보장을 제한한다. 22개 주는 공무원에 대한 임신중지 보장 지원을 제한한다.[6] 34개 주의 메디케이드는 생명의 위협, 강간, 근친상간을 제외한 임신중지는 비용 보장을 하지 않는다.[7]

이 법들은 건강이나 의료와 아무 상관이 없다. 납세자들이 도덕적·종교적 이유로 임신중지에 세금을 쓰고 싶지 않은 것이라면 사보험에 그런 규제 조항이 있진 않을 것이다. 이런 법들은 여성이 아이를 낳으려 하지 않을 때 말 그대로 성관계와 임신에 대한 대가를 치르게 하려는 것 같다. 많은 임신중지 제한 조치와 마찬가지로 이런 보험 정책은 의도하지 않은 결과를 초래한다. 제시카를 생각해보라. 루이지애나의 유권자들은 여성들이 경제적인 어려움에 대한 고통을 느껴야 한다고 생각해서, 각 주의 메디케이드가 임신중지 비용을 지원하는 걸 탐탁지 않아 할 수 있다. 하지만 제시카는 돈이 없었고 주변의 도움을 구하느라 임신중지까지는 한 달이 더 걸렸다.

미국에서 임신중지를 시도하는 여성들 중 절반가량이 1인 가구의 경우 연간 약 1만 2000달러, 4인 가구는 연간 약 2만 5000달러로 국가 빈곤선 아래의 삶을 살았다. 이런 경우 며칠 안에 수백, 수천 달러를 모으는 게 불가능할 수도 있다. 임신중지를 하려는 여성과 그 가족이 돈을 모으는 동안 임신중지는 미뤄지고, 그래서 멀리 있는 병원에서 더 많은 비용을 주고 시술을 받게 된다. 켄터키 출신의 28세 여성은 21주 만에 임신중지를 한 후 "비용을 감당할 수 없었어요. 650달러가 들 것이라고 했지만 650달러를 모았을 때쯤엔, 시간이 흘러 임신중지 시술의 방법이 달라져야 했고 비용은 1850달러가 되었어요. 또 보험 적용도 안 되었어요"라고 말했다. 그는 전일제 근무를 했음에도 불구하고 임신은 이 여성의 직업과 가족을 돌보는 일을 위태롭게 했다. 그는 우리에게 "제가 임신을 유지했다면, 상사와 동료들이 전처럼 저를 신뢰하지 않을 거예요. 제가 우리 가족을 부양하는데 일자리를 잃는다면 아이들을 키우기 어려울 거예요. 저에게 제일 중요한 건 이거예요"라고 말하기도 했다.

후기 임신중지를 하는 여성의 대다수가 경제적인 도움을 받고 이는 20주 이후의 임신중지를 하는 여성의 85퍼센트에 해당한다. 이는 초기에 임신중지를 하는 여성의 44퍼센트가 경제적인 도움을 받는 것과 비교된다. 경제적으로 도움을 받더라도 많은 여성이 대부분 자신의 돈을 많이 쓰게 된다. 1분기 여성의 3분의 1 이상, 2분기 여성의 절반 이상은 임신중지에 대한 자기 부담 비용이 월 소득의 3분의 1을 넘었다. 다시 말해 당신이 가난하다면, 보험에 가입하지 않았거나 가족, 파트너, 친구, 임신중지 기금 등이 당신을 도와주지 않는다면 임신중지를 할 수 없다는 말이다.

그들이 도와주더라도 경제적으로 안정적인 여성보다 더 늦은 때에 임신중지를 하게 된다.

보험

앞서 언급한 바와 같이 약 12개 주에서는 사보험 회사의 임신중지 지원을 금지했다. 그런 법이 없는 주에서는 많은 사보험 회사가 임신중지에 대한 지원을 포함하긴 한다. 하지만 우리 연구에 참여한 여성의 4분의 3이 임신중지를 할 때 보험사에서 아무런 도움을 받지 못했다. 우리는 이게 여성이 임신중지 지원에 대한 정책을 알지 못해서인지, 정책이 임신중지를 지원하지 않아서인지, 임신중지 시술을 제공하는 병원이 사보험 적용을 받아들이지 않아서인지, 임신중지 비용이 공제 금액보다 적어서인지, 보험을 이용할 때의 프라이버시 문제 때문인지 알지 못한다.[8] 마지막에 언급한 프라이버시 문제는 8장 이후 보게 될 19살의 제이다처럼 부모의 보험에 포함되어 있는 10대들이 겪는 문제이기도 하다. 제이다는 아빠의 보험에 포함되었고 자신의 임신중지 사실을 아빠가 알게 될까 봐 두려워했다. 일리노이에 사는 그는 위험을 감수하고서 필사적으로 보험사에서 도움을 받았다. 하지만 보험이 있더라도 여성이 우선 병원에 돈을 지불하고 나중에 보험사에서 상환을 받는 것이라면, 문제는 해결되지 않을 수 있다. 우선 돈을 마련해야 한다는 뜻이기 때문이다.

임신중지의 경우에 공보험은 사보험이 없는 여성들을 고려하지 않는다. 30년 동안 일리노이의 공화당 하원의원을 지낸 헨리 하이드Henry Hyde는 1976년 그의 임기 첫해에, 연방 메디케이드를 포함한 모든 연방 기금에서 임신중지 비용 지급을 금지하는 연방 연간 의료비 예산 법안 개정안을 도입했다. 의회는 '하이드 수정안'으로 알려진 이 정책을 매년 재승인했다.[9] 이 정책은 처음에는 의료비 법안에 포함되었지만 (생명의 위험을 제외하고) 임신중지에 대한 모든 연방의 기금 지원을 금지하는 것으로 확장되었다. 이에 따라 연방 교도소에 수감된 여성 재소자들도 임신중지 시술을 받을 수 없게 되었다. 1990년대에 의회는 강간, 근친상간, 여성의 심각한 건강상의 문제를 예외로 하는 규정을 추가했다.

하이드의 유산은 무엇인가? 연구 결과를 바탕으로 추정컨대, 출산보다 임신중지를 선호하는 모든 저소득층 임신 여성 중 4분의 1이 공적 기금의 지원을 받을 수 없어서 출산을 하는 것으로 나타났다.[10] 누군가 "임신중지를 금지한다고 임신중지를 멈출 수는 없다"라고 말한다면, 당신은 "임신중지를 감당할 수 없게 만드는 것만으로도, 많은 사람이 임신중지를 할 수 없게 된다"라고 답할 수 있다.

15개 주는 저소득층 여성들에게 메디케이드 기금이 아닌 주 기금을 통해 임신중지를 지원한다.[11] 하지만 주에서 지원을 하더라도 문제는 여전히 남아 있다. 임신중지를 지원하는 주에 사는 여성도 메디케이드를 적용받으려고 할 때 적용이 쉽지 않았다고 했다. 2분기 이후에 임신중지를 하는 여성은 1분기에 임신중지를 하는 여성보다 공보험 또는 사보험을 적용받는 데 어려움을 겪은 비율이 두 배 정도 높았고(41퍼센트 대 20퍼센트) 그래서 임신중지가 더 미뤄졌다고 말했다.[12] 메디케이드 지원을 받아야 했던 여성(메디케이드 적용을 받는 주에 살았고 메디케이드의 지원 소득 기준을 충족했다)의 3분의 1 이상이 임신중지에 대해 주의 어떤 지원도 받지 못했다. 다른 주에서는 강간으로 임신한 경우 메디케이드가 임신중지 비용을 지원하게 되어 있다.[13] 11명의 여성이 그들의 임신이 강간의 결과라고 말했고 메디케이드 지원 자격을 충족했으나, 그중 두 명만이 메디케이드의 도움을 받을 수 있었다. 임신중지에 대한 메디케이드 보장의 또 다른 문제는 보장되는 금액이 실제 시술 비용에 턱없이 못 미친다는 것이다.[14] 어떤 시술 제공자가 손해를 보면서까지 시술을 감행하겠는가? 많은 의사는 그렇게 하지 않는다. 일부 의사들이 시술할 때마다 손해를 보면서도 임신중지 시술을 제공하는 이유는 여성을 위해 봉사하는 것이 사명이라고 생각하기 때문이다. 병원 운영을 유지하고는 있지만 어려운 일이다.

당신이 임신중지를 지지하지 않는다면 임신중지에 대한 세금 지원이 정당하지 않다고 여길 수 있다. 그러나 이런 주장의 문제점은 다음과 같다. 첫째, 임신중지는 의료 행위다. 임신중지는 합법적인 의료 시술이거나 면허가 있는 의료 전문가들에게 처방받은 약을 통해 이뤄지는 것이다. 연방 공적 기금을 통한 지원을 금지하는 것은 연방 정부에서 건강보험 혜택을 받는 모두에게 영향을 미친다. 아이가 있는 가난한 여성, 장애 여성, 평화봉사단 또는 군인 여성, 연방 교도소의 여성, 연방 정부에서 일하는 여성 모두 다.[15] 모두 합하면 750만 명의 미국 여성이다. 그리고 그중 350만 명은 저소득층 여성이다.[16] 왜 이들에게 건강보험 적용을 할지 말지의 여부가 소수 납세자의 도덕적 판단에 달려 있단 말인가? 둘째, 임신중지에 대한 적용을 거부하는 것은 임신중지를 원하는 여성의 4분의 1 가량이 원하지 않은 출산을 하게 되는 결과를 가져올 것이다. 앞으로 이 책은 이런 문제들의 결과를 다루게 된다. 이런 일들이 임신중지를 반대하는 이들의 승리처럼 여겨진다면 다음과 같은 지점을 고려해봐야 한다. 결국 임신중지를 하는 여성의 4분의 3이 공보험이나 사보험의 지원을 받지 못해 임신중지 시점을 뒤로 미룬다는 점, 결국 태아는 더 자라버리고 시술은 더욱 어려워진다는 점 말이다.

민간의 지원

턴어웨이 연구에 참여한 여성의 4분의 1 이상이 민간 임신중지 기금을 통한 도움을 받았다.[17] 임신중지 기금은 비영리 조직으로, 임신중지를 원하는 가난한 여성을 지원하고 그들의 임신중지 클리닉 방문을 돕는다. 때때로 클리닉 근처에 있는 자원활동가의 집에 하룻밤 머무를 수 있도록 지원하기도 한다. 임신중지 기금 전국 네트워크는 2009년에 암살당한 의사 틸러Tiller를 기리며 만든 틸러 환자 지원 기금Dr. Tiller Patient Assistance Fund, 전국 임신중지 연합NAF 핫라인 기금, 핫라인 임원 레이철 폴스Rachael Falls를 기리기 위한 NAF 레이철 폴스 환자 지원 기금NAF Rachel Falls Patient Assistance Fund 등 70개 이상의 지역 임신중지 기금을 포함한다. 일부 기금은 메디케이드가 적용되지 않는 주에서 임신중지를 지원하기 위해 특별히 설립되었으며, 메디케이드 적용이 임신중지율에 미치는 영향을 조사하는 사회과학자들의 연구를 의도하지 않게 어렵게 하기도 한다. 이 기금들은 현재 미국의 임신중지 일곱 건 중 한 건을 지원하고 있지만 만능은 아니다.[18] 기금 운용 예산과 인원이 부족한 상태다. 핫라인에 연결되는 데 얼마나 시간이 걸리는지 궁금해 하계 인턴에게 가장 큰 임신중지 기금 중 하나에 전화를 해달라고 부탁했다. 열심히 했지만 지루한 시간을 보내야만 했던 이 인턴은 자동 응답기를 상대로 세 시간을 기다려야 했고 전화 상담원과 연결되기까지 또 세 시간을 보내야 했다. (하계 인턴십이 별로였다고 말하지 말길!) 임신중지에 대한 지원을 받기 위해 일, 아이 돌봄, 그 밖의 것들을 동시에 하면서 여섯 시간 동안 전화기를 붙들고 있는 것을 상상할 수 있는가?

임신중지를 감당하기 어려운 여성들이 지불해야 하는 또 다른 비용은 이야기할 계획이 없던 사람에게 자신의 임신 사실과 임신중지를 원한다는 사실을 알려야 한다는 점이다. 돈을 빌리거나 지원받아야 하는 상황에서는 프라이버시를 지키는 게 어려울 수 있다.

4장 이후에 등장할, 임신으로 절망하던 20살의 니콜Nicole 이 전 남자친구에게 임신 사실을 알린 것은 원하지 않은 임신을 한 지 10주 정도 지나서였다. 니콜은 돈이 필요했지만 엄마에게 지원받을 순 없었다. "전 남자친구가 돈을 보내줬어요. 그걸 받지 않았다면 어떤 일이 벌어졌을지 모르겠어요. 그는 제가 필요한 것이 있다면 무엇이든 요청하라고 했어요. 임신중지를 위해 수백 달러의 돈이 필요하다는 것을 알았을 때 부모님을 흥분시키지 않으면서 도움을 요청할 수 있는 안전한 선택지가 그라는 걸 알았어요. 엄마는 새아빠가 눈치채지 않게 돈을 줄 수는 없었을 거예요. 새아빠는 아마 '왜 니콜에게 400달러를 줬어?'라고 물었겠죠. 전 남자친구가 아닌 다른 사람에게 부탁하긴 어려웠을 거예요"라고 말했다. 제시카가 먼 친척에게 말한 것을 떠올려보라. 그 친척에게 말한 건

가까운 사이라서가 아니라 그 친척이 돈이 있다는 걸 알았기 때문에, 또 어디에 도움을 청해야 할지 몰랐기 때문이었다. 비록 그들은 가까운 사이가 아니었고 그 친척이 제시카의 임신중지를 어떻게 생각하는지도 몰랐지만 이런 상황들을 감수하고서 먼 친척에게 요청한 것이다.

병원과의 거리

임신중지 비용을 충당하는 것만큼이나 어려운 또 다른 문제는 임신중지 시술을 제공하는 사람에게 가는 것이다. 임신중지에 반대하는 의원들은 이를 알기 때문에 임신중지를 제한하기 위해 일반적으로 쓰는 방법은 의사 또는 임신중지 시설을 제한하는 것이다. 예를 들어 임신중지 시술을 제공하는 의사가 인근 병원들에서 입원 특권admitting privilege을 먼저 인정받아야 한다거나, 건물이 일정 폭의 복도와 시술실을 포함해 통원수술센터의 요건을 충족해야 한다.

이 법들이 임신중지 절차를 더 안전하게 한다는 증거는 없는데도 소수의 병원만이 충족할 수 있는 병원 시설 기준을 요구한다. 결과적으로 많은 임신중지 시설이 문을 닫게 된다. 텍사스가

2013년 '텍사스 하우스 빌 2*'법안을 제정했을 때, 41개 병원 중 17개가 문을 닫았고 이 때문에 여성들은 임신중지를 위해 더 먼 거리를 이동하게 되었다. 임신중지율은 14퍼센트 감소했다.[19] 법안이 통과되면서 병원이 문을 닫게 된 것은 더 먼 거리를 이동하기 어려운 사람들에게 임신중지를 금지하는 것과 같다.

턴어웨이 연구에서 1분기에 임신중지를 한 여성의 4분의 1(23퍼센트)이 약 160킬로미터 이상을 이동해야 했다. 더 늦은 시기의 임신중지(20주 이후)가 필요한 여성 중 30퍼센트가 160킬로미터 이상 가야 했다.[20] 임신중지 시설까지의 거리가 늘어날수록 비용도 더 많이 들었다. 늦은 시기에 임신중지를 시도하는 여성은 교통편에 평균 100달러(최대 2200달러)를 썼다. 1분기 임신중지를 하는 여성은 평균적으로 23달러를 썼다.[21] 늦은 시기의 임신중지를 시도하는 여성은 1분기에 임신중지를 시도하는 여성보다 임신중지 시설에 가기 어려워 시술이 늦어졌다고 답할 확률이 두 배 높았다(27퍼센트 대 12퍼센트). 예를 들어 캘리포니아 센트럴밸리에서 두 아이를 키우는 35세 흑인 여성은 임신중지 시술을 받을 수 있는 곳에 가기 위해 약 144킬로미터를 이동해야 했다. 그는 임신중지가 늦어진 이유에 대해 이렇게 말했다. "차가 고속도로를 달릴 수 있을 것 같지 않았어요. 병원에 가기 전에

---

*   31쪽 각주 * 참고.

차부터 고쳐야 했죠."

2014년 구트마허 연구소의 사회학자 레이철 존스Rachel Jones는 전국적으로 거의 모든 임신중지 시술 제공자들이 마지막 월경 이후 최대 8주에 이르는 기간까지는 임신중지 시술을 한다는 사실을 발견했다. 72퍼센트의 병원이 12주까지의 임신중지 시술을 했다. 그러나 1분기 이후 임신중지 시설의 이용 가능성은 급격히 줄어들었다. 임신중지 클리닉의 4분의 1만이 20주까지의 임신중지 시술을 제공했고, 10분의 1이 24주까지의 임신중지 시술을 했다.[22] 여성들은 적절한 임신중지 시술 클리닉을 찾기 위해 여러 번 전화를 걸어야 할지도 모른다. 우리 연구에서 늦은 시기의 임신중지를 시도하는 여성들은 평균 2.2곳의 임신중지 시설에 연락을 했다. 하지만 때때로 임신중지 가능 기한을 전화로 듣지 못하거나 자신이 임신 몇 주인지 모르면 여러 시설에 방문을 해야 한다. 매번 다른 곳에 의뢰하면서 말이다. 캘리포니아의 라틴계 18세 여성인 미셸은 세 곳의 클리닉을 방문했는데, 마침내 포기하고 출산을 결정했을 때는 거의 임신 5개월이었다.

1년 전 고등학교를 졸업한 미셸은 아이를 갖게 되면 자신의 미래 계획에 차질이 생기리라 믿었다. 또 당시에 임신을 함께한 남자친구와도 싸웠는데 미셸은 남자친구를 두고 "괜찮은 사람이 아니"라고 말했다. 미셸은 임신중지 시설을 찾아다녔지만 원하는 대로 되지 않았다. 미셸은 "처음 선택한 건 임신중지예요. 아이를 키울 경제적 상황이 아니었거든요"라고 말했다. 또한 "언제 임신을 했는지 몰랐기 때문에 다른 진료소로 가야했는데 매번 도착한 곳들마다 '아, 우리가 시술을 하기에는 임신 주수가 너무 길어요. 하지만 이 사람은 할 수 있을 거예요'라고 말하며 다른 사람을 소개해줬어요. 그렇게 매번 다른 곳으로 갔고, 마침내 이 연구를 소개받은 샌프란시스코의 병원까지 가게 되었죠"라고 말했다.

늦은 시기에 임신중지를 한 여성의 58퍼센트가 한 곳 이상의 시설을 방문했고 12퍼센트는 세 곳 이상의 시설에 가야 했다. 이와 대조적으로 1분기에 임신중지를 하는 여성의 3분의 1만이 한 곳 이상의 클리닉에 방문했다. 이 숫자는 임신중지 시술을 제공하는 시설을 성공적으로 찾은 여성들만을 포함한다. 임신중지 클리닉에 도착한 여성들만을 대상으로 조사했기 때문에 얼마나 많은 여성이 다른 곳으로 연계되지 못했는지, 혹은 정보를 얻지 못해 임신중지를 포기하게 되었는지 우리는 알 수 없다.

임신중지 비용을 지불하거나 임신중지 시설에 방문하는 문제 모두 구조적인 장벽일 뿐이다. 이제 주 정부가 임신중지 관련 조항에서 규정하는 제한들이 여성의 임신중지 접근성에 어떤 영향을 미치는지 알아보자. 여기에는 여성에게 초음파 사진을 보여주는 것, 의무 대기 기간을 갖도록 하는 것, 부모 개입 조건, 임신중지에 대한 상담 원칙, 임신중지 반대 시위대가 병원 앞에서 더 쉽게 시위를 할 수 있게 하는 것, 몇 주 이상의 임신에 대한 임신중지를 금지하는 것 등이 포함된다. 턴어웨이 연구의 일환으로 우리는 이런 정책들이 임신중지를 시도하는 여성에게 어떤 영향을 미치는지 조사했다.[23]

초음파 사진의 영향

임신중지를 반대하는 사람들은 태아의 초음파 사진을 보여주면 임신중지를 고려한 여성이 배아나 태아 또한 사람이라고 생각해 마음을 돌릴 것이라 생각한다.[24] 그렇다는 증거는 없지만 초음파 사진을 보는 것의 상상적 힘은 임신중지 제공자들이 초음파 사진을 여성에게 건네도록 하고, 몇몇 주에서는 여성이 그 사진을 보겠다고 했건 아니건 사진을 말로 묘사하게끔 한다. 흥미롭게도 일부 시설은 법적으로 요구되지 않았음에도 여성에게 초음파 사진을 제공하기도 한다. 각 시설의 정책이나 초음파를 시행하는 사람의 개인적인 관행에 따라 다르다. 턴어웨이 연구에서, 여성 중 거의 4분의 3(72퍼센트)이 초음파 사진 제공에 대한 명확한 정책이 없는 곳에서 임신중지 시술을 했고 5분의 1(21퍼센트)이 주법으로 초음파 사진을 받아야 했다. 나머지 7퍼센트는 모든 여성에게 초음파 사진을 제공하는 규정을 가진 시설에 방문했다.

연구에 참여한 여성의 약 절반(48퍼센트)이 초음파 사진을 볼 기회가 있었는데, 이들의 3분의 2(65퍼센트)가 보는 것을 선택했다. 아이가 있는 여성보다 없는 여성이 초음파 사진을 보는 것을 선택할 확률이(기회가 있던 여성의 60퍼센트 대 68퍼센트 정도의 비율로) 조금 더 높았다. 초음파 사진 제공이 법으로 규정된 주의 여성은 이런 정책이 없는 주의 여성보다 초음파 사진을 보기를 선택할 확률이 48퍼센트 대 82퍼센트로 현저히 낮았다. 이를 통해 알 수 있는 건 어떤 여성은 아마 임신에 대한 호기심에서 초음파 사진 보는 걸 원한다는 사실이다. 이는 아이가 없는 여성이 초음파 사진 보기를 더 원한다는 결과를 설명할 수 있을 것이다. 또한 초음파를 시행하는 사람에게 초음파 사진 제공에 관한 권한이 있다면, 초음파 사진을 보고 싶을 것이라고 생각되는 여성에게 그것을 제공할 것이다.

초음파 사진을 보는 것이 여성들의 감정에 미치는 영향을 알아보기 위해 우리는 초음파 사진을 본 여성들에게 "초음파 도중이나 그 후에 어떤 기분이 들었나요?"라고 질문했다. 우리는 이 열린 질문을 통해 여성들이 이미 정해진 답변 목록에 영향을 받지 않고 그들이 느끼는 것을 표현할 수 있게 했다. 그러자 누구도 예상하지 못한 결과가 나왔고 이는 잘된 일이었다.

사회학자 카트리나 킴포트Katrina Kimport 박사가 분석을 주도했다.[25] 이 질문에 대한 212개의 열린 답변을 분석했고 감정의 유형별로 분류했디. 약 3분의 1의 여성이 표현한 가장 흔한 감정은 긍정적이지도 부정적이지도 않은 중립적인 것이었다. 임신 5주에 접어든 30세 여성은 "괜찮았어요. 단지 호기심에 그걸 보고 싶었고 애착은 없어요"라고 답했다. 임신 24주의 24세 여성은 "많은 감정이 들진 않았습니다"라고 말했다. 다음으로 흔한 감정은 슬픔, 죄책감, 속상함 등 부정적인 것이었다. 임신 6주의 23세 여성은 "슬펐어요. 울고 싶었어요"라고 말했다. 임신 20주의 24세 여성은 "처음에는 속상했어요. 하지만 다른 아이를 키울 여력이 없다는 것을 알았고 이미 결정을 내렸죠"라고 답했다. 중요한 것은 일부 여성이 긍정적인 감정을 느끼기도 했다는 점이다. 임신 9주의 18세 여성은 초음파를 보며 "행복했어요. 잘 설명을 못하겠지만, 그랬어요"라고 말했다. 임신 23주의 19세 여성은 "그게 살아서 움직이는 것을 보니 좋았어요"라고 말했다. 어떤 여성은 초음파 사진 보기를 선택할 수 있는 것에 긍정적 감정을 느꼈을 수 있다. 임신 10주째의 28세의 여성은 "보는 것을 선택할 수 있어 좋았어요"라고 말했다.

우리가 관심을 갖는 부분은 일부 여성이 초음파 사진 보기를 선택한다는 점이다. 어떤 여성들에게 이 행위는 임신 사실을 받아들이는 하나의 방법이다. 또 어떤 여성들은 초음파 사진을 보고 부정적 감정을 느끼더라도 임신과 임신중지에 대한 경험의 일부로 초음파 사진 보기를 선택할 수도 있다. 또 다른 놀라운 발견은 그들이 보는 것의 형태(신체 기관을 분간할 수 없는 3밀리미터 미만의 6주 배아부터 기관이 충분히 형성된 약 30센티미터 정도의 23주 태아에 이르기까지)와 감정적 반응은 상관이 없다는 것이다. 여성들은 태아의 발달 수준이 아니라 임신과 임신중지에 대한 스스로의 감정에 따라 반응했다. 4장에서 감정과 정신 건강에 대한 연구 결과를 더 살펴보겠지만 지금까지는 초음파 사진을 볼 기회를 제공하는 것이 임신중지에 대한 장벽으로 작동하지는 않았다. 초음파 사진 보기를 선택할 수 있고 이것이 정부가 내린 처벌이라고 느끼지 않는 한 그렇다. 이와 달리 초음파 사진을 보여준 뒤 의무적인 숙려 기간을 부과해 클리닉에 여러 번 방문하도록 만드는 정책은 초음파 사진 때문이 아니라 임신중지를 지연하고 시간과 비용을 증가시키기 때문에 여성에게 부정적인 영향을 미쳤다.

정부의 개입

일부 주에서는 의사가 임신중지 정보를 원하는 여성에게 이를 제공하도록 하는 법을 제정했는데 여기에는 명백히 잘못된 정보들이 포함되어 있다. 펜실베이니아 법에 따라 의료진은 니콜에게 책자를 줬는데 그 책자의 4분의 1가량이 태아 발달에 대한 잘못된 정보를 담았다고 바이스 뉴스Vice News의 캘리 비즈먼Callie Beusman은 밝혔다. 에이미와 카밀라가 받은 텍사스의 책자엔 "일부 여성들이 임신중지 이후 우울, 애도, 불안, 자존감 하락, 후회, 자살 사고나 행동, 성기능 장애, 정서적 애착 회피, 회한, 약물 남용 등 심각한 심리적 영향을 받는다"라고 쓰여 있는데[26] 이는 오해를 불러 일으킬 수 있다. 어떤 여성은 이런 증상들이 있을 수 있지만 이런 결과가 임신중지 때문이라는 확실한 과학적 증거는 없다. 게다가 이 책자는 유방암이나 난임이 임신중지와 관계가 없음에도 임신중지를 한 여성이 미래에 임신의 어려움을 겪을 수 있거나, 유방암의 위험이 더 크다고 말한다.[27] 비즈먼에 따르면 텍사스의 책자에서 묘사된 태아 발달 단계의 3분의 1가량은 부정확한 정보였다.[28]

이 법의 명시적인 목적은 여성에게 임신중지의 위험과 임신중지에 대한 대안을 알리는 것이지만, 출산의 위험성은 이야기하지 않기 때문에 고지된 정보에 입각한 의료적 의사 결정을 위한 자료라고 보기는 어렵다. 이 법은 시술 제공자가 임신중지의 위험에 대한 편견 없는 설명을 할 것이라는 신뢰가 부족하거나, 여성에게 임신중지를 종용할 위험이 있기에 만들어졌을 수도 있다. 14개 주의 이 같은 법은 정치인의 비의료적 의견을 상담 과정에 추가할 뿐 아니라, 여성이 병원에 두 번 방문하게 하고 상담과 시

술 사이에 일정 기간을 대기하게 해 비용과 이동의 부담을 증가시
킨다.[29]

　턴어웨이 연구는 이런 법이 어떤 결과를 낳는지 보여줬다.
클리닉에서 임신중지에 대한 결정을 하는 데 여성들이 압박을 받
는가? 주 정부가 제시한 의사의 환자 상담 각본은 환자의 경험을
개선하는가? 헤더 굴드와 세라 로버츠는 여성이 클리닉으로부터
임신중지 결정에 대한 상담을 받았는지, 상담을 받았다면 임신중
지를 하도록 북돋아줬는지 혹은 그 반대였는지, 어떤 선택을 하든
지지해줬는지에 대한 여성의 경험을 분석했다.[30] 상담을 다룬 굴
드의 논문을 보면 3분의 2가 임신중지 결정에 대한 상담을 받았
다. 모든 시설은 여성에게 임신중지가 여성 스스로의 결정인지 물
어보았다고 했지만 상담을 받았다고 한 여성은 3분의 2에 불과했
는데, 이러한 차이는 무엇을 '상담'이라고 여기는지의 차이일 수
있다. 상담을 받았다고 한 여성 중 96퍼센트는 상담자가 자신이
어떤 결정을 내리든 지지했다고 보고했다. 3퍼센트는 상담자가
임신중지를 권했다고 답했으며, 1퍼센트 미만이 상담자가 임신
중지를 권하지 않았다고 답했다. 40퍼센트는 임신중지에 대한 상
담이 매우 도움이 되었다고, 28퍼센트는 꽤 도움이 되었다고 답
했다. 17퍼센트는 적당히, 10퍼센트는 조금, 4퍼센트는 전혀 도
움이 되지 않았다고 답했다. 주 정부가 규정한 표준화된 상담 가
이드라인이 있는 병원에서 상담을 받은 여성은 그렇지 않은 곳에

서 상담을 받은 여성에 비해 상담에 대한 만족도가 60퍼센트 대 75퍼센트로 낮았는데, 이는 의미심장하다. 턴어웨이 연구는 주 정부가 규정한 정보 제공에 관한 법이 여성의 경험을 개선하지 못한다고 결론지었다.

턴어웨이 연구에 따르면 여성은 임신중지를 위해 주법에 의거한 여러 장벽을 극복해야 했다. 예를 들어 4장 후에 보게 될 니콜은 펜실베이니아의 '설명 후 동의법'에 따라 주 정부가 규정한 정보를 얻기 위해 핫라인 연결을 시도해야 했다. 니콜은 그것이 마치 라디오 통화 연결을 시도하는 것 같았다고 말했다. "그들이 응답하지 않으면 계속해서 전화를 걸어야 해요. 라디오 쇼에서 콘서트 티켓을 구하기 위해 전화를 거는 것 같았어요. '내가 지금 아홉 번째 대기자인가?', '내 차례인가?'" 이 책에서 소개한 다른 여성들처럼 제시카는 임신중지 클리닉에서 두 번의 일정을 잡고 그 사이에 적어도 24시간을 기다리도록 규정하는 주에 살았는데, 제시카는 집에 두 명의 어린아이가 있고 멀리 이동하기 위해 기름값을 부담하기 어려운 상황이었기 때문에 이 규정은 제시카에게 큰 난관으로 작용했다.

다음 장에서 우리는 여성들이 자신의 결정에 확신을 갖는데 정부가 개입할 필요가 있는지에 관한 문제를 다룰 것이다.

임신중지 반대 시위대

여성들이 클리닉에 들어가기 전 마지막 장벽은 클리닉 앞의 시위대다. 시위대는 실제로 일부 여성의 임신중지 시도를 막을 수도 있지만 턴어웨이 연구에서 그것을 알아내진 못했다. 클리닉 안에서 임신중지를 시도하는 여성들만을 모집했기 때문이다. 시위대가 여성이 클리닉에 들어가는 것을 결단코 막으면서까지 시위를 할 것 같진 않다. 하지만 사회학자 지아드 먼슨Ziad Munson 박사는 임신중지 반대 운동은 그 지지자들로 하여금 '참여할 수 있는' 방법을 제공함으로써 성장했다고 본다. 즉 많은 경우 먼저 프로라이프* 관련 활동에 참여하다 결국 이념적으로 프로라이프 운

---

* 프로라이프와 프로초이스는 임신중지 권리를 획득하기 위한 서구의 운동사에서 나온 논쟁이다. 미국에서는 사생활 권리에 기반한 1792년 피임 합법화에 이어, 1793년 로 대 웨이드 판결 이후 임신중지가 합법화되기에 이른다. 이 과정에서 태아의 생명권을 주장하는 기독교 윤리학자 및 보수공화당(프로라이프), 여성의 자유권과 몸에 대한 자기결정권을 주장하는 여성운동 진영, 진보 세력들(프로초이스)의 구도가 형성되었고, 이는 아직까지 첨예하게 대립하고 있다. 하지만 프로라이프가 여성의 임신중지 이유가 생명에 비해 중하지 않다고 비난하거나, 프로초이스가 여성의 임신중지 이유를 옹호하며 장애 태아에 대한 임신중지, 저소득층의 임신중지를 정당화할 때, 생명과 가치에 층위가 생기며 차별과 낙인이 재생산된다. 임신중지를 찬성 또는 반대한다는 이분법적 프레임으로는 현실을 살아가면서 겪게 되는 다양한 스펙트럼의 결정을 모두 설명할 수 없다. ─백영경 외, 《배틀그라운드: 낙태죄를 둘러싼 성과 재생산의 정치》, 후마니타스, 2018, 62쪽.

동에 헌신하게 되는 것이다.[31] 따라서 시위대의 이런 움직임이 임신중지를 막는 것에 실질적인 효과가 없더라도 임신중지 반대 운동을 키운다는 중요한 목표를 갖고 있을 수 있다.

2011년 턴어웨이 연구를 위한 현장 자료 수집 과정에서 우리 연구에 참여한 대부분의 시설은 시위대가 정기적으로 찾아온다고 보고했고, 대략 절반에 가까운 여성이 시위대를 봤다고 답했다. 시위대를 본 여성들 중 3분의 1은 시위대가 자신들을 쳐다봤고, 3분의 1은 시위대가 말을 걸었으며, 3분의 1은 시위대가 클리닉에 못 들어가게 막으려 했다고 답했다. 이런 접촉이 있던 여성들 중 절반은 시위대가 자신을 전혀 속상하거나 기분 나쁘게 하지 않았다고 답했다. 4분의 1은 시위대 때문에 조금 속상했다고, 16퍼센트는 시위대 때문에 꽤 많이 혹은 극도로 속상했다고 답했다.

미주리 출신의 25세 백인 여성인 수Sue는 최근 아이를 출산한 후 임신중지를 거부당했다. 수에게는 임신중지 클리닉에 가는 것 자체가 불쾌한 경험이었는데 밖에서 시위를 하는 사람들 때문에 이 불쾌함은 더욱 커졌다. 수는 "그날 클리닉 앞에 있던 사람들과 그들이 저한테 한 욕들이 떠올라요. 안으로 걸어 들어갔을 때 이미 눈물이 났죠. 그날을 잊지 못할 것 같아요"라고 말했다.

시카고의 한 클리닉 밖에서 시위를 하는 사람들에게 34세 흑인 여성인 아드리안느Adrienne의 사례는 자신들의 승리처럼 보일 수도 있다. 아드리안느가 병원에 갔을 때 그는 시위대를 예상하지 못했고 그들의 존재 자체로 너무 화가 났기 때문에 결국 그 자리를 떠나버렸다. 아드리안느는 "클리닉에 갔을 때 시위대가 있던 것이 기억나요. 그들은 가혹한 말들을 쏟아내는 중이었죠"라고 회상했다. "포스터 같은 사진도 갖고 있었어요. 그 사진은 제가 생명을 죽이고 빼앗을 것이라고 말하고 있었죠. 클리닉 의자에 잠시 앉아서 간호사가 이름을 부르길 기다렸어요. 그런데 확신이 들지 않아서 그 자리를 떠났어요." 클리닉에 처음 방문한 날, 아드리안느는 시위대의 행동 때문에 불안했을지도 모른다. 하지만 그것이 아드리안느의 결정을 바꾸진 못했다. "다음 날 다시 방문했어요. 전 준비가 되어 있었죠." 시위대에 대한 아드리안느의 반응은 임신중지 결정에 어려움을 겪은 여성일수록 시위대 때문에 속상했다고 보고할 가능성이 더 높다는 우리의 조사 결과와 일치한다.

우리는 또한 여성들이 시위대가 더 많이 (시위대가 여성을 멈추게 하거나 말을 걸거나 쳐다보는 등) 접촉할수록 더 큰 분노를 느꼈다는 걸 알았다. 입구에서 저지당한 여성의 3분의 2는 시위대가 속상하게 했다고 답했는데, 이는 시위대를 봤을 뿐 그들이 하는 말을 듣지 못한 여성들의 36퍼센트가 속상했다고 대답한 것과 비교되는 수치였다. 임신중지 일주일 후 시설 근처에 시위대가 있었는지, 그들이 여성들과 접촉했는지 여부와 여성들이 임신중지에 느끼는 감정에는 관계가 없었다. 이는 시위대가 임신중지에 대한 여성의 감정에 아무런 영향을 미치지 않는다고 이해하기 쉽다. 하지만 우리는 적극적인 시위자들이 포진한 클리닉에서는 여성들의 피해를 최소화하고 마음을 진정시키기 위해 많은 노력을 기울이고 있다는 걸 주목해야 한다. 따라서 시위대가 여성이 임신중지를 부정적으로 인식하는 데 영향을 미치지 않았다고 보기보다는 여성이 시위대 때문에 당황할 때 클리닉이 여성에게 적절한 도움을 줬다고 보는 게 더 정확하다. 물론 이때 클리닉은 직원의 초과 근무에 투자해야 하는 등 일정한 비용을 부담해야 한다.

임신중지 가능 기한

1973년 로 대 웨이드 판결 이후 대법원은 각 주가 태아의 생존 가능성이 있다면 임신중지를 금지하도록 허용했다(여성의 건강과 생명을 이유로 한 것은 예외다). 여성의 권리와 태아의 권리를 절충하려면 태아의 생존 가능성이 있는 때보다 이른 시기의 임신중지도 금지해야 한다고 주장하는 사람들이 있다. 심지어 일부 프로초이스 옹호자들과 정치인들조차 프로초이스 운동의 리더들에게 타협할 것을 요구하며, 일정 시점 이후의 임신중지는 지지하지 말라고 권하기도 한다.[32]

버클리에 있는 캘리포니아대학교에서 턴어웨이 연구로 강

의를 할 때 덴마크에서 온 방문 교수가 다가와 미국의 임신중지 권리를 둘러싼 정치적 난국의 분명한 해결책이 있다고 말했다. 그는 이 문제에 대해 덴마크 사람들은 이미 해결했다면서, 목소리가 점점 격앙되었다. "왜 미국인들은 이렇게 후진적입니까? 덴마크의 12주 한계처럼 임신중지를 이른 시기에 할 수 있도록 제한하는 것에 합의하고(현재 임신중지를 시도하는 미국 여성들 중 대다수가 이 시기에 대한 기준을 맞출 수 있을 것이다), 후기 임신중지에 관한 접근성 이야기를 멈추면, 임신중지에 대한 논쟁은 끝날 거예요."

논쟁이 끝나는 건 내게도 좋은 일이다. 우리가 이 문제에 대해 논쟁을 벌이는 것을 그만두고, 임신중지 가능 주수를 정하는 데 동의하면 좋지 않을까? 임신중지를 반대하는 사람들은 병원 밖에서 시위하는 일을 그만둘 수 있고, 국회의원들이 실제로는 클리닉을 닫는 것이 목적이면서 안전을 위한다는 명목으로 헛된 제약을 만드는 일을 더 이상 하지 않을 수도 있다. 심지어 우리는 임신중지에 대한 접근을 어렵게 만드는 정치적인 요구를 하는 대신에 임신중지가 수반하는 건강의 위험에 따라 임신중지를 규제할 수도 있다. 더 이상 정치가 문제가 안 된다면 원하지 않은 임신을 하게 된 여성은 임신 초기에 약국에서 임신중지 약물을 처방전 없이 구할 수 있을지도 모른다. 만약 약을 복용하고 싶지 않거나 혹은 의사와 이야기를 나누고 싶다면 클리닉에 갈 수도 있을 것이다.

왜 덴마크에서 임신중지의 1분기 제한이 효과적이었을까? 덴마크는 영국과 네덜란드 근처에 위치하고 있어서 12주가 넘은 여성은 그곳으로 가면 되기 때문이다. 영국과 네덜란드의 의료 서비스는 임신중지 가능 기한을 넘은 여성들의 탈출구로 작용하며 사회 계약을 깨트리지 않기 때문에 덴마크의 모든 문제가 해결된 것처럼 보이게 만든다. 미국과 덴마크는 두 가지 차이점이 있다. 첫째, 미국은 종교가 정치에 큰 영향력을 행사한다. 나는 12주라는 제한을 두는 것이 난자와 정자가 수정되는 순간부터 생명이 시작된다고 믿는 사람들을 만족시키리라 생각하지 않는다. 둘째, 국가 지원 의료 체계, 양육 보조금 지급, 강한 사회적 지원 체계를 갖춘 덴마크 같은 국가가 여성에게 임신 유지 및 출산을 요구하는 것은 미국에서 임신 유지 및 출산을 요구하는 것과는 전혀 다른 일이다.

후기 임신중지 유형

미국의 합법적 임신중지 지지자들이 초기 임신중지에 대한 접근성, 사회적 질서, 평화를 명목으로 여성의 신체 자율성을 내주는 파우스트 거래*에 동의를 하게 된다면, 누가 희생을 치르게 될지 생각해보자.

카트리나 킴포트 박사와 나는 후기 임신중지에 대한 논문을 썼다. 이 논문에서 우리는 1분기에 임신중지를 한 여성과 20주 후에 임신중지를 한 여성 들을 비교했고, 놀라운 사실을 발견했다. 초기 임신중지를 한 여성과 후기 임신중지를 한 여성이 비슷한 상태였기 때문이다. 초기 임신중지를 한 여성과 후기 임신중지를 한 여성들 간에 인종, 민족, 아이의 수, 과거 임신중지 경험, 정신적 또는 육체적 병력, 약물 사용 여부의 차이점이 없었다. 우리가 발견한 일반적인 차이는 나이, 경제적 자원, 임신 사실을 발견한 시기다. 예를 들어 어린 여성일수록 임신을 늦게 알아차릴 가능성이 높았고 따라서 25세 이상인 여성보다 늦은 시기에 임신중지를 할 가능성이 높았다. 어린 여성들은 월경 주기가 더 불규칙할 때가 많고 어떤 위험들에 자신이 취약한지 모르고, 임신의 위험이나 증상에 익숙하지 않을 때가 많기 때문이다. 후기 임신중지를 하는 여성의 59퍼센트가 25세 미만이었는데 이는 1분기에 임신중지를 한 여성의 41퍼센트가 25세 미만인 것과 대조적이다.

어린 여성, 저소득층 여성, 임신 증상이 없는 여성이 특정

---

* 괴테의 소설 《파우스트》에서 주인공 파우스트가 악마 메피스토펠레스와 계약을 맺는 것을 가리키는 말로, 악마와의 거래를 뜻한다.

한 위험에 처한 것을 안다고 하더라도 후기 임신중지를 하는 여성이 누구인지는 알 수 없다. 그래서 우리는 데이터를 다른 방식으로 관찰하기로 했다. 이번에는 인구통계학, 생활환경, 건강, 임신에 대한 감정의 특징들을 중심으로 분류할 때 어떤 여성들이 본인이나 태아의 건강상 문제를 제외한 이유로 후기 임신중지를 할 가능성이 높은지 살펴보기로 했다. 20주 또는 그 후에 임신중지를 하는 여성의 80퍼센트를 설명할 수 있는 다섯 가지 이유의 유형을 나눴다. 혼자 아이를 키우는 여성, 우울한 여성 또는 불법 약물을 사용하는 여성, 남성 파트너와 갈등을 겪는 여성, 임신중지 시술에 접근하기 어렵고 따라서 임신에 어떤 선택을 해야 할지 결정하는 데 어려움을 겪는 여성, 아이를 가져본 적이 없는 10대들.

후기 임신중지를 추상적으로 비난하기는 쉽다. 그러나 현실의 여성들이 후기 임신중지가 필요한 상황에 놓인다는 것을 알면 비난하기 어려울 것이다. 후기 임신중지를 한 여성에 대한 다섯 가지 유형을 소개하겠다. 각각은 턴어웨이 연구에 참여한 여성 중 그 유형에 들어맞는 여성의 사례들이다.

후기 임신중지를 하는 여성들의 거의 절반(47퍼센트)은 이미 아이를 키우는 여성들이었다. 메릴랜드의 백인 여성 에인절 Angel은 10개월 된 딸을 키우며 일자리를 찾는 중이었다. 에인절의 남편은 최근 감옥에 갔고 에인절은 수입이 없었다. 에인절에게는 딸이 제일 중요했다. 에인절은 딸을 출산한 후 월경이 불규칙했기 때문에 임신 22주가 되어서야 둘째 임신 사실을 알게 되었다. "임신을 유지할 수 없었어요. 딸이 아직 한 살도 안 되었다고요." 임신중지를 빠르게 결정했지만 병원을 찾기가 어려웠다. 그 시점에 에인절을 시술할 수 있는 병원 중 가장 가까운 곳이 세 시간 거리에 있었는데, 2700달러를 요구했다. 하지만 에인절이 말했듯 그는 "단호했다." 에인절은 스스로 300달러를 내고, 엄마에게 400달러를 빌렸으며 세 곳의 임신중지 기금을 받았다. 에인절은 임신 24주에 임신중지를 했다.

후기 임신중지를 하는 여성의 약 3분의 1(30퍼센트)은 정신 건강이나 약물 사용의 문제를 겪었다. 텍사스의 25세 미국의 원주민 여성 로즈Rose는 임신중지 당시에 남자친구와 같이 살고 경제적으로 안정적이었다. 로즈는 전업으로 일했고 건강 상태도 좋았다. 하지만 로즈는 우울증과 조울증으로 약물 치료와 인지행동 치료를 받은 경험이 있었다. 로즈는 12살, 22살 때 신체적 폭력을 경험했고 이는 트라우마를 남겼으며 로즈의 삶에 오랫동안 부정적인 영향을 미쳤다. 로즈는 즐거움을 위해 일주일에 한 번씩 자낙스를 사용했고 때때로 암페타민을 사용하거나 폭음을 하기도 했다. 로즈는 아이를 원하지 않았고, 임신 사실을 발견한 임신 19주 무렵에도 내내 피임약을 사용했다. 로즈는 임신에 대해 "충격적이고 기분이 좋지 않았다"고 말했다. 임신중지를 결정하는 것은 쉬웠지만 에인절처럼 클리닉을 찾기가 어려웠다. 로즈는 네 곳의 클리닉에 전화하고 한 곳의 클리닉에 방문한 후 결국 집에서 4시간 30분이 떨어져 있고 임신 20주인 그의 임신중지 시술이 1750달러에 가능한 클리닉을 찾았다. 그전에 이미 네 곳의 클리닉에 전화를 걸었고 또 다른 클리닉에 방문을 한 상태였다.

임신 후기에 임신중지를 하는 여성의 거의 4분의 1(24퍼센트)이 남성 파트너와 갈등을 겪거나 가정 폭력을 당했다. 의료 전문가로 일한 테네시 출신의 34세 백인 여성 레슬리Lesley는 여덟 살 난 딸과 함께 살았다. 결혼 기간 11년 내내 알코올 중독자인 남편은 레슬리를 신체적으로 학대했고, 레슬리는 우울과 외상 후 스트레스 장애를 겪게 되었다. 비록 임신 사실을 임신 5주에, 그러니까 일찍 발견했지만, 폭력적인 관계에서 출산을 해야 할지 결혼 생활을 유지해야 할지 고민했다. 그동안 레슬리는 남편을 떠났다. 개인 치료사의 상담과 두 친구의 지원을 통해 레슬리는 임신 20주에 임신을 끝낼 수 있었다. 수술에는 1700달러가 들었다. 임신중지에 대한 죄책감이 들었지만 옳은 결정이었다고 말했다. 그리고 1년 안에 이혼 절차가 마무리되고 싱글맘으로서 아이를 기르게 되길 바랐다.

임신 후기에 임신중지를 하는 여성의 5분의 1(22퍼센트) 가량은 의료 서비스에 접근하기 어려워 의사 결정에 난항을 겪었다. 미시시피 출신의 24세 흑인 여성 앰버Amber는 두 명의 어린 아이가 있었다. 앰버는 파트 타임으로 일했는데, 아이들의 아빠가 양육비를 주지 않았기 때문에 돈이 늘 부족했다. 앰버는 가족을 위해 식료품 구입권을 받아왔고 주의 메디케이드 프로그램을 통해 보험에 가입했다. 앰버는 임신 5주에 임신 사실을 알았고 임신 14주에 임신중지를 결정했다. "다른 아이를 돌볼 여력이 없어요. 아이의 아빠는 나랑 함께하길 원하지 않고요. 아이를 저 혼자 키워야 해요"라고 말했다. 하지만 메디케이드가 임신중지 시술을 지원하지 않아서 임신중지 시술에 접근하기가 어려웠다. 임신중지 시술을 할 수 있는 세 시간 떨어진 클리닉을 찾기까지 앰버는 두 곳의 클리닉에 전화를 걸었고 세 번째 클리닉에 방문해야 했다. 이때는 임신 20주였고 앰버가 감당하기 힘들 정도로 추가적으로 비용이 드는 시술이 필요했다. 결국 앰버는 임신중지 기금을 통해 600달러를 받았고 전 남자친구에게 600달러, 본인이 300달러를 부담했다. 교통비로 150달러를 쓰기도 했다. 앰버는 임신중지를 "생각하지 않으려고 노력"하지만, 그건 옳은 결정이었다고 말하기도 했다.

후기 임신중지를 하는 여성의 마지막 유형은 출산 경험이 없는 10대다. 이들은 후기 임신중지를 하는 여성의 12퍼센트를 차지한다. 캘리포니아 출신의 라틴계 여성 라나Lana는 임신 21주가 지나서야 임신 사실을 알게 되었다. 라나는 이모, 남동생과 사는 고등학생이다. 라나는 콘돔을 사용했음에도 불구하고 임신을 했다. 남자친구는 라나가 임신을 유지하길 원했지만 라나는 나이 때문에 즉시 임신중지를 허길 원했다. 라나는 "저는 너무 어렸고, 가까스로 학교로 돌아가 삶을 원래대로 되돌려 놓았어요. 저는 아이를 키울만한 충분한 조건이 안 되었어요"라고 말했다. 라나는 임신 사실을 발견한 2주 후인 임신 23주만에 임신중지를 했다. 라나는 수술을 할 수 있는 클리닉에 가기 위해 네 시간을 이동해야 했고 비용은 공보험으로 충당했다. 임신중지 후 라나는 안도감을 느꼈다고 말했다. 이상의 다섯 가지 유형 외에도 임신중지에 접근하는 것을 어렵게 만드는 '어린 나이'와 '비만'이라는 조건에 주의를 기울여보길 바란다.

우리는 턴어웨이 연구를 통해 10대들이 신체적인 이유로 임신 사실을 늦게 알게 된다는 것을 발견했다. 그들의 월경 주기는 이미 불규칙하고 복부 근육이 더 단단해 배가 나중에 튀어나오기 때문이다. 인지적인 측면의 이유로 늦게 발견하기도 한다. 임신 증상이 익숙하지 않기 때문이다. 또한 덜 독립적이기 때문에 돈과 이동 수단에 대한 접근성이 떨어진다. 이런 모든 요인으로 취약한 집단이 되며, 18세 미만의 10대들은 주 정부의 추가적인 제한 때문에 더욱 곤란한 위치가 된다. 미국의 주들 중 4분의 3에서는 부모들이 자녀의 임신중지에 관여하도록 한다. 세 개의 주에서는 부모 모두의 동의를 얻어야 한다. 거의 3분의 1에 달하는 어린 여성들이 이혼, 수감, 부모의 죽음, 추방, 집이 없다는 이유로 부모와 함께 살지 않음에도 말이다.[33] 일부 주에서는 미성년자의 연령에 대한 증빙 자료로서 출생증명서나 공증받은 부모의 자필 서명을 요구한다.[34] 역학자 로런 랠프Lauren Ralph가 지적하듯 소아 및 청소년의 결정에 부모가 관여하도록 하는 법은 그들의 건강과 복지를 위한 것이 아니라 그들에게 넘을 수 없는 장벽을 설치하는 것이다. 10대 아이들을 둔 엄마로서 나는 부모는 아이에게 무슨 일이 일어나는지 알아야 하니까 부모의 개입이 처음에는 좋은 생각처럼 보인다는 걸 인정한다. 하지만 임신중지를 원함에도 할 수 없던 어린 여성이 부모가 되는 것을 보면서 임신중지는 스스로 결정을 내릴 수 있도록 하는 것이 옳다는 생각을 하게 되었다. 10대의 3분의 2는 주 정부의 요구 없이도 부모에게 임신중지 사실을 말한다.[35] 나머지 경우에도 말을 하지 않는 충분한 이유가 있었다. 임신을 유지할 것을 강요당하거나 집에서 쫓겨날 수도 있으며 드물지만 폭력을 당할 수도 있기 때문이다.

비만 여성 또한 임신중지 접근에 어려움을 겪는다. 10장을 넘어가면 소피아의 이야기를 보게 될 텐데 소피아의 몸무게는 비만 기준을 갓 넘었고 과체중 때문에 추가로 더 난관들을 경험해야 했다. 비만은 불규칙한 월경과 관련이 있다. 이는 임신을 알아채기 더 어렵게 하는 조건이다. 복부 둘레가 넓을수록 임신으로 복부가 딱딱해지는 걸 깨닫기 힘들다. 이런 것들 때문에 의료진 또한 비만인 환자를 꺼리기도 한다. 진찰대, 혈압 측정 띠, 다른 용품들의 적절한 사이즈가 구비되어 있지 않거나 시술 절차가 더 까다롭다고 생각하기 때문이다.[36] 임신 21주에 임신중지를 시도한 캘리포니아의 27세의 흑인 여성은 "첫 번째에 간 클리닉은 몸무게 때문에 절 거부했고 어떤 다른 선택권이 있는지는 말해주지 않았어요"라고 말했다. 비만 여성을 거부하는 경우는 드물지 않다. 임신중지 시술을 제공하는 어떤 병원에서는 그들이 보는 환자의 4분의 1이 비만 때문에 다른 곳에서 거부당해서 온 여성들이라고 말했다.

턴어웨이 연구는 후기 임신중지를 원하는 여성이 처한 상황을 이해하도록 돕는다. 우리는 불리한 위치의 여성일수록 더 큰 부담을 지게 되는 시스템을 발견했다. 이런 여성들은 가진 자원이 적고 임신을 늦게 알며 가족이나 파트너의 지지를 덜 받을 가능성이 있기 때문이다. 돈을 모으고 의료진을 찾고 클리닉에 갈 방법을 강구하는 데 시간이 오래 걸릴수록 임신중지 시술을 거부당할 확률이 높은 것이다.

더 많은 주들이 20주 이후(혹은 더 이른 시기)의 임신중지를 법으로 금지하는 것을 고려함에 따라 후기 임신중지를 원하는 여성들에 대한 사회적 편견을 해소하는 일이 더욱 중요해졌다. 일부 소수의 사례에서 임신중지 가능 기한의 존재가 여성의 의사 결정을 빠르게 만들기도 했다. 하지만 우리의 연구 결과는 임신의 뒤늦은 발견, 남성 파트너와의 불화 등 여성이 임신중지를 지연하는 이유를 고려하면, 임신중지에 대한 접근성을 낮추는 것이 후기 임신중지를 줄이는 해답이 될 수 없음을 보여준다.

후기 임신중지를 하는 여성을 임신을 미리 막지 못했고 임신중지를 하는 데까지 너무 오래 걸렸다는 이유로 악마화하기는 쉽다. 임신 20주가 지난 여성들의 공적인 발화는 거의 항상 태아 이상이나 태아와 여성의 건강을 모두 위협하는 경우에 대한 것이다. 하지만 20주에서 24주 사이의 임신중지에 대한 작은 진실은 후기 임신중지가 주로 임신의 뒤늦은 발견 때문이고 또 임신중지를 하는 데 경제적, 이동, 법적 장벽들이 영향을 미친다는 사실이다. 임신중지에 대한 접근을 더 어렵게 만드는 건 도덕적으로 정당한 여성들만이 임신중지를 할 수 있다는 걸 뜻하지 않는다. 신체와 정신 건강에 문제가 없고 돈이 있고 사회적으로 지지받는 성인 여성들만이 임신중지를 할 수 있다는 뜻이다.

마르티나
Martina

그건 제가 평생 해야 한 결정 중에

가장 어려웠고 감수해야 했죠.

우리 가족은 건설업자인 아버지의 일을 따라 옮겨 다녀야 했습니다. 꽤 소박하고 평화로운 환경에서 어린 시절을 보냈죠. 모두가 서로를 아는 작은 마을에서요. 고등학교 두 곳, 월마트 하나가 있을 뿐 쇼핑몰은 거의 없었습니다. 저는 중하층 계급으로 자랐어요. 디즈니랜드가 아니라 국립공원에서 낚시, 캠핑, 등산을 하면서 휴가를 보냈죠. 아버지는 사냥꾼처럼 저와 남동생에게 사냥 기술을 가르치기도 했습니다. 제가 좀 더 자랐을 때 부모님은 이혼 절차를 밟았어요. 그렇다고 그게 제 삶에 꼭 영향을 미치는 건 아니었어요. 어떤 아이들은 분리된 가정에서 자라곤 하는데 저는 좀 더 커서 그렇게 되었을 뿐이에요. 그래서 불행히도 전 지금 아버지가 없어요. 아버지가 우리들에 대한 어떤 책임도 지지 않았다고 생각해요. 어머니는 공립학교에서 보조 교사로 일해요. 중앙아메리카 출신인데 선교사가 되기 위해 신학대학교에 가려고 이곳에 왔다가 아버지를 만난 거예요. 그들은 결혼했고 아이를 가졌죠. 제가 세 살 때까지 집에서는 대부분 스페인어를 썼습니다. 어머니는 타말레,* 콩, 쌀 요리 같은 중앙아메리카 전통 음식을 만들곤 했습니다. 우리가 확실히 미국화되었다고 말해야겠군요. 어머니는 크리스마스와 같은 미국의 전통을 진심으로 받아들였거든요. 미국에는 어머니가 자란 곳의 전통과 비슷한 것이 많습니다. 그렇게 다르지 않아요. 부모님은 정말

---

* 멕시코 음식의 한 종류.

고리타분합니다.

아마 제가 대학교에 입학하고 그곳에서 지낸 지 2년쯤 됐을 때인 것 같군요. 서버로 일했는데 대학생들이 그렇듯 학교에 갔고 마치면 일을 했고 끝나면 친구들과 밤새 놀고 또 아침에 일어나고를 반복했습니다. 학점을 꽉 채워 들으면서 일주일에 40시간씩 일했습니다. 남는 시간엔 친구들과 놀았어요. 목요일, 금요일, 토요일 밤엔 파티를 했어요. 학교 가는 시간을 낭비하거나 숙취에 시달린 건 아니었습니다. 친한 여자친구들 무리가 있었고 옷을 차려입고 외출하는 때가 많았을 뿐이에요. 이제는 입지도 않는 옷과 마실 것들에 수백 달러를 썼다는 걸 상상할 수조차 없군요.

목표는 대학교 졸업이었습니다. 졸업을 2년 6개월 정도 남겨둔 무렵인 것 같군요. 감염성 단핵구증* 때문에 이미 한 학기를 놓쳤을 때입니다. 3주간 학교에 나가지 못했고 결국 모든 수업에서 빠져야 했죠. 일정 시점 후에는 등록금 환불이 되지 않는데, 마치 이번 학기는 실패했다고 말하는 것 같았어요. 다음 학기에는 성적이 좋지 않아서 학교에서 쫓겨났고요. 1년 정도 휴학을 했지만 대학 생활을 반쯤은 했기 때문에 여전히 학교를 무사히 졸업하는 게 목표였어요.

---

* 　주로 엡스타인-바EBV에 의해 발생하는 일련의 증상(발열, 편도선염, 림프절 비대)을 일컫는 진단명이다.

그 남자는 인터넷에서 만났습니다. 같은 동네에 살진 않았지만 직장이 이쪽에 있어서 저를 보러 이쪽으로 오곤 했습니다. 우리는 몇 번 데이트했고 예상했겠지만 연애를 했어요. 우리는 둘 다 어렸고 나중에 깨달았지만 연애는 옳은 선택이 아니었죠. 하지만 어릴 때, "이 남자 너무 괜찮아. 나한테 푹 빠졌어"라고 생각할 때, 우리는 무모한 행동을 하기도 하잖아요.

우리는 거의 1년을 사귀었습니다. 그는 이미 다른 여자와의 사이에서 아이가 있었고, 그건 아마 위험 신호였을 거예요. 우리는 대부분의 경우에 콘돔을 사용했고, 피임약도 먹어서 괜찮을 줄 알았지만 그렇지 않았죠. 물론 당시에 피임을 하는 데 세심하지 못했습니다. 매일 복용을 하긴 했지만 좀 더 연구해보니 꾸준히 같은 시간에 복용을 해야 하는 이유가 있더군요. 특히 저처럼 지속복용법으로 먹을 때는요. 지금 아는 것을 그때도 알았다면 좀 더 세심했거나 이미 오래전에 피임법을 바꿨을 겁니다.

그는 저보다 두어 살 어렸고 저는 아이를 당장 갖고 싶지 않았음에도 불구하고 그의 아이에게 부모 역할을 하려고 했습니다. 우리가 '가족'으로서 시간을 보낼 때 아이의 아빠는 어떻게 부모 노릇을 해야 하는지 잘 모르는 것 같았어요. 저는 아이들을 돌보는 일을 많이 해봐서 어떻게 더 나은 부모가 될 수 있을지 고민했습니다. 아이가 잠들 때까지 뛰어다니도록 놔두는 대신 "이제 9시니까 자야 해"라고 말하는 식으로 말이죠. 제 집에 그 아이가 들어오도록 허락

해야 하는, 그러니까 부모가 되어줘야 하는 어려운 관계였어요. 우리는 방 두 개짜리 아파트로 이사하려고 노력하기도 했어요.

그 와중에 임신한 거예요. 완전 망했어요. 망한 건 '커플로서의 우리'가 아니라 '나'였지만요. 그때가 제가 아마 이 관계의 해로움을, 이별을 깨달았어야 하는 때 중 하나였죠. 하지만 그러지 않았습니다. 그에게 임신했다고 말하자 그는 "음. 나 내일 출근해야 해. 내가 옆에 있길 바라는 거야?"라고 물었고 저는 "아냐. 나 혼자 해결할 수 있어"라고 대답했습니다. 그가 옆에 있길 바라냐고 묻는 것만으로도 저는 이걸 혼자 해결해야 할 일이라고 생각했습니다. 그는 신경 쓰지 않았으니까요. 임신 테스트를 했을 때는 토요일인가 일요일이었어요. 장거리 트럭 운전사인 그는 다음 날 떠나야 했고요.

제 부모님은 아주 고리타분합니다. 부모님이 이 사실을 알게 되면 저는 곤란해질 게 틀림없었습니다. 아니, 솔직히 부모님이 어떻게 나올지 몰랐습니다. 그저 제가 곤란해질 거라는 것만 알았을 뿐이죠. 하지만 그렇지 않았어요. 그건 아마 어렸을 때 부모님한테 맞은 기억에서 비롯된 것 같습니다. 저는 부모님과 문제가 생길 때마다 여전히, '세상에, 최악이야'라고 생각해요. 어린애처럼 반응하죠. '엄마한테 말할 수 없어!'

말 그대로 어머니는 절 죽일 겁니다. 아무에게도 말하지 않았습니다. 오직 존만 오랫동안 그 사실을 알았죠. 아이러니하게도, 당시 매주 목요일, 금요일, 토요일 밤에 함께 놀던 가장 친한 여자 친구가 막 후기 임신중지를 한 상태였습니다. 심지어 그 친구에게도, 저와 비슷한 처지의 친구들에게도 말할 수 없었어요. 그 일이 일어나고 두 달, 세 달 후에야 겨우 이야기를 했죠.

저는 그 일을 책임져야 할 사람입니다. 다른 선택지가 없었습니다. 머릿속에서 부모님에게 말할 수 없다고 했어요. 엄마한테 임신 사실을 알려야 하니까 아이를 낳을 수 없었습니다. 친구들에게도 얘기할 수 없었습니다. 이해하지 못할 테니까 말입니다. 아이를 가질 수 없는 친구들에게는 더 그랬죠. 아이를 가질 수 있는데 왜 지우냐고 할 것 같았거든요. 제겐 예전에 아이 낳기를 포기한 친구가 한 명 있는데, 이제 걔는 두 아이를 키우는 싱글맘이에요. 제가 어떻게 아이를 낳고 싶지 않다고 친구에게 얘기할 수 있겠어요? 저는 매우 외로웠어요.

입양도 생각했지만 아이를 낳게 되면 부모님께 임신 사실을 밝혀야 해서 그것도 선택지에 없었죠. 제가 임신중지를 해야 하는 상황에 처하는 걸 상상하지도 못했습니다. 저는 혼전 성관계를 금지하는 매우 종교적인 집안에서 자랐고 부모님은 제가 고등학생 때 남자친구와 집 안에서 손도 잡지 못하게 했어요. 하지만 저는 평생 부모님보다 자유로웠습니다. 아이들이 모든 기술에 접근할 수 있을 때, 아이들을 '바른 생활' 속에 가둬 키우는 것은 어렵잖아요. 저는 늘 임신중지는 여성의 선택이라고 생각했지만 제가 그런 선택을 해야 할 줄은 꿈에도 몰랐습니다.

솔직히 클리닉에서의 경험은 더할 나위 없이 좋았어요. 클리닉의 모든 사람이 상냥하고 친절했거든요. 클리닉은 시내의 일방통행로에 있었고 건너편에 있는 주차장에 피켓을 든 시위대도 있었어요. 건너는 길이 하나밖에 없었기 때문에 힘들었죠. 문 안으로 들어가는 발걸음이 무거웠어요. 하지만 들어서면 친절한 자원활동가들이 있었습니다. 다른 여성들은 모두 동행인이 있어서 집단 상담을 했는데 저만 혼자였어요. 진찰 순서를 기다렸습니다. 의사와 수술실에 들어가기 전까지는 괜찮았어요. 의사는 자상했지만 시술을 준비하기 시작하자 저는 울음을 멈출 수 없었습니다. 의사가 "괜찮으세요?"라고 물었고, "괜찮아요. 그냥 울게 두세요. 괜찮아질 거예요"라고 답했습니다. 의사는 매사에 친절했어요. 수술 후 멋지고 편한 의자가 있는 회복실에 갔고 놀랍게도 그곳에서는 치료 일기를 썼습니다. 전에 다른 사람들이 쓴 것들도 있더군요.

저는 일기 몇 편을 읽었어요. 그들이 왜 임신중지를 했는지 아는 게 정말 도움이 되었습니다. 모든 여성은 저마다의 사정이 있어요. 임신중지를 하는 이유는 많은 사람이 생각하는 그런 것만은 아닙니다. 제가 읽은 한 이야기는 남편이 피임을 못하게 하는 바람에 계속해서 임신을 하는 여성의 사례였는데, 그 여성은 현금으로 임신중지 비용을 지불했기 때문에 남편은 여성이 계속해서 임신을 하고 임신중지를 한다는 사실을 몰랐다더군요. 그들은 이미 서너 명의 아이가 있었고요. 남편은 자신이 옳다고 생각했대요. 즉 피임을 할 필요가 없고 아내가 다시 임신할 일이 없다고요. 하지만 남편이 피임을 하지 못하게 해서 여성은 세 번의 임신중지를 할 수밖에 없었습니다. 제 또래 여성들의 이야기도 있었습니다. 심지어 클리닉에 딸을 데려온 엄마의 이야기도 있었죠. 그 이야기들을 읽는 게 정말 큰 도움이 되었습니다.

하루 이틀 후 몸 상태가 괜찮아졌지만 감정적으로 꽤 지쳐버렸습니다. 누구에게도 이 이야기를 할 수 없고 평소처럼 지내야 했어요. 돌아갈 학교가 있는 게 감사했죠. 부모님은 제 대학 교육에 전혀 도움을 주지 않았어요. 혼자 감당해야 했어요. 매일 수업이 있는 게 다행이었습니다. 그때까지 아이의 아버지와 함께였습니다. 이 모든 일은 4월에 일어났죠. 12월에야 그 관계를 끝냈습니다. 5월에 수업을 마쳤고 추수감사절 무렵에 방 두 개짜리 아파트로 이사했어요. 저와 존은 크리스마스를 함께 보냈고 헤어지기 직전에 존이 바람이 났어요. 관계가 엉망진창이 되어버렸죠. 임신중지는 우리가 만난 지 3개월 만에 일어난 일이었는데 정말 미친 짓이었습니다.

그건 제가 평생 내려야 한 결정 중 가장 어려웠고 감수해야 했죠. 처음 몇 년 동안 받아들이지 못했습니다. 몇 달마다 인터뷰를 통해 다시 그 이야기를 했음에도 어서 잊으려고 했어요. 그 일이 있고 처음 2, 3년 동안 제 삶은 그저 공허했습니다. 이제 나이가 좀 더 들고 제 성격과 제가 아끼는 것들, 제가 믿는 것들을 더 많이 알게 되면서 무슨 일이 생기든 조금 더 열린 자세로 살 수 있을 것 같아요. 저를 지지해주는 친구들과 가족은 무슨 일이 있어도 저를 사랑합니다. 그런 면에서 운이 좋죠. 지지해주는 이들 없이 이런 일을 겪어야 하는 사람들에게 연민을 느낍니다.

저는 언제나 임신중지가 여성의 선택이라고 생각합니다. 저는 자신의 책임을 진지하게 받아들이는 아빠들이 있다는 걸 알지만 그래서 여성이 아이를 가져야 한다고 말하기는 어렵습니다. 여성의 몸이기 때문이죠. 그 일을 겪을지 말지 선택하는 것은 여성의 몫입니다. 하지만 남성에게 "미안해. 아이를 낳는 건 내가 해줄 수 없는 일이야"라고 말하는 게 쉽지는 않습니다.

임신중지를 전혀 후회하지 않습니다. 저는 제가 있어야 할 곳에 있고 제가 옳은 선택을 했다는 걸 압니다. 하지만 당시에 친구들과 가족에게 좀 더 솔직할 필요는 있었다고 생각합니다. 그러면 더 빨리 일을 처리할 수 있었겠죠. 임신중지를 했다는 것을 받아들이기까지 5년에서 6년의 시간이 걸렸습니다. 이제 그 일을 생각할 때 깊고 어두운 소용돌이를 상상하며, '아, 내게 이런 일이 일어났다니'라고 생각하지 않아요. 그 일은 제 삶의 일부고 많이 배우고 성장했죠. 사람들은 여전히 절 아낍니다. 특히 이 일을 계기로 어머니와 좀 더 어려운 문제들을 대화할 수 있게 되었어요. 남동생과도요. 그에게도 말했거든요. 여자친구와 사귀는 데 제 경험이 도움이 되는 것 같아요. "우리가 성생활을 하고, 잘 지내려면 솔직해져야 해. 누나에게 일어난 일이 너에게 일어나길 바라지 않아." 남동생은 확실히 그런 일들에 더 조심스러워하는 것 같아요. 그가 여성의 선택을 좀 더 존중하는 태도를 갖게 하는 데 도움이 되었다고 생각합니다.

아이러니하게도 이제 사람들은 "그런 일을 겪었다니 너는 정말 강해", "나라면 그 일을 감당할 수 있었을지 모르겠어"라고 말해요. 저는 "그래야 한다면 그럴 수 있을 거야"라고 답하고요. 당시 제 곁에 있던 친구들은 "그 일이 있을 때 왜 내게 말하지 않았어? 너의 오해와 달리 난 네 곁에 있었을 거야"라고 말해줬어요. "새로운 사람을 만날 때 그 주제가 나와도 수치심을 느끼지 않아." 저는 그런 말을 할 수 있는 힘이 생겼어요. "이게 내게 일어난 일이고 이 이야기는 내가 어떻게 이 일을 감당했는지에 대한 거야. 그 일이 내 인생의 일부라는 걸 받아들이지 못한다면 우린 좋은 친구가 될 수 없어"라고요. 저는 더 이상 고통 뒤에 숨지 않습니다. 정말 잘된 일이죠.

임신중지를 하고 2년 후 대학을 졸업했습니다. 앞으로 나아가야 했죠. 좀 더 전문적인 경력을 갖기 위해 미니애폴리스로 이사했지만 결국 일자리를 찾지 못했고 바텐더를 계속했어요. 저는 몰 오브 아메리카*에서 일했는데 그 자체만으로도 굉장한 일이었습니다. 그때 지금의 파트너를 만났어요. 이제 2년 6개월이 되었네요. 그는 자전거를 좋아하는 제게 산악자전거를 가르쳐줬어요. 우리는 자전거 여행을 로키산맥으로 두어 번 갔어요. 캘리포니아에도 갔는데

---

*   미국 미네소타주 블루밍턴에 위치한 쇼핑센터.

그곳이 정말, 정말, 정말 좋았습니다. 그래서 우린 캘리포니아로 이사하기로 마음을 먹었습니다. 여행이 끝난 뒤 6개월 동안 돈을 모았고 이사와 더불어 3개월간 자전거 여행을 하기로 했습니다. 그래서 저축하고, 저축하고 또 저축했죠. 자이언국립공원 인근과 아치스국립공원 밖에서 자전거를 탔고 와이오밍과 사우스다코타로 갔습니다. 3개월 내리 자전거를 탔고 미니애폴리스로 돌아가 정리를 한 뒤 캘리포니아로 이사를 했습니다. 저는 여기가 참 좋아요.

저는 제가 있어야 할 곳에 있습니다. 마침내 이 가게의 부매니저로 전문적인 경력을 갖게 되었어요. 삶을 제가 원하는 모습으로 살기 위해 2년에서 3년 정도 걸린 것 같네요. 어머니와 남동생, 가족과의 관계가 어느 때보다 끈끈하다고 느껴요. 물론 제 인생에도 형편없는 부분들이 있죠. 해고되기도 했고 박봉의 월급쟁이로 살고요. 직장을 잃었고 엄청난 좌절감을 맛보기도 했지만 여전히 기회가 있습니다. 당신이 무엇을 선택하든 사람들의 지지를 받을 수 있다는 걸 알면 좋겠네요. 여성들은 이것이 옳은 선택이 아니라는 말을 들을 필요가 없어요. 여성들은 단지 지지가 필요합니다. 우리가 모두 임신중지를 지지한다면 여성들이 임신중지를 이야기하거나 도움을 더 쉽게 받을 수 있을 거예요. 어쨌든 그 일은 제가 확실히 임신중지를 더 받아들이도록 만들었습니다.

다른 여성들이 왜 임신중지를 하는지 알 수 있어요. 옳고 그름에 관한 건 아닙니다. 그 일이 당신에게 옳은지 아닌지가 중요하죠. 저는 지금은 여성의 선택권을 지지하는 쪽입니다. 저마다 사정이 있고 누군가 다른 사람이 할 수 있는 일과 없는 일을 결정하는 게 부당하다고 생각하기 때문이죠. 아이를 낳았다면 학교를 천천히 마치려고 했을 거예요. 아이에게 많은 시간을 헌신했을 테니까요. 캘리포니아에도 살지 않았을 거고 지금 맺는 관계도 없었을 테고요. 아이를 키우는 데 드는 경제적 비용 때문에 고향을 떠나지 않았을지도 모르죠. 집으로 돌아가야 했을지도요.

언제나 그쪽으로 기울어져 있던 것 같지만 이제 확실히 아이를 원하지 않아요. 그건 꼭 임신중지 때문만은 아니고 그보다는 제 라이프 스타일 때문입니다. 오랫동안 사회는 "고등학교를 졸업하면 직업을 가져야 한다, 또는 대학에 가고 직업을 가져야 하고 아이를 낳아야 하고 개를 키워야 하고 그 밖에 기타 등등"을 말해왔어요. 하지만 저는 그런 삶을 원하지 않아요. 가족을 꾸리기보다는 인생을 탐험하는 데 시간과 자원을 쓰고 싶습니다. "결국 마음을 바꾸게 될 거예요"라고 말하는 사람들과 이야기를 해야 할 때가 있겠지만 "아뇨. 저는 99퍼센트 확신해요. 다시 결정을 내릴 일이 없을 것이라고요"라고 말할 거예요. IUD 시술을 받고 싶었지만 제 건강보험에 그건 포함되지 않았어요. '건강보험 개혁법Affordable Care Act'이 통과됐을 때 IUD가 포함되었다는 사실을 알자마자 IUD 시술을 받았기 때문에 다시 그 일이 일어나진 않을 겁니다. IUD 시술을 받음으로써 제 라이프 스타일이 더 확고해졌습니다. 저는 가족을 만들기보다는 탐험을 하고 싶습니다.

우리는 올해 한 달 더 여행을 하고 싶어요. 어쩌면 몇 가지 익스트림 스포츠를 할 수도 있겠죠. 산악자전거 세계에서 여성으로서 저는 소수자입니다. 올해 열리는 이벤트에서 정상에 오를 확률도 높고 이런 이벤트들에 참여하는 것이 목표입니다. 남아메리카로 이사하는 것을 결정할 수도 있습니다. 동남아시아를 가보고 싶기도 해요. 어머니를 중앙아메리카, 그러니까 어머니의 고향에 모시고 가고 싶기도 합니다.

임신중지가 여성의 인생을 끝장내진 않습니다. 지금 우리 사회는 임신중지를 경험한 여성을 하자 있는 상품처럼 대하기도 하지만 전 그렇게 생각하지 않아요. 제가 그 증거입니다. 저는 임신중지를 했지만 제 세계 재패 퀘스트는 끝나지 않았습니다. 임신중지를 장려하는 것이 아니라 임신중지 이후의 삶을 격려하는 대화를 하길 바랍니다. 임신중지는 제 인생을 규정짓지 않습니다. 그건 그저 일어난 일일 뿐이에요.

마르티나 · 애리조나 출신 · 라틴계

임신중지 당시 22세 · 임신 9주에 임신중지

4

정신 건강

마르티나의 사례는 임신중지가 정신적 또는 감정적으로 해를 끼치는지에 대한 질문을 제기할 수 있는 완벽한 기회다. 마르티나는 임신을 하고 임신중지를 결정하는 동안 매우 혼란스러웠다. 마르티나는 혼전 성관계에 반대하는 부모님이 자신의 임신과 임신중지를 못마땅하게 여길 것을 우려했다. 임신을 시도한 친구도, 입양을 보내기로 하고 출산을 한 친구도, 최근에 임신중지를 한 가까운 친구도 자기의 선택에 공감하지 못할 것이라고 생각했다. 마르티나의 임신 소식을 들은 남자친구의 반응은 그가 얼마나 마르티나를 신경 쓰지 않는지 잘 보여줬다. 임신중지 후 몇 년간 마르티나는 일을 처리하는 데 어려움을 겪었고 정신이 멍했다고 말했다. 마르티나는 임신중지 이후 일주일간 인터뷰에 참여한 대부분의 여성보다 더 많은 우울 증상을 보고했다. (마르티나는 다섯 가지 증상을 말했는데, 보통 1분기에 임신중지를 한 여성들이 말하는 두 가지 증상 외에 희망 없음, 외로움, 무가치함을 느꼈다고 말했다.) 마르티나의 고통이 임신중지 그 자체 때문인지, 임신중지를 원하게 된 상황들 때문인지, 임신에 대한 사람들 반응 때문인지 사회적 고립감과 지지의 부족 때문인지 명확하지 않다. 마르티나가 임신중지를 하지 않고 출산을 했다면 정신 건강은 더 나았을까?

우리 중 누구도 살면서 선택하지 않은 길의 끝에 어떤 결과가 기다리는지 알 수 없다. 우리가 어떤 길을 택하든 뒤를 돌아봤을 때 가능한 최선의 결정을 내렸고 모든 일이 잘 풀렸다고 느끼고 싶어 한다. 그러니까 마르티나가 "임신중지를 전혀 후회하지 않아요. 저는 제가 있어야 할 곳에 있어요"라고 말하는 건 사건이 일어난 후의 합리화 과정일 수 있다. 하지만 턴어웨이 연구 설계의 강점은 비슷한 위치에 있었던 여성들이 임신중지 여부에 따라 다른 길을 가게 된 경우에 어떤 일이 벌어지는지 알게 해주는 점이다. 임신중지 가능 기한 전후의 여성들의 결과를 비교해보면 임신중지를 하거나 거부당한 일이 여성의 정신 건강에 어떤 영향을 미쳤는지 알 수 있다. 이 독특한 연구 설계 덕분에 임신중지 혹은 그 외 다른 요인들이 마르티나와 같은 여성에게 고통의 원인이 되었는지 탐구할 수 있다.

　결국 턴어웨이 연구 전체의 주요한 동기는 임신중지가 여성에게 해를 끼치는지에 대한 답을 얻는 것이다. 수십 년간 믿을만한 자료가 없는 상황에서 임신중지를 반대하는 사람들은 임신중지가 정신 건강에 문제를 일으킨다고 주장해왔다. 그들은 심지어 '임신중지 증후군'이라는 새로운 정신 건강의 상태를 만들어내기도 했다. 어떤 권위 있는 의학 학회나 정신과학계에서도 받아들여지지 않았지만 말이다. 복음주의 단체들이 운영하는 미국 전역의 2000개 이상의 '위기 임신 센터crisis pregnancy centers'는 원하지 않은 임신을 한 여성에게 임신중지의 심리적·정신적 해악을 설명하면서 임신중지를 하지 않도록 독려한다.[1] 심지어 진보적인 샌프란시스코만 지역에서도 임신중지 반대 활동가들은 1973년 1월 임신중지에 대한 여성의 선택권은 헌법을 통해 보호된다고 결정한 로 대 웨이드 대법원 판결 기념일에 항의하기 위해 "임신중지는 여성을 해친다"라는 옥외 광고판을 내걸었다.

임신중지가 여성의 감정적·심리적 건강에 장기적으로 영향을 미친다는 생각은 우리 사회에 스며들었고 임신중지 접근을 제한하는 정책을 만들게 했다. 머리말에서 나는 2007년 곤잘레스 대 카하트 대법원 사건*에서 앤서니 케네디 판사의 다수 의견에 대해 말한 바 있다. 그는 "일부 여성들이 그들이 한때 잉태하고 품었던 아이를 낙태하기로 결정한 선택에 대해 후회한다는 건 새로울 게 없는 이야기다. 심각한 우울과 자존감 상실이 뒤따를 수 있다"라고 말했다.

임신중지에 대한 결정이 본질적으로 어렵고 고통스러울 것이라는 가정은 임신중지의 후유증 또한 고통스럽고 어려울 것이라고 추측하게 한다. 나는 대학교의 기관 감사 위원회 Institutional Review Board가 턴어웨이 연구를 검토하고 승인해줄 것을

---

* 리로이 카하트LeRoy Carhart 등 임신중지 시술을 제공하는 의사들이 '부분 출산 임신중지 금지법Partial-Birth Abortion Ban Act'의 효력 상실을 요구하는 소송을 냈고 연방대법원이 이를 합헌이라고 결정한 사건이다. 긴즈버그는 반대 의견을 통해 대법원이 임신중지 권리에 노골적인 적대감을 드러냈다고 비난하기도 했다. ―루스 베이더 긴즈버그·헬레나 헌트, 《긴즈버그의 말》, 오현아, 마음산책, 2020.

요청했을 때 이런 견해가 만연하다는 것을 알았다. 인간 관련 연구를 시작하는 데 가장 중요한 단계 중 하나는 윤리적 승인을 받는 것이다. UCSF는 대규모 의대를 갖고 있는데, 많은 연구가 의료적 개입이 질병의 경과에 어떤 영향을 미치는지 등에 관한 임상 시험을 통해 이뤄진다. IRB는 각각의 연구가 의료적 개입의 위험성보다 잠재적 이익이 더 큰지, 모든 위험이 최소화되었는지, 연구 참여자들이 참여에 동의하기 전에 위험과 혜택에 대한 정보를 잘 고지받았는지 등을 결정해야 한다. 턴어웨이 연구의 연구원들은 여성이 임신중지 시술을 받을지 말지와 관련해 발언권이 없었다. 이미 임신중지 가능 기한으로 클리닉에서 누가 임신중지를 받을 것인지, 누가 거부당할 것인지 결정된다. 따라서 임신중지를 하거나, 거부당하는 것에서 오는 어려움이 우리 연구 때문은 아니다. 하지만 우리는 연구 참여자들에게 많은 질문을 하려고 했기 때문에 그들 중 일부는 괴로움을 느꼈을 수도 있다. 여성들이 자발적으로 대답하게 하고, 대답하고 싶지 않은 질문은 침묵하도록 하는 건 우리의 책임이었다. 또한 우리는 연구 참여자들이 자신을 또는 다른 사람을 해치려는 의도를 보일 때, 어떻게 대응할지에 대한 계획이 있어야 했다. 그럴 때 우리의 질문이 그들의 자해를 추동하거나 기분을 나쁘게 하지 않더라도 분명히 개입할 필요가 있었다.

IRB에는 임신중지가 여성의 정신 건강을 해치고 자살 사고 suicidal ideation와 그런 행동의 위험을 증가시킨다고 믿는 심리학자가 있었다. 그는 연구 참여자들, 특히 10대들이 임신중지로 인해 자살할 수 있다고 우려했다. 구체적으로 그는 "10대들이 죽은 태아와 재회를 원할지도 모른다"라고 말했다. (나는 그의 생각이 어디서 기인한 건지 모르겠다. 확실한 건 이 주제에 관한 기존의 과학 문헌에서 얻은 생각은 아닐 것이다.) 하지만 수많은 여성을 6개월마다 추적 검사하면서 여러 이유로 심리적 고통을 겪는 여성을 만날 가능성이 있는 건 사실이었다. 우리는 연구 참여자들이 심각한 심리적 고통을 경험했을 때 적절한 지원을 받도록 우리가 할 수 있는 일을 할 준비가 되어 있길 바랐다.

그래서 우리는 임상정신과 의사와 상의해 자살 위험에 대한 표준화된 평가 척도를 사용하기로 했고 자살 사고를 보고한 여성이 있다면 국가자살예방기관에 의뢰하고, 여성이 자신을 해치는 행동을 할 것 같다면 개입하기로 결정했다. 우리의 프로토콜은 연구 참여자와 관계가 있는 정신 건강 관련 조력자나 이 여성을 책임질 수 있는 가족 내 성인에게 말하는 것이다. 그런 사람이 없다면 마지막 방법은 경찰에 신고하는 것이다. 옳은 일 같지만 돌이켜 생각해보면 우리는 어느 누구에게 어떤 호의도 베풀지 않았다. 그 이유는 다음과 같다.

임신중지가 정신 건강에 미치는 영향

다음 자료를 보기 전에 임신중지가 여성의 정신 건강에 문제를 일으킬 수 있는 방법을 잠시 생각해보자. 첫째, 여성이 임신중지가 아이를 죽이는 것과 같다고 여긴다면 죄책감과 양심의 가책으로 심각한 고통을 받을 수 있다. 임신중지를 하는 여성 중 대부분은 임신중지가 아이를 죽이는 것과 다르다고 생각하지만, 일부는 그렇지 않기도 하다. 미국 중서부에 한 클리닉에서 진행한 연구에서 상담자와 대화를 하기 전 대기실에 있는 여성들 중 4퍼센트가 "지금 내 임신 주수에서 임신중지를 하는 것은 이미 태어난 아이를 죽이는 것과 같다"라는 말에 동의했다.[2] 여성들 대다수는 "아이를 낳는 것보다 임신중지를 하는 것이 지금 내게 더 나은 선택이다"라는 데 동의했다. 이런 강한 반反낙태 문구에 동의한 여성들 중에도 임신중지를 선택하는 이들이 있다. 턴어웨이 연구에서 임신중지를 원하는 여성 다섯 명 중 한 명은 임신중지가 도덕적으로 잘못된 행동이라거나 불법이어야 한다고 생각했다.[3]

일부 여성은 그들의 특정한 상황 속에서 자신의 임신중지를 도덕적인 것으로 여기면서 자신의 임신중지 반대 견해와 자신의 행동을 조화시킨다. 앞서 등장한 제시카는 "완강히 임신중지를 반대"하는 입장을 취했다. 원하지 않은 임신을 경험하기 전에는 말이다. 제시카는 신이 특정한 목적을 위해 임신중지를 할 수 있도록 만든 것이라 결론지었다. 최근 미국으로 이주한 아프리카계 여성이자 이제 막 결혼한 카말리Kamali는 자신과 남편이 일을 많이 하고, 또 지금이 아이를 낳기에 적절한 시기가 아니라고 생각해 임신중지를 했다. 카말리는 임신중지에 안도감을 느꼈지만, 기독교적 믿음에 비춰보면 임신중지는 도덕적으로 잘못된 일이라고 여겼다. "글쎄요. 저는 임신중지를 했지만 여러분에게 충분한 이유가 없다면 임신중지를 하는 것은 옳지 않다고 생각해요. 그게 제가 자라온 방식이고, 제가 아는 거예요." 많은 임신중지 클리닉은 여성이 임신중지에 반대하는 감정을 갖고 있는지 확인하고, 그런 감정이 확인되면 임신중지를 연기하거나 포기하도록 한다.[4] 그러나 임신중지를 했고 특정한 상황에서의 임신중지가 도덕적으로 잘못되었다고 느끼는 여성이 임신중지로 정신 건강에 타격을 입을 수 있다는 가정은 타당하다.

둘째, 여성들이 스스로 임신중지가 도덕적으로 잘못이라고 느끼지 않더라도 다른 사람들에게 부정적 반응을 얻거나 공동체의 사람들이나 가까운 사람들에게 평가받는다고 여길 수도 있다. 임신중지 시술을 하거나 시술 거부 일주일 후, 턴어웨이 연구에 참여한 여성 절반 이상이 그들이 임신중지를 시도했다는 것을 다른 사람들이 알게 된다면 가까운 사람들에게(60퍼센트), 혹은 그들이 속한 공동체의 사람들에게(56퍼센트) '조금' 무시당할 것 같다고 말했다.[5] 미네소타에 사는 23세 백인 여성 올리비아Olivia는 이런 이유들로 임신중지를 비밀로 했다. "항상 임신중지가 잘못된 일이라고 배웠어요. 제 임신중지를 모르는 사람이 많을 거예요. 항상 임신중지는 잘못된 일이라고 생각할 테니까. 그래서 혼자만 알아야 했어요. 아무에게도 그걸 말할 수 없었거든요. 제 자매들은 아마 '내가 (아이를) 데려갈 수 있었을 텐데'라고 말했을지 몰라요. 아빠나 남자친구의 부모님도요. 오랫동안 홀로 간직해야 해서 힘들었어요. 그리고 제 안에 '사람'이 있다는 것을 알게 되었을 때 가장 어려운 점은 선택지들을 다른 사람들과 의논해야 하는 상황, 그럼에도 제게 가장 적절한 방법은 임신중지라는 점을 말해야 할 때예요."

셋째, 여성의 정신 건강은 생리학적으로 임신이 끝나면서 일어나는 호르몬 변화에 잠재적으로 영향을 받을 수도 있다. (최신의 과학 연구에서는 호르몬 변화가 산후 우울증에 미치는 영향에 의문이 제기되긴 하지만) 산후 우울증의 부분적 요인으로 설명되는 현상과 같다.[6] 일부 여성은 월경 주기의 정상적인 호르몬 변화에 따라 우울 증상을 경험하기도 하는데, 임신이 끝날 때 나오는 에스트라디올estradiol과 프로게스테론progesterone의 급격한 감소에 반응을 보일 수 있기 때문이다.

넷째, 임신중지로 고립될 수 있다. 마르티나나 7장에서 보게 될 카밀라처럼 어떤 여성은 자신의 경험을 가족이나 친구와 나누지 않는다. 사실을 말하면 어떤 이들은 부정적 낙인화를 겪기도 한다. 우리 연구에서 거의 3분의 1의 여성이 임신을 함께한 남성 외에 다른 사람에게 임신중지를 말하지 않는다.[7] 출산을 하게 되면 병원 대기실에서, 혹은 공원에 있는 다른 부모들이나 슈퍼마켓에서 마주치는 사람들과 친구가 될 수도 있다. 당신 집 근처 반경 약 1킬로미터 내에 당신 아이와 나이가 같은 아이의 엄마는 다른 공통점이 없더라도 친구가 될 수 있는 존재다. 하지만 임신중지는 다르다. 내가 아는 한, 같은 시기에 임신중지를 한 여성들이 친구 그룹을 만들지는 않는다.[8] 아이를 키우는 데 계속적인 지원이 필요한 것과 달리 임신중지에 대한 감정을 극복하는 데 그런 지원이 필요하지 않을 수 있다. 하지만 총체적인 지원의 부족은 고통과 고립을 초래할 수 있다.

다섯째, 임신중지 수술 자체는 불쾌하거나 고통스러울 수 있고 심지어 감정적으로도 충격을 줄 수 있다. 내 엄마의 친구는 1970년대에 임신중지를 했는데, 당시 의사는 수술을 (일부러) 아프게 한다면서, 그래야 다시는 그 친구가 이런 상황에 처하지 않는다고 말했다. 나는 이틀간의 임신중지 수술(첫날의 목적은 자궁 경부를 부드럽게 열기 시작하는 것) 중에 경련을 느끼고 다시 클리닉으로 급하게 돌아간 여성을 안다. 불행히도 클리닉은 아직 문을 열지 않았고 아무도 도와줄 사람이 없는 문 닫힌 클리닉의 주차장에서 그 여성의 속옷 밖으로 태아와 태반이 흘러나

왔다. 그 여성은 자신의 자궁이 떨어져 나와 피를 흘리다 죽을 것 같다고 생각했다. 대부분의 임신중지는 이렇지 않지만 이처럼 끔찍한 경험을 할 가능성은 있다.

마지막으로 의도하지 않은 임신이 왜 우울이나 불안과 같은 부정적인 감정을 불러일으키는지에 대한 가장 유력한 설명은 그것이 당신의 인생을 스스로 통제할 수 없다고 느끼게 하기 때문이다. 당신의 몸이 당신의 의지에 반해 다른 인생을 만드는 것이다. 실수를 했다거나 당신이 이런 나쁜 상황을 만들었다고 자책하거나, 무력감에 죄책감까지 더해질 수도 있다. 당신의 삶이 안정적이지 않고 파트너나 가족이 충분히 든든하지 않으며 은행 계좌에 돈이 모자라다는 것을 깨닫고, 마치 자신의 잘못에 대한 벌처럼 느껴질 수도 있다. 당신은 이 책에 등장하는 이야기를 통해 임신 사실을 들은 남성의 반응이 여성의 이야기에서 속상한 장면으로 자주 등장하는 것을 보게 될 것이다. 파트너가 당신과 같은 미래를 계획하고 있지 않다는 사실을 발견하는 건 유쾌한 일이 아닐지도 모른다.

안도감

그렇다면 임신중지가 여성의 정신 건강에 해를 끼칠 수 있는지에 대한 논쟁에서 임신중지가 여성의 정신 건강에 악영향을 미치지 않는다는 근거들은 무엇인가?

첫째, 임신중지는 여성이 선택한 일이다. 그들이 임신중지의 결과를 감당할 수 없다고 생각했다면 임신중지를 선택하지 않았을 수 있다. 그들은 여러 선택지를 고민했고 아이를 낳는 것보다 임신중지를 하는 것이 더 낫겠다고 판단한 것이다.[9] 일리노이의 30세 흑인 여성 시드니는 '언어폭력을 일삼는 남자친구'에게 영원히 묶이고 싶지 않았다. 시드니의 임신중지 경험은 불쾌했다. 임신 2분기였고 임신중지 절차에 여러 날이 소요된다는 사실이 마음에 들지 않았다. 태아에 대한 생각이 시드니를 불안하게 했다. 과거 21살 때 첫 번째 임신중지는 "매우 고통스러웠다." 하지만 그런 첫 번째 경험조차도 두 번째 임신중지를 단념시키진 못했는데 부모가 될 준비가 되지 않았다고 생각했기 때문이다. 그리고 임신중지 이후에 우울하지도 후회하지도 않았다고 말했다. "아이를 갖는 건 멋진 일이에요. 하지만 당시에 저로서는 그저 좋은 일은 아니었죠. 후회하지는 않지만, 때가 되면 제가 아이를 가질 수 있을지 의문이 들기도 해요."

임신중지가 여성의 정신 건강에 해를 끼치지 않을 수도 있는 두 번째 이유는 여성이 인생을 살면서 임신중지보다 훨씬 더 큰일들을 해내기 때문이다. 외상 후 스트레스에 대한 부분에서 그것을 알 수 있을 것이다. 아동 학대, 아동 성학대, 폭력 등 평생의 정신 건강에 악영향을 미치는 사건들이 있다. 길고 복잡한 인생에서 임신중지는 여성의 심리적 안녕을 저해할 만한 큰 사건이 아닐 수 있다. 이 책의 뒷부분에서 보게 될 멜리사의 사례 같은 경우들이 있다. 빈곤, 우울, 불안을 겪고 있던 네 아이의 엄마인 멜리사는 남편이 수감된 동안 남편 친척의 아이를 임신했다. 멜리사는 아이들을 충분히 먹일 돈이 없었고 아이들을 무료 급식소에 데려가야 했다. 임신중지를 간절히 바란 멜리사는 임신중지를 했을 때 크게 안도했다. 그리고 일부 여성들에게는 이 장에 나오는 니콜의 이야기에서 보듯 아무런 감정적 영향을 미치지 않는 것 같다.

고통과의 연관성

턴어웨이 연구의 전제는 임신중지를 한 여성과 임신중지를 거부당한 여성을 구분하는 기준이 임신 주수이고, 그 외의 조건은 유사하다는 것이다. 그렇다면 임신중지를 시도한 5년 뒤 이들 사이의 차이점이 드러난다면 그것은 임신중지를 했는지, 혹은 거부당했는지에 달려 있을 가능성이 높다. 연구 설계의 첫 번째 질문은 이것이다. 임신중지를 한 여성과 임신중지를 거부당한 여성 사이에 정신 건강상의 차이가 있는가? 정신 건강 질환의 이력에서 임신중지 가능 기한을 넘은 여성과 그렇지 않은 여성 사이에 차이는 없다. 여성들 중 4분의 1은 어느 시점에 불안이나 우울 진단을 받았다(불안만 경험하는 여성은 5퍼센트, 우울만 경험하는 여성은 10퍼센트, 둘 모두 경험하는 여성은 10퍼센트).[10] 정신 건강의 또 다른 위험 요소인 폭력과 트라우마 경험에서 임신중지 가능 기한을 넘은 여성과 그렇지 않은 여성 사이에 차이는 없다. 14퍼센트는 지난 1년 동안 친밀한 파트너에게 폭력이나 폭력의 위협을 경험했고, 다섯 명 중 한 명 이상이 성폭력 또는 강간을 당했다. 또 26퍼센트는 아동 학대나 방임을 경험했다. 또 정신 건강 문제의 증상이나 원인일 수 있는 것, 불법 약물 사용(14퍼센트)이나 알코올 남용(24퍼센트), 음주 문제(예를 들어 아침에 일어나 술을 제일 먼저 마시거나 블랙아웃 등을 겪는 문제, 6퍼센트)에 차이는 없었다. 브렌다와 마고는 이런 어려움을 겪었는데 두 사람 모두 10대 시절에 힘든 경험을 했고 트라우마가 될 만한 폐쇄시설에서 살았다. 두 사람 모두 음주 문제가 있었고 그들을 학대하는 남성과 사귀었다. 하지만 마고는 임신중지를 했고 브렌다는 하지 않았다.

이 높은 수치들에 놀랄지도 모르겠다. 데이터 중심적인 방법론으로 거의 논하지 않는 주제들이기 때문이다. 사실 임신중지를 원하는 여성은 일반적인 여성과 다르지 않다. 우리 연구에 참여한 여성들의 약물 사용 비율, 음주 문제나 깊은 우울을 앓았던 비율은 모두 전국 추정치와 비슷하다.[11]

회복탄력성

여성이 왜 임신중지를 하는지에 대한 논문을 쓴 사회심리학자 안토니아 빅스 박사는 턴어웨이 연구의 정신 건강 데이터의 대부분을 분석하기도 했다. 빅스가 이끈 여성 우울과 불안의 5년간 동향에 관한 논문은 턴어웨이 연구에서 가장 비중 있게 인용된 논문 중 하나다.[12] 이 논문은 미국 의사 학회지 《자마JAMA》에서 2016년과 2017년에 걸쳐 두 번째로 많은 조회 수를 기록했고, 《뉴욕타임스》와 폭스 뉴스를 포함한 68개 이상의 매체에 소개되기도 했다. 이 논문은 10년 전, 케네디 대법관이 신뢰할 만한 자료가 부족하다고 할 때 찾던 논문이고, 외과의사 쿱이 수십 년 전 요청한 바로 그 자료다.

이 논문은 임신중지가 우울이나 불안을 초래한다는 생각을 완전히 부숴버린다. 임신중지를 시도한 일주일 후부터 6개월마다 우리는 검증된 방법(설문에 사용된 질문들은 다른 연구에서 테스트를 거쳤으며, 이 질문들은 특정 상태나 조건의 응답자를 정확히 식별하는 것으로 나타났다)을 통해 여성들에게 우울, 불안, 외상 후 스트레스 장애에 대해 질문했다. 우리는 자살에 대한 생각, 술과 약물 사용, 자존감, 삶의 만족도를 물어봤다. 여성들이 임신중지를 했거나 거부당한 지 8일 후 첫 인터뷰가 있을 무렵, 두 그룹의 우울, 외상 후 스트레스 장애, 자살 경향 등의 증상을 보고하는 비율은 비슷했다. 그러나 다른 정신 건강에 관해서는 단기적인 차이가 나타났다. 임신중지를 거부당한 직후의 여성은 임신중지를 한 여성보다 불안과 스트레스 증상이 더 많았고 자존감과 삶의 만족도가 낮았다. 시간이 지나며 여성의 정신 건강은 전반적으로 향상되었고 6개월에서 1년에 걸친 결과 전반에는 집단 간의 차이가 없었다. 임신중지가 정신 건강에 해를 끼친다면 그것은 임신중지 시술이 아니라 임신중지를 거부당한 것에서 비롯된다.

초기의 고통은 원하지 않은 임신이 속상한 경험이기 때문일 수 있다. 이런 고통에는 임신중지를 하기 위해 병원을 검색하고 찾아가는 일과 그 외 다른 장애물들이 포함될 뿐만 아니라 임신중지에 필요한 사회적·감정적 에너지와 비용이 많이 드는 것, 출산 및 육아로 인해 미래의 건강이 위협받는 것 등이 수반된다. 따라서 임신중지를 거부당한 여성들의 더 나쁜 정신 건강 결과 중 일부는 임신중지를 계속 원하지만 시술을 받을 수 없었기 때문에 발생하는 스트레스 때문일 수 있다.

그러나 일단 임신이 확인되고 아이가 태어나고, 예상한 것처럼 되거나 알 수 없는 두려움이 극복되면 정신 건강 증상의 양상은 임신중지를 했을 때와 마찬가지로 되돌아온다. 내가 이 발견에 놀랐다는 것을 인정한다. 나는 계획하지 않은 아이를 키우는 것이 우울이나 불안과 관련이 있을 것이라 예상했다. 하지만 장기적으로 그런 현상을 발견하지 못했다. 원하지 않은 임신이 출산으로 이어지는 건 정신 건강의 해악과 관련이 없다. 여성들은 적어도 정신 건강 면에서는, 원하지 않은 임신에 따른 출산에 회복력이 있다. 카밀라가 아이가 태어나기 직전에 겪은 일에서 알 수 있듯이 출산 전후의 우울이 없다는 걸 말하려는 게 아니다. 일반적으로 여성의 원하지 않은 임신에 따른 우울과 불안 증상은 임신 과정이 어떻게 끝나든 간에 서서히 해소된다.

우리는 후기 임신중지가 초기 임신중지에 비해 정신 건강에 더욱 큰 해를 끼친다는 근거를 찾지 못했다. 후기 임신중지를 한 여성은 첫 번째 인터뷰(임신중지 시도 일주일 후)에서 1분기에 임신중지를 한 여성에 비해 스트레스와 우울이 높아졌다고 보고했지만, 첫 번째 인터뷰 이후 향후 5년간은 별다른 차이를 보이지 않았다. 즉 후기 임신중지를 한 여성은 1분기에 임신중지를 한 여성과 우울, 불안, 자존감, 삶의 만족도에서 같은 결과가 나왔다. 후기 임신중지로 어떤 여성이 어려움을 겪는다는 이야기를 듣게 된다면 과학은 그런 주장을 뒷받침하지 못한다는 것을 알아두는 게 좋다.

당신은 임신중지를 한 여성과 거부당한 여성 모두 유사한 결과를 보인다는 사실이, 두 그룹의 여성들이 모두 불행하기 때문이라고 생각할 수도 있다. 한 집단은 임신중지를 해서, 다른 한 집단은 원하지 않는 아이를 키우고 있어서라고 말이다. 하지만 틀렸다. 그림 2를 보라. 그림 2는 시간의 흐름에 따른 우울 증상의 양상을 보여준다. 시간이 흐르며 정신 건강은 모든 여성에게서 개선되었다.

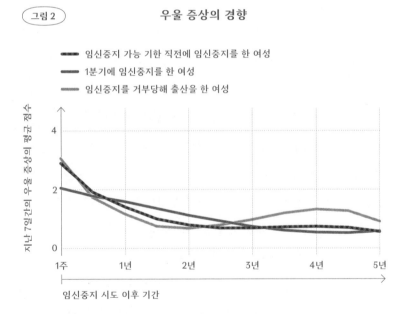

그림 2   우울 증상의 경향

━━ 임신중지 가능 기한 직전에 임신중지를 한 여성
━━ 1분기에 임신중지를 한 여성
━━ 임신중지를 거부당해 출산을 한 여성

(y축) 지난 7일간의 우울 증상의 평균 점수

(x축) 1주 1년 2년 3년 4년 5년

임신중지 시도 이후 기간

출처   Biggs MA, Upadhyay UD, McCulloch CE, et al. Women's mental health and well-being 5 years after receiving or being denied an abortion: a prospective, longitudinal cohort study. JAMA Psychiatry. February 2017;74(2):169–178.

자살에 대한 생각

앞서 설명했듯이, 우리는 여성들의 자살 사고에 대한 데이터를 수집했다. 정신 건강에 관한 설문조사의 일환으로 우리는 여성들에게 그들의 삶을 끝낼 생각을 하는지, 죽는 것이 더 나을 것이라고 생각하거나 어떤 식으로든 스스로를 다치게 하고 싶은지 물었다. 이 질문들에 여성들이 '그렇다'라고 답한다면, 우리는 인터뷰를 중단하고 자살 사고를 느끼는지 질문했다. 자살이나 자해를 계획하는지, 우리가 개입해야 할지 판단하기 위해서 말이다.

빅스 박사는 이 연구에서 여성들의 자살에 대한 생각의 비율이 매우 낮음을 발견했다.[13] 7851번 이상의 인터뷰에서 연구 참여자들이 자살에 관해 생각한다고 보고한 경우는 109번이다. 네 번의 인터뷰에서만 여성이 실제로 스스로를 해칠 생각을 한다고 답했다. 우리는 텍사스에 살고 스페인어를 사용하는 한 여성의 트레일러로 경찰을 불렀다. 세 아이를 키우는 그는 자살할 생각이 있다고 했다. 경찰이 그 여성의 양육 능력을 의심해 양육권을 위태롭게 했다면 경찰의 개입은 상황을 더욱 악화시킬 수도 있었다. 다행히 그 여성은 후속 인터뷰에도 참여했고 정신 건강이 나아졌으며 연구가 끝날 시점에도 아이들을 키웠다.

또 다른 에피소드는 연구 초기 크리스마스 이브 전날 발생했다. 성적 학대를 당한 적이 있고 깊은 우울 증상으로 힘들어하던 젊은 여성은 인터뷰 진행자들에게 자신이 자해를 했다고 말했다. 인터뷰 당시 그 여성은 혼자였는데, 우리는 인터뷰를 잠시 보류하고 그 여성의 아빠에게 연락했다. 나는 그에게 전화를 걸어 딸이 자해를 하며, 딸이 정신 건강에 관한 건강 연구에 참여한다고 했다. 그러자 그는 "임신중지 클리닉에서 등록한 그 연구 말인가요?"라고 물었다. 그는 딸과 임신중지 클리닉에 갔기 때문에 모든 걸 알고 있었다. 그 여성은 이미 자살 충동에 따른 치료를 받고 있었으므로 우리의 연락이 그 여성에게 영향을 미쳤다고 생각하지 않는다.

세 번째 여성은 심각한 교통사고와 엄마와 아들의 죽음으로 외상 후 스트레스 장애를 겪었다. 네 번째 여성은 폭언이 오가는 이혼 과정에서 두 아이의 양육권을 두고 남편과 다투면서 심각한 우울과 불안 증상을 보고했다. 자살 사고를 보고한 이 네 여성은 모두 개인적으로 학대나 방임을 당한 적이 있었다. 네 여성 모두 자신의 뜻에 따라 임신중지를 했고(두 명은 1분기에, 나머지는 2분기에), 모두 임신중지가 자신을 위한 선택이라고 생각했다.

우리는 연구에 참여한 모든 여성에게 대답하기 불편한 질문에는 대답하지 않아도 되며, 연구 참여자가 자신이나 타인을 해칠 계획이 있다면 우리가 개입할 수도 있다고 말했다. 우리는 자살을 고려하는 여성이 이런 질문을 건너뛰었을 가능성을 시험하기 위해 누가 이런 질문에 답하기를 거부했는지 살펴봤다. 일곱 명만이 자살 사고에 관한 질문을 건너뛰었는데, 이는 대부분의 다른 질문들보다 더 낮은 비율이다. 이 여성들 모두 임신중지 가능 기한 직전이거나 임신 1분기에 있었다. 빅스 박사는 별도의 분석을 실시했는데 우리는 일곱 명 중 우울 증상이 있는 다섯 명이 자살에 대해 생각했을지도 모른다고 추측했다. 이 다섯 명을 포함하더라도 임신중지를 거부당한 여성과 임신중지를 한 여성 사이의 자살에 대한 생각에는 향후 5년간 차이가 없다.

마지막으로 자살 사고를 완벽하게 측정하기 위해서, 우리는 추적 관찰이 어려워진 여성들이 실제로 자살로 사망하지 않았는지 확실히 할 필요가 있었다. 그래서 우리는 모든 인터뷰를 끝낸 후, 5년간의 조사를 끝까지 참여하지 않은 여성들의 사망 기록을 찾아봤다. 연구에 등록된 여성들 중 5년간 사망한 사람은 여덟 명이었고, 이들 중 네 명은 임신중지 가능 기한 직전에 임신중지를 했고 네 명은 임신중지를 거부당해 출산했다. 이들 중 누구도 1분기 그룹에 속하지 않았다. 이들 중 누구도 우울 증상이나 자살에 대한 생각을 보이지 않았다. 두 명은 교통사고로 사망했는데 이 중 한 명은 임신중지를 했고 한 명은 임신중지를 거부당했다. 임신중지를 한 여성 중 한 명은 심장마비로 사망했고 세 명(임신중지를 거부당한 한 명과 임신중지를 한 두 명)은 원인

불명이다. 계산을 한다면 아직 두 명의 사망 원인이 더 밝혀져야 한다는 것을 눈치챘을 것이다. 이에 대해서는 다음 장에서 더 설명을 하겠다. 출산 후 사망하는 여성에 대한 결과는 이 연구 전체에서 가장 슬픈 결과이기도 하다.

턴어웨이 연구 결과는 명확하다. 임신중지가 자살에 대한 생각을 높인다는 증거는 없다. 우리의 연구에서 자살에 대한 생각을 예측할 수 있는 요소는 우울이나 불안 이력, 알코올 사용 수준 등이다.

폭음, 흡연, 약물 중독

세라 로버츠 박사는 2장에서 언급했듯이 임신중지의 이유 중 하나인 약물 사용에 관한 논문을 쓴 연구자로 임신 중 약물 사용에 대한 전문가다. 또한 임신에 따른 음주, 흡연, 약물 사용의 감소와 관련한 근거를 충분히 알고 있다. 턴어웨이 연구에서 로버츠 박사는 원하지 않은 임신을 한 여성들이 술이나 담배, 약물을 줄이는지에 대해 관심이 있었다. 나는 임신중지를 반대하는 사람들이 주장하는 것처럼 임신중지 이후의 결과로 여성들이 술이나 약물 사용을 더 많이 하는지에 관심이 있었다.

로버츠 박사는 임신 사실을 알기 전 한 달 동안 알코올 사용, 폭음, 흡연, 약물 사용 등에서 임신중지를 한 여성과 임신중지를 거부당한 여성 사이의 차이를 찾지 못했다. 이 두 그룹의 약물 사용 수준은 똑같았다. 하지만 시간이 지남에 따라 그들의 약물 사용 양상은 상당히 달라졌다.[14] 임신중지를 시도한 일주일 후 임신중지를 거부당한 여성은 임신중지를 한 여성보다 술을 덜 마시고 폭음할 가능성도 낮았다. 임신중지를 한 여성이 술을 더 많이 마셨기 때문이 아니라 임신중지를 거부당한 여성이 술을 덜 마셨기 때문이다. 그림 3을 보라. 불행히도 우리는 임신중지를 거부당해 출산을 한 여성 중 임신 주수 동안 흡연이나 약물 사용이 감소된 것은 발견하지는 못했다. 임신을 유지하는 여성 중 알코올 질환 증상(블랙아웃을 경험하거나 아침에 일어나서 가장 먼저 하는 일이 술 마시기 등)이 있는 경우에도 알코올 사용량이 줄어들지는 않았다. 임신중지를 했거나 거부당한 여성들 모두 5년 동안 알코올 문제 증상, 흡연, 약물 사용이 증가하지 않았다. 시간이 지남에 따라 완만해졌다. 이는 여성이 임신중지에 대처하는 과정에서 이런 물질들에 의지하지 않음을 보여준다. 하지만 원하지 않은 임신 및 출산을 하는 여성들 중 흡연, 약물이나 알코올 사용에 문제가 있는 여성들이 사용을 줄임으로써 아이에게 해로운 영향을 주지 않도록 도움을 줄 필요도 있음을 보여준다.[15]

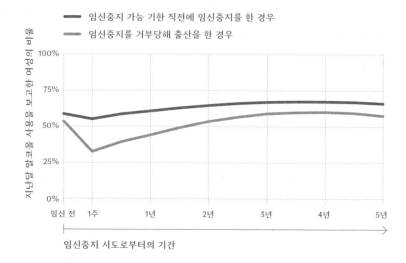

그림3   최근 한 달간 알코올 사용 동향

━━ 임신중지 가능 기한 직전에 임신중지를 한 경우
━━ 임신중지를 거부당해 출산을 한 경우

출처   Roberts SCM, Foster DG, Gould H, Biggs MA. Changes in alcohol, tobacco, and other drug use over five years after receiving versus being denied a pregnancy termination. *J Stud Alcohol Drugs*. Mar;79(2):293-301.

자아존중감과 삶의 만족도

아이를 출산한 여성이 임신중지를 한 여성보다 더 나을 것이라고 여겨지는 영역들이 있다. 우리는 임신중지를 원했더라도 아이를 출산한 이후 더 높은 삶의 만족도를 느낄 수 있으리라 예

190

측했다. 아이를 키우는 건 하나의 도전일 수 있지만 기쁨, 성취감, 공동체의 인정을 가져다줄 수도 있기 때문이다. 사람들은 임신 축하 파티는 해도 임신중지 축하 파티는 '거의' 하지 않는다.[16]

하지만 빅스 박사는 어쩔 수 없이 출산을 한 여성이 임신중지를 한 여성보다 더 높은 삶의 만족도를 보이지는 않는 사실을 발견했다.[17] 임신중지를 거부당한 여성은 처음에는 임신중지를 시도하고 임신중지를 한 여성보다 자아존중감과 삶의 만족도가 낮다고 보고했다. 5점 척도(1점 : 전혀, 2점 : 약간, 3점 : 보통, 4점 : 꽤, 5점 : 아주)로 측정되었다. "지난 한 주 동안 얼마나 높은 자아존중감을 느꼈는가?"라는 질문에 임신중지를 거부당한 여성은 평균 2.6점, 임신중지를 한 여성은 평균 2.9점이 나왔다. "지난 한 주 동안 자신의 삶에 어느 정도로 만족했는가?"라는 질문에는 각각 3.1점, 3.3점이라는 결과가 나왔다. 적은 수치일 수 있지만 통계적으로 유의미한 차이기도 하다. 임신중지 가능 기한을 넘거나 넘지 않은 여성 모두 향후 몇 년 동안 자아존중감과 삶의 만족도가 향상되는데, 임신중지를 거부당해 출산을 한 여성은 6개월에서 1년까지 더 빨리 향상되는 결과를 보인다. 이는 임신중지 가능 기한 전에 임신중지를 한 여성과 비슷한 양상이다. 출산을 한 여성은 삶의 만족도와 자아존중감에서 임신중지를 한 여성을 따라잡았지만, 내 예상과 달리 모성의 기쁨이 출산한 여성의 상태를 임신중지한 여성들보다 우월하게 해주지는 못했다. 우리는 또한 임신중지를 거부당한 후 아이를 출산한 여성과 임신중지를 한 이후 새로운 아이를 임신해 출산을 한 여성이 아이와의 유대감에서 어떤 차이를 보이는지 비교했다. 이 결과는 7장에서 좀 더 자세히 이야기하겠다. 여기서는 전자가 아이와 더 낮은 유대감을 보인다는 것만으로 충분하다.

스트레스와 사회적 지지의 관계

지각된 스트레스perceived stress는 자신의 삶에서 그 일이 얼마나 압도적인지에 대한 개인의 자기보고식 평가다. 임신 중 스트레스는 여성과 아이의 좋지 않은 결과와 관련이 있다. 원하지 않은 임신이 큰 스트레스라는 건 쉽게 예상할 수 있다. 우리는 지각된 스트레스 척도Perceived Stress Scale를 통해 스트레스를 측정했다. 연구 참여자들에게 얼마나 자주 상황을 압도적이라고 느끼는지, 대처할 수 없다고 느끼는지에 대해 "어려운 일이 산적해 극복할 수 없다고 느낀 적이 있는가?", "삶에서 중요한 것들을 통제할 수 없다고 느낀 적이 얼마나 자주 있는가?"와 같은 질문을 통해 측정했다.[18]

당시에 UCSF의 의과대학생이었고 지금은 캘리포니아의

콘트라 코스타 카운티의 의사인 로라 해리스Laura Harris는 임신중지 시도 후 첫 2.5년에 초점을 맞춰 이 분석을 진행했다.[19] 해리스 박사는 인터뷰에서 임신중지를 거부당한 여성들이 임신중지를 한 여성보다 조사일 기준, 지난주에 더 높은 스트레스를 경험했다는 것을 발견했다. 결과는 16점 척도에서 5.7 대 4.7로 수치가 높을수록 더 높은 스트레스를 뜻한다. 하지만 우리는 6개월이 지나면 두 집단의 수치가 가까워지고, 임신중지를 한 여성과 임신중지를 거부당한 여성 사이의 스트레스 지수가 향후 2년 동안 유사한 정도를 보인다는 점에 주목했다.[20] 1분기에 임신중지를 한 여성은 임신중지 가능 기한 바로 직전에 임신중지를 한 여성보다 스트레스를 덜 받았다. 이는 임신중지를 할 수 있는 클리닉을 찾는 것과 임신중지 비용, 클리닉에 가기 위한 제반 비용 등에 대한 경제적 스트레스 등과 관련이 있었다.

우리는 예를 들어 "친구와 이 문제에 관해 이야기를 나눌 수 있다"와 같은 12가지 질문을 통해 친구, 가족, 타인의 정서적 지지에 관해 조사했고 사회적 지지의 정도를 측정했다. 우리는 임신중지를 한 여성과 임신중지를 거부당해 출산한 여성이 첫 주에서 5년 후 사이에 정서적 지지에 관한 한 아무런 차이가 없다는 사실에 놀랐다. 4점이 가장 높은 점수인데 3.2점을 기록했고 임신중지를 한 여성과 거부당한 여성 사이에 차이는 없었다.

돌이켜보면 나는 우리가 단지 정서적 지지보다 재정적, 혹은 구조적인 지원을 측정했다면 좋았을 것 같다는 생각을 한다. 나는 여성이 아이를 돌보는 데 파트너와 가족의 실질적인 지원의 양이 중요하다고 생각한다. 이 책에서 자신의 경험을 이야기한 여성 몇 명은 그랬다. 브렌다는 아이를 입양 보내기 전 브렌다의 엄마가 아이를 돌보는 일을 도와줬고, 카밀라는 남편이 경제적으로 지원을 해줬으며 이모가 유연한 근무가 가능한 직장을 제공해주기도 했다. 멜리사는 가족이 멜리사의 다섯째 아이 양육에 도움을 줬고, 소피아는 그의 엄마가 소피아의 첫 번째 임신에 대해서는 알지 못했지만 두 번째 임신에서는 큰 도움을 줬다. 앞서 언급했듯이 원하지 않은 임신을 경험하고 임신중지를 시도하는 여성은 저소득층일 때가 많았다. 절반이 빈곤선 이하의 수입을 벌었다. 6장에서 보게 되겠지만 임신중지 거부는 이런 경제적 어려움을 악화시킨다. 원하지 않은 임신을 했어도 출산을 한다면 가족의 지지를 더 받을 수 있기를 바라는 사람도 있을 것이다. 하지만 장기적으로 성인인 가족 구성원과 함께 살 확률이 높아진다는 증거는 발견하지 못했다.

외상 후 스트레스 장애

턴어웨이 연구는 임신중지를 한 여성이 원하지 않은 임신의 결과로 출산을 하게 된 여성보다 외상 후 스트레스 장애PTSD 증상을 더 많이 경험하는지 확인할 수 있는 기회를 준다. 어떤 의료적 처치도 트라우마가 될 수 있고 임신중지도 예외는 아니다. 우리는 그들이 받은 일련의 절차가 온화하거나 친절했다고 느끼는 여성뿐 아니라 그렇지 않다고 느끼는 여성에 대해서도 많은 사례를 접했다. 강간으로 인한 임신 11건은 말할 것도 없고 원하지 않는 임신은 그 자체로 충격적일 수 있다. 아이를 원하지만 아이를 키우기 위한 사회적 지지나 자원이 없는 여성은 연인, 친구, 가족에게 버려졌다는 느낌을 받을 수도 있다.

도움이 필요한 환자를 확인하기 위해 의료 기관에서 활용하는 PTSD 검사가 있는데, 우리는 그 PTSD 선별 검사 도구를 사용했다. 질문은 이렇게 시작된다. "당신의 인생에서 공포스럽거나 끔찍하거나 혼란스러운 경험을 한 적이 있는가, 당신은 지난 한 달 동안……"으로 시작하는 질문은 외상 후 스트레스PTS의 네 가지 증상을 나열한다. "악몽을 꾸거나, 원치 않을 때 그 생각을 하게 되는가", "그것을 생각하지 않으려고 노력하거나 상기하는 상황을 벗어나기 위해 애를 썼는가", "항상 경계하거나 조심스럽거나 쉽게 놀라는가", "무감각하고 다른 이들에게서 떨어져 있다고 느끼는가." 여성이 '그렇다'라고 대답하면, 우리는 어떤 사건이 그런 증상을 불러일으키는지, 그 사건이 일어난 때와 당시의 나이를 물어본다. 안토니아 빅스 박사와 브렌리 로랜드Brenly Rowland(당시 턴어웨이 연구 면접관이자 현재 UCSF 의과대 학생)는 임신, 폭력 경험, 관계 문제, 다른 요인의 광범위한 주제로 각각 분류했다. 누가 어떤 증상이 있는지(네 가지 중 하나 이상) 결정했고, 누가 임상적으로 주요한 PTSD의 위험에 처해 있는지(세 개나 네 개의 항목에 '그렇다'라고 대답한 경우), 누가 임신, 임신중지, 출산을 자신의 증상의 원인으로 꼽았는지 확인했다.

빅스 박사는 이 연구에서 거의 다섯 명 중 두 명(39퍼센트)이 PTS 증상을 보고했고, 16퍼센트는 PTSD의 위험에 처해 있음을 발견했다.[21] 임신중지 시도 일주일 후 기초 인터뷰에서 임신중지를 했는지, 임신중지를 거부당했는지에 따른 증상의 차이는 없었다. 여성들이 임신중지를 했든 안 했든, PTS 증상이 보일 때 임신중지가 PTSD의 주요한 원인인 것 같지는 않았다. 그렇다면 우리 연구에 참여한 여성들의 PTS 증상의 원인은 무엇이었을까? 끔찍한 사건들이었다. PTSD의 위험에 처한 139명의 여성(세 개 이상의 증상을 보이는 경우) 중 44퍼센트가 폭력, 학대, 불법적 행동을 보고했다. 자신을 학대하는 파트너에게 목 졸림을 당해 2주간 혼수상태에 빠진 여성, 10대 때 3일 동안 방에 갇혀 강간과 구타를 당한 여성의 사례가 있었다. 여섯 명 중 한 명(17퍼센트)은 엄마의 마약 사용이나 남편이 수감된 것과 같은, 폭력적이진 않지만 관계적인 문제를 보고했다. 또 다른 여섯 명 중 한 명(16퍼센트)은 사랑하는 사람의 죽음이나 질환, HIV나 암을 이야기했다. 7퍼센트는 "알레르기 때문에 거의 죽을 뻔했어요. 주변 사람들이 저를 구해줄지 몰랐어요"라거나 "약 때문에 거의 죽을 뻔했어요"라고 말한 사례처럼 정신 건강과 약물 사용 등을 포함한 건강 문제를 이야기했다. PTSD의 위험에 처한 마지막 5퍼센트의 여성들은 양육권이나 현재 돌보는 아이들에 대해 말했다. 한 여성은 "아이들은 위탁 가정에 있어요. 아이들을 방문하는 일은 가슴이 아파요"라고 했고, "어렸을 때 성추행을 당했어요. 그래서 딸이 걱정돼요"라고 말한 여성도 있었다.

우리 연구에 참여한 여성들 중 많은 이가 원하지 않은 임신이나 임신중지의 경험만큼이나 충격적인 일들을 겪으며 어려운 상황에 처해 있었다. 그러나 PTSD 증상을 보고한 사람 중 19퍼센트는 임신이 스트레스의 원인이라고 하기도 했다. 이들 사이에서 임신중지를 했는지 거부당했는지에 따른 차이는 발견할 수 없었다. 전반적으로 이 연구에 참여한 모든 여성들 중 PTSD의 위험에 처한 이들의 14퍼센트가 임신이나 임신중지를 원인으로 꼽았다. PTS 증상의 원인으로 임신을 꼽았을 때 그 의미는 무엇일까? 어떤 여성(19명)은 임신중지의 과정이나 결정 등 다른 이유를 설명하지 않고 단순히 '임신중지'라고 말했다. 소수의 여성(세 명)은 임신중지 결정을 내린 것이 그들 증상의 원인이라고 설명했다. 한 여성은

"임신중지를 하기 위한 결정이요. 아기가 있었고, 아기가 사라질 걸 알기 때문에"라고 말했다. 어떤 여성들(20명)은 "초조해지고 온갖 병이 났기 때문에 임신 사실을 알게 되었어요"라고 말한 것처럼 임신 경험에서 PTS 증상이 기인했다고 보고했다. 네 명은 임신중지에 대한 다른 사람의 반응 때문이라고 말했다. 한 여성은 "사촌은 아이를 낳을 수 없었기 때문에 제 임신중지를 반대했어요. 내게 끔찍한 말을 했죠"라고 말했다. 연구 참여자 세 명은 "아이들을 보면 죄책감이 들어요. 뭔가 잘못한 것 같죠"라고 말하는 등 임신과 관련한 일들을 상기했다. 다섯 명은 이 임신의 원인이 강간이며 그것이 증상의 원인이라고 했고 한 명은 임신중지를 거부당했기에 괴로움을 느꼈다고 말했다.

우리는 트라우마의 원인으로서 임신을 지목하는 정도가 연구에 참여한 모든 여성에게서 시간이 지남에 따라 감소한다는 사실을 발견했다. PTS 증상이 임신중지 여부와 관계없이 유사하다는 것은 PTS 증상이 임신중지에 대한 내면화된 낙인이나 죄책감이나 임신중지 과정에서 기인한다기보다 임신을 둘러싼 상황에 영향을 받는다는 것을 의미한다. 하지만 임신중지는 개인적인 사건이고 여성들의 반응은 다양할 수 있다. 임신중지는 이 연구에서 보이는 것처럼 임신중지를 한 여성의 대다수(92퍼센트)가 그들이 올바른 결정을 한 것이라고 말했다고 하더라도 드물게 PTS 증상을 일으킬 수 있다.

감정의 변화

비록 임상 진단이나 우울, 불안 증상 측정을 통해 정신 건강의 악화를 보이지 않더라도 우리는 그들이 원하지 않는 임신을 하고 임신중지를 하는 것에 대한 정서적 반응을 나타낼 것이라 예측했다. 그래서 우리는 연구 참여자들에게 부정적 감정 네 가지(후회, 분노, 슬픔, 죄책감), 긍정적 감정 두 가지(안도감, 행복)를 포함한 총 여섯 가지 감정에 대해 질문했다. 첫 번째 인터뷰에서 우리는 임신중지를 했거나, 거부당한 후 일주일 뒤의 감정을 비교했다. 턴어웨이 연구 전에는 임신 주수에 따른 임신중지에 대한 여성의 정서적 반응에 관한 신뢰할 만한 자료가 없었다. 여성들은 초기 임신중지보다 후기 임신중지를 더 나쁘게 여기는가? 우리는 그런 상황의 여성들에 대한 연구가 없었기 때문에 임신중지를 원하지만 거부당할 때 정서적으로 어떨지 거의 알지 못했다.

우리는 그동안 연구되어온 '임신중지에 대한 감정'을 어떻게 더 나은 방법으로 조사할지 몇 가지 개선점을 생각해냈다. 우선 임신중지와 별개로 임신에 대한 마음을 알고 싶었다. 누군가에게 "임신중지는 어땠나요?"라고 묻는다면, "끔찍했다"라고 말할 수 있다. 임신중지가 필요한 상황은 끔찍하지만, 그런 상황에서 임신중지는 그리 나쁜 일이 아닐 수 있다. 아니면 어려운 상황에 처해 있었기 때문에, 임신중지가 더 끔찍한 일이 될 수도 있고 말이다. 그래서 우리는 여성들에게 지난 일주일 동안 임신에 대해 어떤 감정을 느꼈는지, 이와 별개로 임신중지에 대해서는 어떤 감정을 느꼈는지 물어봤다. 둘째로, 우리는 여섯 가지 감정에 대해 각각 물었다. 여성들은 기쁨과 슬픔, 후회와 안도를 동시에 느꼈다고 대답했다. 마지막으로 우리는 임신중지를 할 수 없던 여성들이 임신중지를 거부당한 것에 어떤 감정을 느꼈을지 물어봤다. 역학자인 코린 로카Corrine Rocca 박사가 이 자료를 분석했다.[22]

임신중지를 시도하고 일주일 후 여성들은 임신에 대해 어떻게 느꼈는가? 여성들은 '약간' 슬픔(74퍼센트), 후회(66퍼센트), 죄책감(62퍼센트)을 느꼈다. 절반 이하의 여성들이 분노(43퍼센트)를 느꼈다. 임신중지를 한 여성들과 거부당한 여성들 사이에 한 가지 사례를 제외하고는 차이점이 없었다. 우리는 임신중지 시술을 받거나 거부당한 후 일주일 뒤의 감정을 물었는데, 임신중지를 거부당한 여성은 임신중지를 한 여성보다 60퍼센트 대 27퍼센트로 임신에 대해 행복을 느낄 확률이 높았다. 하지만 임신중지를 거부당한 여성이 여전히 임신에 대해 후회와 슬픔보다 행복을 느낄 확률이 낮다는 것은 행복하다고 답한 여성이 임신을 전적으로 기뻐한다고 볼 수 없음을 말해준다.

임신에 대한 감정과 대조적으로 임신중지 혹은 임신중지

거부에 대한 감정은 임신중지를 했거나, 거부당한 후 일주일 뒤에 현저한 차이를 보였다. 임신중지 이후 가장 많이 느끼는 감정은 압도적으로 안도감(90퍼센트)이었고, 임신중지를 거부당한 경우에는 슬픔(60퍼센트), 후회(50퍼센트), 안도감(49퍼센트), 행복(43퍼센트), 분노(42퍼센트)였다. 놀랄 것도 없이 일부 여성은 다른 여성에 비해 임신중지에 부정적인 감정을 더 많이 느낄 것이다. 일반적으로 우리는 나이, 인종, 민족, 교육 수준에 따른 정서적 반응에서 거의 차이를 발견하지 못했다. 임신중지를 결정하는 게 어려웠다고 한 여성일수록 5년간 더 부정적인 감정을 보고했는데, 이는 임신중지에 대해 공동체가 경멸한다고 응답한 여성, 사회적 지지가 적다고 응답한 여성에서도 마찬가지다.

임신중지 이후 여성의 감정에 대한 분석을 주도한 로카 박사는 임신 전과 후에 여성이 임신에 대해 어떤 감정을 갖는지를 분석하는 전문가이기도 하다. 로카 박사는 임신을 여성이 온전히 의도했거나, 의도하지 않은 것으로 이해하지 않는다. 대신 그는 여성이 임신에 미묘하거나 복잡한 감정을 느낄 수 있다고 봤다. 임신에 대한 의도를 측정하는 한 가지 방식은 LMUPLondon Measure of Unplanned Pregnancy라고 불린다. 7장에서 이에 대한 더 자세한 설명을 볼 수 있다.[23] LMUP 측정에 따르면 여성이 임신을 미리 계획했을수록 임신중지 이후 부정적인 감정을 느낄 가능성이 높다는 것을 발견했다. 그래서 아이를 한 명 더 원했지만 키울 여유가 없는 여성은 임신을 전혀 원하지 않은 여성보다 임신중지 이후 더 많은 슬픔과 죄책감을 느꼈을 것이다.

앞서 언급했듯이 임신 후기의 임신중지가 얼마나 어려운지에 대한 사람들의 생각과는 달리, 1분기의 임신중지와 후기 임신중지 사이의 감정적 차이를 발견하지 못했다. 대부분은 이 사실에 놀랄 것이다. 하지만 후기 임신중지를 한 많은 여성이 몇 개월간 고뇌하느라 시간을 보낸 게 아니었다는 것을 상기해보라. 대신 다수의 여성이 최근에야 자신의 임신 사실을 발견했다. (물론 이것은 심각한 태아 이상이나 건강 위험을 알게 되어 비극적 결정에 직면한 여성들에게는 적용되지 않는 이야기다. 다시 한번 말하지만, 우리는 이런 이유로 임신중지를 하는 여성들을 연구에 포함하지 않았다.) 임신중지를 반대하는 일부 사람들은 임신중지 직후는 아니지만 장기적으로 임신중지가 여성들에게 정서적으로 해로운 영향을 줄 수 있다고 주장한다. 우리 연구는 여성들이 임신중지를 시도하고 일주일 후부터 5년간 어떻게 감정이 변화하는지 살펴봤다. 압도적으로 많은 여성들이 부정적이거나 긍정적인 감정 모두에서 감정의 강렬함이 줄었고 첫해에 가장 큰 감소가 일어났다. 5년이 지나면 오직 14퍼센트의 여성들만이 슬픔을 느꼈고 17퍼센트가 죄책감, 27퍼센트가 안도감을 느꼈다. 안도감은 5년 후에 가장 흔하게 경험하는 감정이다.[24]

임신중지에 대한 가장 흔한 정서적 반응은 "아무것도 아니"라는 감정이다. 시간이 지나면서 3분의 2는 임신중지에 대한 감정이 더 이상 없거나, 거의 없다고 말했다. 0은 '전혀', 4는 '항상'을 나타내는데, "얼마나 자주 임신중지에 대해 생각하는가?"라는 질문에 대한 점수는 시간이 갈수록 감소하는 것으로 나타났다. 6개월 후의 평균 점수는 '때때로(1.8)'이며 3년이 지나면 "거의 하지 않는다(1.2)"로 나타난다. 턴어웨이 연구에 참여한 여성들은 인터뷰의 일환으로 6개월마다 임신중지에 대해 상기할 수밖에 없었기에 에이미가 말했듯 연구에 참여하지 않은 여성들보다 임신중지에 대해 더 많이 생각할지도 모른다. 에이미는 임신중지에 대해 "당신이 전화할 때만" 생각한다고 했다.[25]

우리는 연구에 참여한 일부 여성이 부정적인 감정을 표현한 것에 놀라지 않았다. 부정적인 감정은 어떤 사건이나 어려운 결정에 정상적인 반응일 수 있다. 그것이 곧 병리적인 건 아니다. 우리가 시간이 흐름에 따라 부정적 감정이 증가한 것을 발견했다면 이는 여성이 임신중지에 대처하거나 마음을 바꾸는 데 어려움을 겪는다는 사실을 가리키는 것일 수 있다. 하지만 우리가 발견한 사실은 부정적 감정은 점차 줄어들고 모든 감정의 강도도 감소하며 임신중지를 생각하는 빈도도 낮아진다는 것이다.

임신중지는 옳은 선택이었다

마지막으로 턴어웨이 연구에서 가장 유명한 통계를 이야기하려고 한다. 여성들이 임신중지를 후회한다는 생각은 법과 정책에서 강력한 영향력을 행사해왔다. 케네디 판사는 "일부 여성이 임신중지를 후회한다"라는 명분을 내세워 후기 임신중지를 금지하는 법을 지지했다. 우리가 본 것처럼 임신중지에 대한 여성의 후회는 임신중지에 대한 다양한 제한, 그러니까 임신중지 시술을 찾는 것과 실제 시술을 받는 것 사이의 의무적인 대기 기간, 환자 상담 각본, 초음파 사진 보기, 부모의 동의 여부 때문이다.

턴어웨이 연구 전에는 여성이 실제로 얼마나 자주 임신중지를 후회하는지 알지 못했다. 연구 참여 등록 5년 뒤 심층 인터뷰에 응한 카야Kaya는 확실히 그랬다. 카야는 미국 원주민보호구역에서 자랐고 나중에 오클라호마로 이사했다. 카야는 우리에게 2008년에 임신중지를 한 것이 더 나은 시기에 셋째를 가지게 해줄 것이라 생각했다고 말했다. 하지만 많이 후회한다면서, 다른 여성들에게는 권하지 않는다고 했다. 카야는 "그 후에 저는 정말 후회했어요. 바로 사촌에게 전화를 해서 울었어요. 끔찍했고 다시는 이러지 않겠다고 했죠"라고 말했다. 임신중지로 고통을 느끼는 여성들을 위한 웹사이트와 사회단체들이 있다. 케네디는 대법원에 제출된 임신중지를 후회하는 여성의 증언을 담은 의견서를 통해 여성이 임신중지를 후회한다고 생각했을 수도 있다.[26] 하지만 적어도 그는 그 자료가 임신중지를 시도하는 모든 여성을 대표하지 못한다는 것을 알 만큼 현명하기도 했다.

로카 박사는 임신중지 후 95퍼센트의 여성들이 임신중지가 그들을 위해 옳은 선택이었다고 말하는 사실을 5년간의 인터뷰를 통해 발견했다.[27] 기준점에서의 참여자의 특성과 일부 참여자에 대한 후속 관찰에서 나타난 후회의 점진적 감소 등을 고려해 통계치를 분석하면 임신중지가 옳은 선택이었다고 말할 가능성은 5년 동안 점차 증가했다.

그렇다면 시간이 흐르면서 임신중지가 옳은 선택이 아니었다고 말하는 여성들이 누구인지 궁금할 수도 있겠다. 그들은 임신중지에 대한 공동체의 낙인이 심각하다고 말한 여성들이다. 즉 그들은 임신중지를 시도했다는 것을 사람들이 알게 된다면 자신이 경멸당할 것이라 생각했다. 또 다른 한 그룹은 우리의 첫 인터뷰에서 임신중지에 대한 결정이 "매우 어렵다"라고 답한 여성들이다. 그러나 시간이 지남에 따라 그들조차 임신중지가 그들에게 옳은 결정이었다고 생각할 가능성이 점점 높아졌고, 결정이 "어렵지 않았다"라고 말한 여성들과 거의 비슷한 수준에 도달하게 되었다. 그림 4를 보라.

턴어웨이 연구는 대다수의 여성이 임신중지에 대처하는

데 어려움을 겪지 않으며, 시간이 흐를수록 지속적으로 임신중지가 그들에게 올바른 선택이었다고 믿는다는 강력한 증거를 제공한다.

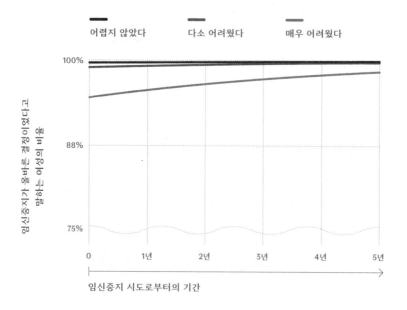

그림 4   임신중지 결정의 어려움을 겪는 정도에 따라
임신중지가 올바른 결정이었다고 보고할 비율

어렵지 않았다   다소 어려웠다   매우 어려웠다

출처   Rocca CH, Samari G, Foster DG, Gould H, Kimport K. Emotions and decision rightness over five yers after abortion: an examination of decision difficulty and abortion stigma. *Soc Sci Med*. 2020 Jan 2:112704.

임신중지를 원했다

여성들은 임신중지를 거부당했을 때 어떤 감정을 느끼는
가? 처음에는 부정적이다. 하지만 시간이 지날수록 원하지 않는
임신의 결과로 출산을 한 대부분의 여성은 그들의 새로운 현실
에 적응해나갔다. 특히 아이가 태어난 후에는 말이다. 임신중지
를 거부당한 지 일주일 후 65퍼센트의 여성이, 출산 후에는 12퍼
센트의 여성만이 그들이 임신중지를 할 수 있었기를 바란다고
답했다. 아이의 첫 생일 즈음에는 7퍼센트의 여성만이 여전히 임
신중지를 할 수 있었기를 바란다고 답했고, 5년 후에는 4퍼센트
까지 떨어졌다.[28] 아이를 낳았지만 여전히 임신중지를 받았다면
좋았을 것이라고 말하는 소수의 여성은 누구인가? 로카 박사는
나이, 인종, 민족, 아이의 수에 따른 차이를 발견하지 못했다. 대
신 가족과 친구들의 사회적 지지가 적었거나 임신중지를 결정하
는 게 그리 어렵지 않았던 여성들은 여전히 그들이 임신중지를
할 수 있기를 바랄 가능성이 높았다.

감정적으로 가장 힘든 시간을 보낸 여성들은 아이를 입양
보낸 이들이다. 그들은 아이를 키우기로 마음먹은 여성들보다
임신중지를 할 수 있었기를 바라는 경향이 있다. 임신중지 거부
직후의 조사에서 아이를 입양 보낸 여성들의 90퍼센트가 여전히
그 당시에 임신중지를 할 수 있었다면 좋았을 것이라고 답했다.

이는 아이를 키우기로 선택한 여성들의 63퍼센트가 임신중지를 할 수 있었다면 좋았을 것이라고 답한 비율과 대조적이다. 5년 후 조사에서 아이를 입양 보낸 여성들의 15퍼센트가, 아이를 키우기로 선택한 여성들의 2퍼센트가 여전히 임신중지를 할 수 있으면 좋았을 것이라고 답했다. 입양 결정에 대한 연구 결과를 7장에서 좀 더 자세히 다루려고 한다. 나는 아이를 입양 보내기로 선택한 여성은 아이 양육에 대한 선택권이 없는 여성과는 다른 상황에 놓여 있다고 말하는 게 공정하다고 생각한다. 지금 아이를 키우고 있지 않다면 아이에 대한 현재의 나의 사랑과 임신중지를 바란 과거의 나 사이의 단절로 인한 괴로움을 해결할 필요가 없을 수 있다. 조금 더 편하게 '여전히 임신중지를 할 수 있으면 좋았을 것'이라고 말할 수도 있다.

어떤 여성은 아이를 갖는 경험을 완전히 긍정적으로 본다. 7장 후에 만나게 될 카밀라는 임신중지를 거부당한 일에 대해 "아이가 없는 삶을, 클리닉이 제게 아이를 계속 지키라고 하지 않았으면 어땠을지 상상할 수 없어요"라고 말하기도 한다. 9장 후에 보게 될 브렌다는 임신중지를 할 수도 있었지만 결과적으로 거부당했기 때문에 삶의 한 가닥 희망을 만나게 되기도 했다.

결론

턴어웨이 연구는 임신중지 이후, 임신중지를 거부당한 이후 5년간 여성의 우울증, 불안, PTSD, 자살, 알코올 및 약물 남용 양상을 기록했다. 우리는 임신중지를 거부당한 여성이 임신중지를 한 여성보다 단기적으로 높은 불안과 낮은 자존감 등 부정적인 결과를 보인다는 사실을 발견했다. 임신중지를 둘러싼 논쟁의 어느 편에 서 있든 장기간의 결과는 놀랍다. 우울, 불안, PTSD, 자존감, 삶의 만족도, 약물 및 알코올 남용 등에서 임신중지를 한 여성과 임신중지를 거부당한 여성 사이의 차이는 없었다. 두 집단 모두 불행하기 때문이 아니다. 두 집단의 정신 건강은 점점 나아졌다. 시간의 흐름에 따른 이런 향상은 부모가 되는 것, 아이를 키우기 위한 사회적·물질적 지원이 부족하다는 걸 깨닫는 것이 큰 고통을 줄 수 있음을 보여준다. 임신중지를 했든, 원하지 않은 임신으로 출산을 했든 정신 건강은 나아졌다. 여성들에겐 회복력이 있다.

원하지 않은 임신이 자신의 정신 건강에 어떤 영향을 미칠지 두렵기 때문에 임신중지를 원한다고 말하는 경우는 흔치 않다. 그리고 임신중지를 거부당했을 때조차 정신 건강은 거의 고통 받지 않는 것처럼 보인다. 어떤 사건은 평생 정신 건강에 피해를 입히지만, 임신중지가 이런 종류의 사건이 되는 건 보편적이지 않다. 장기적으로 정신 건강에 문제가 발생할 가능성이 더 높은 사건은 무엇일까? 가장 큰 예측 변수는 정신 건강 문제의 과거력이며 어린 시절 학대나 방임 같은 트라우마적인 경험이다.

여성들은 임신중지에 따른 다양한 감정적 반응을 경험하는데 여기에는 자신의 결정을 후회하는 것도 포함된다. 여성들이 부정적인 감정을 느끼거나 후회를 할지도 모른다는 것이 정부가 나서서 그들을 위해 결정을 내려야 함을 뜻하는 건 아니다. 특히 의무 대기 기간이 여성과 임신중지 시술을 제공하는 의료진에게 임신중지를 더 비싸고 어렵게 하기 때문에 나는 임신중지 결정에 대한 의무 대기 기간을 설정하는 것이 정부의 역할이라고 생각하지 않는다. 여성은 자신이 결정을 내릴 권리를 가져야 한다. 후회하게 될 결정이라도 말이다. 누군가의 자율성을 부정하는 것이 결정에 따른 후회보다 나쁘다는 생각은 노스웨스턴 대학교의 생명윤리학자 케이티 왓슨이 미국 의사 학회지 《자마》에 쓴 글에서 '위험의 존엄'이라고 부른 것과 일맥상통한다.[29]

'위험의 존엄'은 좋은 결과가 보장되지 않는 한, 장애인의 선택권을 보류하려는 임상의들의 충동에 이의를 제기하기 위해 1970년대에 등장한 개념으로, 실패할 권리 없이는 성공의 기회 또한 없다는 사실을 단적으로 보여준다. '위험의 존엄'이라는 개념은 과잉보호의 해로움을 상기

시킨다. 자율적인 의사 결정자로서 미국 환자들의 현대적 지위는 생명윤리의 근본적인 전제에 근거를 둔다. 즉 결정권이 있는 성인은 더 나은 삶을 위해 위험을 감수할 기회를 가질 수 있어야 한다는 것이다. 또한 임신중지를 하면 후회할 것이라는 주장의 전제는 후회는 나쁘다는 것이다. (후회는 어떤 식으로든 환자에게 해를 끼치고 환자는 위해에서 보호되어야 한다는 뜻이다.) 그러나 둘 다를 가질 수는 없다. 결정에 따른 후회가 해롭다면 결정권이 있는 성인의 의사 결정 권한을 제한하거나 없애는 퇴행적 해결책은 '더욱' 해롭다.

다음 이야기는 임신중지에 대한 감정과 후회에 대한 모든 금기를 깨뜨린다. 이 여성의 이야기는 임신한 여성에 대한 어떤 후회의 서사도 따르지 않는다. 니콜은 그의 배아에 대해 아무런 느낌도 표현하지 않는다. 이는 임신중지 클리닉 직원들을 놀라게 했고 니콜이 세 명의 상담가와 상담을 해야 했다. 나는 니콜의 태도가 전형적이라고 생각하진 않는다. 대신 그의 이야기는 여성들이 원하지 않는 임신을 경험할 때 느끼는 감정적 반응의 범위를 설명하는 데 도움이 된다.

니콜
Nicole

제가 그 일을 했다는 게 다행이에요.

저는 그저 제가 그 일을 해야 할 상황에

있지 않아도 되길 바랄 뿐입니다.

오하이오의 한 대학가에서 자랐어요. 진창 술을 마셔대는 파티 분위기와 그런 곳들에서 생기는 온갖 어리석은 일들을 봤죠. 실제로 그 나이가 되었을 때 술을 안 마신 건 아니지만 멍청한 짓을 하지는 않았어요. 대학생들이 하는 이상한 일들을 다 보면서 자랐기 때문이죠.

또 전통을 따르는 걸 좋아하는 집안에서 자랐어요. 사람들이 많이 모이는 행사에 가는 주말이면 우리는 항상 최고의 할로윈 의상을 입었기 때문에 좀 멋졌어요. 다른 아이들과 우리가 구분되었죠. 우리는 손으로 무언가를 창조하고 많은 일을 하고 독립적이었어요. 외가는 그게 멋지다고 생각했어요. 외가에는 학자가 많았는데, 특히 역사 재연에 빠진 자연과학자들이 말도 안 되게 많았어요. 생각보다 역사학자들은 별로 없었는데 그 이유는 우리가 역사를 정확히 재현하고 따르는 것에 열중한 건 아니었기 때문이에요. 우리는 프로판 가스 버너나 스니커즈처럼 안락함을 가져다주는 물건들을 좋아했어요. 전통 신발을 신으면 정말 발이 아프거든요.

아주 어릴 때 아빠가 집을 나갔어요. 여러 이유가 있겠지만 뭔지 완전히 확신할 순 없고요. 엄마는 저를 여름 동안 할머니, 할아버지 댁에 보내곤 했죠. 아빠는 주말이나 여름에 보곤 했는데 아빠가 어디에 살았는지 대체로 기억이 안 나네요. 아빠는 마을에 돌아올 때마다 잠시라도 저랑 함께하려고 했어요. 엄마는 저를 가톨릭 학교에 보냈는데 저는 과학적인 아이였기 때문에 학교에서 싫어하는 질문을 많이 했죠. 할머니 댁에서는 그런 질문을 하려고 애쓰지도 않았어요. 끝이 좋지 않을 것이란 걸 알았거든요.

      대학생일 때 전혀 건강하지 않은 관계를 맺은 적이 있어요. 그저 남자에 관심이 있어서 찰스Charles를 만났고요. 친구 중 한 명이 걔가 정상이 아니라고 했지만 그 말을 무시했어요. 그의 정신 상태가 나빠지기 시작했을 때는 이미 찰스와 휴대폰 공동 계약을 맺은 상태였어요. 2년 동안 그에게 갇힌 것처럼 느꼈죠. 찰스와의 관계를 정리해야겠다고 생각 중이었거든요. 처음에는 장거리 연애였어요. 우리는 주의 끝과 끝에 살았거든요. 찰스가 미친 듯이 질투를 했어요. 우리는 한 달간 헤어졌고, 그동안 저는 다른 사람을 만나기도 했어요. 찰스와 다시 재회했을 때는 제가 바람을 피웠다고 생각하더라고요. 몇 달 후 찰스의 집으로 이사를 했어요. 그해 여름에 임신했고요. 한동안은 스트레스 때문에 월경이 늦어지는 것이라 생각해서 다시 주기가 돌아오면 모든 일이 잘 풀릴 것이라 기대했죠.

      임신했다는 걸 정말 믿고 싶지 않았어요. 아침부터 기분이 안 좋았어요. 결국 운명을 받아들였고요. 주말 동안 엄마 집에 있을 때 엄마가 "너 임신했니?"라고 물어봤기 때문에 "아니"라고 했는데도 엄마가 끈질기게 물어봤거든요. 한동안 월경을 하지 않았다고 털어놨고요. 엄마는 아빠나 새아빠에게는 말하지 않을 것이라고 했어요. 아빠들이 남자친구를 걷어찰지도 모르거든요.

      왜 그런지 모르겠지만 병원 예약을 잘 못해요. 병원에 전화를 좀 더 일찍 걸어 이 일을 처리했다면 비용이 훨씬 더 저렴했을지도 모르죠. 약을 줄 테니까요. 아무렇지 않으려고 했는데 엄마가 일단 한 번 개입하니까 그럴 수 있는 일이 아니게 되었어요. 엄마는 이게 영구적인 문제가 되기 전에 해결하려고 저를 따라다녔어요. 부모님은 남자친구를 좋아하지 않았거든요. 저는 제가 '그걸' 없애고 싶어 한단 걸 알았어요. 저는 단지 절차를 잘 몰랐을 뿐이고 정말 두려웠어요. 비용이 점점 올라갈 걸 알았기 때문에 '그게' 저절로 사라지길 바라기도 했고요.

다행히 그때 엄마를 통해 건강보험에 가입되어 있었어요. 산부인과에서 검사를 했는데, 의사가 "그래요. 아이가 있어요"라고 말하더라고요. 의사는 '그걸' 제거하기 위해서 무엇을 해야 하는지 설명했어요. 그 순간 제가 아이 때문에 찰스에게 평생 얽히고 싶지 않다는 것을 깨달았어요. 저는 대학생이었다고요. 임신을 유지할 이유도 없고요. 찰스가 저를 몇 번이나 설득했어요. 제가 아이를 좋아하지 않는다는 걸 알지만 임신을 했으니 마음을 바꿀지도 모른다고 생각한 것 같아요. 전혀 아니고요. 이건 그저 나쁜 일이에요. 멈춰야 했죠.

전 남자친구에게 전화했어요. 왜, 제가 가끔 말하곤 한 전 남자친구 있잖아요. 걔도 찰스를 정말 좋아하지 않거든요. 전 남자친구가 돈을 송금해줬는데, 그걸 안 받았다면 어떻게 됐을지 모르겠네요. 전 남자친구는 도움이 필요한 게 있으면 무엇이든 말하라고 했어요. 그걸 없애려면 몇백 달러가 필요하단 걸 알았을 때 부모님을 흥분시키지 않고 이 문제를 해결할 방법이 전 남자친구라는 걸 알았어요. 엄마는 새아빠에게 알리지 않고 이 돈을 줄 수 없었겠죠. 다른 사람에게 부탁하는 것도 쉽지 않을 거고요.

입양은 보내고 싶지 않았어요. 이미 많은 아이가 위탁 가정에 있는데 거기에 하나를 더 보탤 필요는 없잖아요. 특히 입양을 기다리는 아이들이 많을 때는 말이에요. 제가 아이를 키우고 싶어 한다면 아이를 낳는 게 아니라 입양할 거예요. 천식 같은 것도 이유고요. 저는 집 안에서나 밖에서나 숨쉬기가 힘들어요. 이걸 물려주고 싶지 않아요. 그건 잔인한 일이에요.

엄마는 매우 화를 냈어요. 특히 제가 엄마의 보험에 가입되었기 때문에 피임을 할 수도 있었을 텐데 그러지 않았기 때문이죠. 의사가 피츠버그에 '그걸' 할 수 있는 곳이 있다고 했어요. 펜실베이니아에서는 의사 예약 전화를 하면, 임신중지를 안 할 수 있는 방법이 뭐가 있다는 둥 떠드는 안내 메시지를 계속 듣고 있어야 되거든요. 그걸 안 들을 수 있는 시간에 맞춰, 누구라도 받을 때까지 계속 전화를 거는 거예요. 그들이 전화를 받지 않아도 계속해서 전화를 해야 했는데 라디오 쇼에서 콘서트 티켓을 구하려는 것 같았죠. "제가 9번이라고요?" 이게 가장 짜증나는 일이었죠.

여름에 휴게소에서 일했는데, '그걸' 하기 위해 병원에 가야 했을 때 매니저에게 편하게 이야기를 했어요. "일이 벌어졌어요. '그걸' 없애러 가야 해요"라고 말하니까 매니저는 "필요한 만큼 시간을 써요. 일은 내가 알아서 할게요. 의사한테 진단서를 써달라고 해요"
라고 대답해줬어요. 거기서 이 일을 아는 사람은 매니저밖에 없었고
다른 매니저들이 제가 며칠간 자리를 비우는 것에 이상하게 생각하
거나 질문하지 않도록 알아서 하겠다고 해주더라고요. 정말 큰 도움
이 되었죠.

클리닉 사람들도 정말 괜찮았어요. 그들은 제가 스트레스를
받지 않는다는 것에 놀란 것 같았어요. 제 생각에 대부분의 여성이
임신중지를 하고 싶어서가 아니라, 해야만 하는 상황이라 하는 것
같아요. 그들은 또 찰스와 이야기를 했는데 찰스가 저보다 더 도움
을 받은 것 같아요. 저는 '그걸' 기구로 빨아들이기 전에 왜 제가 왜
이 사람들과 이야기해야 하는지, 이 모든 일을 해야 하는지 이해했
어요. 그들은 매우 친절했지만, 그냥 전부 짜증났어요. 어서 '그걸'
빨아내고 집에 가고 싶었어요.

의료진과 제 감정에 대해 많은 이야기를 나눴고 심리적으로
일어날 수 있는 일을 이야기했어요. 의학적 부작용과 그 일 뒤에 제
호르몬 반응에 대한 정보는 유용하게 느껴졌어요. 앞으로 며칠간 스
스로를 어떻게 돌볼 것인지에 대한 것도요. '그 일'을 치르기 전에 세
명의 심리 상담가와 상담해야 했어요. 모든 여성이 세 명을 만나는
지 모르겠네요. 아니면 저처럼 어떤 감정을 숨긴다고 생각했기 때문
에 그랬는지 모르겠어요. 거기에 있던 수많은 어린 여자애들 중 일
부는 확실히 이런 상황 때문에 스트레스를 많이 받더라고요.

저는 겁쟁이라서 재워달라고 했죠. 미지막으로 기억나는 건 마취과 의사와 이야기를 나눈 건데요. 천식이 있다고 하니까 의사는 "괜찮아요. 여기 바로 옆에 흡입기가 있어요"라고 했어요. 모니터로 '그걸' 봤는데 땅콩 같았어요. 의사가 갑자기 기구를 밑으로 밀어 넣어 약간 놀란 기억이 나네요. 저한테 어떤 주의도 안 줬거든요. 의식을 잃을 때까지 의사와 농담을 했어요. 이후 의자에서 깨어났고 기저귀를 찾는데 몸 안에서 많은 것들이 쏟아져 나오고 있었기 때문일 거예요.

이 모든 일과 미친 호르몬 때문에 찰스에게 다시 애착을 느껴버렸어요. 당시 찰스는 언어적으로, 신체적으로 절 학대했는데도요. 임신중지를 한 후 찰스가 저 때문에 집에 있고 싶어서 직장을 그만뒀는데 다시 취업하지 못했어요.

저는 여름 강의를 들었는데 찰스가 제가 캠퍼스에서 다른 사람을 만난다고 생각해서 정말 스트레스였어요. 집에서 공부를 할 수가 없었죠. 찰스는 담배를 피웠고 저는 천식이 심했거든요. 환기가 안 되어서 연기가 그냥 공중에 떠 있었어요. 항상 호흡이 어려웠어요. 집에서 공부를 하려고 하면 찰스는 항상 성관계를 하고 싶어 하거나, 자기가 텔레비전을 보고 있을 때면 저보고도 함께 보자고 했어요. 공부를 전혀 할 수 없었죠.

임신 이후 학기에 밤 10시까지 일했는데, 아침 8시에 수업이 있었어요. 저는 그저 공부만 하고 자고 싶었어요. 찰스는 아무 때나

요구했고 응하지 않으면 결국 싸웠죠. 찰스가 저를 놓아줄지 확신이 없었어요. 잠자리를 하지 않을수록 모든 게 나빠졌어요. 찰스는 학대하는 남자들처럼 "너도 알겠지만 아무도 나처럼 널 사랑하지 않을 거야. 넌 쓰레기야"라고 말하더군요.

부모님은 무슨 일이 일어나는지 몰랐어요. 엄마랑 통화는 했지만 저를 보러오지는 않았거든요. 새아빠와는 대화를 전혀 하지 않았고요. 임신 1년 후 우리가 함께한 지 2년이 되던 때 찰스에게 "너랑 끝이야. 난 널 떠날 거야"라고 말했을 때, 친아빠와의 관계가 도움이 되었죠.

가장 친한 친구 한나Hannah의 남자친구가 바람피운다는 걸 알게 되어서 한나를 돕기 위해 고향에 갔어요. 집으로 돌아가자 친구가 곁에 있고 찰스와 떨어져 있어 정말 좋았죠. 어떻게 그를 떠나야 할지 고민했거든요. 모두가 저를 버렸다고 생각했지만 집에 있는 동안 제게 아직 많은 사람이 남아 있다는 걸 느꼈어요.

이후 찰스의 아파트로 돌아가 짐을 쌌어요. 매니저에게도 이 이야기를 하니까 잘 이해해줬어요. 찰스가 없는 동안 물건들을 싸서 떠났어요. 그가 돌아왔을 때 저는 그 집에 없었죠. 그 뒤에 듣기론 찰스가 새로 만나기 시작한 여자를 밀쳤고, 여자가 경찰을 불렀다는 거예요. 전 몇 년 동안 찰스와 이야기하지 않았어요.

그동안 찰스 때문에 만나지 못한 친구들을 만났어요. 중동에서 군 복무를 하면서 사람들을 보호하다가 죽은 친구가 있는데, 그가 생전에 귀국했을 때 보러가지 못했던 적이 있거든요. 찰스에게 "남자인 친구를 보러 갈 거야"라고 말하면 전혀 좋지 못한 일이 벌어졌을 테니까요.

그해 봄이 끝나갈 무렵 휴학을 하고 집으로 돌아왔어요. 대학교에서의 마지막 해가 될 예정이었어요. 저는 한나 걱정에 우울했고 성적도 떨어졌어요. 다음 학기에는 제대로 하려고 했지만 잘 안 되었죠.

몇 달 후 제임스James라는 남자를 만나기 시작했지만 진지하지 않았어요. 이전 관계를 막 끝낸 참이었으니까요. 지난 가을 제임스와 저는 기술학교에 다니기 위해 콜로라도로 이사했어요. 우리는 그게 꽤 위험 부담이 있는 일이라는 걸 알았죠. 우리는 3년 동안 함께 했어요. 같이 살 돈은 없어서 저는 부모님과, 그는 그의 부모님과 살았어요. 우리 둘만의 유일한 휴가는 일주일 동안 학교를 살펴보기 위해 각자의 집을 나왔을 때였어요. 우린 같이 사는 게 어떨지 잘 몰랐지만, 어쨌든 네 개의 주가 접한 지역으로 이사를 갔어요. 모험이란 걸 알았죠. 우리는 학교가 마음에 들었고 함께 즐거운 시간을 보냈어요. 4년을 만났네요. 진짜 놀라워요! 콜로라도에서는 목구멍에 제일 작고 건조한 부분을 제외하곤 숨 쉬는 게 자유로워요. 냄새도 맡을 수 있죠. 완벽히 좋은 상태는 아니지만 폐는 훨씬 건강해졌어요. 더 이상 흡입기를 달고 살지 않아요.

지난번 다닌 학교의 학점 이수가 인정되었기 때문에 내년에는 이곳을 졸업할 예정이에요. 지난주에 직업박람회에 갔는데 기술 산업 분야의 정말 큰 회사 사람을 만난 거 있죠. 그 사람이 제게 많은 걸 알려줬어요. 그 사람이랑 저, 제임스가 같이 저녁을 먹었어요. 그 사람 진짜 멋지더라고요. 지난주엔 끝내주는 일들이 많았죠.

제가 좀 지쳐 보였는지 학교에서 무료 상담치료사를 연결해 줬어요. 여름 학기가 끝나갈 무렵에 상담치료사를 찾아갔죠. 이상하게 들리겠지만 미국의 유명한 배우인 로빈 윌리엄스Robin Williams가 죽었을 때 제 세상이 무너졌거든요. 코미디는 제가 힘든 일을 이겨내는 데 도움을 줬고 로빈 윌리엄스는 특별한 존재였어요. 그가 더이상 세상에 없다는 사실에 낙담했지만 상담치료사를 만나서 훨씬 나아졌어요. 다음번엔 찰스와 함께 상담을 받아야 해요. 조금 두렵지만 그래야 한다는 것을 알아요.

임신중지 경험은 다른 여성들을 돕기 위해 사용할 거예요. 감정적으로 학대받는 관계에 놓인 한 여성이 있더라고요. 그 여성의 남성 파트너는 제가 위험 신호라고 느낀 몇 가지 행동을 했지만 신체적 학대라는 선을 넘진 않았어요. 그 여성한테 당신의 파트너가 폭력적이라고 말했죠. 임신중지는 괜찮다고, 임신중지를 하지 않으면 아이 때문에 당신의 삶이 그에게 묶여버리게 될 거라고 말했어요.

제 친구 중 몇몇은 알지만 아빠는 여전히 제 임신중지 사실을 몰라요. 한번은 아빠가 뉴스를 보고 있을 때 "내가 임신중지를 했다면 나한테 화가 많이 나겠지?"라고 물었더니 아빠가 "그렇지" 하더라고요. 엄마 말고는 가족 중에 이 일을 아는 사람은 없어요. 이런 상황에 처한 것은 화가 나지만 원하지 않은 상황에 굴복하지 않고 임신중지를 한 제 자신이 자랑스럽고 기뻐요. 제가 그 일을 했다는 게 다행이에요. 저는 그저 제가 그 일을 해야 할 상황에 있지 않아도 되길 바랄 뿐이에요.

'그게' 땅콩처럼 보였어요. 윤리 수업에서 '그게' 언제부터 생명으로 여겨지는지 이야기한 적 있는데 저는 어떤 인격을 갖기 시작할 때부터라고 생각해요. 아이를 갖거나 키우는 데 관심이 없어요. 저는 그냥 말이 가득한 농장을 갖고 싶은데 아마 엄청 비쌀 것 같아요. 제임스가 아이를 원하는 게 우리 관계를 불안하게 하는 유일한 이유예요. 제임스는 제가 원하지 않는 일을 하도록 몰아붙이지 않아요. 저도 그가 아이를 갖지 못하게 하고 싶진 않고요. 그가 자신의 가족을 만들 때까지 함께 시간을 보내고 있는 건지도 모르겠어요. 그는 아이를 갖는 게 굉장한 일이라고 설득할 수도 있겠죠. 하지만 지금 저는 지역 도서관 컴퓨터 실험실에서 일하고, 아이들을 그다지 좋아하지 않아요.

5월 말까진 부모님의 재정적 지원도 바닥이 날 테니까 확실히 졸업을 하고 싶네요. 삶의 목표에 대해서 말해보자면 놀랄 만한 회사들에 취업하는 걸 고려하고 있지만 궁극적인 꿈은 항상 말이 있는 농장을 운영하는 거예요. 직업 박람회에서 만난 사람들이 저를 좋아하는 것 같아서 다행이에요 저랑 이야기를 나눈 담당자들은 저랑 대화하는 게 즐겁대요. 지금 모든 일이 잘 되어가는 것 같아요. 제 느낌은 그래요.

니콜 · 오하이오 출신 · 백인

임신중지 당시 20세 · 임신 10주에 임신중지.

5

신체 건강

주 정부는 턴어웨이 연구가 연구 참여 여성들을 모집한 2008년 이후로 임신중지에 대한 555개의 제한 조치를 제정했다.[1] 의무 대기 기간, 초음파 사진 보기, 정부가 제작한 상담 각본 등은 여성들이 임신중지를 결정할 때 확신을 가질 수 있도록 충분한 정보를 제공하기 위한 것일 수도 있다. 물론 그것들이 근거가 있는 건 아니다.

이전 장에서 썼듯 턴어웨이 연구가 보여주는 것은 임신중지 결정을 후회하는 여성이 거의 없다는 사실이다. 다른 제한 조치들은 임신중지의 안전성을 개선한다는 이유로 정당화된다. 이런 '임신중지 안전법'에는 의사가 인근 병원에서 입원 특권을 받으라고 요구하는데, 이는 그 개원 의사가 지역의 인근 병원과 제휴하여, 응급 상황이 있을 때 그 환자를 그 병원에 입원시키고 거기서 직접 치료를 할 수 있게 하는 것을 말한다. 이런 합의는 얻기도 유지하기도 어려운데, 입원을 위해서는 일정 수 이상의 환자가 필요하기 때문이다. 안전한 임신중지를 보장한다고 주장하는 또 다른 법은 외래 임신중지 환자를 위한 클리닉이 넓은 복도와 전문 회복실 등 응급수술센터 인프라를 도입해야 한다고 규정한다.[2] 보다 안전한 임신중지를 위해 더 많은 법이 필요한가?

배우 케이트 윈슬렛Kate Winstlet이 불행하게 셋째를 임신한 여성으로 등장하는 영화 〈레볼루셔너리 로드〉를 보면 임신중지가 위험하다고 생각할 수도 있다(스포일러 : 윈슬렛이 연기한 캐

릭터는 상황이 잘 풀리지 않는다). 텔레비전에 등장하는 임신중지를 한 여섯 명 중 한 명은 사망한다.[3] 이런 사실을 알기 위해 굳이 가상의 영화나 텔레비전 쇼를 볼 필요는 없다. 임신중지에 대한 논쟁을 벌이는 양쪽 모두 임신중지의 위험성을 말한다. 합법적 임신중지를 주장하는 사람들은 로 대 웨이드 판결 이전 시대로 거슬러 올라가는데, 이 당시 병원에는 훈련되지 않은 시술 제공자들에게 시술을 받거나 옷걸이 같은 것으로 스스로 임신중지를 시도하다 패혈증을 겪는 여성들을 위한 치료 병동이 따로 있을 정도였다. 임신중지 권리에 반대하는 사람들은 합법적 임신중지에 따른 사망률이 여전히 높고 정부의 규제가 필요하다고 주장한다.

그렇다면 임신중지의 위험성에 대해 검토를 해보자. 우슈마 우파드헤이 박사는 메디-캘 프로그램을 통해 임신중지 이후 합병증을 연구했다. 캘리포니아는 사유에 관계없이 저소득층 여성의 임신중지를 지원하는 15개 주 중의 하나다.[4] 그는 임신중지 이후 2퍼센트의 비율로 합병증이 발생한다는 것을 발견했는데 이는 사랑니 발치(7퍼센트), 편도선 절제술(8~9퍼센트), 출산(29퍼센트)보다 낮은 수치다.[5] 임신중지로 인한 중대한 합병증의 위험, 그러니까 수술이나 수혈, 입원이 필요한 합병증 발생 비율은 0.25퍼센트 미만이다. 중대한 합병증은 436건의 임신중지 가운데 한 건 정도 발생한다. 출혈 또는 치료 가능한 감염 같은 사소한 합병증의 위험은 53건 중 한 건 정도 발생한다. 임신중지로 인한 죽음은 어떨까?

우파드헤이 박사가 2009년에서 2010년까지 캘리포니아에서 이뤄진 5만 4911건의 임신중지에 대한 데이터를 기반으로 했을 때 이 시기에 메디-캘을 통해 진행된 임신중지 중 사망 사례는 없었다. 임신중지로 인한 사망률은 0퍼센트다. 캘리포니아보다 큰 주에도 임신중지로 인한 사망을 다룰 만한 사례는 거의 드물다.[6] 다음으로 CDC의 1998년부터 2005년까지 8년간의 데이터를 살펴보자. 엘리자베스 레이먼드Elizabeth Raymond 박사와 데이비드 그라임즈David Grimes 박사는 임신중지의 결과로 16만 명 중 한 명의 여성이 사망하고 출산의 결과로 1만 1300명 중 한 명의 여성이 사망한다는 사실을 발견했다. 미국에 사는 여성은 임신중지보다 출산으로 사망할 확률이 14배 높다.[7]

임신이 질병은 아니지만 임신으로 심각한 위험을 초래하는 신체 변화를 경험할 수도 있다. 임신한 여성의 전체 순환계는 과열 상태가 되는데 호르몬 체계와 신진대사의 급격한 변화로 정상 수치보다 50퍼센트 많은 혈액을 생산한다.[8] 신체적으로 복부 장기와 근육을 약 4.5킬로그램 이상의 자궁 무게에 맞춰 움직여야 한다. 골반과 척추의 관절이 느슨해지면서 아이의 머리가 골반을 통과할 수 있도록 열린다. 정상적인 임신의 과정이다. 수술률을 줄이기 위한 노력에도 불구하고, 출산 중 3분의 1 정도는 제왕절개 같은 수술 과정을 포함한다.[9] 미국에서 네 명 중 한 명은 출산 과정에서 산과적 외상 및 열상(8퍼센트), 감염(6퍼센트), 과다 출혈(4퍼센트), 임신성 당뇨(4퍼센트), 전자간증(3.4퍼센트)* 및 자간증(임신 중 위험한 경우 발작으로 이어질 수 있는 고혈압)(0.1퍼센트) 등 심각한 합병증을 경험할 수 있다.[10] 만성질환을 가진 여성은 임신 중 더욱 복잡한 과정을 겪게 된다. 교과서에는 임신으로 악화될 수 있는 항목들이 가득 쓰여 있다. 여성들이 이것들을 감내하고 출산으로 기뻐한다는 것 때문에 임신이 위험한 일이라는 사실이 가려져서는 안 된다.

안전한 임신중지에 관한 과학 논문을 종합한 미국 국립학술원은 2018년 자료를 요약한 보고서를 발표했는데 이는 1975년 이후 처음 발표한 임신중지와 안전에 관한 것이다.[11] 국립학술원은 "미국의 합법적 임신중지(약물에 의한 임신중지, 흡입술, 자궁경부확장 배출술, 유도 분만 등)가 안전하고 효과적이며 이는 임상적 근거로 뒷받침된다. 심각한 합병증은 드물다"라고 발표했다.[12] 이 보고서는 초기 임신중지보다 후기 임신중지가 위험과 관련이 있다고 말한다. "합병증의 위험은 주수에 따라 증가한다. 시간이 지날수록 보다 높은 단계의 침습적인 시술과 더 깊은 진정 마취가 필요하다"라고 보고했다. 따라서 이는 후기 임신중지가

---

* 임신 20주 이후에 고혈압과 단백뇨가 발생하는 질환을 말한다. 흔히 임신중독증이라고도 한다.

출산과 어떻게 비교될 수 있는지에 대한 의문을 남긴다. 모든 국가적 통계는 출산과 임신중지를 비교할 때, 원하던 임신의 경우를 포함하기 때문에 턴어웨이 연구 전에는 원하지 않은 임신의 맥락에서 출산과 임신중지의 상대적 위험이 알려지지 않았다.

여성들은 때때로 임신을 원했지만 임신중지를 하기도 한다. 여기에는 여성의 생명을 위협하는 건강 위험이나 심각한 태아의 이상을 동반한 경우 등이 포함된다. 이런 임신중지 중 일부는 여성의 건강이 이미 악화된 상황에서 일어나고 있으므로 원하지 않은 임신에 따른 임신중지보다 신체적 건강 결과가 더 나쁠 수 있다. 우리는 출산의 위험 또한 임신을 의도했는지 여부에 따라 다를 수 있다고 생각했다. 첫째, 건강한 여성이 임신을 선택할 가능성이 더 높으며 임신 후에도 만성질환을 가진 여성보다 출산을 선택할 가능성이 높기 때문이다. 턴어웨이 연구에서 임신중지를 원하는 여성 20명 중 한 명은 임신을 유지하고 출산을 할 만큼 건강하지 못했기 때문에 임신중지를 선택했다는 사실을 상기해보자.[13] 원하지 않은 임신을 한 여성으로 비교를 한정함으로써 우리는 임신 중이지만 원하지 않는 임신을 한 여성들 간의 출산과 임신중지 사이의 위험을 비교할 수 있다. 둘째, 임신을 원하지 않은 여성은 임신을 준비하기 위해 산전 비타민을 섭취하거나 산전 진찰을 받거나, 약물이나 알코올을 삼가지 않는다. 우리 연구에서 임신중지를 거부당한 여성 중 절반 정도는 2분기가 될 때까지 임신 사실을 깨닫지 못했다. 산전 관리나 임신 준비가 부족해서 더 나쁜 예후를 겪을 가능성이 높다면 출산을 할 때도 우리는 원하지 않은 임신을 한 여성이 원하는 임신을 한 여성보다 더 안 좋은 결과를 경험하리라 예상할 수 있다.

　턴어웨이 연구는 우리에게 임신, 임신중지, 출산, 건강에 대해 다룰 기회를 제공한다. 임신중지 가능 기한 전후의 여성을 비교하도록 설계된 이 연구는 임신중지를 원하는 대부분의 여성보다 늦게 임신중지를 하는 여성에 대한 데이터를 만들었다는 점에서 의의가 있다. 후기 임신중지의 위험이 그 이전의 임신중지와 비교해서 위험도가 어떻게 증가하는지 비교할 수 있는 늦은 2분기에서의 임신중지에 대한 많은 사례가 있다. 국립학술원 연구에서 밝혔듯 임신을 초기에 중지할수록 더욱 안전하다. 임신 초기에는 약물적 임신중지[14] 또는 MVA라고 불리는 수동 진공 흡입술 같은 간단한 수술 중 선택할 수 있기 때문이다. 약물적 임신중지 방법은 임신 10주까지 사용될 수 있으며 이 약물은 타이레놀, 아스피린, 비아그라 같이 일상적으로 사용되는 것들보다도 안전하다.[15] 20주 이후, 그러니까 후기 임신중지를 하는 경우는 전체 임신중지의 1퍼센트를 조금 넘는다.[16] 하지만 수술을 위해서는 특별한 기술과 훈련이 필요하며 기술적 어려움이 증가하기 때문에 위험이 더 커진다. 또한 자궁 경부의 확장도 필요하다.[17] 게다가 임신중지가 지연되는 것과는 무관하게 임신 주수가 길어질수록 자궁으로 유입되는 혈류가 증가해 더 큰 위험을 초래할 수 있기도 하다. 누군가 임신중지를 미룬다면 전자간증 같은 문제가 생길 수 있다.[18]

턴어웨이 연구 결과를 살펴보기 전에 연구 설계를 한번 보자. 임신중지 가능 기한 이전과 이후의 비슷한 건강 상태의 여성들이 모집되었는데 연구에 참여한 여성들 중 81퍼센트는 임신 전에 건강이 매우 좋았거나, 임신 1분기에 임신중지를 했는지, 2분기에 임신중지를 했는지, 임신중지를 거부당했는지에 따라 큰 차이가 없었다. 생명을 위협하는 사건의 발생(17퍼센트), 또는 심각한 질환이나 부상(14퍼센트) 경험 비율에 차이가 없었다. 임신 전에는 이들의 건강이 비슷한 조건에 있었다. 따라서 시간이 지남에 따라 발생하는 건강상의 차이는 임신, 임신중지, 출산, 양육 경험에 기인하는 것일 수 있다.

출산은 안전한가

'아이비스 재생산 건강Ibis Reproductive Health'의 역학자인 케이틀린 게르츠Caitlin Gerdts 박사는 간호학 박사과정 학생 로렌 돕킨Loren Dobkin과 캘리포니아주립대학교의 데이비스 캠퍼스의 의

과대학 교수인 빔라 슈워츠E.Bimla Schwartz 박사와 함께 임신, 임신중지, 출산에 대한 턴어웨이 연구 자료를 분석했다.[19] 인터뷰 진행자들은 여성들에게 임신, 임신중지, 출산 이후 직접적인 부작용이나 건강 문제를 경험했는지 물었다. 흥미롭게도 세 그룹(1분기에 임신중지, 임신중지 가능 한계 직전에 임신중지, 임신중지를 거부당해 출산함) 모두 유사한 비율을 보였는데 약 10퍼센트 가량이 부작용 및 합병증을 보고했다.

하지만 부작용과 합병증이 모두 동일하게 나타나지는 않았다. 임신중지를 한 여성은 임신중지 이후 통증(5퍼센트), 경련(3퍼센트), 출혈(2퍼센트), 메스꺼움 및 구토(2퍼센트) 증상을 보고했다. 출산을 한 여성들의 합병증은 보다 심각했다. 전자간증(2퍼센트), 빈혈, 수혈이 필요할 정도의 출혈, 자간증, 골반 골절, 감염, 산후 다량 출혈, 잔류 태반 등의 문제를 보고했다. 이런 합병증들을 생명에 위협이 되는지 여부에 따라 분류를 하니 출산한 여성의 6.3퍼센트가 잠재적으로 생명에 위협이 되는 합병증을 경험한 반면, 임신중지 가능 기한 직전에 임신중지를 한 여성의 1.1퍼센트, 임신 1분기에 임신중지를 한 여성의 0.5퍼센트가 위험 상태를 보고하는 것으로 밝혀졌다. 우리는 여성들에게 임신중지나 출산 후, 걷기나 계단 오르기 등의 일상적인 신체 활동을 할 수 없는 기간이 있었는지 질문했다. 출산을 한 여성은 평균 10.1일간 활동이 제한적이었고 이는 초기나 후기 임신중지를 힌 여성들이 대략 3일이라고 보고한 것과 비교된다. 일상 활동의 제한은 출산의 보다 높은 위험성을 보여주는 결과이기도 하다.

임신의 위험

턴어웨이 연구의 가장 중요한 발견 중 하나는 임신중지와 출산 각각에 대한 장기간의 건강 위험에 대한 것이다. 원하지 않은 임신을 한 여성들의 임신중지 및 출산에 따른 장기간의 건강 위험에 대한 연구는 거의 없다. 로런 랠프는 각 경우의 장기간 건강 결과를 분석했다.[20] 랠프 박사는 후기 임신중지에 대한 여성들의 데이터를 충분히 활용하기 위해 1분기, 2분기 등 임신 주수에 따라 여성들을 엄격히 나눴다.[21]

일부 항목들에서 임신중지를 한 여성과 출산을 한 여성들의 5년간 건강 결과는 유사했다. 천식, 비임신성 고혈압, 당뇨, 복부와 골반이나 등의 만성통증에 아무런 차이가 없었다. 또한 출산으로 배가 안 들어간다고 생각한 여성들에게는 미안하지만 임신중지를 한 여성과 출산을 한 여성 사이에 비만율 차이도 없었다.(엄마는 내 자매와 나를 낳기 전에는 흰머리가 없었다고 한탄했는데, 내 바지 사이즈를 아이들의 탓으로 돌리는 것 역시 엄마의 말처럼 비논리적임을 알아야 한다는 게 과학자로 사는 것의 단점이다.)

임신중지를 한 여성과 임신중지를 거부당한 여성 간에 건강의 차이가 있었던 항목에서는 출산을 한 여성 쪽이 모두 나쁜 결과를 보였다. 원하지 않은 임신을 한 여성 중 임신중지를 거부당한 여성은 만성적인 두통을 앓을 가능성이 더 높았다. 출산을 한 여성 중 만성적인 두통이나 편두통을 겪는 여성은 23퍼센트로, 이는 임신중지를 한 여성의 17퍼센트에서 18퍼센트가 두통을 경험하는 것과 차이가 있다. 임신중지를 거부당한 여성은 관절 통증을 보고할 확률도 조금 더 높았다. 가장 광범위한 건강 척도에서 여성들에게 그들의 전반적인 신체 건강을 5점 만점으로 표시해달라고 하자, 임신중지를 한 여성은 5년간 점차 개선되는 경향이 나타났지만, 출산을 한 여성들은 점점 더 건강이 좋지 않다고 보고할 가능성이 높았다. 5년 후, 1분기에 임신중지를 한 여성의 20퍼센트, 2분기에 임신중지를 한 여성의 21퍼센트가 건강이 조금 좋지 않거나 나쁘다고 답한 반면, 임신중지를 거부당한 여성의 27퍼센트가 건강이 조금 좋지 않거나 나쁘다고 답했다. 그림 5를 보라. 이 차이는 크지 않아 보일 수도 있지만, 매우 중요한 결과다. 건강 전반에 대한 자신의 평가는 미래의 건강 및 사망률을 예측할 수 있는 유의미한 지표다.[22]

임신의 위험 중 하나는 임신성 고혈압이다. 혈압이 높아

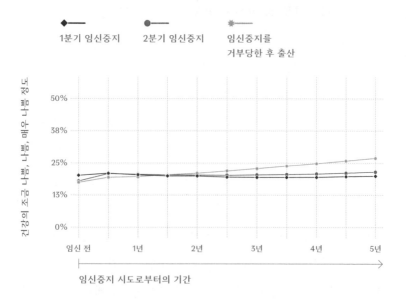

그림 5 　스스로 평가한 신체 건강 상태에서
조금 좋지 않음, 나쁨, 매우 나쁨이 차지하는 비율

◆―――　1분기 임신중지　●―――　2분기 임신중지　＊―――　임신중지를
거부당한 후 출산

건강이 조금 나쁨, 나쁨, 매우 나쁨 정도

50%
38%
25%
13%
0%

임신 전　1년　2년　3년　4년　5년

임신중지 시도로부터의 기간

출처　Ralph LI, Schwarz EB, Grossman D, Foster DG. Self- reported physical health
of women who did and did not terminate preg- nancy after seeking abortion
services: a cohort study. *Ann Intern Med.* 2019;171(4):238-247.

지면 전자간증, 심지어 죽음으로 이어질 수도 있다. 또한 임신성
고혈압과 전자간증은 추후에 심혈관 질환을 일으킬 위험을 높인
다.[23] 임신중지를 거부당한 여성은 향후 5년간 임신성 고혈압을
경험할 가능성이 더 높다. 출산을 한 여성의 9.4퍼센트가 경험하

는데, 이는 2분기에 임신중지를 한 여성의 4.2퍼센트, 1분기에 임신중지를 한 여성의 1.9퍼센트와 대조적이다. 임신중지를 거부당한 여성이 임신 상태를 몇 개월간 더 유지해야 한다는 사실이 언뜻 보면 놀라운 건 아니다. 7장에서 볼 테지만 많은 여성이 연구 참여 이후 향후 5년간 임신을 경험하게 되는데 이번 임신만이 임신성 고혈압의 유일한 원인은 아니다. 임신성 고혈압은 그 후의 임신에서도 임신성 고혈압을 경험할 확률을 높인다. 따라서 임신중지 거부는 여성이 이후의 임신에서 더 높은 위험에 처하는 결과를 낳을 수도 있다.[24]

흥미롭게도 우리는 5년간 1분기에 임신중지를 한 여성과 2분기에 임신중지를 한 여성 사이에 만성적인 통증이나 상태, 건강 전반에 대한 스스로의 평가에서 아무런 차이가 없다는 사실을 발견했다. 후기 임신중지가 더 까다롭고 초기의 약물적 임신중지나 진공흡입술보다 더 많은 위험이 따르는 과정임을 고려해 보면 장기적인 건강상의 차이가 없다는 사실은 기분 좋게 놀라운 것이다.

모성 사망률

임신 유지에 따른 심각한 위험은 우리 연구에 참여한 여성들로 분명히 증명되었다. 어느 날 우리는 한 여성에게서 자신의 딸을 연구에서 제외해달라는 요청을 받았다. 그의 딸은 출산 후 며칠 뒤 20대 중반의 나이로 사망했다. 임신이 아니었다면 치명적이지 않을 감염 때문에 말이다. 그는 딸의 유품을 정리하다 턴어웨이 연구 동의서를 발견하고 우리에게 전화를 걸었다. 놀랍게도 그의 딸 외에도 우리 연구에 참여한 임신중지를 원한 여성 중 출산 후 사망에 이르게 된 이들은 더 있었다.

연구를 위한 자료 수집을 마친 뒤, 우리는 5년간의 인터뷰를 끝내지 못한 여성들 중 사망한 이들이 또 있는지 기록을 찾고 검토했다. 우리는 임신으로 인한 신체적 합병증이나 정신 건강 문제에 기인한 죽음을 기록하고 싶었다. 우리는 임신중지를 거부당한 지 불과 3개월 후, 출산 후 자간증으로 사망한 여성을 발견했다. 그가 5일만 빨리 임신중지 클리닉에 도착했다면 임신중지를 할 수 있었을 것이고 오래 살았을지도 모른다. 태어난 아이는 여성의 다른 아이들과 함께 고아가 되었다.

모성 사망률은 충격적이다. 이 두 명의 죽음은 턴어웨이 연구에서 여성 100명당 한 명 정도의 모성 사망률로 해석된다. 비교를 위해 살펴보면 미국의 모성 사망률은 10만 명당 17명

(0.017퍼센트)이다.[25] 1퍼센트라는 비율은 거의 천문학적인 숫자이며 전국의 모성 사망률보다 100배나 높은 수치다. 사망은 분명 드문 사건이기 때문에 1퍼센트라는 수치에는 큰 불확실성이 있다. 보다 결정적인 사망률 통계를 위해 누군가는 수십만 건의 출산을 조사하고 싶을지도 모른다. 하지만 이 통계는 출산이 임신중지보다 더 위험한 일임을 이미 명백히 보여준다. 원하지 않은 임신을 유지하는 것의 스트레스와 애초에 임신을 원하지 않게 했을 사회적 지원의 부족은 임신중지를 원하는 여성의 사망 위험을 증가시킬 수 있다.

우리는 연구에서 임신중지로 인한 사망을 발견하지 못했다. 임신중지 가능 기한 바로 직전에 임신중지를 한 여성들 중 네 명의 사망자가 발생했지만, 이는 임신이나 임신중지로 인한 신체적 위험과 관련이 없는 죽음이었다. 이 죽음들은 각각 임신중지 시점 이후 7개월, 1년 반, 3년, 5년 후 발생했다. 우리가 사망 원인을 아는 여성 중 절반은 교통사고나 심장마비 등 임신중지와 무관한 사유로 죽었다. 이런 죽음들은 모두 비극적이다. 그렇기에 불확실한 미래로 꿈을 미루지 말고 자신이 살고 싶은 삶을 사는 게 더 중요하다.

여성의 건강을 위해서라는 말

미국의 임신중지 제한법의 가장 큰 아이러니는 그런 법을 옹호하기 위해 사용되는 논리에 있다. 즉 법이 여성들을 보호하기 위해 존재한다는 것이다. 정치인들과 종교의 권리를 주장하는 단체들은 임신중지가 위험하다고 말한다. 그들은 임신중지가 당신에게 유방암을 유발하거나 자살 사고를 불러일으켜서 즉각적으로, 혹은 서서히 죽게 할 수 있다고 주장한다.[26] 그런 주장을 바탕으로 10년간 말 그대로 수백 건의 임신중지 규제 법안이 전국적으로 통과되었다. 우리의 근거들은 이들의 주장이 틀렸음을 보여준다. 임신중지는 안전한 의료적 절차이며 임신의 유지와 출산이 훨씬 더 위험하다.

미국은 현재 임신 및 출산과 관련된 모성 사망의 위기에 직면했다. 다른 나라와 비교했을 때 거의 모든 나라에 비해 잘못된 방향으로 나아가고 있을 뿐 아니라 유색인 여성에게 더 나쁜 방향으로 흘러간다. 모성 사망률은 1987년보다 두 배나 높고 미국에서 10만 명당 17명이 사망했다.[27] 흑인 여성과 원주민 여성은 임신과 출산으로 사망할 확률이 백인 여성보다 세 배나 높았다. 구조적이고 제도적인 인종주의 및 차별로 의사와 의료진이 그들의 심각한 증상이나 고통을 무시할 수 있기 때문이다.[28] 물론 이런 문제를 유색인 여성만이 겪는 것은 아니다. 제시카는 백인이지만 우리가 이미 알고 있는 것처럼 그는 이전의 임신 경험에서 자신의 증상이 무시되는 일을 겪었다.

곧 만나게 될 키아라의 이야기는 다음 장으로 우리를 안내해줄 완벽한 사례다. 다음 장은 임신중지 시술에 접근할 수 있는 능력에 따라 삶의 방향이 어떻게 흘러가는지 보여준다. 미래의 관계, 자녀, 직업 모두 임신을 유지할 것인지 중지할 것인지에 달려있기도 하다. 키아라는 말했다. "임신중지를 하지 않았다면 지금의 침착함, 힘 같은 것들을 느끼지 못했을 거예요. 제 인생은 여전히 혼란스럽고 현재 남편을 만나 결혼하고 둘째를 갖는 일 또한 불가능했겠죠."

키아라
Kiara

임신중지는 제 내면의 힘을 알게 해줬습니다.

뉴욕에서 두 번, 켄터키, 오리건, 캘리포니아, 뉴저지, 플로리다, 하와이, 노스다코타, 콜로라도, 버지니아 등 여러 곳에서 살았어요. 아빠는 군인이었어요. 엄마는 재혼했는데 새아빠도 군인이었고요. 그래서 우리는 많이 돌아다녀야 했죠.

어렸을 때는 이사갈 준비를 했으니까 여름이 항상 즐거웠어요. 고등학교에 올라가면서 이제는 정착하고 싶다고 생각했습니다. 돌아다니는 건 이제 모험이라기보다 골치 아프고 번거로운 일이 되었어요. 어른이 되면 이사를 다니지 않겠다고 마음먹었습니다. 한군데에 머물러서 지내려고 했죠. 아직도 그런 일은 일어나지 않았네요. 쉽게 지루해하고 새로운 곳을 찾아다니는 성격이거든요.

셋 중 맏이로 동생들과 친하게 지냅니다. 나이 차이가 많이 나서 저는 누나 또는 언니이자 엄마 역할을 했습니다. 형제들은 제게 조언을 구하거나, 부모님께 도움을 얻기 위해 어떻게 해야 할지 물었어요.

엄마는 재혼해서 제 다른 형제들이 생겼죠. 새아빠는 군대에 있었는데, 저희 대가족에게는 흥미롭고 시끄러운 일이 많이 벌어졌습니다. 우리는 즐겁고 좋은 기억이 많이 있습니다. 항상 저녁을 함께 만들었고 특히 일요일엔 더 그랬죠. 정말 즐거운 유년기를 보냈습니다.

기독교 집안이라서 크리스마스와 추수감사절 같은 날들을 챙겼는데, 아주 엄격한 건 아니었어요. 제가 딸을 임신했을 때 저는 엄마와 가까이 지내기 위해 켄터키에서 뉴욕으로 돌아가기로 결심했습니다. 임신을 하고 딸을 낳고 18개월이 될 때까지 엄마와 함께 지냈어요. 그 무렵 저는 부엌에 있던 엄마에게 말했죠. 아이 아빠와의 문제를 해결하기 위해 30일 후에 켄터키로 돌아갈 거라고요.

하지만 저는 켄터키에 남기로 했고 학교로 돌아가고 일도 계속 하기로 했습니다. 그곳에서 지내는 게 비용이 많이 들지 않고 편했기 때문이에요. 저는 여전히 학교에 다니고, 딸을 키울 수 있어요. 뉴욕으로 돌아갔다면 그러지 못했을 테죠.

딸이 거의 세 살이 되었을 무렵 저는 모든 면에서 끔찍한 남성과 사귀는 중이었습니다. 신체적으로, 정신적으로 학대를 당했죠. 그는 저를 스토킹했어요. 그와 헤어지고 임신 사실을 발견했죠. 완전히 망연자실했고 소파에 앉아 룸메이트와 울었습니다. 우리는 서로를 바라보면서 어떻게 해결하면 좋을지 고민했고 저는 제가 해결할 것이라고 했죠. 하지만 이 아이를 키울 방법은 없었어요.

두 가지 선택지가 있었어요. 임신의 유지, 혹은 중지. 즉각적으로 결정을 내렸죠. 저는 항상 직감과 본능에 따르는 사람이니까요. 저는 임신을 끝내길 원했고 그렇게 했습니다. 이 결정이 남자친구와의 관계를 끝내는 길임을 알았고, 그 페이지를 닫고서야 다음으로 넘어갈 수 있었습니다. 뒤돌아볼 필요가 없었어요. 이건 그저 아주 나쁜 상황일 뿐이었죠. 계속해서 딸에게 좋은 엄마가 되고자 했고 앞으로 이 남자와 이어지고 싶지 않았어요. 한 아이의 싱글맘으로서 간신히 버티고 있었는데 두 아이라니요. 클리닉은 사는 곳에서 약 1시간 15분 거리였어요. 학교와 일 때문에 임신을 유지해서 입양을 보내기는 어려웠습니다. 몸을 쉬게 하기에는 너무나 많은 할 일이 있었어요.

룸메이트가 제가 집세를 내고 밖에 있는 동안 아이를 돌봐주는 조건으로 같이 살았어요. 저는 온종일 학교에 있었죠. 저는 요리학교에 등록했고 바텐더로도 일했습니다. 학교를 다니면서 일주일에 60시간 이상 일했습니다. 룸메이트는 제가 무엇을 하든 곁에 있을 것이고 의견을 내기보다 저를 지지하겠다고 말했습니다.

클리닉에 전화를 했더니 제가 얼마나 멀리 사는지 물어보더군요. 일정을 잡았고 병원에선 비용을 알려주면서 무엇을 가져와야 하는지도 일러줬어요. 클리닉이 집에서 멀었기 때문에 제가 모든 걸 잘 챙겨오길 바라더군요. 집에 다시 돌아가기는 어려우니까요. 제가 이걸 헤쳐나가야 한다는 생각이 들어서 첫 통화는 힘들었어요.

종교 때문에 임신중지에 착잡함을 느꼈습니다. 약간 혼란스러웠어요. 딸을 임신했을 때 저는 다음 임신은 결혼을 한 후 둘째를 가질 적절한 시기가 되었을 때 하자고 다짐했습니다. 수술 날짜를 잡으려고 전화를 했을 때 스스로에게 슬프고 실망스러웠습니다. 피임약을 복용해야 했는데 아마 이틀 정도 늦은 것 같아요. 판단착오였죠. 괜찮을 것이라 생각했지만 아니었어요.

클리닉 직원들은 매우 도움이 되었어요. 모두 따뜻하고 친절했어요. 클리닉 직원들과 클리닉 자체에도 나쁜 감정을 느끼진 않았어요. 시술은 조금 아팠습니다. 스스로 운전하고 그곳에 갔어요. 혼자 절차를 밟아야 했어요. 매우 외로웠어요. 시술 후에 회복실에 앉아 있으면서 약간 멍해졌어요. 1시간 30분 이상 운전을 해서 집에 돌아왔는데 도중에 잠깐 차를 세우고 울면서 정신을 차려야 했죠.

집에 돌아오는 길에 이 상황에서 벗어나기 위해 해야 하는 것들이 떠올랐습니다. 다 마무리되었다는 안도감, 임신중지에 대한 슬픔, 저를 실망시킨 전 남자친구에 대한 약간의 분노가 일었습니다. 하지만 적절한지 모르겠지만 임신중지를 해서 다행이었고 옳은 결정을 했다고 느꼈습니다.

처음부터 저는 그에게 제가 어떤 결정을 할지 알려줬습니다. 진료일 2주 전 그에게 전화를 걸었죠. "이게 내가 하려는 일이야. 돈은 있어. 혼자 해결할 수 있어. 당신이 해줬으면 하는 건 나와 함께 그곳에 가주고 같이 돌아오는 거야. 기름 값도 안 내도 돼. 내가 운전할 거야. 나는 그냥 당신이 거기 있었으면 좋겠어." 그가 "좋아"라고 말한 게 기억나네요. 약속 이틀 전에 그에게 문자를 보냈어요. "이틀 뒤야. 거기에 같이 가는지 확인하고 싶어. 너를 데리러 갈까 아니면 우리 집으로 올래?"

이틀 동안, 전날에도, 심지어 그날 아침까지도 아무런 응답이 없었죠. 마음 한구석에서 큰일 났다고 생각했습니다. 그냥 나타나지 않을 리가 없을 텐데. 말 그대로 마지막 순간까지 그를 기다렸습니다. 클리닉에 가야 하는 시간인 걸 알면서도 그놈한테 시간을 줬어요. 그놈은 결국 전화나 문자도 하지 않았습니다.

룸메이트가 함께 가겠다고 했지만 딸을 돌봐야 했기 때문에 어쩔 수 없었습니다. '난 가야만 해, 난 가야만 해.' 클리닉에 가는 길에 정말 화가 났어요. 제가 옳은 결정을 내렸다는 신호였죠. 전 남자친구는 "난 안 갈 거야"라고 말하거나 "다른 사람을 찾아 봐"라고 말해주지도 않았어요. 그냥 내버려뒀죠. 당시엔 임신중지가 최선의 결정이라고 생각했어요. 그곳에 같이 가주지조차 않는데 임신을 유지했다면 어땠겠어요? 임신중지 결정을 재고하지 않아요. 그때로 돌아가더라도 똑같은 결정을 내릴 것입니다.

켄터키에서 뉴멕시코로 이사했습니다. 오랜 친구와 결혼을 하고 아이를 낳았어요. 아이는 세 살이에요. 저는 전업주부이고 매우 즐겁습니다. 제가 학교에 다니고 일을 하러 가는 동안 딸이 저를 매우 그리워했는데 이제는 딸을 학교로 데려가고 데려오니까요. 아들과 함께 시간도 보냅니다. 여기까지가 지난 5년간의 요약입니다.

확실히 삶이 더 차분해졌어요. 저는 제가 얼마나 많은 것을 극복할 수 있는지, 제가 얼마나 강한지 배웠습니다. 임신중지는 제가 가진 내면의 힘을 알게 해줬죠. 학대당하는 관계에서 빠져나오고 온전한 나 자신이 되는 게 중요한 일이었어요. 결혼을 하고 아이를 가진 건 제가 얼마나 강한 사람인지를 보여주는 일이었습니다. 삶이 제자리로 돌아왔습니다.

딸은 이가 빠지기도 하면서 무럭무럭 크고 있어요. 전업주부로 사는 건 좋은 일입니다. 제게 일어난 가장 큰일은 일하지 않아도 괜찮다는 사실을 깨닫는 것이에요. 저는 출산 이틀 전까지도 열심히 일했죠. 일주일에 45시간 이상이요. 전업주부가 직업인 게 괜찮습니다. 오늘은 앉아서 좀 쉬어야 하는데 그것도 좋고요. 적응이 조금 필요하긴 합니다. 쉴 새 없이 빨래나 설거지를 해야 한다고 생각하거든요. 남편은 "긴장을 풀어도 돼"라고 말합니다. 일을 그만둔 지 4개월 정도가 지났고, 저는 제가 집에 있어도 된다는 걸 알면서도 스스로가 게으르다고 느끼고 싶진 않아요.

특히 우리 둘이 지낼 때 딸이 저를 자랑스러워하길 바랐습니다. 매일 더욱 열심히 살려고 했어요. 딸이 동기부여가 되었습니다. 임신중지를 했을 당시 딸은 세 살이었고 그 시간을 거의 기억하지 못하지만 그 자체로 멋진 존재였습니다. '일어나야 해, 계속해야 해.' 이렇게 제 뒤에서 계속 말하는 것 같았죠. 그건 딸을 위한 일이었고요.

모든 일에는 다 이유가 있다고 굳게 믿습니다. 앞으로 나아가고 새로운 관계를 맺고 결혼을 하기 위해서는 혼자 서는 방법을 알아야 할 것 같았어요. 하지만 가족이나 친구들에게 도움을 요청했으면 더 쉬웠을 거예요. 지나고 나니 보여요. 그러나 말했듯이 저는 똑같은 결정을 할 겁니다.

남편과 임신을 적극적으로 노력한 건 아니지만 그렇지 않은 것도 아니에요. 생각보다 빠르게 임신이 되었는데 운명 같아요. 완전히 준비된 때는 없어요. 타이밍이 좋았다고 생각해요. 제 삶은 이전보다 훨씬 안정되었습니다. 이 임신을 즐길 준비가 되었고요. 딸을 가졌을 때 기쁘지 않았다는 건 아니에요. 그러나 임신중지를 했을 때 저는 그걸 받아들일 방법이 없었죠. 축복이라기보다는 짐이었어요. 임신중지는 제 인생의 아주 작은 부분이지만 큰 요소이기도 합니다. 임신중지 이후 저는 스스로의 피임 상태를 확인했고 더 이상 실수를 하고 싶지 않았어요. 그런 상황에 다시 처하고 싶지 않았죠. 종교가 있지만 임신중지는 강간을 당하거나 실수를 한 사람을 위해 존재하는 것이라는 생각합니다.

실수는 한 번 하는 것이고 되풀이하지 않는 것이라고 생각합니다. 실수는 교훈을 주기도 하죠. 같은 실수를 반복한다면 그건 더 이상 실수가 아니라 습관이죠. 저는 그게 습관이 아님을 확인하고 싶어요. 그 일은 전환점이 되었습니다. 누구와 사귀는지, 누구를 내 경계 안에 들일 것인지, 누가 제게 영향을 미치도록 하는지 임신중지를 계기로 더욱 계산하게 되었어요. 그래서 임신중지는 제게 매우 결정적인 순간입니다.

종교적 가치에 관해 여전히 혼란스러운 지점이 있어요. 그건 심판의 날에 다뤄야 할 일이죠. 그 일이 용서받을 것이고 용서받을 수 있다고 생각해요. 임신중지 직후에 그 일에 대해 많이 생각했습니다. 평화를 찾은 후 앞으로 나아갔어요. 이전처럼 많이 생각하지는 않습니다. 사람들이 그 주제를 물어보면 개인적인 감정 없이 말해요. 그건 저를 잠시 멈춰 돌아보게 만들지만 마음에 항상 큰 짐이 되지는 않습니다.

임신중지를 하지 않았다면 침착함, 힘 같은 것들을 느끼지 못했을 거예요. 인생은 여전히 혼란했을 겁니다. 지금 남편을 만나 결혼하고 둘째를 갖는 일 또한 불가능했겠죠. 가끔 제가 겪어야 한 일을 겪는 사람들을 생각하면 슬퍼져요. 임신중지 자체뿐만 아니라 당시는 실제로 외로운 시간이었죠. 제 자신을 그런 일을 겪게 한 것이 아직도 가끔 화가 납니다. 제가 여전히 올바른 결정을 내렸고 그 결정이 가능했다는 사실에 안도합니다. 생명은 늘 소중하고, 선물 같아요. 임신중지가 제 관점을 바꾸지는 않았어요. 전에는 "어떻게 그런 짓을 할 수가 있어요?"라고 생각했다면 그 일을 경험한 다음에는 달라졌습니다. 그런 상황과 그런 상황에 있는 사람들을 이해하게 되었지만 인생관 자체를 바꾸진 않았죠.

나중에 아이를 하나 더 갖고 싶어요. 그런 일이 일어난다면 좋을 것 같습니다. '그런 일'이 일어나지 않는다면 그것도 좋겠죠. 개인적으로 지금 목표는 딸이 학교에 잘 다니며 적응하고 아들이 밤에 잘 자는 것입니다. 다른 아이를 갖지 않는다면 아들이 유치원에 다니게 된 후에 학사 학위를 마치기 위해 학교로 돌아가게 될 것 같아요. 우리가 다른 아이를 갖더라도 여전히 그러고 싶고요. 제가 하고 싶은 일이기 때문입니다. 하지만 아직 먼 미래의 일이죠.

제가 자라오면서 느낀 기쁨과 즐거움을 제 가족이 경험하길 바랍니다. 나이가 들면서도 저와 함께하고, 삶을 계속해서 나아가게 만들어주죠. 제가 보낸 멋진 어린 시절을 아이들에게 물려주고 싶어요. 제 아이들도 그걸 자신의 아이들에게 물려주고 그렇게 계속될 수 있을 테죠. 모든 건 거기서부터 시작됩니다.

키아라 · 켄터키 출신 · 흑인

임신중지 당시 26세 · 임신 13주에 임신중지

6

여성의 삶

1973년, 미국 대법원은 사생활에 관한 권리에 근거해 임신중지가 헌법상 권리임을 천명했다. 나는 변호사가 아니라 과학자라서, '사생활'이란 "10대들이 참견하기 좋아하는 이웃에게 자신의 임신 사실을 숨길 수 있다"라는 뜻 정도로 오랫동안 생각해왔다. 또는 남편의 가족에게 자신과 남편이 콘돔을 꾸준히 사용하지 않는다는 사실을 말할 필요가 없다는 정도의 의미로 이해했다. 알고 보니 법의 세계에서 사생활이란 그런 의미가 아니었다. 미국 헌법은 국가가 어떤 결정을 내릴 수 있는지, 시민의 영역으로 남아야 하는 부분은 어디인지에 대한 경계를 설정한다. 로 대 웨이드 판결에서 대법관 대부분은 재생산은 국가가 아닌 시민이 결정할 사적인 문제라고 결정했다. 재생산권은 기본권이다. 사생활은 정부의 개입에서 자유로울 것을 뜻한다.

재생산권이 사생활의 권리라는 주장은 현재까지 재생산권을 옹호하는 가장 성공적인 법적 논리다. 하지만 법률가들은 또 다른 매우 강력한 논거를 내놓았다. 모두가 법에 따라 동등하게 대우받아야 한다는 주장이다. 1992년 '플랜드 패런트후드 대 케이시 결정Planned Parenthood v. Casey'*은 '동등한 보호'를 명문화하진 않았지

---

* 여성에게 임신중지 제한에 대한 '과도한 부담'을 주어서는 안 된다고 결정한 연방대법원의 판결이다. 당시 연방대법원의 판사 대다수는 임신중지 제한이 태아의 생존 가능성(여성의 자궁 밖에서 살 수 있는) 전에 임신중지를 실질적으로 원하는 여성에게 장애물이 되어서는 안 된다고 결정했다.

만 다수 의견은 "여성이 국가의 경제와 사회에 동등하게 참여하려면 그들의 재생산 활동을 통제할 수 있어야 한다"라고 주장했다.[1]

　루스 베이더 긴즈버그 대법관은 1993년 법원에 입성하기 20년 전에 결정된 로 대 웨이드 판결을 오랫동안 비판했다. 그가 임신중지 합법화에 반대한다는 의미는 아니다. 대신 그는 법원의 결정을 '불완전한 정당성'이라고 부른 것을 문제 삼는다. 1984년 컬럼비아 특별재판구 연방항소법원의 판사였던 긴즈버그는 법대생들에게 강의를 했는데, 로 대 웨이드 판결에서 법원이 평등과 성차별에 중심에 두고 헌법적 주장을 펼쳤어야 한다고 말했다.[2] 《노스캐롤라이나 법률 리뷰North Carolina Law Review》에 실린 이 강의는 다음과 같이 적혔다. "하지만 이것은 단순히 태아의 이익과 여성의 이익 사이의 갈등이 아니며, 여성의 몸을 9개월 동안 국가가 통제할 것인지, 개인이 통제할 것인지의 문제도 아니다. 이것은 여성이 자신의 삶에 대한 자율성을 행사하는 것에 관한 문제다."

　이는 임신중지에 대한 접근권이 여성의 삶에 어떻게 영향을 미치는지에 대한 턴어웨이 연구의 가장 중요한 발견을 뒷받침해준다. 아직 준비가 안 되었거나, 여성이 학대받는 관계에 놓여 있거나, 아이를 키우느라 애쓰고 있을 때 임신하는 것은 한 사람의 삶의 방향에 큰 변화를 가져올 수 있다고 충분히 생각할 수 있다. 임신중지를 시도한 대부분의 여성(70퍼센트)은 15세에서 30세 사이이다. 이때는 학교에 가고, 일을 배우고, 커리어를 추구하고, 로

맨틱한 관계를 맺은 파트너에게 정착하고, 아이를 갖고, 새로운 삶을 꿈꾸며 스스로가 누구인지 묻는 시기다.

원하지 않은 임신이 아니라도 성인기의 초기는 이 책에 실린 여성들의 이야기에서 볼 수 있듯 중요한 도전의 시기다. 어떤 이는 남편이 감옥에 간 동안 아이를 키우고(제시카와 멜리사), 보다 밝고 자유로운 미래가 기다리고 있음에도 학대당하는 관계에 갇힌 듯한 느낌을 받으며(브렌다, 키아라, 니콜), 어려운 상황에 놓이기도 한다. 교통사고(제시카), 단핵증(마르티나), 심한 천식(니콜), 공부를 적극적으로 방해하는 남자친구(니콜, 소피아) 같이 대학을 졸업하기 어렵게 하는 문제들도 있다. 어떤 이들은 자기 앞에 어떤 기회가 놓일지 확신하지 못한 채 성인기를 막 시작하기도 했다(제이다, 소피아).

이 장은 임신중지를 하거나 거부당하는 것이 여성의 고용, 교육, 삶의 열망, 성취, 심지어 임신중지 합법화에 대한 그들의 태도에 어떤 영향을 미치는지를 다룬다. 여성들이 임신중지를 원하는 주된 이유는 그들이 처한 상황(가진 자원, 생활, 아이를 갖는 것에 대한 사회적 지원)과 그들의 삶(원하지 않은 임신을 유지할 경우 그들의 희망과 꿈이 좌절되는지에 관해)과 관련이 있음을 기억하라. 턴어웨이 연구에서 나타나는 임신중지를 한 여성과 거부당한 여성 사이의 가장 큰 차이는 이 장에서 찾아볼 수 있다. 임신중지를 거부당한 여성들은 더 가난해지고, 직장을 잃거나 수년간 다시 취업하지 못하고, 삶의 열망이 작아지고, 다른 목표가 없어지고, 충분한 음식과 주거, 교통비 없이 아이를 키우기 위해 고군분투한다.

우리는 임신중지를 한 여성들이 아리엘라Ariela처럼 꾸준히 일과 학업을 병행하며 미래를 계획한다는 사실을 발견했다. 심층 인터뷰에 참여한 31명의 여성들 중 한 명인 라틴계 19살의 아리엘라는 샌프란시스코에서 2분기에 임신중지를 했다. 쌍둥이를 임신한 그에게 임신중지는 고통스러운 결정이었다. 하지만 자신을 위해 옳은 것이기도 했다. 아리엘라는 그 시기에 출산을 했다면 중단되었을 여러 가지 큰 계획들이 있었다. 더욱 중요한 건 두 명은 고사하고 한 명도 키울 준비가 되지 않았다고 느낀 것이다. 아리엘라는 후에 연구팀에게 "저를 위해 두 명의 삶을 포기했어요. 제가 그들을 키울 수 없다는 것을 알았어요. 저는 교육을 받지 못했고, 그게 항상 동기부여가 돼요. 더 나은 직업을 가지기 위해 아이를 포기한 덕에 중간쯤 다닌 학교에 계속 갈 수 있었어요. 보다 나은 삶을 살기 위해서요. 전 잘하고 있어요"라고 말했다. 실제로 임신중지 후 아리엘라는 대학교를 졸업하고 준비가 되었다고 느꼈을 때 아이를 낳았으며 5년 후 로스쿨에 갈 계획을 세웠다.

임신중지를 거부당한 여성의 삶은 종종 우회로에 들어섰다. 심층 인터뷰에 참여한 또 다른 여성 아미나Amina는 16살에 아프리카에서 혼자 미국으로 이민을 왔다. 아미나는 자신의 위탁 가정이 "나쁘지 않았다"면서 몇 년 후 임신을 했을 때 가족의 지원이 없어서, 임신중지를 하기에 임신 주수가 너무 길어져서 임신중지를 할 수 없었다고 말했다. 게다가 이미 아이를 키우며 간신히 사는 중이었다. 아미나는 자신과 아이를 위해 임신중지를 택했지만 클리닉은 이를 거부했다. 2년 후, 아미나는 태어난 아이의 아빠와 헤어졌고 열심히 일하고 음식을 지원받으며 두 아이들과 겨우 먹고 살았다. 또 임신중지 클리닉에 갈 무렵에 아미나는 고등교육을 받고 싶었지만 이마저도 못했다. 아미나는 "무언가가 되기 위해 학교에 가고 싶었어요. 하지만 임신 때문에 그럴 수 없었죠"라고 말했다. 임신중지를 거부당한 것은 "학교 공부를 받을 수 없게 만들었고, 제 삶에 영향을 미쳤습니다"라고 말했다.

임신중지 여부에 따라 달라지는 꿈

6개월에 한 번 턴어웨이 연구 인터뷰 진행자들은 연구 참여자들에게 전화를 걸어 100가지 이상의 질문을 던졌다. 그중 몇 가지는 임신중지를 시도한 참여자가 처음 연구에 등록했을 때 하고 있던, 혹은 하려고 한 일에 관한 것이었다. 그러나 대부분의 질문은 그들의 삶이 어떻게 펼쳐지는지에 관한 내용이었다. 종합적인 질문은 30분에서 한 시간 이상 소요되었다. 마지막 질문은 항상 같았다. 정답이 없는 질문이다. "1년 뒤의 삶은 어떻게 달라질 것 같나요?", "5년 뒤 당신의 삶은 어떻게 달라질 것 같나요?"

이전의 연구들은 임신중지가 여성의 삶에 미치는 영향을 조사하기 위해 마치 고등학교 졸업과 같은 특정 기준으로 여성의 삶을 측정했다. 1980년대 후반 존스홉킨스대학교의 로리 자빈 Laurie Zabin박사가 이끈 유명한 연구가 있는데, 이 연구는 볼티모어의 아프리카계 미국인 10대 여성 400명을 대상으로 임신중지와 출산이 각각 고등학교 졸업 능력에 미치는 영향을 조사한 것이다. 임신 2년 후 임신중지를 선택한 10대 중 90퍼센트는 졸업했거나 학교에 여전히 남은 반면, 출산을 선택한 10대 중 69퍼센트만이 졸업했거나 학교에 남았다.[3] 턴어웨이 연구는 이것과는 좀 다른 방식을 택했다. 우리는 모든 여성의 성공을 같은 목표로 측정하는 대신, 여성들이 자신의 계획을 말하게 한 다음 그들이 하고자 한 일을 달성했는지 물었다. 임신한 여성 다섯 명 중 한 명이 임신중지를 원하는 주요한 이유로 임신 유지가 자신의 미래 계획을 방해하기 때문이라는 사실을 상기해보자. 다른 이유들, 즉 충분한 돈이 없고, 적절한 파트너가 없고, 아이를 가질 준비가 되지 않았다는 것 또한 꿈을 추구하기 더욱 어렵게 함을 암시한다.

우슈마 우파드헤이 박사는 임신중지가 1년간 삶의 계획을 달성하는 데 어떤 영향을 미치는지 조사했다.[4] 연구팀은 임신중지를 시도한 일주일 후, 연구 참여자들이 보고한 1년 계획 1304개를 연구했다. 우리는 각 응답을 희망("더 나은 직업을 가질 것이다"), 중립("아이들은 더 자랄 것이다"), 부정("나는 더 적은 돈을 벌 것이다") 등 '전망'에 따라 분류했다. 그 뒤 우리는 그들의 삶이 그들의 예상한 방식대로 변화했는지 알아보기 위해 1년 후 그들의 데이터와 비교했다.

임신중지를 원하는 여성은 다음 해에 많은 계획이 있었는데 여성 한 명당 평균 두 가지의 계획을 세웠다. 대부분의 계획 (80퍼센트)은 희망적인 종류의 것이었다. 이 책이 다루는 10명의 여성의 사례를 보면 이는 분명해 보인다. 에이미는 28살에 텍사스에서 임신중지를 했다. 에이미와 남편은 곧 집을 사고 딸을 사립 중학교에 보낼 계획이었다. 같은 해 애리조나에서 22살의 마르티나는 단핵증 때문에 한 학기를 다시 다녀야 했다. 마르티나는 2년 안에 학교를 마칠 목표가 있었다. "제 목표는 대학교 졸업입니다." 루이지애나의 23살 제시카는 필사적으로 임신중지를 한 후 남편에게 이혼 소송을 제기할 참이었다.

17퍼센트의 계획은 중립적인 것이다. 텍사스 서부의 임신중지 클리닉들에서는 카밀라에게 임신중지를 하기에는 이미 임신 주수가 너무 길다고 말했다. 그들은 앨버커키에서 시도해볼 수 있다고 말했지만, 카밀라는 아이를 낳기로 결정했고 우리 연구팀에게 "이게 제 새로운 삶이며 지금 일어나는 일이에요"라고 긍정적이거나 부정적인 계획이 아닌 사실적인 전망을 전달했다.

1년의 전망을 말한 여성들 중 2퍼센트만이 부정적으로 답했다. 임신중지를 거부당한 참여자 중에서는 다소 흔했다(임신중지를 거부당한 여성은 8퍼센트이고 임신중지를 한 사람은 1퍼센트). 예를 들어 24세의 브렌다는 캘리포니아에서 임신중지를 시도했을 때 임신 주수가 이미 길어진 상태였고 폭력적인 파트너와 헤어지지 못하고 있었다. "전 돈도 없고 취직도 못할 것 같아요. 임신 4개월이나 5개월 된 여성을 취직시키진 않을 거잖아요. 사람들은 그런 일을 하지 않아요. 그래서 그 남자의 수입에 의존할 수밖에 없어요. 이게 진짜 나쁜 일이죠"라고 말했다.

임신중지를 거부당한 여성은 임신중지를 한 여성보다 희망적인 계획을 할 가능성이 훨씬 낮았다(86퍼센트 대 56퍼센트). 즉 여성이 임신중지를 원할 때 이를 거부하는 건 그들의 향후 계획을 축소하는 반면, 원하는 대로 임신중지를 할 경우 다음 해를 위한 더 희망찬 계획을 세우도록 돕는다. 또한 턴어웨이 연구는 계획의 성격이 임신중지 여부에 따라 달라진다는 것도 발견했다. 임신중지를 거부당한 여성은 "아이들에게 좋은 삶을 선물하자"와 같이 아이와 관련된 계획을 말할 확률이 높았고, 새로운 직장이나 결혼을 말하는 경우는 적었다. 여성은 자신이 임신중지를 원했지만 거부당하게 되면 아이와 관련 없는 계획을 급격히 축소한다. 그림 6은 턴어웨이 연구에 참여한 여성들의 계획 및 열망의 유형을 보여준다.

그림 6   임신중지 시도 당시 1년 계획

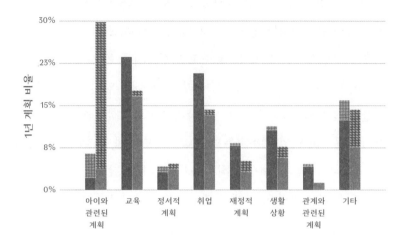

출처   Upadhyay UD, Biggs MA, Foster DG. The effect of abor- tion on having and achieving aspirational one-year plans. *BMC Womens Health*. 2015;11(1):102.

■ 임신중지 함-긍정적 계획
▦ 임신중지 함-부정적/중립적 계획
■ 임신중지를 거부당함-긍정적 계획
▦ 임신중지를 거부당함-부정적/중립적 계획

1년 뒤 희망적인 계획을 달성한 사람들은 어떤 여성들인가? 1000개 이상의 희망적인 계획 중 87퍼센트는 우리가 연구를 통해 수집한 데이터로 측정했다. 이는 돈을 더 벌거나 학교에 다니거나 전업으로 일을 하거나 이사를 하거나 살 곳을 찾는 등 구체적이고 특정한 계획들이었다. 그것들 중 측정 가능한 내용을 살펴보

면 거의 절반의 여성(47퍼센트)은 1년의 목표를 달성했다. 아이와 관련된 계획(87퍼센트), 재정 계획(73퍼센트)이 달성률이 가장 높았고, 교육 계획(31퍼센트), 관계와 관련된 계획(18퍼센트)의 달성률이 가장 낮았다. 임신중지를 했는지 혹은 거부당했는지 여부와 희망적인 계획의 달성도에는 차이가 없었다. 그러나 임신중지를 거부당한 여성들은 희망적인 계획을 세울 가능성이 낮았기 때문에 그것을 성취할 가능성 또한 낮다고 볼 수 있다. 임신중지를 한 여성(48퍼센트)은 거부당한 여성(30퍼센트)보다 희망적인 계획을 세우고 성취할 가능성 모두 높았다.

이 자료는 우리에게 무엇을 말해주는가? 여성이 임신중지를 시도하는 시기는 삶의 목표를 세우고 주된 결정을 내리는 때라는 사실이다. 마르티나처럼 여성은 미래에 대한 큰 계획이 있고 삶을 보다 낫게 할 것을 결심한다. 마르티나는 2년 만에 대학교를 졸업하면서 자신과의 약속을 지켰다. 누구에게도 의지하지 않고 학위를 받은 그는 자신의 일, 보다 나은 삶을 위해 애리조나를 떠났는데 두 가지 목표 모두 그가 몇 년간 집중한 영역이다. 임신중지를 거부당한 여성은 아이가 자신의 삶의 방향에 영향을 미칠 것을 깨닫고 경력과 재정적 상황에 대한 기대를 축소하는 경향이 있다. 원하지 않은 임신 및 출산을 한 여성은 이 일이 그들의 다른 성취를 제한하리라는 걸 안다. 심층 인터뷰에 참여한 미주리 출신의 백인 여성 수는 25살에 아이를 가졌고 다시 임신했음을 깨달았을 때 패닉에 빠졌다. 수와 파트너는 임신중지를 선택했다. 두 아이를 동시에 경제적으로 부양하는 건 어렵다고 생각했기 때문이다. 그리고 수는 계획이 있었다. 첫째 아이 때문에 대학교를 그만둬야 했기 때문에 다시 학교로 돌아가 학위를 받을 생각이었다. 그러나 일리노이에서 임신중지를 하기에 임신 주수가 너무 많이 지났다는 것을 알게 되고, 후에 그의 아이들이 자폐증을 앓는다는 걸 발견했을 때 결국 진로를 바꾸었고 아이들과 함께할 수 있는 직업을 선택했다. 그는 "학교로 돌아가고 싶지만 하루에 몇 시간이나 공부할 수 있을지 모르겠어요"라고 말하며 자신의 꿈을 보류했다. "나중에 공부하거나 한 번에 한 수업만 들어야 할 것 같은데 어쨌든 학교로 돌아가 학위를 따고 싶어요. 하지만 그런 일은 일어날 수도, 안 일어날 수도 있겠죠."

임신중지에 대한 도덕적·법적 관점

임신중지를 했는지, 혹은 거부당했는지에 따라 여성의 삶이 어떻게 달라지는지를 살펴보기 전에, 임신중지 경험이 비슷한 상황에 처한 이들이 임신중지 시술에 접근할 수 있어야 하는지에 대한 여성들의 관점을 변화시켰는지 우선 살펴보자. 턴어웨이 연구에서 우리는 임신중지 합법성에 대한 연구 참여자의 태도가 다른 일반 사람에 비해 더욱 호의적임을 발견했다. "임신중지가 도덕적으로 잘못된 일이라고 생각하나요?"; "임신중지에 대한 당신의 정치적 견해를 어떻게 표현할 수 있나요?"; "여성은 임신중지를 할 권리가 있거나 강간 또는 근친상간에 한해서 임신중지를 할 권리가 있다고 생각하시나요?" 오직 3퍼센트의 여성만이 어떤 상황에서든 임신중지 권리는 보장되지 않아야 한다고 답했다. 이 수치는 일반 대중의 15퍼센트에서 20퍼센트가 이런 견해를 보이는 것에 비해 훨씬 낮은 수치다.[5] 하지만 임신중지의 도덕성에 여전히 양가적인 지점이 많다는 것은 흥미롭다. 케이티 우드러프Katie Woodruff 박사는 임신중지를 시도하고 6개월 후 거의 모든 여성이 임신중지의 합법성을 모든 상황에서 지지하거나(80퍼센트), 일부 상황에서 지지했지만(18퍼센트), 도덕성에 관해서 20퍼센트는 도덕적으로 잘못된 행동이라고 답했다.[6] 가장 최근의 여론조사에서 미국인의 47퍼센트가 임신중지는 도덕적으로 잘못되었다고 답한 수치보다는 여전히 낮았다.[7]

임신중지를 거부당한 여성은 임신중지를 한 여성보다 임신중지 권리에 대한 지지도가 낮아졌다고 답했다(21퍼센트 대 9퍼센트). 반면 임신중지를 한 여성은 임신중지를 거부당한 여성에 비해 임신중지에 대한 지지도가 높아졌다고 답했다(33퍼센트 대 6퍼센트). 하지만 4년 6개월 후 같은 질문을 던졌을 때 임신중지를 거부당한 여성의 95퍼센트가 임신중지에 대한 여성의 법적 권리를 지지했다. 임신중지를 한 여성과 거부당한 여성 중 많은 이가 같은 상황에 처한 다른 여성들에게 좀 더 공감하게 되었다고 답했다. 앞서 살펴본 키아라는 2분기에 임신중지를 하고 5년 뒤, "저는 생명이 늘 소중하다고 느껴왔고 선물이라고 생각했어요. 임신중지가 제 관점을 바꾸지는 않았죠. 그런 상황을 겪는 이들을 좀 더 이해하게 되었어요"라고 말했다. 아리엘라 역시 임신중지를 하고 5년 뒤 비슷한 생각을 말했다. "임신중지에 대한 생각이 바뀌었어요. 처음에는 강간당한 여성을 제외한 임신중지는 허용되어서는 안 된다고 생각했어요. 그러나 제가 임신중지를 하는 많은 소녀들과 그곳에 있었을 때 저는 여성이 왜 임신중지를 하는지 이해했어요. 그들이 원해서가 아니라 때로는 그래야 하기 때문이에요. 아이와 함께 살 수 없기 때문에 더 나은 삶을 택하는 거죠."

흥미롭게도 임신중지의 도덕성에 관한 태도는 인종과 민족에 따라 다른 결과가 나타나는 몇 안 되는 영역 중 하나다. 임신중지를 한 라틴계 여성들은 다른 여성들보다 임신중지가 올바른 결정이었다고 말할 확률이 낮았다.[8] 마찬가지로 임신중지를 한 라틴계 여성들은 후회를 포함한 부정적인 감정을 경험할 가능성이 다소 높았고 임신중지에 반대할 가능성도 비교적 높았다. 아프리카계 미국인 여성들은 백인 여성들보다 임신중지에 관한 공동체의 낙인을 경험할 가능성이 낮았지만, 임신중지는 잘못된 일이라 생각하면서 임신중지 권리에 반대할 가능성이 더 높았다.[9] 하지만 임신중지에 대한 감정 및 낙인에 대한 인종이나 민족적 차이로 여성 개개인의 임신중지 경험을 모두 설명할 수는 없다.

경제적 어려움

이 장의 끝에서 멜리사가 등장한다. 여기서 주목할 지점은 2010년에 조지아에 사는 26세 여성인 멜리사가 임신했을 때, 멜리사는 실직 상태였고 우울했으며 홀로 필사적으로 네 명의 아이들을 키우는 중이었다는 사실이다. 그의 남편은 감옥에 있었는데, 멜리사는 그가 출소했을 때 그에게 양육비를 받고 싶지 않아서 공적 지원을 신청하지 않았다. 그래서 멜리사는 쉴 새 없이 무료 급식소를 전전하며 지냈다. 멜리사는 임신중지를 한 후 안도했다. 그런 상황에서 다섯 째 아이를 키우는 것은 상상할 수 없었다.

임신중지를 하는 가장 흔한 이유 중 하나는 아이를 키울 충분한 돈이 없는 것이다. 경제적 어려움은 임신중지의 주된 이유 중 하나일 수 있다. 어느 쪽이든 미국에서 아이를 키우는 데 드는 많은 비용을 감안할 때 충분한 돈이 없다는 이유는 이해할 만하다. 임신중지를 원하는 대부분의 여성은 이미 경제적인 어려움을 겪고 있다. 우리 연구에서 임신중지를 원하는 여성의 절반 이상이 멜리사와 마찬가지로 임신중지를 시도할 당시 빈곤선 이하의 삶을 살며, 이는 미국에서 임신중지를 하는 여성들 사이의 빈곤율에 대한 국가적 수치와 일치한다.[10] 4분의 3은 음식, 주거, 교통비 등 기본 생활비가 충분하지 않다고 답했다. 1장에 나온 에이미처럼 초기 임신중지를 시도한 여성들은 빈곤할 가능성이 적었다. 시술자를 찾고 수술비를 지불하는 등 모든 것을 빨리 처리하기 편하기 때문이다. 아이를 키우기에 충분한 돈이 없다는 것은 임신중지를 위한 비용도 부족함을 뜻한다. 멜리사는 "처음엔 패닉 상태였고 그 다음엔 임신중지를 할 돈이 없어서 우울한 상태였죠"라고 말했다. 결국 멜리사의 친구가 그를 도왔다. 하지만 이런 절망적인 상황에 놓인 여성들이 모두 운이 좋은 건 아니다. 또 2장에서 봤듯이 임신중지가 지연되는 이유 중 하나는 임신중지를 위한 비용을 마련하는 데 시간이 걸리기 때문이다. 이런 지연은 임신중지 시술을 더 비싸게 받을 수밖에 없게 만들며 더 많은 돈을 모으기 위해 시간이 더욱 늦어지는 악순환에 빠진다. 결국 임신중지 가능 기한을 초과해 임신중지를 거부당할 수도 있다.

우리는 턴어웨이 연구에서 여성의 신체적 건강이든 정신적 건강이든 경제적 안정 상태이든, 새로운 분석을 시도할 때마다, 임신중지를 거부당한 여성들이 임신중지를 할 수 있었던 여성들과 출발 지점에서는 비슷한지를 체크하고 시작했다. 나는 경제적 결과에 대한 분석을 주도했고 즉각적으로 이 두 집단이 초기부터 다른 수준에 놓여 있음을 발견했다. 임신중지를 거부당한 여성일수록, 클리닉 방문 일주일 이후 이루어진 첫 인터뷰에서 '현재 실직 상태'라고 응답할 확률이 더 높았다. 임신중지를 한 여성은 45퍼센트임에 반해 임신중지를 거부당한 여성은 60퍼센트가 실직 상태였다. 그들은 성인 가족과 살 확률도 높았다(49퍼센트 대 36퍼센트).[11] 이런 차이 중 일부는 임신중지를 거부당하고 일주일 후에 측정한 것이기 때문에 아이를 낳기 위해 부모와 살게 되어서 나온 수치일 수도 있다. 하지만 두 그룹의 기준 측정에서 서로 차이가 나는 것처럼 보였기 때문에 시간이 지남에 따라 어떻게 변화하는지 지켜봐야 했다. 임신중지를 한 여성과 거부당한 여성 사이에 시간이 지남에 따른 차이가 우리가 예상한 것보다 더 큰지 판단이 필요했다. UCSF의 생물통계학 교수인 마리아 글리무어Maria Glymour의 도움을 받아 가구 구성, 고용, 소득, 공적 지원, 소득 적정성 등의 변화를 측정했다.[12]

임신중지를 거부당하고 아이를 낳으면 가구 구성원이 한 명 더 늘어나는데, 이는 4장에서 보고한 바와 같이 아이를 입양 보내기로 결정하는 여성이 거의 없기 때문이다. 예상과는 달리 8장에서 볼 수 있듯 출산은 임신을 함께한 남성 파트너와 살 확률을 크게 높이지는 않는다. 임신중지를 거부당한 여성은 단기적으로 다른 성인 가족과 함께 살 가능성이 더 높다. 시간이 지남에 따라 임신중지를 거부당한 여성은 점차 남성과의 관계에서 벗어나고, 다른 가족 구성원과 떨어져 살게 된다. 그리고 5년이 지나면 임신중지를 한 여성보다 거부당한 여성이 혼자 아이를 키울 가능성이 더 높은 것으로 나타났다(47퍼센트 대 39퍼센트). 이 자료를 통해 볼 수 있는 것은 아이를 키우는 부담이 파트너와 공유되거나 다른 가족의 지원으로 경감되기보다는 종종 여성에게만 전가된다는 사실이다.

임신중지를 한 여성들 가운데 정규직 취업률은 임신중지 당시 40퍼센트에서 5년 뒤 50퍼센트로 서서히 높아졌다. 임신중지를 거부당한 여성 중 거부당한 시점으로부터 6개월 째에 정규직으로 일하고 있는 여성은 30퍼센트에 불과했다. 이 수치가 낮아 보이는가? 그렇지 않다. 그들은 최근에 출산했다는 사실을 기억해야 한다. 출산 당시 일을 그만둔 여성 중 일부는 비자발적인 퇴사를 했다. 미주리 출신의 25세 여성이자 임신중지를 거부당한 수는 "출산 휴가를 떠나기 일주일 전에 해고를 당했고 그건 충격적이었어요. 임신 8개월이었기 때문이에요. 그리고 지금은 실직 상태죠. 정말 힘들었어요. 아이가 6개월이 될 때까지 일터로 돌아가지 못한 것 같아요"라고 말했다.

임신중지를 거부당하고 출산을 한 여성이 임신중지 가능 기한 직전에 임신중지를 한 여성의 고용률을 따라잡는 데 4년이 걸렸다. 불안정한 고용 상태는 여성과 가족의 경제적 환경에 상당

한 영향을 미칠 수 있다. 미네소타의 23세 백인 여성 올리비아Olivia
에게는 확실히 그랬다. 올리비아는 8개월 된 아이를 키우기 위해
대학교를 중퇴했다. 다시 임신했을 때 그는 판매 사업의 매니저로
일하던 중이었는데, 새로운 아이가 태어나면 자신의 전문적인 커
리어를 얻을 수 없을 것이라고 생각해 임신중지를 했다. 올리비아
는 "사장님과 10년 동안 일했어요. 제 일에서 성공하기 위해서요.
아이가 한 명이어서 시간을 융통성 있게 쓸 수 있었어요. 저는 다
른 주에 있는 사람들에게 무언가를 가르치는 일을 했고, 꽤 잘나갔
죠"라고 말했다. 올리비아와 파트너는 임신중지 후 몇 년 뒤 경제
적으로, 정서적으로 둘째를 가질 준비가 되었다고 생각했다. 그들
은 집을 살 계획을 세웠고 계약금을 지불할 여력이 있었으며 거액
의 주택 담보 대출도 받지 않았다. "타이밍이 완벽했어요. 우리에
게는 돈이 있었기 때문이에요. 이전에는 한 푼도 없었죠"라고 말
했다.

　　실직으로 인한 빈곤에서 벗어나기 위해 임신중지를 거부당
한 여성들은 공적 지원을 받는다. 임신중지를 거부당한 여성 여섯
명 중 한 명(15퍼센트)이 지원을 받는데 이는 임신중지를 한 여성
12명 중 한 명(8퍼센트)이 지원을 받는 것과 대조적이며 이 차이
는 5년 뒤까지 이어졌다. 푸드 스탬프* 이용도도 임신중지를 거부

---

* 　저소득층에 식품 구입용 바우처나 전자 카드를 제공하는 미국의 식비지원제도.

당한 여성들 사이에서 더 높았다(44퍼센트 대 33퍼센트). 임신중지를 한 여성의 8퍼센트 가량이 여성과 아이들을 위한 특별 영양 지원 프로그램WIC을 이용한 것에 비해 임신중지를 거부당한 여성들의 절반가량이 이를 이용했다. 수는 임신 중에 WIC를 이용했는데 이 프로그램 덕분에 의사의 권고를 들었고 아이의 자폐증을 빨리 발견하는 데 도움이 되었다고 말했다. 1년이 지나자 임신중지를 한 여성과 거부당한 여성 사이의 WIC 사용에는 거의 차이가 없었다. WIC 이용은 출산 후 짧은 기간 동안만 제공되기 때문에, 그것이 반영된 듯하다.

임신 전과 후의 가계 총소득 또는 개인 소득은 임신중지를 한 여성과 거부당한 여성 사이에 큰 차이가 없다. 이는 공적 지원을 통해 실직으로 인한 빈곤이 나아졌음을 의미할 수도 있지만 임신중지를 거부당한 여성은 같은 소득으로 더 많은 가족을 감당해야 하기 때문에 단순히 비교하기는 어렵다. 자신에게 쓰기도 부족한 소득에 아이에게 들어갈 비용이 추가되는 것을 상상해보라. 기저귀, 옷, 가구, 장난감, 분유나 유축기(특히 당신이 빨리 직장에 복귀한다면) 같은 것들 말이다. 임신중지를 원했지만 거부당한 결과 여성들은 빈곤해질 확률이 더 높았다. 임신을 끝내거나 출산을 하고 6개월 후 임신중지를 거부당한 여성의 61퍼센트가 빈곤선 이하에 살았는데, 이는 임신중지를 한 여성의 45퍼센트가 빈곤선 이하인 것과 대조적이다. 그림 7을 보라. 그들은 향후 4년간 가난할 가능성이 더 높다. 임신중지를 시도한 지 6개월 후부터 5년간 모든 인터뷰에서 임신중지를 거부당한 여성이 임신중지를 한 여성보다 음식, 주거, 교통비 등 기본 생활비를 충당할 돈이 부족하다고 보고할 가능성이 더 높았다.

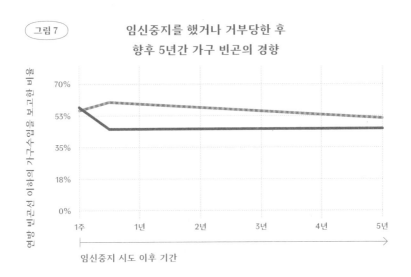

그림 7

임신중지를 했거나 거부당한 후 향후 5년간 가구 빈곤의 경향

임신중지 가능 기한 직전에 임신중지

임신중지 거부당한 후 출산

출처 Foster DG, Biggs MA, Ralph L, Gerdts C, Roberts S, Glymour MM. Socioeconomic outcomes of women who receive and women who are denied wanted abortions in the United States. *Am J Public Health*. 2018; Mar;108(3):407-413.

사회경제적 경향을 살펴보면, 기준점에서의 차이를 감안하더라도 임신중지를 거부당한 여성은 임신중지를 한 여성에 비해 더욱 어려운 조건에 처해 있음을 알 수 있다. 여성이 정규직 직장에 복귀하고 아이들이 학교에 입학함에 따라 빈곤과 고용률 같은 경제적 지표의 차이는 5년 동안 점차 줄어든다. 하지만 다음에 살펴보겠지만 이런 결핍의 기간은 오랫동안 영향을 미칠 수도 있다. 원하지 않은 임신에 대한 임신중지를 금지하는 정책은 수년 동안 여성의 경제적 어려움을 지속하는 결과를 가져온다.

부채, 신용, 기회

2018년 초 《미국 공중보건 저널》에 임신중지를 하거나 거부당하는 것이 여성의 고용, 소득, 빈곤에 미치는 영향에 관한 내 논문이 실린 직후 나는 일면식이 없던 미시건대학교의 경제학자 세라 밀러Sarah Miller 박사에게 이메일을 받았다. 그는 논문을 읽고 번뜩이는 아이디어를 내놨다. 밀러는 우리가 턴어웨이 연구 자료에 신용 보고서를 포함하길 제안했다. 내 논문에 실린 경제적 결과 지표는 여성이 스스로 평가한 경제적 안정도였지만 신용 보고서는 객관적인 척도다. 신용 보고서는 개인의 신용에 대한 상세한 자료로 채무

잔고, 상환 이력, 파산 여부, 채무 불이행 빈도 등을 포함한다. 이 보고서는 신용 기관이 작성한 것으로 이 여성이 방금 출산을 했는지, 가족 부양에 대해 어떻게 느끼는지는 알 수 없다. 신용 보고서의 데이터는 신용 점수로 분류되어 여성의 미래의 경제적 기회, 예를 들어 아파트 임대, 주택 담보 대출, 사업 대출 등에 영향을 미친다.

신용 보고서의 장점 중 하나는 여성들의 임신 이전 자료를 확보할 수 있고, 전화 인터뷰에 참여하지 않는 여성들의 5년간의 행보를 따라갈 수 있다는 점이다. 유일한 단점은 모든 여성이 신용 기록을 가지고 있지는 않다는 것이다. 보통 신용카드를 처음 만들 때나 본인의 이름으로 청구서를 받을 때 신용 기관의 기록이 나타나게 된다.

우리는 연구에 참여한 여성의 신원을 보호하기 위해 복잡한 절차를 거쳐 연구에 포함된 피험자를 넣은 무작위 5만 명의 데이터를 요청했다. 나는 각 여성에게 고유의 아이디 번호를 지정했고 어느 아이디가 우리 연구에 참여하는 사람의 것인지 기록했다. 신용 기관은 새로운 아이디 번호에 따른 신용 정보를 우리에게 보내줬다. 나는 밀러 박사에게 이름이나 개인 식별 정보를 뺀 여성 5만 명의 자료를 보냈고 그중 어떤 것이 우리 연구에 참여한 여성의 것인지, 어떤 것이 임신중지를 한 여성의 자료인지, 임신중지를 거부당한 여성의 자료인지를 알려줬다. 20세 이상 여성 다섯 명 중 네 명은 턴어웨이 연구에 참여하기 전에 신용 기록이 있었다. 밀러 박사는 분석을 돕기 위해 UCLA의 경제학자 로라 웨리Laura Wherry 박사를 초청했다. 그들은 임신중지를 한 여성과 거부당한 여성이 임신 및 연구 참여 전 3년간 매우 유사한 기록을 갖고 있음을 발견했다. 중요한 지점이다. 턴어웨이 연구의 힘은 기준점에서 서로 유사한 조건의 여성들이 임신중지 여부로 어떻게 다른 결과로 향하는지 비교하는 데에서 나오기 때문이다. 이 장에서 언급한 바와 같이 임신중지를 하거나 거부당한 지 일주일 후 서로 다른 결과를 보이는 영역은 고용이다. 임신 전 몇 년간에 대한 객관적 자료는 두 집단이 기준점에서 비슷한 경제적 상태에 놓였음을 보여준다.

　　밀러와 웨리 박사는 신용 보고서 자료를 파산, 낮은 신용 점수, 채무 불이행과 같은 경제적 어려움을 보여주는 지표와 높은 신용 점수 및 높은 신용 한도 등 경제적 기회를 보여주는 지표로 나눴다. 그들은 임신중지를 거부당하는 것이 임신 전에 비해 평균적으로 1750달러의 연체료를 증가시키는 것을 발견했는데 이는 78퍼센트가 증가한 수치다. 반면 임신중지를 한 여성은 임신중지 이후 5년간 연체료 수치에는 큰 변동이 없었다. 임신중지를 거부당한 여성들 사이에서 퇴거, 파산, 미납에 대한 법원 판결 등 매우 나쁜 경제적 상황 등의 발생률이 81퍼센트 증가했다. 신용 및 경제적 상황의 차이는 원하지 않은 임신 이후 몇 년간 지속되었다. 두 집단의 평균 신용 점수 경향은 그림 8을 참고하라. 임신중지를 거부당한 경우 출산 직후 경제적 상황이 나빠졌으며, 향후 5년간 임신중지를

그림 8

원하지 않은 임신 전과 후의 신용 점수 경향

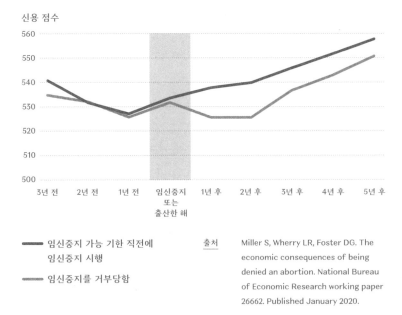

신용 점수

560
550
540
530
520
510
500

3년 전　2년 전　1년 전　임신중지　1년 후　2년 후　3년 후　4년 후　5년 후
또는
출산한 해

━━ 임신중지 가능 기한 직전에
　　임신중지 시행

━━ 임신중지를 거부당함

출처　Miller S, Wherry LR, Foster DG. The
economic consequences of being
denied an abortion. National Bureau
of Economic Research working paper
26662. Published January 2020.

한 여성을 따라잡지 못하는 현실을 살펴볼 수 있다.[13]

경제적 상황에 대한 객관적인 보고서를 사용하면, 임신중지를 원했지만 임신중지를 하지 못한 여성이 임신중지를 한 여성에 비해서 경제적 어려움이 급격히 증가함을 볼 수 있다. 이 격차는 향후 5년간 지속된다. 높은 신용 점수, 주택 담보 대출, 신용 대출 한도 등 경제적 기회에서는 이 두 그룹 모두 비교적 낮은 수치를 보였지만, 경제적 어려움의 지표에서 본 것과 같은 격차를 발견하지 못했다. 이 자료는 임신중지가 여성의 경제적 기회를 증가시키지는

못하지만, 그들이 흔히 경험하는 파산이나 채무 불이행 등 최악의
경제적 상황을 예방한다는 결과를 보여준다.

교육적 성취

역학자인 로런 랠프 박사는 특히 어린 나이에 임신중지를 하
거나 출산을 하는 것이 10대 및 청년의 삶에 어떤 영향을 미치는지
에 관심이 있다. 10대나 20대 초반에 아이를 갖는 것이 교육적 성취
나 평생의 수입에 어떤 영향을 미치는지에 대한 연구 결과는 아직
없다. 10대 엄마들은 고등학교 졸업, 높은 수입 등 특정 지표들에서
더 나쁜 결과를 보여준다. 하지만 어린 엄마가 된다고 해서 꼭 빈곤
하거나 학교를 중퇴하는 건 아니다. 다른 기회를 가질 가능성이 적
은 여성들 사이에서 어린 나이에 엄마 되기를 선택할 확률이 더 높
을 수 있다.[14] 턴어웨이 연구에서 우리는 원하지 않은 임신이 출산
으로 이어지는 경우와 임신중지를 하는 경우에 교육적 성취가 어떻
게 달라지는지 규명할 수 있을 것 같았다. 연구에 참여한 모든 여성
은 임신중지 클리닉에 온 여성이고, 원하지 않던 임신을 한, 임신을
유지하지 않길 원했던 여성이기 때문이다.

턴어웨이 연구에 등록할 당시에는 임신중지 시도 여부와 관

계없이 모든 연구 참여자 중 3분의 1이 학생이었다. 임신중지를 거부당한 학생들 중 40퍼센트가 고등학생이었고 나머지는 대학생 이상이었는데, 임신중지를 한 여성은 24퍼센트가 고등학생, 나머지는 대학생 이상이었다. 이는 임신중지를 거부당한 여성과 임신중지를 한 여성 사이의 평균 연령 차이 때문일 수도 있다. 임신중지를 거부당한 여성은 평균 1.5세 어렸다. 턴어웨이 연구를 통해 5년간 지켜본 각 여성들 중 학교에 다닌 연구 참여자의 3분의 1이 졸업했고(34퍼센트), 3분의 1이 조금 넘는 수가 학교를 중퇴했다(38퍼센트). 놀랍게도 임신중지 여부에 따른 졸업 및 중퇴 여부의 차이는 없었다. 졸업생 사이에서 임신중지를 원했으나 거부당한 경우 중 고등교육 이상(대학 또는 기술학교)을 마칠 확률이 임신중지를 한 사람보다 낮았다(72퍼센트 대 27퍼센트). 하지만 이들은 애초부터 고등교육 이상을 추구할 가능성이 적기도 했다. 우리는 임신중지와 출산이 여성의 졸업이나 중퇴 여부와 큰 연관이 없음을 발견했다. 이는 부분적으로 임신중지를 시도하는 시점의 교육 성취 목표의 차이로 설명된다. 다시 말해 임신중지를 한 여성과 거부당한 여성 모두 그들의 교육적 목표를 성취할 가능성이 비슷하지만, 애초에 설정한 목표 지점의 차이로 임신중지를 한 여성보다 거부당한 여성이 연구 기간 동안 보다 낮은 학위를 받을 가능성이 높았다.[15]

　　졸업률의 차이가 없다는 사실은 놀랍다. 나는 학교가 여성들이 임신 및 육아와 학업을 병행할 수 있도록 돌봄, 유연한 스케

줄, 수유를 지원하는 등 애를 쓰는 것으로 이해하고 싶다. 임신한 소녀는 다른 친구들의 임신을 부추길 수 있다는 이유로 학교를 떠나야 했던 때가 있었다. 최근의 연방 및 주 차원의 법은 학교가 임신한 학생 및 직원을 차별하는 것을 방지하고 수유 시설 등을 지원한다.[16] 임신한 여성이 학교에 남을 수 있도록 다양한 지원 체계가 마련되었음에도 불구하고 그런 효과적인 조치가 아직 널리 퍼지진 않았다.[17] 지난 몇 년 동안 자금 부족을 이유로 많은 프로그램이 폐지되기도 했다.[18] 학업 단계에 따라 더 많은 연구 참여자들을 모집한다면 임신중지를 한 여성과 거부당한 여성 사이의 졸업률의 차이를 발견할 수도 있을 것이다. 하지만 턴어웨이 연구에서 이를 진행하지는 않았다.

5년 계획

각 조사가 끝날 때마다 우리는 여성들에게 1년, 5년 후의 삶을 상상해보라고 요청했다. 네브래스카대학교의 박사과정 학생이던 몰리 매카시Molly McCarthy 박사는 공중보건 박사 학위를 위한 논문에 턴어웨이 연구 자료를 사용해도 되는지 물었다. 나는 그에게 누가 임신중지를 했고 누가 거부당했는지 알 수 없도록 익명으로 처리된 자료들 중 기준점에서 5년 계획에 대한 열린 질문의 응답 자료를 전달했다. 매카시 박사는 계획의 유형과 그 계획이 희망적인지 여부에 따라 분류했다. 그 뒤 매카시 박사는 여성들의 응답을 이용해 거의 2000개의 5년 계획이 실제로 달성되었는지 측정할 방법을 찾아냈다.

1864개의 계획이 수집되었는데 그중 대다수는 희망적인 계획이다(91퍼센트). 이는 응답된 1년 계획의 80퍼센트가 희망적이었던 우파드헤이 박사의 결과보다 훨씬 높은 수치이다. 단기적으로는 어려움이 있을 것이라 답변했지만 5년째는 희망적일 것이라 기대했던 여성들은 실제로 긍정적인 변화들을 달성할 것이다. 긍정적 기대는 광범위했다. 희망적인 계획의 18퍼센트는 고용과 관련이 있었다. 16퍼센트는 아이들, 15퍼센트는 교육적 성취, 12퍼센트는 연인 관계, 11퍼센트는 생활, 또 다른 11퍼센트는 행복 등 감정적인 상태와 관련되어 있었다. 7퍼센트는 경제적 안녕, 나머지 10퍼센트는 그 외의 영역에 관한 것이었다. 매카시 박사가 5년 계획 전체 자료를 비교해보니 5년 계획(교육, 고용, 자녀, 관계 등)에 임신중지 여부는 관계가 없었다. 예를 들어 임신중지를 한 올리비아는 식당을 연다는 장기적인 목표가 있었고 임신중지를 하지 않은 타마라Tamara는 비영리 학교 설립을 꿈꿨다.

여성들의 1년 계획에 대한 분석에서 우리는 임신중지를 거부당한 여성이 임신중지를 한 여성보다 미래에 대해 덜 낙관적이라는 사실을 발견했다. 그러나 1년이 아닌 5년 계획을 살펴보면 임신중지를 한 여성과 거부당한 여성 사이의 차이는 크지 않았다. 5년 계획에서 임신중지를 거부당한 여성의 83퍼센트가 희망적인 계획을 말할 때 임신중지 가능 기한 직전에 임신중지를 한 여성의 91퍼센트, 1분기에 임신중지를 한 여성의 93퍼센트가 희망적인 계획을 말했다. 이에 비해 1년 계획에서 임신중지 가능 기한 직전과 직후의 여성 각각 56퍼센트, 86퍼센트가 희망적인 계획을 말했음을 상기해보라. 우리는 희망적 5년 계획을 응답했던 답변들 중 85퍼센트에서 실제로 그 계획이 달성되었는지를 추적할 수 있었다. 우리는 절반 이상(56퍼센트)이 연구가 끝날 무렵에 목표를 달성했음을 발견했다. 임신중지를 했는지 거부당했는지의 여부와 5년 계획을 달성했는지 여부는 관계가 없었다. 임신중지를 거부당한 여성은 임신중지를 한 여성에 비해 1년 계획은 축소했지만 5년 계획은 거의 축소하지 않았다. 이 연구는 전반적으로 여성이 단기적·장기적으로 낙관적이라는 사실을 확인한다. 하지만 임신중지를 거부당한 여성은 임신중지를 한 여성보다 야심찬 계획을 세울 가능성이 낮았다.

플로리다 출신의 30세 아프리카계 미국인 여성 데스티니는 아이에게 적응하는 일이 얼마나 힘든지 보여주지만, 수년에 걸쳐 여성이 자신의 목표를 달성하는 과정 또한 보여준다. 데스티니는 임신중지를 거부당한 이후 5년간 "집 없는 현실을 이겨내기" 위해 아이들과 호텔에 한 달을 머무는 등 살 곳을 찾기 위해 애썼는데, 그는 마침내 목표를 이뤄냈다. "아이는 이제 다섯 살이에요. 우리는 시골에서 도시로 이사를 했어요. 저는 계산원이었지만 이제 사업을 운영해요. 그리 나쁘지 않죠." 또 계속해서 교육을 받기도 했다. 처음 임신중지를 시도했을 때는 2년제 대학 졸업을 몇 달 남겨두지 않은 상태였다. 5년 후 그는 대학을 졸업하고 석사과정을 시작할 참이다.

여성의 진짜 삶

턴어웨이 연구는 임신중지를 원하는 여성이 임신중지를 거부당할 경우, 단기적인 계획을 축소하고 향후 몇 년간 경제적 어려움에 처한다는 사실을 발견했다. 우리는 임신한 여성이 아이를 키울 여유가 없다고 말할 때 임신중지를 거부당한 여성의 사례를 통해 그런 우려가 현실이 되는 걸 봤다. 원하지 않은 임신을 유지해 출산을 한 경우 정규직 고용 감소가 4년간 이어졌고 공적 지원이 증가했으며 가구 빈곤 또한 증가했다. 연구 기간 5년 동안 음식, 주거, 교통비 등을 지불할 충분한 돈을 갖지 못할 가능성이 증가했다. 그리고 5년이 끝날 무렵 싱글맘이 되어 가족의 지원 없이 아이를 키우고 있을 가능성이 높았다. 여성이 스스로 응답한 경제적 상황 평가와, 신용 보고서로 본 부채, 파산 및 신용 악화 지표들로 이러한 부정적 결과들을 확인했다.[19]

물론 계획하지 않은 모든 임신이 나쁜 건 아니다. 때때로 기쁘거나 행복한 일이 될 수도 있다. 임신은 의미 있는 도전이며 삶의 우선순위와 계획을 재고할 기회를 준다. 하지만 여성이 명백히 임신과 아이를 원하지 않을 때, 그러니까 턴어웨이 연구에 참여한 대부분의 여성이 그렇듯이 완전히 무서운 일일 수도 있다. 9장 후에 만나게 될 브렌다처럼, "임신은 놀랍도록 공포스러운 일이다. 특히 당신과 함께하는 사람을 믿을 수 없다면 말이다." 원하지 않았던 임신을 유지해 출산까지 이어진다면 여성은 유쾌하거나 낭만적이지 않은 상황에 갇히게 될 수 있으며 미래 계획을 방해받을 수 있다. 경제적 안녕 및 삶의 계획과 관련된 턴어웨이 연구의 결과는 임신중지가 "여성의 삶의 과정에 대한 완전한 자율성"의 문제라는 긴즈버그 판사의 주장을 강력히 뒷받침한다. 여성의 삶의 다른 차원은 아이 및 가족 관계를 다룬 장에서 살펴보게 될 것이다. 또한 임신중지는 임신에 대한 정부의 통제나 태아의 법적 지위에 관한 문제보다 훨씬 더 넓은 문제임을 보여준다.

내 바람은 우리가 정치적 논쟁의 재료로서만이 아니라 실제 여성의 삶의 맥락에서 임신과 임신중지를 고려하는 것이다. 복잡한 삶의 맥락을 이해하고 여성의 시간, 자원, 정서 등에 대한 요구를 이해해야 한다. 여성에게 자신의 삶의 계획을 물어보는 이유는 그들의 회복력과 낙관주의, 삶을 더 낫게 만들고 싶은 욕망(네일숍이나 카페를 열거나, 심리학이나 형법, 법학 학위를 받거나, 남성이 지배하는 스포츠의 세계에서 두각을 나타내거나)을 보여주기 때문이다. 가장 힘든 시간을 보내는 것 같은 여성들(임신중지, 입양, 양육 등으로)은 때로는 파트너가 감옥이나 군대에 있기 때문에 혼자서 가족에게 떨어져 고립되기도 한다. 임신, 임신중지, 양육에 대한 가족의 특정한 판단 때문에 말이다. 정부, 고용주, 공동체, 가족의 지원은 결핍과 빈곤에서 여성과 아이들을 구하기엔 턱없이 부족하다.

다음으로 만나게 될 26살의 멜리사는 남편이 아닌 다른 남성의 아이를 임신했다는 사실을 알았을 때, 이미 네 명의 아이들을 홀로 키우는 중이었다. 멜리사는 이미 키우는 아이들 때문에 임신중지를 선택하는 여성의 삶을 보여주는 완벽한 사례다. 그러나 그 후에 삶의 조건, 특히 가족의 실질적인 지원을 통해 삶이 나아지자 의도하지 않은 임신이었지만 출산을 하겠다고 결심했다.

멜리사
Melissa

저는 그게 옳은 일이란 것을 알았어요.

이런 환경 속에서 굳이 또 다른 아이를 키울 필요는 없으니까요.

고향은 조지아예요. 엄마가 결혼을 여러 번 해서 꽤 많이 이사 다녔죠. 아빠가 감옥을 들락날락거려서 제 어린 시절에 아빠는 없었어요. 아빠에 대해 아는 건 그가 알코올 중독자였다는 거예요. 아빠가 마약에 빠져든 게 첫 유죄 판결을 받게 된 이유죠. 조부모님이 한동네에 살아서 저는 항상 조부모님께 갔어요. 아주 작은 동네였고, 외할머니는 식당을 운영했죠. 그 동네 사람들은 서로를 다 알고 지냈어요. 비밀이라고는 없었죠. 친할머니는 의료계에서 일하셨는데 저를 꽤 자주 키워주셨어요. 엄마는 남자친구나 남편과 문제가 있으면 저를 그 집에 두고 가곤 했거든요.

외할머니는 정말 좋은 집에 살았어요. 대부분 집에 안 계셨기 때문에 우리가 그곳에 가면 밥을 먹기 위해 외할머니의 식당으로 가야 했어요. 집에는 음식이 전혀 없었거든요. 하지만 외할머니는 원하는 건 뭐든지 사주고 저를 언제나 돌봐줬어요. 요리와 청소를 하고 저와 이야기를 나눴어요. 저는 제 조부모님들을 사랑해요. 외할머니는 엄마보다 더 엄마 같아요. 제가 10대였을 때 외할머니가 뇌졸중을 앓았습니다. 외할머니는 몇 년 동안 침대에 누워 지냈는데, 외할아버지는 외할머니를 요양원에 보내지 않고 내내 돌봤죠.

어른이 되어 아빠를 처음 본 건 에바Eva를 낳을 때였어요. 의사가 양수를 터트리고 있는데, 고개를 들자 한 남성이 문을 열고 앞으로 걸어 들어왔어요. 아빠를 본 건 수년 동안 그때가 처음이었죠. 아빠는 사람들 앞에 서면 불안해서 멀찍이 있었고요. 아빠는 지금도 저와 멀리 떨어져 삽니다. 아빠를 자주 만나야 한다고 생각하지만 같이 살지 않기 때문에 아빠가 겪는 정신적 문제를 함께 겪지 않아도 되죠. 다행이지만 가끔은 아빠가 에바와 더 많이 교류했으면 좋겠다는 생각을 해요.

　　엄마의 실제 진단명이 뭔지는 모르겠어요. 엄마가 30대에 자궁 절제술을 받았다는 건 알아요. 주로 침대에 누워 지냈고, 우울에 빠져들면 살고 싶지 않아서 누군가에게 좀 와서 구해달라고 전화하게 될 때까지 우울에 빠져드는, 그런 우울요. 남동생이 생기기 전까지 저는 외동딸이었고 제 삶은 엄마와 저뿐이었죠. 저는 엄마가 한 결혼과 이혼을 함께 겪었어요. 그때는 우울해하지도 침대에 누워 있지도 않았고요. 제가 나이를 먹고 이사 갈 때까지 말이예요. 제가 엄마에게 스트레스를 준 게 엄마의 상태에 영향을 미쳤을 것 같아요.

　　크리스Chris와는 어릴 때 결혼했습니다. 엄마는 직장이 없는 크리스를 좋아하지 않았어요. 저는 제가 모든 걸 해낼 수 있을 것 같았어요. 직장을 구하고 학교를 계속 다녔죠. 결혼하고 학교에 다니는 동안 임신했어요. 제이콥Jacob이 생겼죠. 제이콥이 6개월이었을 때 제가 16살이었을 거예요. 20살이 되기 전에 집을 샀습니다. 저는 펫숍에서 부매니저로 몇 년간 일하느라 제이콥을 거의 돌보지 못했어요. 제이콥을 탁아소에 맡겼는데 크리스는 제이콥을 제시간에 데리러 가지 않았어요. 집에 가면 이런 식이었죠. "제이콥은 어디 있어?" 크리스가 제이콥을 데리고 오지 않아서 제이콥을 데리러 24킬로미터를 운전했죠. 크리스가 하지 않는 모든 일은 제 일이 되었고 스트레스를 받았어요. 금방 늙어버린 것 같아요. 아직 10대였는데 모든 것을 떠맡았죠. 우리의 결혼은 몇 년간 지속되었는데, 이건 제가 지는 싸움이라는 걸 깨달았고 모든 일에 질려버렸어요.

크리스와 헤어지고 만난 다음 남자친구는 저를 때렸어요. 엄마는 그 남자친구도 싫어했죠. 걘 마약도 했거든요. 그 관계를 끝내고 나서 만난 남자도 저를 때렸어요. 어떤 사람들 주변에는 그런 사람들만 있는 건가 봐요. 엄마는 저를 집에 데려가려고 했고 저는 거부했습니다. 괜찮다고 말했죠. 엄마한테 괜찮지 않다고 말할 수는 없잖아요. 그렇게 5년이 지났어요. 엄마는 제가 정신 차리길 바라는 걸 그만두고 물러나기로 결심했죠. 그리고 저를 위해 기도하겠다고 말했어요. 저는 잠시 동안 엄마를 보지 않고 지냈습니다.

그동안 조슈아Joshua와 마이클Michael, 빌리Billy를 낳았어요. 아이들의 아빠인 카를로스Carlos와 함께였고 그는 감옥에 두 번 갔죠. 조슈아를 가졌을 때 카를로스는 출소했다가 마이크를 임신했을 때는 다시 감옥에 있었고, 마이크를 낳았을 때에야 출소했죠. 처음 감옥에 갔을 때는 몇 달만 갇혔는데 빌리를 임신했을 때 카를로스는 2년간 감옥에 있었고요. 크리스의 어머니에게 맡긴 제이콥까지 해서 남자애 네 명인 거예요. 저는 네 명의 아이를 홀로 키운 거예요.

그 당시 엄마는 제게 문도 열어주지 않았어요. 문을 두드리면 엄마는 말하곤 했죠. "넌 아이들을 낳았고 돌봐야 해. 내가 할 일은 다했어." 그 말은 아직까지 제게 남아 있어요. 엄마의 전 남편 중 한 명은 제가 어렸을 때 머리를 말려주거나 기타도 연주해줬죠. 그와 그의 가족은 이 모든 것을 저와 함께 겪은 사람들이죠. 제가 뭔가 필요할 때마다 그들은 함께 지내자고 했어요. 저는 그들이 미친 것 같았어요. 그들 곁에 살기 위해 320킬로미터나 떠나진 않을 것이라고 늘 생각했죠. 하지만 몇 년 전 그렇게 했어요. 결단을 내려야 했거든요. 저는 여기로 이사를 왔고 그들이 제 아이들을 자기 자식처럼 키워줬어요. 크리스마스, 생일, 과학 숙제 같은 것들을 챙겨주면서 끈끈한 가족이 해줄 수 있는 일들을 해줬죠. 심지어 자기 혈육도 아닌데 말이에요.

솔직히 말하면, 에바를 가졌을 때, 저는 임신했다는 것을 알자마자 기겁했어요. 침대에서 일어나기 싫었고 뭘 해야 할지 몰랐어요. 임신중지를 하려고 스케줄을 잡았는데 새아빠의 친척들이 나타나서는 "우리가 도울 거야. 임신중지를 할 필요가 없어"라고 말했어요. 그들은 임신중지를 반대하거든요. "진료 예약을 잡는 게 어때? 네가 원한 딸일 수도 있어. 아들들이 있으니 아마 딸일 거야." 그래서 진료 예약을 잡았지만, 그렇게 기다려도 저는 여전히 임신중지를 할 수 있는지 전화를 걸어 확인했어요. 클리닉에서는 가능하다고 했죠. 저는 진료를 받았고 첫 번째 초음파 검사에서 딸인 걸 확인했어요.

친척들은 제가 과거에 임신중지를 한 적이 있다는 걸 모릅니다. 제가 어떤 지원을 받을 수 있는지 알게 되어 기뻤지만 중요한 건 저는 아이들을 키우고 스스로의 한계도 안다는 거예요. 저는 여유가 없었고 다른 방법이 필요했어요. 하지만 친척들은 자신들이 있으니 키우기 더 쉬울 것이라고 저를 안심시켰죠. 또 저는 딸을 원하기도 해서 임신을 유지했고요. 타이밍이 그리 좋진 않았죠. 친척들은 저를 위해 에바를 매일 돌봐줬어요. 저는 대학교에 다니며 공부를 하고요. 아이들이 학교를 마치고 아이들의 아빠가 아직 퇴근하지 않았으면 친척들이 아이들을 데려와요. 다 같이 노력해요.

에바를 낳고 난관을 묶을 수 있었어요. 과거에는, 그러니까 둘째 때는 제가 너무 어리다고 했고 셋째 때는 제가 미리 서류에 서명하지 않았다고 바로 수술이 안 된대요. 30일이나 기다려야 했어요. 저는 결국 포기하고 수술을 안 받겠다고 했어요. 넷째 때도 같은 상황이었어요. 서류에 서명하지 않았더니 의료진은 바로 수술을 할 수 없다고 했어요. 이번에는 의사를 만난 첫날부터 말했죠. "난관을 묶어야 해요. 차에 아이들을 다 태울 수도 없어요!" 에바를 낳고 난관을 묶기 위해 2주를 기다려야 했어요. 정맥 주사를 맞고 모든 걸 다시 반복해야 했습니다. 결국 해냈죠. 의사는 서류에 서명하라고 해놓고 어떤 이유에선지 세인트메리 병원에 서류를 보내지 않았어요. 이런 일을 여러 번 겪었는데, 도저히 믿기 어려웠어요. 제가 메디케이드에 가입되었기 때문인지는 모르겠지만 병원은 수술을 하고 싶지 않았던 걸까요? 하지만 15명의 애들이 더 태어나는 것보다는 돈을 내는 게 낫다고 생각해요.

조슈아와 마이클과 윌리엄은 아빠가 같습니다. 제가 이 연구에 등록했을 때 카를로스는 감옥에 있었어요. 그동안 카를로스의 친척이 항상 찾아왔죠. 저는 일하고 아이들을 돌봤고요. 그 친척은 우리를 살피고 도우며, 크리스마스나 생일 때 선물을 가져다주는 유일한 사람이었어요. 저는 그 남자와 가까이 지냈고 그의 아이를 임신했어요. 병원에 가는 날이 되어서야 그에게 임신중지를 할 것이라고 말했습니다. 그는 제가 병원에 가지 않길 바랐어요. "그거 하지 마." 그는 직장이 없었죠. 카를로스가 감옥에 갈 때보다 별반 나을 것도 없었다고요. 그에게 비용을 지원해줄 수 있냐 물었더니 그럴 수 없다고 하더군요. 제가 우울한 걸 눈치채고 찾아온 친구가 돈을 줬어요.

저는 아이들만 데리고 혼자 살았습니다. 그때는 대학교에 갈 생각도 하지 않았어요. 그 당시 저는 비참하게도 카를로스를 기다릴 수밖에 없었어요. 콜센터에서 일했지만 1년 6개월 정도밖에 되지 않았어요. 아파트에 갇혀 버린 셈이었죠. 우울했어요. 저는 그 일이 카를로스의 가족 중 한 사람과의 사이에서 일어나버린 게 부끄러웠어요. 그게 가장 큰 걱정거리였어요. 아이들을 거의 돌볼 수 없었고요. 저는 대부분의 시간 동안 일을 하지 않았고 복지제도도 등록하지 않았어요. 양육비 신청을 카를로스 앞으로 했을 때, 카를로스가 감옥에서 나온 다음에 그 돈을 다 갚아야 되거든요. 감옥에서 나오자마자 빚이 있는 건 사람 발목을 잡는 일이죠. 카를로스가 그렇게 느끼지 않길 바랐어요. 저는 서너 곳의 식료품 저장고를 돌면서 아이들을 키우기 위해 애썼어요. 처음에는 패닉 상태였고 그 다음에는 임신중지 비용이 없었기 때문에 우울했어요.

아이를 낳고 카를로스가 감옥에서 나왔을 때 새로 태어난 아이가 누구의 아이인지 말할 수 있었을 것이라고 생각해요? 그들은 모두 가족이니까 닮았을 거예요. 방법이 없었어요. 끔찍했을 거예요. 카를로스는 아마 저를 떠나 돌아오지 않았을 테죠. 입양을 보냈다면 그건 어떻게 설명해야 할까요? "임신했었잖아. 아이는 어디 갔어?"라고 물으면요. 입양을 보내면 항상 아이가 저 밖에서 뛰어 노는 것을 상상하며 평생을 괴로워했을 것 같아요. 임신중지를 할 때가 임신 몇 주였는지 기억이 나지 않아요. 800달러가 청구됐는데 의료진이 비용을 할인해줘서 500달러 정도 낸 것 같네요. 임신중지를 한 날, 저는 세상에서 제일 행복한 사람이었어요. 죽을 만큼 무서웠지만 이걸 후회하리라 생각하지 않았죠. 의심의 여지없이 임신중지가 옳은 일이란 걸 알았어요. 이런 환경 속에서 굳이 또 다른 아이를 키울 필요는 없잖아요.

로버트Robert라는 이름의 나이 든 남자가 있는데, 아이들은 할아버지라고 불러요. 임신중지 비용을 대줬어요. 이 일을 말한 유일한 사람이기도 하고요. 임신중지 클리닉을 검색했더니 그는 일도 쉬고 절 병원에 데려다주고 비용도 냈죠. 로버트는 이 일에 연루된 모든 사람들을 알았기 때문이죠. 문 앞에는 여성들이 있었어요. 설교하고 시위하는 사람들 말예요. 저도 함께 기도했지만 마음은 뭔가 옳고 그른지 알았죠. 제 상황을 고려해보면 신이 저에 대해 어떤 판단도 하지 않을 것 같았거든요.

클리닉에 있는 사람들은 아주 훌륭했죠. 아무도 함부로 저를 판단하지 않았고 전문적이었고 어떤 불편한 것도 없었고 제가 다른 길을 선택하도록 설득하진 않았지만 필요한 모든 정보를 제공해줬어요. 그들이 제게 아산화질소를 주입한 것 같네요. 잠에서 깨어나면 아마 엄청난 출혈과 고통, 그들이 말해준 부작용을 겪을 줄 알았지만 예상과 달리 복부 경련이 없었어요. 3일 동안 출혈이 있었지만 매우 순조로웠죠.

윌리엄의 아빠인 데이비드는 마약 중독자였어요. 직업도 없고요. 데이비드는 정신 질환이 있었고 그의 엄마와 살죠. 데이비드는 40살이에요. 데이비드가 더 나은 아빠가 될 수 없었을 것 같아요. 데이비드는 나나 다른 가족에게 임신에 대해서 이야기한 적이 없어요. 다행이에요. 그의 엄마가 전에 윌리엄이 데이비드의 아들인지 물어본 적이 있어요. 카를로스가 없을 때 우리가 가까이 지냈기 때문에 그럴 수도 있다고 생각했나 봐요. 그의 엄마가 빌리의 생일 선물을 가져다주곤 했죠. 저는 "그럴 리 없어요. 정말 확실해요"라고 말했어요. 저는 데이비드의 엄마를 사랑해요. 그의 엄마가 제 삶에 함께해도 상관없지만 안 되는 건 안 되는 거예요.

감옥에 간 카를로스에게 편지 보내지 않았어요. 빌리의 이름을 무엇으로 지을지 묻는 편지만 썼죠. 그는 엉뚱한 이름을 이야기했어요. 물어본 것조차 유감이었죠. 제가 아빠와 유일하게 교류한 건 아빠가 제게 편지 보냈을 때거든요. 아빠는 제가 편지 쓰길 기대했지만 거의 답장을 하지 않았죠. 저와 함께 있지 않은 아빠에게 화가 났거든요. 저는 제 아이들이 그렇게 살길 원하지 않아서 카를로스에게 말했습니다. "우리는 너에게 편지 쓰지 않을 거야. 우리의 삶에 함께하고 싶다면, 그런 문제들을 해결하고 자유인이 되어서 나와."

카를로스는 감옥에서 나온 뒤에 다시 마약을 했어요. 몇 년이고 똑같은 일을 반복했어요. 그는 바람을 필 수 있는 모든 사람과 바람을 피웠고 마약에 심각하게 중독되었어요. 집에 있지도 않았죠. 우리가 사귀는 거의 내내 저는 임신 상태였는데 카를로스는 저를 떠나 있곤 했어요. 엄마가 제게 준 차를 타고 며칠 동안 집을 비우곤 했죠. 저는 경제적으로 안정적이지 않았어요. 아이들이 그런 일을 겪으며 살아가는 걸 볼 순 없었습니다. 멈춰야 했어요. 그래서 이렇게 된 거예요. 카를로스에게 말했어요. "나는 짐을 챙기고 있어. 가족과 함께 이사를 갈 거야. 당신은 나랑 함께 가거나 비참하게 혼자 여기 남겨질 수도 있어. 하지만 어느 쪽을 선택하든 당신 살 곳은 없어." 제 아파트였거든요. 카를로스는 눈물을 흘리며 우리를 위해 뭐든지 할 것이며 자신이 변화할 각오가 되어 있다고 말했지만 저는 친척들에게 연락을 했죠. 친척들은 차를 몰고 와 저를 태웠어요. 제가 가진 모든 것을 아파트에 두고 왔어요. 옷이 가득 든 가방만 빼고. 아이들은 이미 데리고 간 후였어요. 제가 몇 주 전에 카를로스가 얼마나 미쳤는지, 아이들을 왜 맡을 수 없는지 말했거든요. 여기 온 이후로 아주 좋아졌어요.

카를로스를 외래 환자 재활원에 입원시켰고 그는 6개월 동안 그곳에서 지냈어요. 저는 카를로스와 이곳에 온 첫날 직장을 구했어요. 그와 함께여야 할 어떤 논리적인 이유는 없었지만 솔직히 말하면 제가 그를 고칠 수 있다고 생각했어요. 그를 마약에서 떨어지게 하고 더 나은 사람으로 만들 수 있을 것이라 여겼어요. 그런 생각은 비이성적이지만 그는 어쨌든 나아졌죠. 카를로스는 3년 동안 일하는 중이고 아이들과도 잘 지내요. 그는 사실 저보다 아이들과 더 많이 소통해요.

공원에 데려다주고 아침을 만들어주죠. 카를로스가 아이들을 너무 사랑하고 더 나은 아빠가 되고 싶기 때문인지 제가 졸업하면 더 많은 돈을 벌 수 있을 테니 그걸 기다리는 건지 알 수 없지만 어느 쪽이 됐든 카를로스는 완전히 다른 사람이 됐어요. 그가 30살이 된 것과도 상관이 있다고 생각해요. 30살이 되기 전엔 어느 것도 좋지 않았죠. 하지만 이제 카를로스는 거의 40살이 되었고 만회할 시간이 많지 않다는 걸 아는 것 같아요. 아침 알람이 울릴 때부터 하루가 시작되는데 저는 6시까지 도착해야 해서 5시쯤 집을 나서고요. 제가 나가면 카를로스가 아이들을 학교에 보낼 준비를 하죠. 저는 5시까지 학교를 나갈 수 없기 때문에 2시 30분이나 3시쯤 그가 집으로 돌아오고 애들은 3시 45분쯤 버스에서 내리는 것 같아요. 그는 저녁을 만들죠. 엄마가 해야 할 모든 일을 해요.

우리가 이 동네로 이사했을 때, 그는 유죄 판결 기록 때문에 직장을 구하기가 힘들었어요. 운전면허도 없었고요. 작년에야 운전면허를 땄어요. 저는 시내로 가서 농장과 여러 사업을 운영하는 남성에게 카를로스를 부탁했고 카를로스는 그의 사업체 중 한 곳에 지원서를 넣었죠. 그는 카를로스에게 일자리가 필요하다면 월요일에 거기로 오라고 했어요. 그 이후로 카를로스는 농장 일과 유지 보수 관련 일을 해요.

언제 학교에 등록했는지 모르겠지만 예비 과정을 마치는 데 2년이 걸렸군요. 이후 4년제 대학교에 합격했어요. 매일 그만두고 싶어요. 매일 일이 너무 많다는 생각이 들거든요. 하지만 지금까지 잘 해냈죠. 첫째 아들은 면허를 땄고 학교에 다닙니다. 제 계획대로 졸업하게 되면 아들과 같이 졸업하는 셈이에요. 아들은 고등학교를, 저는 대학교를요. 제가 대학교를 졸업할 수 있는 한 우린 괜찮을 거예요. 수요일에 시험이 네 개나 있네요. 저는 그저 제가 아이들을 잘 부양할 수 있길 바랍니다. 이 과정을 통과하고 나면 다음 과정에 도전할 거예요. 1년만 더 있으면 됩니다. 2년제 대학교 졸업 대신에 학사 학위를 갖게 될 거고요. 그렇게 되면 제가 원하는 관리직에서 일할 수 있을 거예요. 출산분만과나 소아과에서 일하고 싶어요. 많이 다녀봤으니까 환자들에게 공감할 수 있을 것 같아요.

누군가 뒤에서 지원을 해주면 세상이 달라져요. 전에는 저를 도와줄 가족이 전혀 없는 곳에서 지냈어요. 우울한 엄마, 알코올 중독 아빠, 마약 중독자가 있는 가족이었죠. 데이트하는 모든 남성이 마약 중독이나 학대 문제를 일으키는 상황에서, 임신중지는 별 일 아닐 수도 있어요. 낙인 없이 살아서 삶이 훨씬 편안해졌습니다. 여기 사람들이 저에 대해 아는 건 제가 열심히 일하고 항상 기분이 좋다는 사실뿐이죠. 그들은 제 과거를 몰라요. 제 삶이 바뀔 수 있던 이유죠. 전 항상 제가 할 수 있다고 말해요. '스스로 할 수 있다. 난 해낼 수 있다.' 저는 냉철하고 의지가 강해 누구에게 도움을 청한 적이 없는데 그게 발목을 잡은 셈이 되기도 했죠. 그리고 여기, 저를 도와주는 사람들에게로 왔는데 그들이 원하는 건 저를 돕는 거예요. 제가 부탁할 만한 게 더 없는 것 같긴 하지만요.

　사람들은 평생 임신중지를 후회할 것이라고 말하는데 저는 전혀 그렇게 생각하지 않아요. 죄책감이 들지 않는 것에 죄책감이 들 만큼요. 사람들이 절 무정하다고 여기지 않았으면 좋겠네요. 그건 제게 부정적인 영향을 주지 않았으니까요. 임신중지를 하지 않았다면 아무것도 할 수 없었을 거예요. 삶이 혼란에 빠졌겠죠. 선택의 여지가 있다는 사실에 감사해요. 임신중지가 더 어려웠다면 제 삶뿐 아니라 우리 가족의 삶도 바뀌었을 거예요. 저는 임신중지를 한 사람을 판단하지 않습니다. "이런, 다리 좀 그만 벌리지"라고 생각하기도 하지만요. 저는 그렇게 이야기해도 돼요. 왜냐하면 저야말로 남편이랑 애를 셋이나 낳고도 그런 상황에 있어봤고, 저는 어떤 잣대로 남들을 평가하는 사람이 아니라 다행이거든요. 그건 누구에게나 일어날 수 있는 일이니까요.

　자라는 내내 아이를 원하지 않았어요. 엄마로서의 모습을 상상하지 못했습니다. 결혼했을 때는 아이를 원했어요. 딸이면 했죠. 첫아이를 낳으니 딸이건 아들이건 상관없이 제가 무슨 일이 있어도 그 아이를 사랑할 것이라는 걸 알게 되더군요. 제가 이 아이를 사랑하는 만큼 이 세상의 누군가를 사랑할 수는 없을 것이라고 생각해요. 그리고 다른 아이도 임신했고요. 당신도 임신을 하겠죠. 임신하고 걱정하는 건 '첫째를 사랑하는 것처럼 둘째를 사랑할까' 같은 거예요. 그럴 일은 없어요. 완전히 다른 방식으로 사랑하게 되니까요. 한 사람에 대한 사랑은 다른 사람에 대한 사랑보다 압도적인 것일 뿐 더 많지 않습니다. 그러니까 한 아이를 갖게 되더라도 다른 아이에게 느끼는 감정이 달라지지는 않아요. 아이들은 모두 아주 다른 사람들이거든요. 되돌아가지 않을 겁니다. 어떤 것도 다르게 행동하지 않을 겁니다. 투쟁과도 같은 과거의 모든 경험이 지금의 저를 만들었습니다. 오늘 제가 겪는 일을 해낼 수 있도록 말입니다.

———————
멜리사 · 조지아 출신 · 백인
———————
임신중지 당시 26세 · 임신 13주에 임신중지
———————

7

아이들

임신중지에 접근할 수 있는지 여부로 영향을 받는 것은 여성의 삶뿐만이 아니다. 국가적 조사와 턴어웨이 연구에서 임신중지를 한 여성의 절반 이상이 엄마라는 사실이 드러났다. 여성들이 임신중지를 원하는 주된 요인은 이미 있는 아이들을 잘 키우고 싶기 때문이다. 여성들은 출산 이후 너무 빠르게 다시 원하지 않은 임신을 했거나, 원하지 않은 임신으로 이미 태어난 아이를 키우는 일상의 균형이 위태로워질 수 있다. 게다가 미래에 엄마가 되고 싶긴 하지만 아직 아이를 키울 준비가 안 된 여성도 있다. 이런 이유들을 생각하면 임신중지를 하는 것과 거부당하는 것이 아이들(원하지 않은 임신을 했을 때 이미 태어난 아이들, 원하지 않은 임신의 결과로 태어난 아이들, 임신을 원한 경우 아직 태어나지 않은 아이들)에게 어떤 영향을 미치는지에 대한 결과가 놀랍지 않을 수 있다. 임신중지를 거부당하는 것은 기존 아이들의 발달과 경제적 안정, 그 임신의 결과로 태어난 아이들과의 유대, 미래의 자발적인 임신 등에 부정적인 영향을 미친다.

임신이 성관계를 하거나 피임을 하지 않은 것에 대한 처벌이라고 믿는 사람들이 있다.[1] 임신은 부주의나 난잡함에 대한 처벌이며 여성들이 이를 회피하기 위해 임신중지를 해서는 안 된다는 사람들에게 다음 결과는 중요하다. 우리는 이미 임신중지를 거부당한 여성들이 직면한 신체적·경제적·사회적 어려움을 연구했다. 이 장에서는 아이들에게 미치는 측정 가능한 부정적 영향을 살펴볼 것이다.

이미 키우는 아이들

왜 원하지 않은 임신과 출산이 이미 가정에 있는 아이들의 복지에 영향을 미칠까? 돈, 시간, 부모의 관심 등 자원이 고정되어 있다면, 아이가 많을수록 한 아이가 받는 양은 적다.[2] 자원이 충분하지 않을 때, 먹일 입이 하나 더 있고 보호해야 할 몸이 하나 더 생기는 것은 부모가 제공할 수 있는 것보다 더 많은 양육 의지를 필요로 한다. 또한 원하지 않은 임신을 둘러싼 상황은 엄마의 신체적·정신적 건강을 손상시키고 아이들을 돌보기 더욱 어렵게 한다. 임신으로 심각한 건강상의 위험이 나타나고 결혼 생활이 붕괴 직전이며 이미 있는 아이와 막 태어난 아이가 자신에게 의존하던 제시카가 그랬다. 아이들의 아빠는 감옥에 있었는데 그는 남편으로 믿고 의지할 만하지 않았다. 제시카는 "임신중지는 제가 치러야 할 희생이었어요. 임신중지를 하지 않았다면 오늘 여기 제가 없었을 거예요. 아니면 제 아이들이 위탁 가정에 있거나요."라고 말했다. 키아라는 임신했을 무렵 새 남자친구로부터 스토킹을 당했다. 키아라는 자신을 학대하는 남자친구로부터 전 남자친구와의 사이에서 생긴 세 살 난 딸의 안전이 위협당하면 어쩌나 걱정했다. 키아라는 "상황이 매우 나빴죠. 딸에게 좋은 엄마가 되려고 했고 오랫동안 이 남성에게 얽매이지 않길 바랐어요"라고 말했다.

턴어웨이 연구를 제외하고는, 원하지 않은 임신을 유지해 출산을 한 경우 기존의 아이들에게 어떤 영향을 미치는지 알기 어렵다. 물질적 또는 정서적 지원이 부족한 가정은 부모로 하여금 다른 아이를 원하지 않게 할 수 있다. 자원의 부족이 기존의 아이들에게 부정적 영향을 미치는 것의 연장선에서는,,, 원하지 않은 임신의 결과보다 경제적 상황이 아이들에게 나쁜 영향을 미칠 수 있다. 다시 말해 여성이 임신을 피하고 싶은 상황은 이미 있는 아이들에게 좋지 않은 결과를 초래할 수도 있는 것이다.[3]

의도하지 않은 임신이 여성과 아이 들에게 미치는 영향을 연구할 때 또 다른 주요한 지점 중 하나는 '계획하지 않은 임신'을 어떻게 규정할 것인지다. 임신을 미리 계획하지 않은 것이 임신을 달가워하지 않는다는 건 아니다. 그러나 이전의 연구는 여성이 임신 당시에 임신을 원했는지 여부에 초점을 맞춘 척도에 의존해왔다. 이 완전한 재앙에 행복한 놀라움을 느낄 때가 있기에, 원하지 않은 임신에 따른 출산의 효과를 측정하기 어려워진다. 이전의 많은 연구는 아이가 태어난 '후' 여성에게 임신 및 출산을 원했는지를 물어본다. 예상치 못한 출산에도 불구하고 잘 살아가는 여성은 모든 것이 무너진 여성보다, 의도하지 않은 임신 및 출산이었다고 보고할 가능성이 낮을 것이다. 다시 말해 여성이 기대한 것보다 결과가 좋은 경우, 원하던 임신으로 분류되어 임신의 의도와 아이의 발달 결과 사이의 관계를 측정하기 어렵게 할 수 있다.

턴어웨이 연구는 다른 방식을 택했다. 임신중지를 한 여성의 막내와 임신중지를 거부당한 여성의 막내의 건강, 발달, 안녕을 비교했다.[4] 이 아이들은 여성이 임신중지를 시도했을 때 이미 태어난 아이들이다. 임신중지를 시도하고 일주일 후, 임신중지를 하거나 거부당한 여성 간에, 이들의 아이들 간에 엄마의 나이, 인종, 교육, 결혼 상태, 아이의 나이, 발달, 출생 순서, 건강 수준에 차이는 없었다. 임신중지를 거부당한 여성과 임신중지를 한 여성 사이에 객관적 지표에 따른 수입 수준은 비슷했다. 두 집단 모두 평균적으로 빈곤선 수준에 있었다. 임신중지를 원하는 여성들이 저소득층에 불균등하게 많다는 국가적 통계와 일치한다.[5] 하지만 주관적 빈곤에는 다른 양상이 보인다. 임신중지를 시도하고 일주일째, 임신중지를 거부당한 여성의 96퍼센트가 주거, 식비, 교통비 등 기본적인 생활비가 부족하다고 답했는데, 이는 임신중지를 한 여성의 83퍼센트가 그렇다고 답한 것과 대조적이다. 임신중지를 거부당한 거의 모든 여성이 생활비가 부족하다고 답한 것은 새로 생길 아이를 고려했기 때문일 수 있다.

임신중지를 시도할 당시 임신중지를 한 여성과 거부당한 여성의 기존 아이들은 비슷한 양상을 보였지만, 시간이 흐를수록 경제적 상태나 발달 이정표대로 발달하는지와 관련해 차이를 보였다. 앞서 살펴본 여성의 경제적 상태에 대한 결과와 유사하게 임신중지를 거부당한 경우, 아이는 향후 4년간 빈곤하게 살아갈 가능성이 높았다(72퍼센트 대 55퍼센트). 또 공적 지원을 받을 가능성이 높았으며(19퍼센트 대 10퍼센트), 식비, 주거, 교통비 등 생활비가 충분하지 않은 성인과 살 가능성이 높았다(87퍼센트 대 70퍼센트). 처음에는 두 집단의 아이들이 비슷한 상태였음에도 말이다.

엄마가 임신중지를 원한 경우, 임신중지 여부에 따라 기존 아이들의 또 다른 측정 가능한 차이는 발달 정도다. 우리는 발달 상태에 대한 부모의 평가(발달 이정표PEDS:DM)라는 척도를 사용했다.[6] 이 척도는 아이의 발달에 대한 여섯 가지 영역을 질문한다. 우리는 소근육 기능, 대근육 기능, 수용 언어, 표현 언어, 자립, 사회 정서 각 영역에 대해 아이가 그 나이에 맞는 발달 정도를 달성하는지 질문했다. 예를 들어 9개월 된 아이의 엄마에게 아이가 자신의 이름을 인지하는지 물었다. 두 살 아이의 엄마에게는 신체 부위를 말했을 때 아이가 자신의 신체의 특정 부위를 가리킬 수 있는지 물었다. 이는 수용 언어 발달 정도의 예시다.

임신중지를 한 여성의 아이들은 임신중지를 거부당한 여성의 아이들보다 발달 정도를 달성할 가능성이 더 높았다(77퍼센트 대 73퍼센트). 이 작지만 분명한 차이의 원인은 알 수 없다. 아마도 가족이 겪는 물질적 어려움은 음식의 양을 줄이거나 주거 불안을 야기함으로써 아이의 발달을 방해했을 수 있다. 또 아이를 더 많이 키우는 엄마의 부담은 아이의 발달을 위해 엄마가 쏟는 시간과 관심을 줄임으로써 아이의 발달에 영향을 미칠 수도 있다. 마지막으로, 새로운 아이를 돌보기 위해 시간을 쏟는 엄마들은 기존 아이의 발달 정도를 보고하기 어려울 수 있다. 이런 경우 나타나는 발달 정도의 차이는 아이의 발달 성취 실패라기보다는 엄마가 단지 몰라서일 수 있다.

우리가 심층 인터뷰를 위해 무작위로 선정한 여성들의 사례는 원하지 않은 임신으로 새로운 아이가 생길 때, 기존 아이들에게 어떤 일이 일어나는지에 관한 통찰을 제공해준다. "처음에 저는 잘 해나갔어요." 일리노이에 사는 라틴계 여성인 26세 줄리아Julia는 임신중지를 거부당했다. "저는 직업, 아이들, 모든 걸 가졌어요. 하지만 임신중지를 해야겠다고 결심한 건 이 모든 게 무너졌다고 생각했기 때문이에요. 직장을 잃었고 청구서가 쌓이기 시작했어요. 어쩔 수 없었어요. 이미 아이가 넷이나 있었어요. 일정한 직업 없이 어떻게 아이를 또 낳을 수 있겠어요?" 시간과 돈이 부족하면 또 아이를 가질 준비가 되지 않았다고 느낄 수 있다. 원하지 않은 임신의 경우, 임신중지를 하지 않으면 기존의 아이를 돌보기 어려워질 것이라고 느낄 수 있다.

원하지 않은 임신으로 태어난 아이들

임신중지를 원한 엄마에게서 태어난 아이들에게는 무슨 일이 일어날까? 첫째, 나는 원하지 않은 임신이 아이를 원하지 않았음을 뜻하는 것은 아니라고 강조하고 싶다. 4장에서 봤듯 임신중지를 거부당하고 일주일 후, 여성의 3분의 2는 여전히 임신중지를 원한다고 보고했다. 하지만 출산 후 6개월 후인 에는 여덟 명 중 한 명(12퍼센트)만이 여전히 임신중지를 할 수 있었기를 바란다고 보고했다. 5년이 지나면 25명 중 한 명(4퍼센트)만이 임신중지를 했으면 좋았을 것이라고 답한다.

임신중지를 거부당한 여성은 시간이 지남에 따라 아이 덕분에 행복하다고 말한다. 캘리포니아에 사는 26세 백인 여성 제니Jenny는 이제는 더 이상 자신의 인생에 없는, 여섯 살이던 아이를 생각하며 울었다. "그 아이는 제 전부예요." 수는 첫째 아들을 낳고 몇 달 후 갖게 된 둘째 아들에게도 첫째와 비슷한 정도로 강렬한 사랑을 표현했다. 수와 그의 가족에게 둘째를 임신한 타이밍은 좋지 않았지만, 그는 "무슨 일이 일어났는지 깨달았어요. 그 아이가 하는 작고 귀여운 일들, 어떻게 저를 웃게 만드는지, 제가 뭘 놓칠 뻔했는지 생각하면 임신중지를 고민했다는 사실이 너무 마음이 아파요"라고 말했다. 우리의 양적 자료에 따르면 대부분의 여성은 아이를 원하지 않거나 좋아하지 않아서가 아니라 오히려 아이를 염두에 두고 임신중지를 선택한다. 출산의 시기와 환경이 아이에게 이상적이지 않거나 현재의 아이에게 이 상황이 부정적일 수 있다고 생각하기 때문이다. 여성은 시기와 환경이 이상적이지 않거나 미래의 아이나 현재의 아이에게 이 상황이 해로울 수 있다고 생각하기 때문에 임신중지를 선택한다. 하지만 임신중지를 할 수 없다는 통보를 들으면 대다수의 여성이 새로운 아이를 받아들이게 된다.

한편 우리는 원하지 않은 임신의 결과로 태어난 아이들과 임신중지 이후 새로운 임신을 통해서 태어난 아이들 사이의 복지 상태에 상당한 차이를 발견했다. 원하던 대로 임신중지 시술을 받은 후 태어난 아이들은 이상적인 비교 그룹이다. 여성이 임신중지를 원하는 가장 흔한 이유 중 하나는 "지금은 적절한 시기가 아니기 때문"이고, 다음은 아이를 키울 만한 충분한 돈이 없다는 것이다. 그래서 나는 임신중지를 하면서, 여성이 더 나은 시기에 임신을 할 수 있는지, 더 나은 시기의 임신은 더 나은 양육으로 이어지는지 궁금했다. 턴어웨이 연구에서는 원하지 않은 임신의 결과로 태어난 아이(임신중지를 하려던 아이)를 '지표 아동index child'으로, 임신중지 이후 새로운 임신으로 태어난 아이를 '뒤이은 아동subsequent child'으로 지칭한다. 두 집단의 아이를 비교하면 시기와 상황이 더 좋을 때 태어난 아이들이 더 나은 환경 속에서 자라게 되는지 알 수 있다.

첫째, 차이가 없었던 것은 출산과 관련된 지표다. 미국의 평균과 유사하게, 지표 아동의 10퍼센트는 조산아로 태어났고, 8퍼센트는 저체중 출산아였으며, 13퍼센트는 신생아 집중 치료실NICU에서 신세를 져야 했다. 첫째가 아닌 아이들을 보았을 때, 이전 아이와의 터울이 21개월 미만인 경우가 지표 아동에서 17퍼센트, 뒤이은 아동에서 3퍼센트로, 지표 아동이 훨씬 높았다(세계보건기구는 출산과 출산 사이에 24개월의 시간을 둘 것을 권고한다).[7] 우리 연구 참여자 중 많은 수가 최근에 출산을 했기 때문에 임신 사실을 알아채지 못한 것을 상기해보라. 첫아이에게 수유를 하는 동안 월경이 없어서 임신 25주차에야 임신을 발견한 25살인 수의 사례가 그렇다.[8] 비록 출산과 출산 사이의 짧은 간격이 좋지 않은 출생 결과와 관련된 위험 요소이긴 하지만, 우리는 지표 아동에서 특별히 나쁜 결과(저체중, 조산, 출생 시 건강 문제)를 발견하지는 못했다. 그중엔 터울이 아주 적은 지표 아동들도 있었음에도 불구하고 말이다.[9] 임신중지를 거부당한 여성들의 알코올 섭취는 줄었지만 약물 사용은 감소하지 않았다는 4장의 내용을 기억해보라. 음주 문제(폭음이나 아침에 일어나서 술을 마시는 등)가 있는 여성은 이런 행동을 통제하는 것에 어려움을 겪었다. 다행히도 우리 연구에서는 임신 주수 동안 태아에게 해를 끼칠 수 있는 물질에 노출되는 것이 더 나쁜 출산 결과를 초래하는 것으로 나타나진 않았다.

우리가 발견한 것은 임신중지를 할 수 있었고, 그 후에 아이를 갖게 된 여성은 지표 아동을 임신했을 때보다 미래 임신에서 훨씬 계획적일 가능성이 높았다는 사실이다(지표 임신에서는 1퍼센트 미만이었던 것과 비교해 24퍼센트).[10] 그림 9를 보라. 평균적으로 지표 임신과 뒤이은 임신의 평균 연령을 비교하면, 뒤이은 임신을 경험한 여성이 세 살 더 많았다(24세 대 27세). 또한 경제적 자원 또한 더욱 풍부해졌다(지표 임신은 평균적으로 빈곤선인 것에 비해 뒤이은 임신은 빈곤선보다 32퍼센트 높은 수입을 벌었다). 빈곤선보다 32퍼센트 더 높다고 해서 호화로운 생활을 할 수 있다는 뜻은 아니다. 실제 달러 수치로 이야기하면 4인 가족이 빈곤 수준인 2만 5100달러가 아니라, 3만 3132달러로 생활한다는 이야기다.[11] 사실 지표 아동과 뒤이은 아동 모두 비슷한 수준의 공적 지원을 받았다. 차이점은 지표 아동의 엄마들이 기본 생활비가 부족하다고 보고할 확률이 높다는 사실이다(뒤이은 아동의 엄마 중 55퍼센트가 기본 생활비가 부족하다고 답한 반면, 지표 아동의 엄마 중 72퍼센트가 기본 생활비가 부족하다고 답했다).

　뒤이은 아동은 지표 아동에 비해 엄마와 애정 관계를 형성하는 남성 파트너가 있는 집에서 자랄 확률이 높았다(49퍼센트 대 35퍼센트). 그 남성이 아이의 생물학적 아빠인지는 알 수 없지만, 여성이 원하던 대로 임신중지를 할 수 있었던 경우에 뒤이은 아동이 남성 파트너가 함께인 집에서 길러질 가능성이 높았다.[12]

그림 9

임신의 의도성:
임신중지 거부로 인한 출생 대
임신중지 이후 뒤이은 임신에 따른 출생

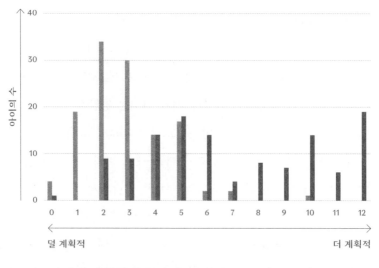

덜 계획적

더 계획적

■ 임신중지를 거부당하고 출산함
■ 원하던 대로 임신중지를 하고 출산함

출처　　Foster DG, Biggs MA, Raifman S, Gipson J, Kimport K, Rocca CH. Comparison of health, development, maternal bonding, and poverty among children born after denial of abortion vs after pregnancies subsequent to an abortion. *JAMA Pediatr.* 2018;172(11):1053–1060.

　　원하지 않은 임신의 결과로 태어난 아이와 이후 자신이 원해서 임신을 해 낳은 아이는 여성에게 다른 감정을 유발하는가? 임신중지를 거부당한 여성은 임신중지를 한 이후 또 다른 임신의 결과로 출산을 한 여성보다 아이와 정서적 유대감이 떨어진다고 밝혀졌다. 우리는 여성과 18개월 미만 아이 사이의 유대감을 측정하기 위해 산후 유대감 설문Postpartum Bonding Questionnaire이라고 알려진 도구를 사용했다.[13] 임신중지를 거부당한 여성은 임신중지를 한 이후 새로운 아이를 가진 여성보다 확실히 낮은 유대감을 보였다. 예를 들어 임신중지를 거부당한 여성은 "아이가 웃거나 미소를 지을 때 행복감을 느낀다"라는 말에 동의할 확률이 좀 더 낮았고, '엄마라는 역할에 갇힌 기분'이라고 말할 가능성이 좀 더 높았다. 임신중지를 거부당한 여성의 9퍼센트는 지표 아동과 유대감이 좋지 않다고 답했는데, 이는 뒤이은 아동에 대해서는 3퍼센트가 그렇게 답한 것과 비교되었다. 단기적으로 볼 때 여성은 임신중지 후에 새롭게 태어난 아이에 비해서 원하지 않은 임신의 결과로 태어난 아이에게 감정적으로 애착을 덜 느낀다는 사실을 발견할 수 있다.

이 발견은 분명 주목할 만한 것이지만 아이를 원하지 않던 여성이 그 아이를 사랑하고 유대감을 느끼는 게 불가능하다는 말은 결코 아니다. 당장은 아닐지라도 말이다.[14] 그러나 이 발견은 여성이 자신의 의사와 상관없이 임신을 유지할 때, 아이가 불리한 상황에 처한다는 사실을 보여준다. 아동 발달에 관한 과학적 연구는 부모와 아이 사이의 애착 형성이 좋지 않을 때, 아이의 장기적인 심리적·발달적 결과를 보여준다.[15] 턴어웨이 연구에서 여성은 종종 새로운 아이를 위한 양육 환경이 괜찮은지 여부를 판단할 때 그들 자신의 정신적·감정적 상태를 고려했다. 예를 들어 올리비아는 원하지 않은 임신을 중지할 수 없었다면 그의 어린아이와 가족 전체에게 '위험한' 상황이 되었을 것이라고 말했다. "뱃속의 아이가 세상에 나오는 건 최악의 일이었을 거예요. 아이에게 필요한 걸 해줄 수 없었거든요. 저도 정신적으로 안정적이지 않았고요. 저는 한 살 된 아이가 있고, 지금은 스스로를 돌볼 수 있고, 또 제 아이들을 돌볼 수 있어요. 적절한 시기라고 생각해요." 또한 마르티나처럼 원하지 않은 임신의 결과로 임신중지를 하면서 자신이 결코 임신을 원하지 않는다는 것을 깨달은 경우도 드물지만 존재했다. 이는 임신을 유지하는 경우 아이와의 유대감 형성에 나쁜 영향을 미칠 수 있음을 시사한다.

입양

지표 아동을 키우면서 겪는 경제적·정서적 어려움을 감안할 때, 임신중지를 원했지만 할 수 없던 여성들 가운데 입양을 선택한 비율이 너무 적어 놀랐다. 여성들이 예측했듯, 턴어웨이 연구가 보여주듯, 준비되지 않은 아이를 키울 때 그들의 삶은 측정 가능한 여러 가지 형태로 나빠졌다. 그렇다면 왜 더 많은 여성이 아이를 입양 보내지 않을까?

우리는 임신중지를 거부당한 여성들에게 입양을 고려하는지 질문했다. 임신중지를 거부당하고 일주일 후, 14퍼센트가 입양을 고려했다. 사회학자인 그레천 시슨Grechen Sisson 박사는 임신중지가 불가능한 경우에도 대다수의 여성은 입양을 선택하지 않는다는 사실을 발견했다. 임신중지를 거부당한 여성 10명 중 한 명 이하(9퍼센트)만 실제로 아이를 입양 보냈다.[16] 우리는 심층 인터뷰를 통해 임신중지를 한 여성과 거부당한 여성 모두에게 입양을 포함한 의사 결정 과정을 말해달라고 요청했다. 여성이 임신중지를 결정했을 때, 그들은 임신을 유지해 출산하는 것을 원치 않았다. 임신중지가 선택지에서 사라졌을 때 대다수의 여성은 입양을 보내기보다 아이를 키우는 것을 선택했다.

처음엔 입양을 고려한 여성이 부모가 되기를 선택한 경우는 예상보다 가족의 지원을 더 많이 받은 경우였다. 수처럼 출산 후 아이와 유대감을 느끼길 기대하는 경우도 있다. 수는 우리에게 "사실 아이를 포기할 생각을 했었어요. 제가 (첫째) 아이에게 얼마나 애착을 가졌는지 압니다. 모든 것을 헤쳐 나갈 수 있죠. 아이를 보고 나면 포기할 방법이 없어요"라고 말했다. 그들은 아이를 입양 보내면 죄책감을 느낄 것 같다고도 말했다. 우리는 아이가 세상에 존재하지만 어떻게 자라는지 알 수 없고, 아이가 크는 데 아무런 개입을 할 수 없다는 생각을 견디기 힘들다고 말하는 걸 자주 들었다. 일부 여성은 아이가 자신을 찾아내서 입양을 비난할까 봐 두려움을 느끼기도 했다. 다음에 읽을 이야기에서 카밀라는 어릴 때 부모에게 버림받았다고 느꼈고, 클리닉에서 임신중지를 거부당한 이후 엄마가 되기를 결심했다. "부모님은 저를 사랑했다고 생각하지만, 어릴 때는 힘들었어요. 부모님은 자신들이 자유로워지기를 바랐어요. 그래서 계속해서 저를 상대의 집에 데려다 줬어요. 항상 짐 같았어요. 저는 제 아이가 그런 감정을 느끼질 않길 원했어요. 저는 단지 제 아이를 입양 보낼 만큼 강한 사람이 아니라고 느꼈을 뿐이에요."

일부 여성은 자신의 임신이 사람들 눈에 띄었음에도 아이를 키우지 않는다면 사람들이 자신을 어떻게 생각할지 우려했다. 4장에서 본 오하이오 출신의 20세 백인 여성 니콜은 아이를 더 갖는 게 바람직하지 않다고 생각했다. "분명히 입양은 보내고 싶지 않았어요. 이미 많은 아이들이 입양되는 중인데 거기에 하나를 더 보탤 필요는 없다고 생각했죠."

우리의 질적 인터뷰에 참여한, 지표 아동을 입양 보낸 여성 두 명 모두 연구에 참여하는 5년 동안 입양 이후 의도하지 않은 임신을 다시 했다. 한 명은 임신중지를 선택했다. 다른 한 명은 이 책에 등장하는 소피아로, 임신을 유지해 출산하기로 마음먹었다. 두 여성 모두 첫 번째 임신에서 아이를 입양 보낸 것에 만족감을 느꼈는데 이후의 의도하지 않은 임신에서는 다른 선택을 했다. 에이미도 처음에 첫아이를 입양 보냈다가 마음이 바뀌어 되찾아왔다. 그 경험은 후에 그들이 원하지 않은 임신을 했을 때, 입양 가능성은 배제하도록 했다.

임신중지를 원한 여성에게 입양은 원하지 않은 임신에 대한 손쉬운 해결책이 될 수 없음이 분명하다. 입양을 선택하는 여성은 거의 없고, 입양을 보낸 여성은 임신에 대한 후회와 부정적인 감정을 가장 많이 느낀다.

피임 실천

임신중지를 할 수 있었던 것과 거부당하는 것이 각각 여성의 피임 실천에 어떤 영향을 미치는지 살펴보자. 이는 다음 장에서 살펴보게 될 미래의 임신이 의도되었는지 아닌지와 관련이 있다. 2장에서 설명한 바와 같이, 어떤 피임법은 다른 방법보다 추후 임신의 위험을 낮추며 모든 피임법은 아무런 피임을 하지 않는 것보다는 당연히 효과적이다. 임신중지에 대한 접근성은 여성이 미래의 임신에 부주의하도록 만드는가? 임신중지를 하거나, 원하지 않은 임신이지만 출산을 하는 경우에 어느 쪽이 추후에 원하지 않은 임신을 하지 않도록 더욱 예방해주는가? 턴어웨이 연구는 이런 질문을 시험해볼 기회를 제공한다.

임신중지 후 피임과 출산 후 피임에 대한 문제는 건강보험 접근성에 따라 복잡한 문제가 된다. 가장 효과적인 피임법은 건강보험 적용이 안 된다면 매우 비싸다. 임신중지를 거부당한 여성이 좀 더 나은 지점일 것이라고 생각한 영역은 보험이었는데 (왜냐하면 메디케이드가 사보험이 없는 저소득층 여성의 출산을 지원해주기 때문이다), 이는 사실임이 밝혀졌다.[17] 임신중지를 거부당한 뒤 출산을 한 여성은 임신중지를 한 여성보다 6개월 시점에 보험에 가입되어 있을 확률이 76퍼센트 대 66퍼센트로 높았지만, 1년 6개월 뒤에는 이런 이점을 유지하지 못했다. 출산 후 메디케이드가 출산 비용을 부담한 여성은 일반적으로 최소 2개월의 건강보험 혜택과 피임을 보장받을 수 있다. 그러나 임신중지 후에는 그런 건강보험 혜택이 없다. 빈곤한 여성의 출산은 공보험(메디케이드)으로 거의 보장되지만 임신중지는 법적으로 대부분 보장받지 못한다. 공보험으로 임신중지를 지원받을 수 없는 33개 주 중한 곳에 사는 여성은 임신중지 시 피임 시술을 보장받는 것조차 매우 어렵다.[18] 공보험 또는 사보험으로 피임을 지원받는 것은, 비록 임신중지를 하더라도 미래의 임신을 예방하는 효과적인 방법이다. 많은 여성이 피임 비용을 충당하기 어려워할 뿐 아니라 임신중지 클리닉이 피임 시술을 제공하지 않는 일이 많아 곤란에 처한다. 우리가 모집한 시설의 96퍼센트에서 피임 시술을 제공했지만 80퍼센트만이 처방전 없이 구입할 수 있는 콘돔, 처방이 필요한 피임약, IUD나 임플란트 같이 여성의 몸 안에 넣는 장치 등 다양한 방법을 제공했다. 다른 시설에서는 선택권이 적었다.[19]

UCSF의 역학 박사과정 학생이었고 지금은 '아이비스 재생산 건강'에서 일하는 하이디 모세슨Heidi Moseson 박사는 턴어웨이 연구에서 피임에 관한 데이터를 분석했다.[20] 그는 임신중지를 시도하고 1년 후 대부분의 여성이 피임을 한다는 사실을 발견했다. 임신중지를 한 여성의 86퍼센트, 임신중지를 거부당한 여성의 81퍼센트가 피임을 했다. 이런 작은 차이는 향후 4년간 지속되었다. 그러나 사용되는 피임법의 종류에는 차이가 있었다. 4년 후, 임신중지를 거부당한 여성은 난관결찰술을 받을 확률이 17퍼센트로, 임신중지를 한 여성의 6퍼센트가 난관결찰술을 받는 것보다 더 높았다. 반면 임신중지를 한 여성은 피임약, 패치, 링 등 호르몬 조절 방법이나 차단 방법(콘돔, 다이아프램)등을 사용할 확률이 43퍼센트로, 임신중지를 거부당한 여성의 28퍼센트보다 보다 높았다. 두 그룹 여성들 중 3분의 1 이상이 IUD나 임플란트 같은 LARC를 사용했는데, 이는 일반 인구의 두 배 정도 높은 비율이다. 임신중지를 한 여성은 임신중지를 거부당한 여성보다 피임 도구를 사용할 확률은 전반적으로 높았지만 난관결찰술을 받을 확률은 낮았다. 이전의 연구에서 임신중지를 한 여성들이 추후 또다른 임신중지를 할 확률이 높다고 알려졌음에도 불구하고, 이것이 임신중지를 거부당한 여성에 비해 피임에 대한 동기가 낮아서라고 볼 수는 없다.[21] 그보다는 오히려 생물학적으로 임신이 쉬운 것, 피임에 대한 접근권이 낮은 것과 관련이 있을 것이다.

계획된 임신

턴어웨이 연구에 참여한 많은 여성이 여전히 나중에 아이를 갖길(이미 아이가 있는 경우에는 더 많은 아이를 갖길) 원했다. 우리가 앞서 임신중지를 거부당한 후에 태어난 아이(지표 아동)와 임신중지 이후 태어난 아이(뒤이은 아동)의 복지를 비교했을 때, 후자의 그룹이 유대감과 경제적 측면에서 더 나은 결과를 보였다. 그들은 또한 부모 양쪽이 있는 가정에서 자랄 가능성이 높았다. 하지만 임신중지를 거부당했던 여성이 지표 아동을 낳은 이후 의도한 임신을 중지한다면 그 이유는 무엇일까? 당신이 임신중지를 반대한다면, 당신은 여성이 임신을 하면 출산을 해야 하고 특히 더 나은 환경에서 임신 상태를 보내야 한다고 생각할 수도 있겠다. 자, 원하지 않은 임신이 출산까지 연결되는 것이 미래의 출산에 어떤 영향을 미치는지 살펴보자.

턴어웨이 연구는 임신중지가 난임을 유발하지 않는다는 사실을 명백히 보여준다. 우리는 임신중지를 하는 여성이 새로운 임신을 할 확률이 특히 높다는 것 또한 발견했다. 연구에 참여한 956명의 여성 중 39퍼센트는 향후 5년 안에 한 번 더 임신을 했고, 이 기간 동안 평균 1.5번의 임신을 했다. 이런 임신들 중 15퍼센트는 의도된 것이고, 39퍼센트는 양가적이었으며, 46퍼센트는 의도하지 않았다.

우파드헤이 박사는 여성들의 추후 임신 여부는 전에 자신의 뜻대로 임신중지를 했는지와 관련이 있다고 분석했다. 임신중지를 거부당한 여성의 32퍼센트가 또 임신을 한 것과 비교해 임신중지를 한 여성의 44퍼센트가 한 번 더 임신을 했다.[22] 임신중지를 한 여성의 임신율이 더 높았고 이는 5년간의 연구 기간 동안 유지되었다. 임신중지를 한 여성이 여전히 미래에 아이를 갖길 원한다는 것에 놀랄지도 모르겠다.[23] 우파드헤이 박사는 임신중지를 한 여성이, 임신중지를 거부당해 지표 아동을 출산한 여성보다 이후 5년 동안 계획된 임신을 할 확률이 연간 7.5퍼센트 대 2.2퍼센트로 더 높음을 보여줬다.[24] 임신중지를 거부당해 출산한 여성보다 임신중지를 할 수 있었던 여성이 초기 2년간 임신을 더 많이 시도했다. 그도 그럴 것이 갓 출산한 여성은 신생아를 돌보는 데 더 집중할 것이다. 후에는 임신에 대한 욕구가 두 집단에서 비슷하게

나타났지만 임신중지를 한 여성이 자신이 원하는 임신을 할 확률이 더 높았다.[25]

미래의 '의도한' 임신에 대한 우리의 발견과는 대조적으로, 당시 UCSF의 간호대학원생이던 에인절 아틀란-키헤이E.Angel Aztlan-Keahey 박사는 박사 논문에서 임신중지를 한 여성과 임신중지를 거부당한 여성 사이에 임신중지 이후의 '의도하지 않은' 임신에 관해서는 차이가 없다고 밝혔다.[26] 연구에 참여한 여성 3분의 1(34퍼센트)은 임신중지 이후 의도하지 않은 임신을 1회 이상 경험했다. 의도하지 않은 임신에 통계적으로 유의미한 차이는 없었다. 두 집단의 여성 중 29퍼센트가 이 의도하지 않은 임신을 중지했다.

결론은 임신중지를 한 여성은 임신중지를 거부당한 여성보다 향후 5년간 의도한 임신을 할 확률이 높다는 것이다. 여성이 임신중지를 원할 때 그것을 할 수 있게 하는 것은 그들이 나중에 부모가 될 준비가 되었을 때 임신을 유도할 가능성을 높인다. 아까 첫 임신중지를 할 수 있었기 때문에 이후 준비가 되었을 때 의도한 임신을 할 수 있었던 올리비아의 이야기를 읽었다. 워싱턴 출신의 30세 백인 여성 마고 또한 "글쎄요. 한 가지 예를 들자면 술을 끊었어요. 덕분에 아이를 갖기 더 좋은 타이밍이 되었어요"라고 말했다.

아이들이 받는 영향

임신중지는 여성의 권리 대 배아 혹은 태아의 권리에 관한 것만은 아니다. 임신중지는 여성이 아이를 돌볼 준비가 되었을 때 아이를 가질 수 있는지에 관한 문제다. 모든 사람은 아이의 행복에 관심을 갖는데 이 연구는 여성이 자기 아이의 상황이 더 나아질 것인지에 따라 출산을 고려하는 경향을 보여준다. 여기에는 원하지 않은 임신 당시 이미 태어난 아이들(임신중지를 시도하는 여성의 60퍼센트는 이미 아이가 있는 엄마다), 미래의 아이들도 포함된다.

준비되지 않았을 때 아이를 갖는다면 여성과 아이에게 나쁜 결과를 초래할 수 있다. 여성이 새로운 아이를 경제적으로 부양할 수 있는 가능성은 더욱 낮아지고, 감정적 유대가 떨어질 가능성은 매우 높아진다. 임신중지를 할 수 있는 것은 여성이 나중에 더 나은 환경에서, 원하는 임신을 할 가능성을 높인다.

다음은 카밀라의 이야기다. 카밀라는 파티를 즐기는 삶을 살았지만 임신중지를 거부당한 경험이 그를 올바르게 살도록 만들었다. 많은 면에서 이는 사회보수주의자들의 환상이기도 하다. 하지만 원하지 않은 임신의 결과로 여성의 빈곤이 증가하는 것과 달리 카밀라의 경험은 그렇지 않다는 점에서 그의 이야기는 특이하다. (이 연구와 세계의 사례들에서) 대부분의 여성 곁에 매년 수십만 달러를 버는 남편이 있진 않다. 그러나 나는 결혼 및 물질적 성공을 임신 유지의 원인으로 설명하지 않도록 유의하려 한다. 카밀라는 임신중지 후에도 디에고Diego와 사귀었을지 모른다. 8장에서 다룰 것처럼 임신중지를 했는지 또는 거부당했는지 여부와 남성과의 관계 유지 가능성 사이에는 아무런 연관이 없는 것처럼 보인다. 카밀라가 원하던 시기에 아이를 가질 때까지 기다릴 수 있었다면 그는 가족과 멀어지지 않거나 물질적·심리적 어려움 속에서 첫아이를 낳지 않았을지 모른다. 카밀라가 전에 임신중지 경험이 있다는 사실에도 주목해야 한다. 텍사스에서 만난 디에고와의 교제, 이후 원하던 아이의 임신은 그의 첫 번째 임신중지가 아니었다면 일어나지 않았을지도 모르는 일이다.

인터뷰 7

카밀라
Camila

저는 언제나 "제가 아이에게 생명을 주면서,

저도 생명을 얻었다"라고 말합니다.

당신이 엄마가 되면 마음이 열리고 바뀔 거예요.

뉴저지 출신입니다. 거친 사람들이 살지만 아름다운 곳이죠. 부모님은 정말 어릴 때 저를 낳았고, 저는 부모님을 따라 여기저기 이사를 다녔어요. 6학년에서 12학년까지, 10개에서 12개 정도의 학교를 다녔습니다. 아빠는 뉴저지에, 엄마는 텍사스에 살았어요. 저는 어느 해에는 고모와, 어느 해에는 할머니와 살았어요. 또 어떤 해에는 다른 고모와 살았고요.

21살 때의 저는 정상이 아니었죠. 학교에 가야 했지만 그만두고 약국에 취직했습니다. 가장 친한 친구 두 명과 함께 살았어요. 친구들과 즐거운 시간을 보내며 일하고 돈을 벌었죠. 자아를 찾으면서요. 텍사스의 엘 파소에 있는 친구 집에 놀러간 적 있어요. 친구와 밥을 먹으러 나갔는데 디에고가 스테이크를 서빙했죠. 저는 적극적인 사람은 아니었지만 디에고에게는 그랬어요. "일 끝나면, 여기 와서 앉는 게 어때요?"라고 말했거든요. 친구와 바에 앉아서 맥주를 마시고 있는데 그가 왔어요. 저와 디에고는 서로 첫눈에 반했죠. 전 사랑에 빠졌고 엘 파소로 이사했어요. 매우 빠르게 일어난 일이었죠.

우리는 첫 크리스마스를 함께 보냈고 다음 해 1월에 임신했어요. 양은 적었지만 계속 월경을 했기 때문에 임신 사실을 몰랐어요. 종잡을 수 없는 월경 주기여서 다른 증상이 나타나기 전까지 알아채지 못했고요. 임신중지 가능 기한 같은 게 있는지, 임신중지가 뭔지 몰랐어요. 전에 임신중지를 한 적이 있지만 그걸 깊이 생각해본 적도, 읽어본 적도, 구글링을 해본 적도 없어요. 그냥 아이를 가진다는 걸 생각해본 적이 없어요. 그러니까 당신의 뇌가 "이건 생명이고 이건 너 안에 있어"라는 말을 처리하질 못하는 것 같은 거예요. 겁이 났지만 괜찮을 거라고도 생각했어요. 세상이 끝난 건 아니잖아요. 그런 감정들이 부끄럽다고 말하진 않겠어요. 저는 아무 잘못이 없으니까요. 저는 모든 사람이 그렇게 하는 것처럼 생명을 소중히 여길 줄 몰랐어요.

임신중지를 시도한 건 5월이었습니다. 임신중지의 큰 이유 중 하나는 디에고를 만난 지 1년도 되지 않았기 때문이에요. 입양도 고려했지만, 정말 모순이라는 것을 알아요. 입양 관련 책이나 쇼 본 적 있지 않아요? 항상 그런 것들을 보며 아이에게 슬픔을 느끼곤 했죠. 나중에 엄마가 있든 없든 어떤 유대감을 느꼈어요. 또 다른 이유 중 하나는 제 가족이었습니다. 부모님은 저를 사랑하지만 어렸던 그들에게 절 키우는 건 힘든 일이었을 거예요. 부모님은 자유로워지고 싶어 했거든요. 그래서 부모님은 계속해서 저를 각자의 집에 데려다 줬죠. 저는 항상 부담스러웠어요. 제 아이가 그런 감정을 느끼지 않길 원했기 때문에 입양은 선택지가 아니었죠. 스스로가 아이를 입양 보낼 만큼 충분히 강한 사람이 아니라는 생각이 들었어요.

누군가와 아이를 갖는다는 건 두려운 일이에요. 디에고는 좋은 남자죠. 첫 만남 때 디에고는 철없는 21살 애송이였어요. 디에고는 월마트와 레스토랑에서 일했지만 수입이 충분하지 않았죠.

임신중지 클리닉의 사람들은 정말 친절했습니다. 텍사스 사람들과 달리 거만하거나 못나지 않았죠. 의료진이 "5개월이에요?" 라고 물을 것 같았지만 아니었어요. 의료진은 제가 원하는 모든 정보를 줬죠. 직원들은 매우 도움이 되었고요. 임신 사실을 알게 되면 여러분은 감정적으로 충격과 분노를 느끼고, "내가 어떻게 해야 할까요?"라고 고민하게 돼요. 여러분은 결정을 내려야 하죠. 짐을 싸서 앨버커키로 갈 건가요? 아니면 임신을 유지할 건가요? 삶의 기로에 서고 말죠. 그 일은 여러분의 인생을 다음 장으로 넘어가게 해요. 이것이 여러분의 새 삶이고, 새롭게 일어날 일이죠.

임신중지를 하지 않기로 결심하자 마음이 평온해졌어요. 저를 부정적으로 바라보는 사람과 만나지 않았어요. 할아버지, 할머니, 엄마, 아빠 모두와 대화를 나눴어요. 그들은 제게 앨버커키에 가서 임신중지를 하라고 했어요. 엘 파소에서는 임신중지를 거부당했지만 앨버커키에 가면 할 수 있다고요. 그 후로 저는 1년 동안 그들을 보지 않았습니다. 가브리엘Gabriel이 5개월이 될 때까지도요. 저를 지지해주는 사람이 없었어요. 부모님한테 정말이지 화가 났습니다. 부모님이 제 삶에 관여할 자격이 없다고 느꼈죠. 디에고와 디에고의 조부모님만이 저를 응원해줬어요. 외로움은 스스로를 강하게 하는 것 같아요. 특히 아이를 갖게 될 때처럼 정신이 번쩍 들 때는 말이에요.

디에고는 제가 하고 싶어 하는 것은 뭐든지 좋아했어요. 그는 힘이 되어줬고, 뭐든지 줬으며, 저를 위해 모든 걸 했죠. 하지만 엘 파소를 떠나고 싶어 하진 않았어요. 전 엘 파소가 낯설었고, 거기서 아이를 키우고 싶은지 알 수 없었어요. 엘 파소에는 할 일이 별로 없었거든요. 사막일 뿐, 별로 예쁘지도 않고 핫한 곳이 아니에요. 거기서 가정을 꾸리고 싶지 않았지만, 디에고는 그렇게 하자고 했죠. 정말 느긋한 사람이에요. 제가 어떤 결정을 내리든 디에고는 열려 있고 자기주장이 강하지 않아요. 디에고는 저를 매우 지지해줍니다. 디에고는 아이들과 친하게 지내진 않지만 오래 일하고, 훌륭한 보호자예요. 그런 면에서 좋은 사람이고요. 우리는 아파트에 살아요. 괜찮죠. 하지만 저는 재정적으로 여유롭지 못해서 두 가지 일을 해야 했어요. 월급으로 근근이 살았어요.

　디에고는 술을 마시거나, 담배를 피우지 않아요. 저는 파티를 즐겼고 마약도 했죠. 디에고와 있으려고 엘 파소에 왔을 때부터 그 일들은 제가 평생 하지 않을 일이 되었습니다. 4년에서 5년 동안 그런 일들을 하고 나서 완전히 식어버렸죠. 완벽히 끊는 데에는 시간이 좀 걸릴 것 같지만요. 그는 저를 안정시켜줬고, 삶을 좀 더 다르게 보고, 사랑하고, 소중히 여기게 했어요.

　모두와 관계를 끊은 후 정신을 차리고 아침에 일어나 차를 마시며 아기와 관련된 쇼를 봤어요. 막달까지는 정말 행복했어요. 의사가 산후 우울증이라고 했는데 아이를 낳기 전부터 너무 슬펐죠. 의사가 프로작 복용을 권했습니다. 처방전을 받았지만 아이를 위해서 약을 먹지는 않았어요. 아이가 이미 많이 자랐기 때문에 프로작이 괜찮을 거라는 걸 알았지만 그냥 먹지 않았어요. 혼자라서 슬펐어요. 한 달 후 가브리엘이 태어나니까 그런 증상이 다 사라진 거 있죠? 전혀 없던 일 같아요.

출산이 늦어져서 유도 분만 일정을 잡아야 했습니다. 기저귀는 있었지만 넉넉하지 않았어요. 유아복도 있긴 했지만, 돈이 부족했어요. 엘파소에 아는 사람이 없어서 임신 축하 파티도 못했어요. 제가 가족과 말도 안 했기 때문에, 가족은 아무것도 보내주지 않았어요. 매우 빡빡한 생활이었죠. 가브리엘을 낳은 이후 저는 매우 겸손한 성격이 되었어요. 비록 혼자였지만 가브리엘을 만나고 인생에서 누구와도 그렇게 깊이 연결된 것을 느낀 적이 없었어요. 오랜 시간, 매일매일 디에고와 저 둘뿐이었죠.

집을 떠나지 않았어요. 3개월 동안 운전도 안 했죠. 아이를 낳고 난 후 제가 가고 싶어 하는 곳 어디든 디에고가 데려다줬거든요. 가브리엘을 너무 사랑해요. 아이와 디에고와 집에 있고 싶었죠. 정말 이상한 일이었습니다. 아기와 겨울잠을 자는 동물처럼 느껴졌거든요. 대단했죠. 우울에서 벗어나다니 괜히 눈물이 핑 돌더군요. 가브리엘을 낳고 정말 행복했어요. 우리의 작은 집에서 가브리엘과 저는 영원한 친구였습니다.

가브리엘이 18주가 되었을 때 디에고의 대고모가 운영하는 카페에서 일하기 시작했고, 2012년엔 그 카페를 샀죠. 사장이 된 거예요. 대학교는 중퇴했어요. 새로운 건물을 사서 카페를 확장해 크리스천 카페를 만들었어요. 가브리엘은 카페에서 자랐습니다. 스쿨

버스가 카페에서 가브리엘을 데려가고, 데려다줬어요. 멋진 일이죠. 카페가 술 없는 바 같다고 항상 말해요. 손님이 들어오면 어머니나 디에고의 여동생이든 아무 이야기나 해도 되거든요. 그 말이 아무데도 새어나가지 않는다는 걸 아니까요. 대화를 나누는 것은 치료 효과가 있어요. 대화가 좋은 약이라고 생각합니다. 사람들에게 둘러싸여 시간이 흘렀습니다. 고립되는 건 좋은 방법이 아니에요. 당신의 가족이 강하다는 것을 알고 목적을 세운다면 당신은 계속 나아갈 수 있어요.

3월까지 아무와도 이야기하지 않았어요. 뉴저지에 돌아갔을 때 가브리엘은 5개월이었죠. 할머니는 제게 전화를 걸었고 문자도 보내고 음성 메시지도 남겼죠. "전화를 하지 않으면 너를 만나러 갈 거야." 그래서 전화를 걸었더니, 할머니는 미안하다고, 저를 지지했어야 한다고 말했어요. 저는 아빠를 제외한 모든 사람과 다시 이야기를 나눴습니다. 이전보다 더 강하고 건강한 관계를 맺지 못한 유일한 사람이 아빠죠. 시간이 좀 걸렸지만 가족이 지금의 저를 지지해줘서 매우 기뻐요.

1년 동안 디에고와 정말 열심히 돈을 모으며 살았습니다. 디에고는 하루에 14시간에서 16시간을 일했고, 지금은 변호사가 되었어요. 식당에서 일한 것과는 거리가 멀죠. 저는 이혼을 원했어요. 너무 바빴고 그가 점점 별로라는 생각이 들었어요. 우리는 결국 화해했죠.

작년에 임신했어요. 너무 기뻐요. 훌륭한 크리스마스를 보내고 9개월 후 아이를 갖게 되었죠. 제 두 가지 큰 성과는 카페와 딸이라고 말하고 싶네요. 가브리엘이 세 살이 되었을 무렵부터 아이를 가지려고 노력했어요. 2년 6개월 정도 고민했고 3년째에 임신을 결심했는데 두 번 유산하기도 했죠. 가브리엘은 우리 생각보다 훨씬 일찍 찾아온 아이였죠. 우리는 임신에 문제가 없을 것이라 생각했어요. 첫째를 잃었을 때, 겨우 임신 8주였죠. 둘째를 잃었을 때는 임신 14주였고 힘들었죠. 하지만 저는 카페에서 주 5일에서 6일을 일해야 해서 괴로울 겨를이 없었어요. 가브리엘은 월요일에서 금요일은 학교에 갔고 토요일엔 제가 데려왔습니다. 일어나서 아이 옷 입히고 출근하고 집에 돌아오고 강아지에게 밥을 주고 저녁 먹고 남편 밥을 차려주고 잠자리에 들고 옷을 정리하고 매일 반복되는 바쁜 일상이네요. 당신도 저처럼 슬픈 이야기를 하지 말고, 다른 것들로 당신을 바쁘게 해봐요.

우리는 1년 동안 아파트, 작은 집, 트레일러 하우스 세 곳에서 살았습니다. 아이를 가졌을 때 정말 가난했어요. 우리는 결혼한 것도 아니어서 그저 아무 관계도 아닌 채로 살았죠. 이제 디에고는 1년에 25만 달러 이상 벌어요. 카페가 문을 닫아도 경제적으로 골치 아프지 않습니다. 아주 편하게 살아요. 디에고는 5년 전처럼 오랫동안 일하고요. 제 삶은 정말 멋집니다. 아이를 갖는 건 삶에 많은 의미를 부여했어요. 참 즐겁죠. 제가 삶을 사랑하지 않은 건 아니에요. 어릴 때는 그저 파티 같은 것에 눈이 멀어서 삶을 소중히 하는 방법을 몰랐을 뿐이죠.

나 자신밖에 모르다가 어느 날 갑자기, 아니 진통에 시간이 걸리기도 하죠. 저는 이틀 걸렸어요. 어쨌든 이 조그만 아이를 위해 모든 걸 다 할 수 있게 되는 거예요. 사랑하는 거죠. 가브리엘은 올해 여섯 살이 됩니다. 가브리엘이 준 모든 것을 사랑합니다. 가브리엘은 저를 더 나은 사람으로 만들죠. 배트우먼처럼 차를 몰고는 했지만 지금은 "아기가 타고 있어요" 스티커를 붙이고 느리게 운전하죠. 모든 것이 극적으로 변해요.

이런 일이 일어난 게 기뻐요. 저는 난폭 운전을 하거나 대마초나 필로폰 같은 것을 피우거나 마약을 하고 무모한 짓을 하다 죽을 것이라고 생각했거든요. 어떤 종교도 없지만 엄마가 되면 마음이나 행동이 달라지는 게 있죠.

디에고는 아침 10시에 출근하기 때문에 우리 가족은 아침을 함께 보낼 수 있어요. 가브리엘은 매일 아침 동생이 있는 저희 침실에 들어와요. 매일 아침 저와 디에고는 아이들과 유대감을 갖기 위해 노력하죠. 각자 해야 할 일이 있지만 하루에 끝에는 서로 함께하려고 합니다. 아이들을 동등하게 대하면서 그들에게 좋은 옷을 입히고 좋은 학교에 보내고 좋은 물건을 사주고 싶어요. 더 많은 아이를 낳게 된다면 그럴 수 없어요. 육체적·물질적으로뿐만 아니라, 정신적·감정적으로 아이들과 잘 어울리고 싶습니다. 아이들에게 관심을 듬뿍

주고 싶어요.

저는 학교에 다녀요. 삼촌과 회사를 차리기 위해 일을 배울 거고요. 카페를 닫고, 새 챕터를 시작하고 싶어요. 어쨌든 지금 목표는 아이들을 먹이고 즐겁게 해주고 제 시간에 수영 수업에 가는 것이에요. 하지만 몇 가지 사업가적인 목표도 있고요.

아이를 갖지 않기를 선택했다면 상상할 수 없어요. 클리닉에서 아이를 지키라고 해줬죠. 모든 여성이 저처럼 좋은 경험을 하길 바랍니다. 저는 정말로 문 하나가 닫히면 다른 문이 열린다고 생각합니다.

임신중지에 대한 생각은 시간이 지나면서 변했어요. 많은 여성이 임신중지를 했죠. 우리 가족 중에도 적어도 한 번은 한 것 같아요. 제가 텍사스에 오기 전까지 그건 문제가 아니었어요. 텍사스에서는 사람들이 임신중지에 반대해요. 수정이 생명의 시작인지, 출생이 생명의 시작인지에 대한 논쟁으로 거슬러 올라가죠. 저는 언제나 "제가 아이에게 생명을 주면서, 저도 생명을 얻었다"라고 말해요. 당신이 엄마가 되면 마음이 열리고, 바뀔 거예요. 당신은 이걸 받아들이기만 하면 돼요.

카밀라 · 텍사스 출신 · 라틴계

임신중지 거부 당시 22살 · 임신 18주에 임신중지

8

남성들

턴어웨이 연구 결과와 이 책에 실린 이야기들은 임신중지를 시도하는 여성의 삶에 남성이 주요한 역할을 한다는 사실을 알려준다. 여섯 아이의 엄마이자 모르몬교인 가브리엘 블레어처럼 남성은 원하지 않은 임신에 대해 그들의 '무책임한 사정irresponsible ejaculations'을 책임져야 한다고 말할 수 있다.[1] 결국 블레어의 주장처럼 임신 예방을 위한 가장 쉽게 이용 가능한 수단(질외사정, 더욱 효과적으로는 콘돔 사용)은 남성의 책임감에 달려 있다.

또한 남성은 임신중지에 관한 의사 결정(남성은 여성이 임신중지를 하는 이유기도 하다)에 큰 역할을 한다. 우리는 이런 원하지 않은 임신에 함께한 남성들 중 가족을 돌보거나 책임을 받아들이는 남성이 거의 없다는 것을 발견했다. 루이지애나 출신의 제시카를 생각해보라. 23세 때 둘째를 출산한 직후 임신중지를 하고 신경성 질환인 다발경화증(임신 중 심한 메스꺼움과 구토를 일으킨다)을 발견했는데, 이는 아이와 산모 모두 위험하게 할 수 있다. 제시카는 감옥을 들락거리는 남편이 자신에게 무슨 일이 일어났을 때 대신 아이를 키울 것이라 믿지 않았다. 제시카가 새 아이를 낳았을 때 건강이 너무 좋지 않아 3주간 병원에 있었는데, 더욱 걱정스러운 건 남편이 어린 아이와 갓 태어난 아이를 보러 3주 동안 두 번밖에 오지 않았다는 것이다. 제시카와 남편은 친척들에게 아이들을 맡겼다. 이 기억은 제시카가 세 번째로 임신했을 때 임신중지 결정에 영향을 미쳤다. 그는 남편으로서, 아이들의 아빠로서 의지할 수 없었고 제시카는 그가 감옥에 간 동안 이혼 소송을 제기할 참이었다.

우리 연구에서 계획되지 않은 임신에 대한 여성과 남성의 의견 차이는 흔치 않았다. 임신에 대한 의사 결정에서 소외되는 남성에게 공감할 수는 있다. 여성이 아이를 원하지 않지만 남성이 아이를 낳고 싶거나, 여성이 아이를 원하지만 남성이 아이를 원하지 않는 상황에서 임신은 괴로운 일이 아닐 수 없다. 하지만 마르티나가 말했듯 임신을 지속하고 신체적·감정적 자원이 드는 건 여성의 몸이기 때문에, 결정할 사람은 여성이다. 자기에게 결정권이 없다는 이유로 일부 남성은 그 관계를 떠나기도 하지만, 이 연구가 보여주듯 대부분의 남성 파트너는 의사 결정 과정과 진료 과정에 직간접적인 역할을 수행한다.

결과를 살펴보기 전에, 우리 연구는 남성에게 자신의 파트너가 임신중지를 하거나 임신중지를 거부당하는 것에 어떻게 생각하는지 묻거나 시간이 지남에 따라 남성의 생각이 어떻게 변화하는지 관찰하지 않았음을 인정한다. 이 장은 여성이 임신중지 의사 결정 당시 남성과의 관계와 남성의 의견에 대한 여성의 생각을 보고한 결과를 담았다.[2] 남성과 직접 접촉하고 인터뷰를 하기 위해서는 연구 참여에 대한 남성들의 동의가 필요했을 것이다. 우리가 여성 연구 참여자를 모집하던 시설에서 남성 파트너 연구 참여자를 모집해도 여성과 동행하는 남성이 모두 아이의 친아빠는 아닐 수 있다. 의도하지 않은 임신과 임신중지에 대한 남성의 경험은 분명히 중요하고, 앞으로 더 자세히 조사할 가치가 있는 주제다.

남성 파트너의 역할

대부분의 남성은 계획되지 않은 임신을 어떻게 할지 결정하는 과정에 실제로 참여한다. 우리는 다섯 명 중 네 명(83퍼센트)의 남성이 여성이 임신중지를 고민 중일 때 임신 사실을 알게 된다는 것을 발견했다. 약 7퍼센트는 여성의 임신중지 이후 임신 사실을 알게 된다. 나머지 10퍼센트는 임신과 임신중지에 대해 완전히 모르는 상태로 남는데, 드물게는(1퍼센트) 여성이 (강간당한 상황을 포함해서) 누구의 아이를 임신했는지 몰라 확신하지 못하기 때문이다.

의사 결정 시점에 남성 파트너가 임신 사실을 알고 있었던 여성들 중에서, 여성의 43퍼센트는 남성이 자신이 무엇을 해야 할지 확신하지 못하거나 여성에게 결정을 맡겼다고 보고했다. 여성의 3분의 1(31퍼센트)은 남성이 임신중지를 원했다고 보고했다.[3] 여성의 약 4분의 1(26퍼센트)은 남성이 출산 및 아이 양육을 하고 싶어 했다고 보고했다. 니콜은 자신을 학대하는 남자친구가 "(임신중지를 하지 말라고) 몇 번 설득했다"라고 말했다. 여성처럼 남성 사이에서도 입양은 선호되는 선택지가 아니었다. 1퍼센트 미만(0.7퍼센트)이 여성이 출산을 해서 아이를 다른 사람이 키워주기를 원했다.

우리는 시드니Sydney에게 자신의 아이를 낳도록 하려는 남성에 대한 걱정스러운 이야기를 들었다. 시드니는 우리에게 폭력적인 남자친구가 시드니의 뜻과 반대로 피임을 하지 않아 의도적으로 임신을 하게 했다고 말했다. "저는 그와 의견이 달랐어요. 콘돔을 사용했는데 아마 어느 날 밤에 그가 콘돔에 구멍을 내거나 콘돔을 벗거나, 어쨌든 그런 것 같아요. 미끄러지거나 벗겨질 수도 있지만. 실제로 무슨 일이 일어난 건지는 모르겠어요. 그는 제가 그의 아이를 낳길 원했는데 저는 '안 돼, 준비가 안 됐어'라고 계속 말했거든요." 시드니는 남자친구에게 임신과 임신중지 사실을 알리지 않기로 마음먹었다. 그러지 않으면 "혼란스러웠을 것"이라고 말이다.

시드니는 임신을 중지할 때까지 그 사실을 숨기는 과정에서, 남성과의 의견 불일치가 여성의 임신중지를 늦출 수 있음을 직관적으로 알아챘다. 여성 다섯 명 중 한 명(18퍼센트)은 이런 의견 불일치가 임신중지를 늦췄다고 말했다. 이런 이야기들을 통해 남성이 임신에 대해 충분히 지원하지 않거나 책임을 지지 않기 때문에 여성이 임신중지를 확실하게 결정하는 것을 여러 번 봤다. 게다가 남성이 여성이 임신중지 시술에 접근하도록 돕지 않는 것은 여성에게 이 남성이 아빠가 될 만큼 믿을 만한 사람이 아니라고 생각하게 했다. 소피아와 마르티나 이야기에서 이를 살펴볼 수 있다.

10장 이후에 만나게 될 캘리포니아 출신의 19세 소피아는 남자친구가 자신을 지지하지 않고, 그런 그와 부모가 될 수 없다는 생각에 임신중지를 원하게 되었다. 임신 사실을 알게 된 날, 소피아는 과다하게 피를 흘리고 겁을 먹었는데, 남자친구가 자신을 응급실에 데려다주길 거부했다고 말했다. 소피아는 임신중지를 하기에는 임신 주수가 너무 길어서 임신을 유지해야 했다. 소피아는 "그가 아빠가 되고 싶지 않다면, 강요하고 싶지 않아요"라면서 아기를 입양 보내기로 결정한 과정에서 남자친구를 고려했다고 말했다.

3장에서 본 마르티나가 남자친구에게 임신 사실을 알리자 무슨 일이 있었는지 기억나는가? 남자친구는 "내가 옆에 있어 주길 바라는 거야?"라고 물으면서 마르티나에게 자신은 다음 날 교외로 일을 나가야 한다고 강조했다. 마르티나는 "아냐. 나 혼자 해결할 수 있어"라고 말했고 남자친구가 그렇게 묻는 것만으로도 이것을 혼자 해결해야 할 일이라고 생각했다. 남자친구가 신경 쓰지 않았기 때문이다. 마르티나의 남자친구는 이미 아이가 있었다. 마르티나는 그와 함께한 짧은 기간 동안 남자친구의 육아를 지켜보며 기대가 없어졌다고 했다. 그러나 마르티나가 아이를 임신했다고 말했을 때 남자친구가 전혀 위급해 보이지도, 관심을 보이지도 않은 것이 결정적이었다. 남자친구는 마르티나가 신뢰할 수 있는 남편이 되지 않을 것이라는 걸 알았고, 마르티나도 22살의 나이에 싱글맘이 되고 싶지 않았다.

임신중지 이유로서의 남성

UCSF의 공중보건 과학자이던 카루나 치버Karuna Chibber 박사는 여성의 임신중지 의사 결정에서 남성의 역할을 살펴봤다.[4] 치버 박사는 턴어웨이 연구에 참여한 여성들 중 거의 3분의 1(31퍼센트)에 해당하는 여성의 임신중지 이유가 남성과 관련 있다는 사실을 발견했다. 즉 3분의 1이 남성과의 관계가 충만하지 않다고 말했다. 알코올 중독자이자 '언어폭력을 일삼는' 남자친구와 자주 싸운 마고가 그렇다. 4분의 1은 남성 파트너가 좋은 부모가 되지 않을 것이라고, 혹은 되지 못할 것이라고 말했다. 제시카와 아리엘라가 그랬다. 아리엘라는 대학교에 거의 다니지 못했고, 고등학생 때부터 사귄 남자친구는 좋은 부모가 되지 못할 것이라고 생각했다. 파트너가 임신중지의 이유라고 말한 여성 다섯 명 중 한 명은 아이를 같이 키우기에 남성 파트너가 부적절하다고 답했다. 예를 들어 남성이 이미 결혼을 했거나, 투옥되었거나, 불법 약물을 사용하기 때문이다. 멜리사는 수감된 남편의 친척의 아이를 임신했지만 출산을 원하지 않았고, 수년 후에도 이 결정에 만족했다.

임신을 유지해 출산하는 것은 임신에 함께한 남성과의 관계가 오랫동안 이어지는 결과를 가져올 수도 있는데, 많은 여성이 이를 막고 싶어 한다. 마고는 임신중지를 통해 최악의 상황을 면했다고 말했다. 얼마 지나지 않아 알코올 중독자인 남자친구는 음주운전으로 다른 사람을 크게 다치게 해서 감옥에 갔다. "알다시피 저는 아이를 낳지 않은 것에 감사해요. 그렇지 않았다면 삶의 많은 시간을 그와 함께해야 했을 거예요. 아이와의 관계는 끝나지 않으니까요." 제니Jenny의 사례도 있다. 제니는 이웃 남성과 두 번의 성관계 이후 20살에 임신했다. 제니가 임신중지를 시도할 때는 이미 임신 주수가 너무 길었다. 아이가 태어나자마자 제니는 임신을 함께한 남성과 헤어졌고 남성은 아동 성추행으로 25년형을 받았다. 이 아이나 다른 아이가 피해자가 되었을지도 모른다. 그 이후로 제니는 접근금지명령을 신청했고, 그 남성은 이제 그들 삶에 없다. 제니는 다른 사람과 결혼했고 아이는 현재 남편을 '아빠'라고 부른다고 했다. 제니는 딸이 있는 것에 감사했지만 임신을 함께한 남성과 얽히고 싶진 않았다.

심층 질적 인터뷰에 참여한 여성 31명 가운데 두 명은 당시 남자친구가 임신중지를 강요했다고 밝혔다. 과달루페Guadalupe는 남자친구가 임신중지를 하라면서 자기를 클리닉에 데려갔다고 말했다. 멕시코시티에서 이주한, 18살의 과달루페는 가족의 지원 없이 한 아이를 키우고 있었다. 과달루페는 임신에 반대한 남자친구 때문에 무력감을 느꼈다고 말했다. 아드리안느Adrienne는 오래된 남자친구와 재결합 후 임신 사실을 알았을 때 34살이었고 시카고에서 어린 딸과 함께 살았다. 아드리안느는 아이를 원했지만 남자친구는 원하지 않았다. 남자친구는 매일 아드리안느에게 전화를 걸어 임신중지를 하라고 종용하면서 "나는 아이를 원하지 않아. 네가 죽었으면 좋겠어"라고 말했다고 회상했다. 하지만 우리 연구 전체에서 단 한 명의 여성만이 임신중지를 하라는 파트너의 압력이 임신중지를 하는 유일한 이유라고 보고했다. '부모 개입법parental involvement laws'(어린 여성이 임신중지를 하기 전에 부모에게 알리거나 허락을 받아야 하는 법)이 정당화되는 주요 논지 중 하나는 여성보다 더 나이 많은 남성 파트너의 착취적이고 강제적인 임신중지 강요에서 여성을 보호한다는 데 있다.[5] 하지만 이때 남성에게 압력을 받았다는 여성은 10대가 아니라 30살이었다. 중서부의 한 대형 클리닉에서 진행한 연구에서 어린 여성이 임신중지에 대한 압박을 받을 때, 압박을 가하는 사람은 남자친구보다 부모일 때가 많았다.[6]

폭력적인 연인

브렌다는 20대 초반에 가난했고 술을 많이 마셨다. 자신이 '쓰레기'라고 말하는 폭력적인 연인 관계에서 벗어나려고 애를 썼다. 남자친구는 브렌다를 때렸고 브렌다는 반격했다. 둘은 헤어졌지만 차에서 자는 것에 싫증을 느낀 브렌다가 다시 그 해로운 관계로 되돌아갔다. "임신 사실을 알았을 때, 세상에, 정말로, 진짜 무서웠어요. 정말, 정말, 정말로 그의 아이를 갖고 싶지 않았어요"라고 말했다. 하지만 2장에서 보듯 브렌다는 임신 사실을 너무 늦게 발견했고 몇몇 임신중지 클리닉이 임신중지 시술을 거부했다.

9장 뒷부분에서 브렌다의 전체 이야기를 읽을 수 있다. 당신이 이미 4장 뒷부분에 나온 20살 니콜의 이야기를 읽었다면, 브렌다는 폭력적인 관계 속에서 임신을 하게 된 유일한 사람이 아니라는 걸 알 것이다. 니콜의 남자친구는 니콜을 통제하고 싶어 했고 니콜의 공부를 방해했다. 니콜이 심한 천식을 앓고 있음에도 아파트에서 끊임없이 담배를 피우며 깨끗한 공기를 마시지 못하게 했다. 남자친구는 감정적·신체적 학대를 일삼으며 정기적으로 니콜에게 성관계를 강요했다. "그는 무작위로 요구했어요. 응하지 않으면 결국 싸웠죠." 2장 후반부에서 읽은 것처럼 제시카의 남편은 아빠 역할을 하지 않을 뿐 아니라 제시카를 신체적으로 학대했다.

우리 연구에서 임신중지를 원하는 여성들 중 소수(2.5퍼센트)는 임신중지의 이유로 남성 파트너의 학대를 꼽았는데, 이는 전국적인 통계치와 비슷한 수치다.[7] 하지만 최근에 남성 파트너의 폭력을 경험한 여성의 수치는 두 배 증가했다. 임신중지를 시도할 당시, 20명 중 한 명은 임신에 함께한 남성이 지난 6개월 이내에 밀거나 때리거나 치거나 발로 차거나 목을 조르는 등 신체적 상해를 입혔다고 말했다. 30명 중에 한 명은 폭력에 대한 두려움을 나타냈다.

당신은 이 책에서 다룬 여성 10명의 사례에서 일반적인 경우보다 폭력의 경험이 흔하게 나타난다는 것을 알아챌 수도 있다. 다만 폭력을 기준으로 이야기를 선별하지 않았다. 오히려 가장 강력한 목소리와 다양한 경험, 관점을 중심으로 했다. 폭력적인 남성 파트너의 아이를 임신한 브렌다, 니콜, 제시카와 같은 여성이 임신중지를 원하는 이유는 학대하는 파트너에게 자신을 구속하고 싶어 하지 않았고, 아이들을 파트너의 폭력에 노출하고 싶어 하지 않았기 때문이다. 질적 심층 인터뷰에 참여한 오리건 출신의 백인 여성 쇼나Shawna도 그랬다. 33세의 쇼나는 딸을 키우는 싱글맘이었고 새로운 연인을 사귀던 중이었다. 갑작스러운 임신 후 충격이 좀 가신 뒤 자신이 아이를 갖고 싶어 한다는 것을 알았다. 경제적·감정적으로 본인이 감당할 수 있다고 느꼈다. 하지만 파트너에게 이야기했을 때 "그는 완전히 흥분했는데 남자친구의 본색을 본 순간 너무 무서웠고 말 그대로 당장 다음 날 전화를 걸어 예약을 잡았어요"라고 했다. 남자친구는 나중에 마음을 바꿔 아이를 원했지만, 그의 변덕에 쇼나는 겁을 먹었다. "언젠가 그가 저, 아니면 아이를 죽일 것이라 생각했어요. 저와 아이는 안전하지 않았죠. 그런 남자에게 얽매여 아이를 갖는 것은 악몽이 될 거예요." 쇼나는 다음 해에 다른 파트너의 아이를 가지면서 우리 연구팀에게 "제가 더 많은 아이를 원하지 않은 게 아니에요. 그와 아이를 낳고 싶지 않은 거예요"라고 말했다.

임신중지를 시도하는 시점에서 임신중지를 거부당한 여성과 임신중지를 한 여성 간에 학대 피해 경험에는 차이가 없었다. 그러나 임신중지를 했을 때 임신중지를 거부당한 여성은 경험하지 않는 폭력의 극적 감소를 경험하게 되었다. 니콜은 자신을 학대하는 남자친구를 떠나기까지 임신중지 이후 1년이 더 걸렸다. 제시카의 임신중지 직후 남자친구는 감옥에 다시 들어갔고 제시카는 안도했다. 제시카는 가정 폭력 피해자를 돕는 대학교 내 법률 프로그램의 도움을 구하고 이혼 소송을 제기했다. 브렌다는 어떻게 됐을까? 브렌다가 임신중지를 거부당한 이후, 남자친구는 폭행을 멈췄지만 임신한 동안만이었다. 브렌다는 아이를 입양 보내고 싶었지만 남자친구가 반대했다. 아이가 태어난 후 폭력이 다시 시작되었다. 브렌다는 "제길, 멍든 눈으로 면접을 보러갔어요"라고 말했다.

임신 중 약물 사용에 관한 데이터를 분석한 세라 로버츠 박사는 폭력 데이터도 분석했는데 연구를 시작하고 2년 6개월이 지난 시점에서, 임신중지를 거부당한 여성이 임신중지를 한 여성보다 아이 아빠로부터 폭력을 당할 가능성이 더 높다는 사실을 발견했다.[8] 임신중지를 거부당한 여성은 그 남성과 관계가 끝난 이후라도 지속적으로 접촉했고 그 관계에서 벗어나는 데 수년이 걸렸다. 그동안 여성은 폭력의 위험에 계속해서 노출되어 있다. 로버츠 박사의 표현대로 임신중지를 거부하는 것은 여성들을 폭력적인 파트너에게 묶어놓는 결과를 초래할 수 있다.

나쁜 관계의 지속

우리의 데이터에 따르면 임신중지를 시도한 여성의, 임신에 함께한 대부분의 남성은 아빠 역할을 원하지 않았다. 많은 남성이 여성에게 애정을 거의 느끼지도 않았다. 10장 이후에 보게 될 소피아는 출혈이 심할 때 병원에 데려다주지도 않는 남성과 괴로운 관계를 맺었다. 소피아가 응급실에서 남자친구에게 전화를 걸어 임신했다고 말하자 남자친구는 전화를 끊어버렸다. 후에 남자친구가 다시 소피아에게 전화를 한 이유는 임신중지를 권유하기 위해서였다. 임신 당시 우리 연구에 참여한 여성 다섯 명 중 네 명(80퍼센트)은 임신에 함께한 남성과 사귀고 있었다. 임신중지를 시도한 지 불과 일주일 후 4분의 1은 관계가 끝났고, 다섯 명 중 세 명(61퍼센트)만이 여전히 관계를 유지했다.

위태로운 애정 관계는 애초에 여성이 임신중지를 원하도록 만들기 때문에 각 연인들이 계속 헤어진다는 사실에 크게 놀랄 건 없다. 임신중지를 시도한 지 2년 후, 다섯 명 중 두 명 이하(37퍼센트)의 여성이 여전히 임신을 함께한 남성과 관계를 지속했고, 5년 후에는 네 명 중 한 명(26퍼센트)으로 줄었다. 우리는 임신중지가 이별의 원인이라는 어떤 증거도 찾지 못했다. 오히려 나쁜 관계가 임신중지의 이유다. 물론 우리가 인터뷰한 여성들 중에 예외는 있다. 앞서 본 싱글맘 키아라는 임신하기 전에 남자친구를 떠나고 싶었다. 남자친구는 키아라를 스토킹했다. 하지만 키아라가 이별을 결심하는 데 도움을 준 것은 예상하지 못한 임신 이후 즉각적으로 임신중지를 한 것이다. "저는 이 결정을 내리는 것이 이 관계에서 벗어나는 길이라는 걸 알았고, 이걸 딛고 앞으로 나아갈 수 있었어요. 뒤돌아보거나 망설일 필요가 없다는 걸 알았죠." 쇼나는 남자친구의 관계가 임신으로 인해 끝나기도 했다. 쇼나는 남자친구가 공동양육자로서 적합하지 않을 뿐 아니라, 남자친구가 쇼나와 아이의 안전을 위협한다고 느꼈다. 우리의 이야기에서 알 수 있듯, 대부분 실제 이별은 제시카, 마르티나, 니콜이 그런 것처럼 몇 달 후에 벌어진다.

임신을 유지해 출산을 하고 아이를 함께 돌보는 것이 커플 관계를 유지하는 데 도움이 되리라 생각할 수도 있겠다. 사실 임신을 유지하고 새로운 아이를 키우게 될 때조차 관계는 해체되곤 한다. 6장에서 이야기한 질적 심층 인터뷰에 참여한 아미나를 생각해보라. 아미나와 남자친구는 아이가 태어난 후 2년 동안 함께 살았다. 하지만 관계가 좋지 않았고 아미나는 남자친구가 아빠 역할에 관심이 없다고 생각했다. 캘리포니아의 버클리대학교의 공공정책 교수인 제인 몰던Jane Mauldon 박사는 턴어웨이 연구를 위해 임신중지 시도 후 2년 6개월 동안 관계의 양상을 살펴봤다. 2년의 시점까지 애정 관계에 큰 차이를 찾지 못했다. 임신중지를 거부당한 여성의 40퍼센트, 임신중지 가능 기한 직전에 임신중지를 한 여성의 39퍼센트가 관계를 유지했다. 그러나 임신중지를 거부당한 여성들의 이별이 더뎠을 수도 있지만 2년째가 되면 두 그룹에 더 이상 차이가 없었다. 또한 몰던 박사는 임신에 함께한 남성과 여전히 관계를 유지하는 여성의 결혼 비율이나 관계의 질에서 어떤 중요한 차이점도 발견하지 못했다. 임신중지를 거부당한 여성의 3퍼센트만이 향후 2년 안에 결혼했다. 공교롭게도 같은 기간 동안 임신중지를 거부당한 기혼 여성 중 3퍼센트가 이혼했다.[9]

분명한 것은 임신을 유지해 출산을 하는 것이 비록 애정에 기반한 관계는 아니더라도, 임신에 함께한 남성과 지속적인 접촉을 하는 결과를 가져온다는 것이다. 몰던 박사는 임신중지를 시도하고 일주일 후, 여성의 90퍼센트가 남성과의 관계를 유지했으며 임신중지를 한 여성과 거부당한 여성 사이에 큰 차이가 없다는 사실을 발견했다. 하지만 2년 후, 임신중지를 거부당한 여성의 79퍼센트가 그 남성과 여전히 사귀거나 만나고 있었는데, 이는 임신중지 가능 기한 직전에 임신중지를 한 여성의 68퍼센트가 그런 것과 대조적이었다. 우슈마 우파드헤이 박사는 다시 5년간의 데이터를 수집한 후, 남성과의 애정 관계에서 임신중지를 한 여성과 임신중지를 거부당한 여성 사이에 차이점이 있는지 다시 한 번 살펴봤고 유의미한 차이가 없다는 사실을 발견했다.[10]

우파드헤이 박사는 데이터 수집 후 첫 2년 동안 애정 관계에 대한 우리의 데이터 수집이 미흡했다고 지적했다. 오직 임신에 함께한 남성과의 관계에만 초점을 맞추고, 그 이후의 남성 혹은 여성과의 애정 관계에는 초점을 맞추지 않았다. 관계의 급속한 해체를 고려할 때 이는 심각한 실수였다. 그래서 우리는 2년 이후부터, 여성이 누구와 애정 관계를 형성하는지, 그 관계의 질은 어떤지에 대한 질문을 추가했다. 이런 질문들이 초기 몇 번의 인터뷰에는 포함되지 않았기 때문에 전체적인 양상을 파악할 수는 없지만, 2년 후에 변화가 있었는지는 알 수 있을 것이다.

우파드헤이 박사가 발견한 사실은 다음과 같다. 임신중지를 한 여성과 거부당한 여성 사이에 애정 관계를 형성하는 비율에는 차이가 없다는 것이다. 두 집단 모두 어떤 관계를 맺고 있을 확률은 같았다. 하지만 임신중지를 한 여성들은 3년 6개월이 지나는 시점까지 그들이 맺는 관계가 "매우 좋다"라고 답할 확률이 더 높았다.

임신중지를 한 여성 중 47퍼센트가 2년 동안 매우 좋은 관계를 유지한 반면 임신중지를 거부당한 여성은 28퍼센트만이 그랬다.

이는 우리에게 무엇을 말해주는가? 원하지 않은 임신을 유지하는 것은 끈끈한 관계와 가족을 만드는 데 좋은 방법이 아니다. 앞 장에서 우리는 임신중지를 거부당한 후 태어난 아이들이 임신에 함께한 여성과 남성의 애정 관계 속에서 양육될 가능성이 낮음을 살펴봤다. 브렌다의 아이는 경찰과 아동보호국CPS의 관리를 필요로 하는 가정 폭력을 너무나 많이 겪은 탓에 부모 모두와 같이 살지 않게 되었다. 브렌다는 임신중지를 할 수 있었다면 훨씬 더 빨리 이 관계를 끝냈을 것이라고 말했다. "아이를 가졌기 때문에, 의도한 것보다 훨씬 더 오래 (전 남자친구와) 함께 지냈어요. 제가 임신한 것을 몰랐다면, 전 남자친구의 아이가 아니었다면, 제가 이 연구에 참여한 해에 우리는 영원히 헤어졌을 거예요."

임신중지 시술을 제공하는 것은 여성들이 미래에 더 건강하고 행복한 관계를 찾을 가능성을 높인다. 2009년에 임신에 함께한 남성이 임신중지를 하도록 강하게 압박했다고 말한 과달루페는 그런 행운이 따랐다. "임신중지 이후 만난 현재의 파트너가 제게 남자들이 다 똑같진 않다는 사실을 가르쳐줬어요. 파트너가 제게 두 번째 기회가 있을 수도 있다고 알려주었죠. 그와 저 사이에는 두 살짜리 아들이 있어요. 다시 임신한 것은 축복이었죠. 이번에는 저와 가족을 꾸리는 것에 진심인 파트너와 함께 계획을 세웠어요"라고 말했다.

지지적인 남성

턴어웨이 연구의 인터뷰 진행자들은 잔인하고 난폭하게 행동하는 남성들의 이야기를 많이 들었다. 우리는 또한 임신에 함께 한 남성, 혹은 그 외에 남성들 중에 사려 깊고 친절하고 지지적인 남성들에 대한 사례도 많이 접했다. 이들은 여성에게 임신중지를 위한 경제적·감정적 지원을 했고, 임신중지를 거부당했다면 입양이나 육아를 하는 데 필요한 도움을 주기도 했다. 소피아의 애인은 소피아가 피를 흘리는데도 병원에 데려가지 않았지만, 소피아의 가장 친한 남자 친구는 소피아를 도왔다. 함께 임신중지 클리닉에 갔고 임신중지를 거부당한 뒤, 소피아가 아이를 입양 보내겠다는 계획을 털어놓은 유일한 사람이었다. 소피아는 "제가 입양 서류에 서명할 때 베스트 프렌드가 옆에 있었어요. 제가 입양 부모를 고를 때도, 병원에 갔을 때도 마찬가지였어요. 진통이 올 때 병원에 데려가준 사람도 친구였죠"라고 말했다. 몇 년 후, 삶이 각자 다른 방향으로 흘러가더라도, 입양 보낸 아이의 생일에 소피아와 친구는 함께였다. 소피아는 친구를 '천사'라고 부르며, 그가 없었다면 그 힘든 시기를 헤쳐 나갈 수 없었을 것이라고 말했다.

남성인 친구들은 이 책에 담은 10명의 여성에게 영향을 미쳤다. 멜리사는 수감된 남편의 친척과의 사이에서 임신을 하고 임신중지를 시도할 때 네 명의 아이들을 키우기 위해 애를 썼다. 아이들이 '할아버지'라고 부르는 나이 지긋한 남성은 멜리사의 절박한 심정을 알고 임신중지 비용을 댔을 뿐 아니라 임신중지 클리닉에 데려다주기도 했다. 니콜은 자신을 학대하는 남성과의 관계를 끊기 위해 임신중지가 절실히 필요했지만 비용을 감당할 수 없었다. 그가 전 남자친구에게 도움을 요청했을 때, 전 남자친구는 니콜에게 수백 달러를 송금했다.

카밀라의 이야기는 동화처럼 들릴지도 모른다. 고군분투하던 젊은 연인은 그들이 임신중지를 할 수 없다는 것을 깨닫고 상황을 반전시키기 위해, 안정시키기 위해 노력했다. 그들은 경제적으로 고생했지만 점차 상황이 나아졌다. 카밀라는 '그의 방식대로' 하는 파트너를, 육아에는 다소 소홀하지만 애정이 많은 가장이라고 말했다. 예상치 못한 첫 번째 아이가 생긴 후 또 아이를 가졌다. "남편은 제가 첫아이를 가졌을 때 정말 저를 지지해줬어요. 남편은 아이들과 친하게 지내진 않지만 매우 오래 일하고, 훌륭한 부양자예요. 그런 식으로 좋은 사람이죠"라고 말했다.

가장 큰 구원의 이야기는 멜리사다. 멜리사의 남편은 바람을 피우고 마약을 하고 믿을 수 없고 정직하지 못하고 잔인한 사람이었다. 하지만 감옥에서 나와 새로운 도시로 이사하는 것에 동의한 후, 변했다. 책임감 있는 남편이 되어 멜리사가 대학교에 가도록 도왔다. 하지만 그는 임신중지 한, 그 임신에 함께한 남성은 아니었다. 멜리사는 자기가 옳은 선택을 했다고 믿는다. 멜리사가 그의 아이를 가졌더라도 "남편을 바꾸진 못했을 거예요. 그걸로는 더 나은 아빠가 될 순 없었을 겁니다"라고 말했다. 무엇보다도 멜리사의 남편은 무책임한 남성들과는 달라 보였다. 그의 변화는 멜리사에게 충격으로 다가왔다. "제가 남편과 함께여야 할 어떤 논리적인 이유도 없었죠. 솔직히 말하면 저는 제가 그를 고칠 수 있다고 생각했어요. 마약에서 손 떼게 만들 수 있을 줄 알았어요. 남편을 더 나은 사람으로 만들 수 있을 것이라 생각했어요. 그런 생각은 비이성적이지만, 남편은 나아졌죠. 3년 동안 일을 하는 중이고, 아이들과 잘 지내니까요."

더 나은 관계를 위한 임신중지

턴어웨이 연구에서 임신에 함께한 남성 대다수가 임신중지 전에 임신 사실을 알았지만 임신을 유지하길 원하는 경우는 드물었다. 대부분 임신중지를 크게 지지했다. 남성의 4분의 1만이 아이를 갖길 원했고 임신중지보다 입양을 선호하는 일은 극히 드물었다. 우리는 종종 여성이 임신중지를 선택하는 이유가 '남성'이라는 사실을 발견했는데, 때때로 그 남성과의 관계가 아이를 양육할 만큼 충분히 단단하지 않았기 때문이다. 그러므로 임신에 함께한 남성과의 관계가 서서히 해체되는 건 충격적인 일이 아니다. 하지만 놀랍게도 사람들이 추측하는 것과 달리 임신중지와 아이를 출산하는 것이 추후 연애 관계에 미치는 영향은 없었다. 임신에 함께한 남성에게서 폭력을 당하는 여성 20명 중 한 명은 임신중지를 거부당해 출산을 했고 그 남성과의 관계를 지속했다. 결국 임신중지를 한 여성에 비해 임신중지를 거부당한 여성이 폭력을 당할 가능성이 높아졌다. 좋지 않은 남성과, 적절하지 않은 시기에 임신을 하는 것은 여성의 미래의 관계에 영향을 미친다. 임신중지 거부는 장기적으로 여성이 좋은 관계를 형성할 가능성을 낮춘다. 이는 임신중지가 여성의 인생을 결정하는 데 중요한 역할을 한다는 사실을 보여준다.

일리노이에 살고, 2분기 임신중지를 했을 때 19살이던 제이다의 이야기로 가보자. 우리가 이 장에서 언급한 다른 여성들과 마찬가지로, 제이다는 임신중지의 주요한 이유로 임신을 함께한 남성과의 관계를 꼽았다.

제이다
Jada

슬프고 실망스럽고 상처를 받았어요.

제가 아이를 키우고 싶어도 그럴 수 없을 거라는 걸 알아요.

그가 아빠니까, 저 혼자 아이를 키워야 했을 거예요.

시카고 남부에서 태어나 18살까지 자랐고, 후에는 북부로 이사했습니다. 싱글맘 가정에서 자랐죠. 아빠는 살아 있었지만 같이 지내진 않았거든요. 지금은 엄마, 이모와 함께 살아요.

제가 자란 도시는 장점도 있지만 범죄로 알려지기도 했어요. 그때는 지금처럼 나쁘진 않았어요. 그 지역에 있는 사립학교에 다녔고 저는 그다지 범죄에 많이 노출되진 않았습니다. 신문이나 뉴스를 통해 많이 들었을 뿐이죠. 아이들을 위한 프로그램을 운영하는 소년, 소녀 클럽들이 많이 있었어요. 매년 아이들이 참여할 수 있는 다양한 퍼레이드가 열렸고, 고등학교들도 있었고요. 하지만 범죄로 유명하기도 하고요. 사람들은 부정적인 점에 주목하는 것을 좋아하니까요.

부모님은 법을 집행하는 정부 기관에서 일했습니다. 나쁜 아빠는 아니었지만, 좋은 아빠도 아니었죠. 아빠는 재혼을 해서 다른 자식들이 있었어요. 이모는 걸어서 2분 거리도 안 되는 가까운 곳에 살았고 엄마와 저와 친하게 지냈어요. 그래서 이모와 함께 북부로 이사 갔죠. 그런데 시간이 지날수록 상황이 나빠진 탓에 우리는 그 동네를 벗어나려고 애써야 했어요.

제가 남부 쪽에 살 때 사귄 남자와 계속 연락했죠. 우리는 미숙하기만 한 고등학생 때 만났어요. 우리 관계는 거의 2년간 이어졌고 저는 우리가 진지했다고 생각하지만 돌이켜보면 그렇지만도 않은 것 같아요. 우리는 안전한 성관계를 하지 않았어요. 그리 똑똑하지 못한 행동이었죠. 하지만 저는 사랑에 빠져 있었고 신경 쓰지 않았어요. 임신할 거라고 생각하지 못했죠. 그냥 일어난 거예요. 임신 사실을 깨달을 때까지도 계속 부정했죠.

오랫동안 친구들이 제게 임신을 했냐고 물었어요. 제게 일어난 변화를 알아챘기 때문이죠. 하지만 저는 몰랐어요. 결국 임신했다는 것을 확인했을 때, 그 다음에 무엇을 해야 할지 알아서 다행이었죠. 저는 제가 임신중지를 하리란 걸 바로 알았어요. 입양이나 양육 같은 걸 생각하지 않았죠. 그 길로 임신을 끝내러 갔어요. 제 곁에는 임신중지를 한 사람들이 없었어요. 그러니까 그게 뭔지 알아서라기보다는 잘 몰라서 다른 선택의 여지가 없었어요.

임신 사실을 알고 일주일 만에 임신중지를 했어요. 거의 임신 20주가 다 되었는데 얼마나 부정했으면 그때까지 몰랐던 거죠. 결정을 내릴 시간이 많지 않았어요. 임신중지를 하고 싶다면 당장 해야 했는데 말이에요. 몇 주를 더 기다렸다면 아이를 낳았어야 할 것이고 제 삶은 물론 다른 사람의 삶을 고민했어야 할 거예요.

아빠를 통해 보험에 가입되었기 때문에 아빠에게 보험 카드를 달라고 했죠. 무엇 때문인지는 말하지 않았고요. 그걸 받고 임신중지를 할 수 있는 곳을 찾아야만 했어요. 언제 임신을 했는지 몰랐기 때문에 주수를 추정해야만 했죠. 제가 받은 유일한 도움은 아빠의 보험이었고, 전화를 걸고 그 외의 것들을 알아보는 일은 혼자서 해냈어요.

제가 무엇을 하고 싶은지 알았기 때문에 아무에게도 말하지 않았습니다. 다만 임신 사실을 확인하러 병원에 간 날 동행한 친구 한 명만 그 사실을 알았어요. 친구는 가타부타 말이 없었죠. 우리가 한 대화가 잘 기억나지 않네요. 결정은 전적으로 제 몫이었죠. 쉬운 일이었어요. 병원을 알아보고, 전화하고, 정보를 받고, 병원에서 다시 전화를 해 약속을 잡아줬고 그게 끝이었죠. 대기 시간이 길었고 클리닉 직원들이 친절했어요. 직원들은 모든 것이 순조롭게 진행되도록 했어요. 어떤 어려움도 없었습니다.

임신중지를 한 날 저는 꽤 감정적이었어요. 임신 기간 내내 어떤 증상이나 징후도 없었기 때문에 아무것도 몰랐죠. 하지만 임신 중지를 하러 간 날 태동을 느꼈는데, 임신중지를 하지 말라고 하는 것 같았어요. 하지만 해야만 했죠. 돌이킬 수 없었어요. 이틀이 걸렸어요. 시간이 길게 느껴졌습니다.

임신중지 당시 저와 남자친구는 더 이상 관계가 예전 같지 않았어요. 그에게 말도 걸지 않았어요. 당시에는 남자친구가 불법적인 일을 하는지 몰랐는데, 헤어지고 나니 그가 별로 좋지 않은 일을 한다는 걸 알았고요. 슬프고 실망스럽고 상처를 받았죠. 제가 아이를 키우고 싶었어도 그런 남자가 아빠니까 그럴 수 없었을 거예요. 혼자 아이를 키워야 했을 거예요. 엄마를 실망시키고 싶지도 않았어요. 엄마도 제 결정의 한 부분이죠.

가장 나쁜 건 감정적인 후유증이에요. 그러니까 내가 진짜 했구나 싶은 거죠. 저는 임신과는 관계없는 삶을 살았기 때문에 임신중지가 어렵지는 않았어요. 임신 사실을 알고 임신중지를 했죠. 그렇게 해서 기뻐요. 저는 괴물이 아니니까 어떤 부분은 잘못이라는 걸 알아요. 하지만 더 나은 삶을 위해 해야만 하는 일이었어요.

아이를 가졌다는 걸 알면 감정이 격해져요. 하지만 저는 아이를 안 가지겠다고 한 거잖아요. 이제 아이를 가질 수 없다면 어떻게 하나 걱정스러울 때도 있어요. 병원에선 임신중지 이후, 나이를 먹고 몸이 변해가면서 추후 임신에 어려움을 겪을 수도 있다고 말했어요.[1] 편집증 같은 생각일 뿐이죠.

저는 너무 어렸으니까 여전히 옳은 결정을 했다고 느껴요. 경제적으로 안정적이지 않은데 아이를 세상에 데려와 힘들게 하는 건 현명한 선택이 아니었죠. 아이와 고군분투하는 삶을 택하지 않았어요. 이기적인 사람이 되고 싶지 않았습니다.

엄마에게 이 이야기를 꺼낸 적이 없어요. 지금 저는 도시에서 배차원으로 일하는데 꽤 좋은 일이죠. 직업이 있지만 학교로 돌아가 다른 일을 할 수 있을지 고민해보고 싶네요. 고민 중이지만 학위를 따고 싶어요. 지금은 누구도 사귀고 있지 않아요. 제가 할 수 있는 만큼 잘 살려고 해요.

저는 턴어웨이 연구가 시작되었을 때 살던 곳에서 엄마, 이모와 살아요. 내년에는 이사하고 싶고 제 집이 생겼으면 좋겠어요. 저는 남자를 그렇게 신뢰하진 않아요. 그렇게 순진하지 않죠. 좀 더 현명해진 것 같고요. 예전에 그랬다는 건 아니지만 어쨌든 안전하지 않은 성관계는 하지 않습니다. 진지한 관계여도 아이를 가질 준비가 될 때까지 피임을 철저히 했어요. 언제나 안전한 성관계를 하고, 누구와 자고 누구와 사귈지 신중하죠.

지금 더 행복해요. 더 성숙해졌어요. 잘 살아나가는 중이죠. 스스로 무엇을 원하는지, 누구와 함께하고 싶은지, 어떤 남성과 인생을 보내고 싶은지 알아요. 그리고 내년까지 제 집을 구하고 학교로 돌아가고 앞으로 5년 안에 사업을 시작해서 경제적으로 안정되고 가족과 더 가까이 지내며 여행을 하고 싶어요. 가정적이고 경제적으로 안정적인 남자를 만나고 싶어요.

얼마 후 아빠가 결국 임신중지 사실을 알게 되었어요. 그 이야기를 나누면서 우리는 더 가까워졌어요. 아빠는 약간 슬퍼했지만 아빠의 주된 관심은 내 감정이었어요. 아빠에게 괜찮다고 말했고 우리는 앞으로 나아갔죠. 그 후로 가족과 더욱 가까워졌어요. 임신중지가 제 삶을 방해하지 않았기 때문에 극적인 변화 같은 것 없이 일상이 지속되었죠. 우리는 그것에 연연하지 않았어요.

슬프거나 상처를 받거나 행복할 때 일기를 쓰고 음악을 들어요. 임신중지가 생각날 때도요. 임신중지는 저를 좀 더 감성적인 사람으로 만들었어요. 삶의 다른 사건들에 좀 더 민감해졌죠. 특히 아이들 옆에 있거나 텔레비전에서 아이들을 볼 때 그래요.

때때로 슬프기도 했지만 그것에 대해 생각하지 않으려고 했어요. 아이를 가진 여자를 보고 가끔 저도 모르게 "아, 내가 아이를 가질 수도 있었어"라고 생각하긴 해요. 저도 모르게. 항상 그런 건 아니에요. 우울하지 않으려고 해요. 이미 5년이 넘었기 때문에 긍정적으로 생각하려고 하죠. 당시엔 슬펐고 우울했고 감정적이었지만 지금은 앞으로 나아가고 있고요. 나중에 다시 임신할 수 있길, 처음부터 다시 시작할 수 있길 바랍니다.

우울했던 건 아니고 저는 극복했어요. 그렇게 오래 지속되지 않았죠. 아마 몇 주 정도? 저는 임신중지 이후의 감정들을 생각하지 않으려고 했어요. 사촌들에게 누구와 성관계할 것인지 신중하라고 말하려고 해요. 돌이킬 수 없는 일을 할 수도 있기 때문에 조심해야 하죠. 갑작스러운 임신이었지만 저는 보험이 있었기 때문에 비교적 빨리 처리할 수 있었죠. 하지만 아이를 낳아야 했을 수도 있어요.

학교도 알아봤어요. 사업을 시작하려면 무엇을 해야 할지 알아보려고도 했죠. 하지만 아마 내년이 될 거예요. 저는 제가 정말 무엇을 하고 싶은지 알아내야 해요. 투자랄까요. 네일, 헤어, 왁싱 같은 걸 하는 숍을 열고 싶어요. 그런 살롱도 좋고요.

남편으로 적당한 남자를 찾거나, 그런 남자가 아내로서 괜찮은 사람으로 저를 만나길 바라요. 우리는 아이를 가질 수도 있겠죠. 그게 제가 원하는 삶이에요. 하지만 신은 다른 계획이 있을 수도 있으니까 어떤 일이든 언제든지 일어날 수 있다는 것을 염두에 두고 인생을 계획하지도 않을 거예요. 모든 것에 낙관적인 편이에요. 부정적으로 생각하지 않으려고 합니다.

제이다 · 일리노이 출신 · 흑인

임신중지 당시 19세 · 임신 23주에 임신중지

9

연구의
영향

이 책을 읽기 전에 턴어웨이 연구를 들은 적이 있다면(《뉴욕타임스》나 폭스 뉴스, 혹은 수십 개의 다른 국내외 뉴스 매체를 통해) 임신중지가 여성의 정신 건강에 해를 끼치지 않는다는 사실을 들어봤을 것이다. 우리가 가장 간절히 기다렸던 결과였다. 우리는 이 근거를 2017년 2월, 권위 있는 미국 의사 협회 저널《자마 정신의학JAMA Psychiatry》에 발표했다. 발표 4년 전, 96세로 세상을 떠난 쿱에게는 늦은 일이었지만 말이다.[1] 여러분은 임신중지를 한 여성의 95퍼센트가 자신이 올바른 결정을 내렸다고 느낀다는 말을 자주 들었을 것이다. 이는 턴어웨이 연구로 밝혀진 사실이다.[2] 우리가 연구 결과를 발표하기 시작한 이래로 360개 이상의 기사가 작성되는 등 언론의 많은 관심을 받았다. 대부분의 기사는 임신중지 후에 정신 건강이 나빠지거나 부정적 감정이 거의 나타나지 않는다는 사실에 초점을 맞춘다.

이에 비해 임신중지를 거부당한 여성이 받는 나쁜 영향은 거의 주목받지 못했다. 임신중지를 원했지만 거부당한 여성의 경제적 상태에 미치는 부정적 영향과, 현재 아이와 미래의 아이에게 미치는 부정적 영향, (임신중지를 거부당한 이후 사망한 연구 참여자 여성 두 명을 포함해) 원하지 않은 임신이 출산으로 이어질 때 건강에 미치는 부정적 영향 등에 대해서 말이다.[3] 우리는 임신중지를 한 여성과 거부당한 여성 사이의 장기간에 걸친 차이에 대해 상대적으로 관심이 저조해서 놀랐다. 지도자, 국회의원, 뉴스

제작자들은 안전하지 않은 임신중지로 인한 죽음에는 때때로 관심을 갖지만 출산으로 인한 죽음에는 관심을 두지 않는다. 임신중지에 따른 정서적이고 정신적인 영향보다 임신중지를 거부당한 결과에 상대적으로 관심이 낮은 이유는, 소위 말해 "임신중지를 하면 정신 건강을 해칠 수 있다"라는 것이 일부 여론이었기 때문이다. 사회와 미디어는 이런 여론의 틀을 바꾸는 더 복잡한 논리를 제시하는 일에 느리다. 우리는 아직도 임신중지가 여성에게 해를 끼치는지, 임신중지를 하지 못하는 것이 여성과 아이에게 해를 끼치는지는 이야기하지 않는다. 나는 이 책이 임신중지의 다른 측면을 보는 데 도움이 되길 바란다.

특히 턴어웨이 연구에 관한 어떤 기사는 이상한 관심을 끌었다. 임신중지를 반대하는 운동가와 언론인 들은 내가 사회학자 카트리나 킴포트 박사와 《성과 재생산 건강에 대한 관점Perspectives on Sexual and Reproductive Health》 저널에 발표한 〈누가 20주 혹은 그 후에 임신중지를 하는가?〉 논문에서 한 구절을 인용했다.[4] 학계는 언론에서 얼마나 자주 이 논문을 인용하거나 언급하는지 추적할 수 있다. 인용과 언급된 수로 따졌을 때, 이 논문이 턴어웨이 연구에서 가장 영향력 있는 논문들 중 하나로 밝혀진다면 자랑스러울 것도 같다. 이 문장을 인용하는 사람들이 고의로 왜곡한다는 사실을 제외하면 말이다. 특히 어떤 한 문장은 대부분의 3분기 임신중지가 태아 기형과 모성 건강 때문이 아니라 다른 '하찮은' 이유 때문에 이뤄진다는 주장을 뒷받침하기 위해 사용되었다. 불행히도 그 문장은 그런 뜻이 아니며 사실도 아니다. 10년 이상 과학자팀을 이끌고 임신중지가 여성과 아이 들에게 미치는 영향에 대해 중요한 발견들을 했음에도 언론이 사실이 아닌 그 문장 하나에만 관심을 가질 때 기분이 어떤지 아는가? 정말, 정말 절망적이다.

정정해보겠다. 그 논문의 서론에서 우리는 "데이터는 후기 임신중지를 원하는 대부분의 여성이 태아 이상이나 생명의 위협을 이유로 임신중지를 하지 않음을 보여준다"라고 썼다. 과학 논문의 서론에는 어떤 주제에 대해 이미 알려진 것을 서술하곤 한다. 거기에는 문제의 연구 결과가 포함되어 있지 않다. 그 글에서 우리는 '후기 임신중지'를 20주 혹은 그 이후의 임신중지로 정의한다. 그 논문의 목적은 누가 20주 이후의 임신중지 금지법에 영향을 받는지를 알아보기 위한 것이었으며 2분기에 임신중지를 하는 여성에게 초점을 맞춘다. 2분기에 임신중지를 한 여성에 대한 연구 자료는 3분기에 임신중지를 한 여성에 대해서 아무것도 설명해주지 않는다. 다시 말하지만 임신 주수가 진행될수록 임신중지 건수는 급격히 감소한다. 임신중지의 90퍼센트가 첫 13주 동안에 이뤄지고, 1.3퍼센트만이 20주 후에 이뤄진다.[5] 이 논문의 서론에서 우리는 3분기에 임신중지를 한 여성을 매우 소수 포함하고 있긴 하지만, 20주 이후 임신중지 금지법에 영향을 받은 대부분의 여성을 나타낸다고 설명했다. 임신중지를 하는 여성 중에는 (우리가 많이 아는) 임신 20주에서 25주 사이의 여성이 (우리가 잘 모르는) 26주 이상의 여성보다 훨씬 많기 때문이다. 비록 3분기에 임신중지를 하는 모든 여성이 태아 이상이나 모성 건강을 이유로 임신중지를 하더라도, 이들은 20주 이후의 임신중지를 하는 여성들 중 소수이기 때문에 20주 후에 임신중지를 하는 여성에 대한 우리의 연구 결과는 여전히 사실일 것이다.

우리 글의 목적은 여러 주에서 20주 이후의 임신중지를 금지하는 법이 통과된다면, 이에 영향을 받는 여성은 태아 이상이나 건강상의 이유로 예외적으로 임신중지가 가능한 여성이 아니라, 우리 연구에 참여한 여성과 같은 이들임을 보여주는 것이다. 우리는 임신중지 가능 기한이 청소년, 비혼모, 정신 건강이나 약물 사용에 문제가 있는 여성, 가정 폭력을 당하는 여성, 많은 장벽 때문에 초기 임신중지가 불가능했던 여성에게 영향을 미치리라는 사실을 발견했다. 유감스럽게도 그 한 줄을 인용한 보수적인 논객들은 우리가 표현하려고 한 나머지 사실 중 어느 것도 받아들이지 않은 것 같았다. 턴어웨이 연구를 실제로 읽었을지도 모르는 다른 사람들은 이 연구가 다뤄야 할 중요한 비판을 제기하기도 했다.

연구의 객관성

첫째, 임신중지 반대에 정치적 동기가 있는 비평가들은 나와 내 대학교가 너무 편향되어 유효한 데이터를 생산할 수 없다고 지적했다. 샌프란시스코 캘리포니아대학교는 세계 최고의 의과대학교 및 연구 대학교 중 하나다. 또한 임신중지 교육과 연구를 위한 주요 센터이기도 하다. 임신중지를 연구하는 대학교는 거의 없으며, 이 주제에 특화되었다고 알려지면 기금과 교수진, 그 주제에 관심 있는 학생들을 끌어들이게 된다. 'UCSF 빅스비 글로벌 재생산 건강 센터UCSF Bixby Center for Global Reproductive Health'의 연구원들은 임신중지를 중요하고 합법적인 연구 주제로 여긴다. UCSF 빅스비 센터는 피임과 임신중지에 대한 임상 연구를 수행하고, 임상의들이 자궁 내 장치나 임신중지와 같은 가족계획 시술들을 제공하도록 교육한다. 나도 다학제 연구팀인 '재생산 건강 새 지표 향상 그룹ANSIRH'으로 더 잘 알려진 UCSF 빅스비 센터 내의 대규모 사회과학 연구 그룹의 일원이다. ANSIRH는 가족계획 서비스에 대한 접근성을 개선하거나, 임신중지를 제한하는 것이 환자, 임신중지 시술, 안전에 어떤 영향을 미치는지 연구한다. UCSF에 있는 우리는 많은 전문가와 가까이서 협업할 수 있는 혜택을 누린다. 우리 부서는 난임에서부터 자궁근종, 자궁경부암에서 효모 칸디다 세포에 대한 기초과학에 이르기까지 다양한 주제에 대한 선도적인 연구를 진행한다.

　나는 프린스턴대학교의 인구통계학 박사 학위를 갖고 있으며 형식적으로는 출생, 사망, 이주에 대한 통계학을 연구한다. 실제로 성관계, 피임, 결혼, 교육, 고용, 빈곤, 인종, 건강, 부모됨 등을 연구할 수 있는 분야다. 인간의 삶을 이해하는 데 중요한 모든 것을 측정할 수 있다. 우연한 일이지만 내가 UCSF에서 통계학과 사무직원으로 시작해 정식 교수로 재직하는 지금까지 한 연구들은 아마도 수백, 수천 혹은 수만 건의 임신중지를 예방하는 데 기여했을 것이다. 1990년대 후반과 2000년대 초반 캘리포니아의 가족계획 프로그램인 패밀리 팩트Family PACT를 평가하면서 동료들과 나는 저소득층 여성과 피임을 원하는 남성에게 피임법을 제공하면 연방 정부와 주 정부가 임신에 관한 수백만 달러의 의료비를 절감할 수 있음을 보여줬다.[6] 실제 프로그램에서 피임의 비용과 효과성을 입증한 내 연구는 연방 정부가 이 프로그램에 보조금을 지원하도록 설득하는 데 도움이 되었을 것이다. 정치적으로 불안정한 주 자금 지원 프로그램이 아닌 메디케이드에 포함되도록 확장한 것이다. 그 후 연방 정부는 비용과 효과성에 대한 우리의 추정에 고무되었고 25개 주에서 유사한 프로그램을 지원했다. 민간 재생산 건강 연구 기관인 구트마허 연구소는 이런 가족계획 프로그램이 매년 70만 건 이상의 임신중지를 포함해 200만 건 이상의 의도하지 않은 임신을 예방한다고 추정한다.[7]

나는 여성들이 경구 피임약을 1년 동안 공급받는 것이 그들이 매달 또는 3개월마다 경구 피임약을 다시 받기 위해 클리닉이나 약국에 방문해야 하는 것보다 임신할 확률이 훨씬 낮고 임신중지 비율도 낮다는 연구도 진행했다.[8] 나는 캘리포니아 주 정부가 예산을 줄이려고 하거나 여성들이 피임약을 제대로 사용하지 않으면 경구 피임약을 1년 동안 공급하는 것이 낭비라는 생각을 했기 때문에 이 연구를 했다. 내 연구 때문에 캘리포니아 주 정부는 경구 피임약의 1년 단위 공급을 유지했다. 그 후 19개 주가 피임약을 1년 단위로 공급하는 것을 허용하는 법안을 통과시켰다. 이 법안의 발의자들은 내 연구를 인용했다.[9] 물론 의료 관행과 정책에 새로운 과학적 증거를 적용하려면 많은 사람들(로비스트, 정책 입안자, 보건 전문가, 언론인 등)이 필요하다. 우리가 저명한 의학 저널에 데이터를 발표해서, 그 다음 날 갑자기 모든 의료적 처치가 이 데이터에 기반해서 변화한 건 아니다. 하지만 내 연구는 임신중지의 필요 자체를 줄이는 데 기여해왔다.

하지만 내 연구가 임신중지를 예방하는 역할을 했다고 해서, 내가 임신중지 반대 활동을 한 것은 아니다. 비록 내 연구가 임신중지를 줄여온 것에 기여했다는 사실이 기쁘지만, 내 주요 목표는 임신중지를 예방하는 것이 아니다. 누군가 임신을 끝내야 한다고 느낄 때, 나는 그들이 임신중지를 할 권리를 지지한다. 누군가 의도하지 않은 임신을 했지만 아이를 갖고 싶어 할 때, 파트너나 부모가 반대하더라도 아이를 가질 권리가 있다고 생각한다. 이 두 가지 일 모두 우리 가족 안에서 일어난 일이다.

우리 팀과 나는 이 연구를 엄격하고 객관적으로 설계했다. 나는 임신중지를 한 경우와 임신중지를 거부당한 경우 둘 다의 영향을 측정하고 싶었다. 설문지를 만들 때 나는 임신중지의 해악을 우려하는 사람의 입장이 되어서 생각해봤다. 연구를 통해 그런 우려를 해결하는 것이 중요했기 때문이다. 그래서 여성이 임신중지 이후 겪을 수 있는 어떤 어려움에 대해 다루는 것을 망설이지 않았다. 사실 우리는 긍정적인 감정보다는 부정적인 감정에 대해 더 많이 물었다. 얼마나 부정적인 감정을 많이 물어봤냐면, 한 여성은 이 연구가 여자들한테 임신중지를 못 하게 막으려는 연구 아니냐고, 그런 거면 더 이상 대답하지 않겠다고 말했다. 임신중지가 얼마나 흔한지 고려해봤을 때, 임신중지가 여성에게 해로운지 알고 싶었다. 나는 마찬가지로 아이를 키우는 것이 어렵고도 보람 있다는 사실을 안다. 원하지 않은 임신이었을 때 이 균형이 어떻게 변화하는지 궁금했다. 우리는 아이를 키우며 겪는 일상의 어려움을 뛰어넘게 해주는 성취감을 발견하길 기대하며, 삶의 만족도를 구체적으로 질문했다.

연구의 대표성

턴어웨이 연구에 대한 또 다른 비판은 턴어웨이 연구를 대표적인 표본으로 볼 수 있는지에 관한 것이다. 편향이 발생할 수 있는 한 가지 이유는 낮은 참여율 때문이다. 우리가 연구 참여를 위해 만난 여성 세 명 중 한 명이 연구에 참여하기로 동의했다. 클리닉 직원이 만난 3045명의 여성 중 1132명(37.5퍼센트)만이 UCSF 직원으로부터 연구에 대한 보다 자세한 정보를 들은 후 설명 후 동의 절차를 거쳐 연구 참여자로 등록했다. 일주일 후 1000명이 조금 안 되는 956명의 여성이 기초 인터뷰를 마쳤다.[10] 연구 참여에 동의한 여성이 임신중지를 한 모든 여성의 경험을 대변하지 않는다고 우려하는 것은 정당하다.

거부의 이유 중 하나는 이 연구 참여가 쉽지 않았기 때문일 수 있다. 우리는 연구 참여자에게 5년 동안 6개월마다 30분에서 한 시간씩 전화 인터뷰를 요청했다. 또한 우리는 그들의 연락처, 이메일 주소, 집 주소, 심지어 그 여성이 연락이 닿지 않으면 연락할 수 있는 이의 이름과 연락처까지 받길 원했다. 놀랄 것도 없이 모든 사람이 이런 수고를 감수하거나 정보 공개에 동의하지는 않았다. 우리 연구의 연구 참여율은 다른 장기간의 연구들과 비슷하지만, 그럴더라도 이런 우려가 완전히 사라지진 않는다.[11] 임신중지에 수치심을 강하게 느끼는 여성은 그 경험을 상기하고 싶지 않거나 자신의 임신중지 사실을 다른 사람에게 알리고 싶지 않을 수 있다. (사실 추후 설문에서 실제 임신중지 자체에 대한 질문은 매우 적었지만, 연구 참여자 여성들은 처음에는 이 사실을 몰랐을 것이다.) 또한 임신중지를 거부당한 여성은 우리의 연구 동의서에 서명을 하는 데 시간을 쓰기보다, 임신중지가 가능한 다른 클리닉을 찾는 게 훨씬 시급했을 수 있다. 반면 임신중지에 어려움을 겪거나 나중에 볼 소피아의 사례처럼 임신 유지에 따른 불안을 느끼는 여성은, 누군가와 이 문제에 대해 이야기를 나누고 싶어 하거나, 연구에 참여할 가능성이 더 높을 수도 있다.

나는 연구 주제가 여성들이 임신중지에 관한 연구에 참여하기를 꺼리게 하는 등 연구 참여율에 많은 영향을 미쳤다고 생각하진 않는다. 임신중지를 했는지 거부당했는지에 따라 참여율이 달라지지는 않지만, 연구 참여자 모집 장소에 따라서는 큰 차이가 있었다. 연구 참여자 여성 중 3분의 2 이상이 참여율이 높은 지역 상위 세 곳에서 모집되었고, 하위 다섯 곳에서는 4분의 1 미만이 모집되었다.[12] 보수적인 지역에 위치한 클리닉보다 진보적인 지역에 위치한 클리닉에서 더 많이 모집된 것은 아니었다. 장소별로 차이가 나는 이유는 전적으로 여성들에게 연구 참여를 독려한 사람들의 헌신과 노력에 달린 것이라고 생각한다. 예를 들어 노스다코타의 파고 지역에 있는 활기차고 열성적인 담당자인 타미 크로메나커는 이 연구들이 종종 해안가의 부유한 지역의 클리닉에서만 진행되기 때문에 우리 지역 여성의 경험을 대변할 수 있는 중요한 기회가 될 것이며, 이 연구에 더 많은 표본을 위해 도와달라고 여성들을 설득했다. 타미의 클리닉은 가장 높은 참여율을 보인 곳 중 하나다.

나는 임신중지 클리닉 대기실에서 일회성 설문조사를 진행한 적이 있는데, 연락처 등을 요구하지 않는 상황에서 80퍼센트의 여성들이 연구 참여에 동의했다.[13] 그래서 나는 턴어웨이 연구의 낮은 참여율은 아마 연구 참여자들이 임신중지 관련 연구를 꺼리기 때문이라기보다 수년에 걸쳐 반복적인 인터뷰를 진행하고 또 여러 가지 정보를 제공해야 하는 상황 속에서 그들에게 더 큰 열정과 의지를 요청했기 때문이라고 생각한다. 우리는 참여율이 50퍼센트가 넘는 곳의 참여자들만으로 데이터를 제한할 때 연구 결과가 변하는지 실험해봤다. 이렇게 하면 수가 더 적어져서 통계적 의미는 줄어들 수 있지만, 결과는 같았다. 모집이 가장 잘된 장소들은 환자의 연구 참여의 중요성에 대해 깊이 동의하는 사람들이 일하는 곳들이었다. 캘리포니아, 조지아, 켄터키, 뉴욕(초기 연락 담당자가 떠난 중간 시점까지), 당연히 노스다코타도 포함된다.

잠재적 참여 편향이 연구에 미친 영향을 확인할 몇 가지 방법이 있다. 우리는 표본을 CDC나 구트마허 연구소에서 수행한 임신중지를 한 여성에 대한 국가적 연구와 비교해볼 수 있었다.

우리의 표본은 임신중지를 하는 전국의 여성들보다 나이가 많거나, 적거나, 더 가난하거나, 교육을 덜 받은 사람일까? 그렇지 않다는 걸 알고 나는 안도했다. 턴어웨이 연구에 참여한 여성들의 성격은 임신중지를 시도하는 전국 여성들의 인구통계학적 성격과 거의 일치한다. 하지만 나는 임신중지에 대한 정서적 반응이 연구 참여에 영향을 미쳤는지 궁금했다. 이를 확인하기 위해 나는 임신중지를 원하는 여성을 대상으로 중서부에서 진행된 임신중지에 대해 어떻게 느끼는지에 관한 연구와 우리의 결과를 비교했다. 다시 말하지만 턴어웨이 연구에서 가장 많이 언급되는 통계 중 하나는 연구에 참여한 여성 중 95퍼센트가 임신중지는 올바른 선택이었다고 답했다는 것이다. 중서부의 대형 임신중지 클리닉에서 1년간 임신중지를 시도한 5000명 이상의 여성을 대상으로 한 연구의 결과와 유사하다. 94퍼센트는 "임신중지 결정을 확신한다"라고 답했고, 또 95퍼센트는 "당시 나를 위한 선택은 아이를 낳는 것보다 임신중지를 하는 것이었다"라고 답했다.[14] 우리가 아는 한, 선택 편향의 가능성이 없는 연구들과 우리의 연구에서 연구 참여자들의 임신중지에 대한 태도는 매우 유사하다.

또 다른 비판은 임신중지를 거부당해 출산한 여성이, 임신중지가 아예 불법이라 접근성이 없었던 여성들만 대변한 게 아니냐는 것이다. 여성이 처음 임신중지를 거부당하면, 30퍼센트는 다른 곳을 찾아가 임신중지를 한다. 신용 보고서에 관한 연구를 제외하고는 이 책에서 비교의 대상은 임신을 유지해 출산을 한 여성이다. 70퍼센트의 여성은 다른 곳에서 임신중지를 한 30퍼센트의 여성보다 임신중지를 덜 원했을 수 있다. 카밀라를 보면 그렇다. 카밀라는 임신중지를 하기 위해 앨버커키로 480여 킬로미터를 가기보다 아이를 낳기로 선택했고, 출산을 강요된 것이라기보다 자신이 선택한 것이라 생각했다. 이 연구는 임신중지를 간절히 원하지는 않는 여성들을 추적함으로써 임신중지 거부의 폐해를 과소평가할 수 있다. 우리는 임신중지 가능 기한이 10주로 가장 짧은 클리닉을 종단 분석에서 제외함으로써 이런 문제를 줄인다. 그 클리닉은 병원의 임신중지 10주 한계 때문에 거의 모든 여성들을 다 거절했고, 그들 대부분은 다른 클리닉을 찾아 임신중지 시술을 받았다. 그 클리닉을 빼면, 임신중지를 거부당해 출산까지 한 여성의 비율은 80퍼센트까지 올라간다. 이 한 곳의 데이터가 없는 상태에서도, 임신중지를 거부당해 다른 곳에서 임신중지를 하기 위해 떠나는 여성은 임신을 유지해 출산을 한 여성보다 임신 초기였고, 다른 곳으로 임신중지를 하러 가는 것이 여전히 가능한 상황이었다. 내가 보기에, 이번 연구의 타당성은 임신중지를 한 여성과 임신중지를 거부당해 출산을 한 여성이 서로 유사한지 여부에 달려 있다. 임신의 의도성 정도와 임신중지 결정에서 겪은 어려움 정도에 대해서 두 집단은 같았다.

　연구 설계에 대한 이런 비판들을 다루면서 턴어웨이 연구는 방법론적 측면에서 매우 강력한 연구임을 말하고 싶다. 연구에 참여한 여성들의 수가 많고 지리적 다양성이 크다. 이 연구의 참여자들은 미국에서 임신중지를 시도하는 여성들에게 우리가 알고 싶은 점들을 면밀히 반영한다. 우리는 인터뷰마다 연구 참여자의 참여율 95퍼센트를 유지했다. 게다가 그들이 계속해서 연구에 참여할지 여부는 그들이 임신을 어떻게 생각하는지, 임신중지를 하기로 한 결정을 어떻게 생각하는지에 영향을 받지 않았다. 연구 설계는 성공적이었다. 임신중지를 한 여성과 임신중지를 거부당한 여성은 첫 번째 인터뷰에서 유사한 결과를 나타냈다. 그들의 삶은 임신중지를 했는지 여부에 따라 직접적으로 달라졌다. 전국 아홉 개 대학과 네 개 연구 기관의 41명의 연구원들이 턴어웨이 연구의 데이터를 분석해 이번 연구에서 도출된 결론에 신뢰도를 부여했다.

연구의 목적

마지막 비판은 우리 연구의 목적에 관한 것이다. 임신중지 논쟁의 양쪽에는 여성이 임신중지를 하거나 거부당할 때의 결과가 좋은지 여부는 별로 상관이 없다고 생각하는 사람들이 있다.

임신중지가 신체 자율성에 관한 문제라고 생각하는 사람들은, 임신이 여성과 아이에게 더 좋은 결과를 가져다주든 말든 여성은 임신을 끝낼 권리를 가져야 한다고 주장한다. 왜 임신을 유지하고 싶지 않은지에 대한 우려와 이유 들이 거부당한 여성들의 경험에서 인터뷰로 나올 때, 이 비판자들은 내가 마치 여성들에게 본인들의 결정이 옳았음을 증명하라고 종용했다고 생각할 수 있다. 다른 한편 임신중지에 반대하는 UCSF의 동료는 내가 데이터를 모으기 전에 "무엇을 발견하게 되더라도 임신중지는 잘못된 것"이라고 말했다. 그는 원하지 않은 임신을 유지해 출산을 하는 것이 여성에게 더 많은 고통을 가져다줄 것이라 직감했지만, 임신중지는 비도덕적 행위라는 믿음에는 변함이 없었다. 이 두 집단에게 모두, 나는 이 연구가 여성과 아이들의 삶이 임신중지 접근성에 따라 어떻게 영향을 받는 것인지에 대한 것이라고 이야기한다. 물론 사람들이 임신중지에 대한 자신의 신념과 관점을 기준 삼겠지만 나는 도덕적이거나 정치적 논쟁에 참여하려는 게 아니다. 하지만 우리의 의견이 현실에 대한 정확한 이해에 뿌리를 두는 건 중요하다. 턴어웨이 연구의 목적은 원하지 않은 임신과 임신중지가 여성과 아이 들의 삶에 어떻게 영향을 미치는지를 가능한 구체적으로 제공하는 것이다.

연구를 시작하기 전에, 후기 임신중지를 하려는 여성은 임신중지를 하든 하지 않든 그들의 삶이 비참할 정도로 엉망일 것이라고 생각하는 몇몇 회의론자로부터 비판을 듣기도 했다. 이 사람들이 확실히 틀렸다는 게 증명되었다. 후기 임신중지를 시도하는 여성은 저소득층이 많다(약 3분의 2가 빈곤선 이하의 삶을 산다. 1분기에 임신중지를 하는 여성은 절반 정도가 빈곤선 이하의 삶을 산다). 그러나 임신중지의 이유, 임신에 대한 의사 결정, 삶에 대한 열망 등 모든 다른 면에서 후기 임신중지를 하는 여성과 초기 임신중지를 하는 여성은 비슷한 양상을 보였다. 임신중지가 미뤄지는 주된 이유는 임신 사실을 늦게 발견하는 것이고, 다음으로는 건강보험이 없거나 절차와 교통비를 감당할 돈이 없는 등의 구조적인 문제가 뒤따르기 때문이다. 우리는 초기 임신중지를 하는 여성과 후기 임신중지를 하는 여성 모두 야심찬 계획을 세우고, 이런 계획을 달성할 가능성이 동등하게 나타남을 발견했다. 20주 후에 임신중지를 하는 여성(전국적으로 약 1.3퍼센트)의 수는 상대적으로 적을 수 있지만, 이들이 임신중지를 할 수 있는지 여부는 삶의 계획과 가족의 행복에 큰 영향을 미친다.

예상하지 못한 연구 결과

나는 임신중지가 정신 건강에 아무런 해를 끼치지 않는다는 결과에 놀라지 않았다. 덴마크의 데이터나 영국과 네덜란드의 전향적 코호트 연구, 미국에서 수행된 전국적 종단 연구에 기반한 많은 우수한 연구의 결과와 일치한다. 이 연구들의 대부분은, 비슷하게 원하지 않은 임신을 했지만 임신을 유지해 출산을 한 비교 그룹이 없다. 이 연구들은 임신중지 전후에 정신 건강 문제가 비슷한 비율로 발생하며, 임신중지를 하는 여성이 다른 여성보다 정신 건강 문제를 겪을 위험이 높지 않음을 보여줬다.[15] 영국에서 1976년에서 1979년 사이에 모집된 원하지 않은 임신을 한 여성 1만 3000명을 대상으로 한 연구에서 임신중지를 거부당한 여성은 임신중지를 시도하지 않은 여성에 비해 그 후에 (그들의 의사에게서 보고된) 심각한 정신 건강 문제를 겪을 위험이 이전의 정신 건강 이력을 보정하고서도 더 높지 않았다.[16]

나는 턴어웨이 연구에서 임신중지를 거부당해 아이를 키우는 여성의 삶의 만족도가 더 높지 않다는 사실에 놀랐다. 그 이유에 대한 가설을 세워봤다. 아이를 키우는 것은 기쁘지만 어려운 일이다. 또한 그 기쁨이 이상적인 상황에서보다 적으면, 아이를 갖는 것에서 비롯되는 추가적인 어려움들 때문에 기쁨이 상쇄될 수 있다. 한편 임신중지를 한 여성은 가만히 앉아서 임신중지 생각만을 하지 않는다. 사실 6개월마다 누군가 임신중지에 대해서 물어보지 않는 한 그렇다. 대신 그들은 나중에 더 나은 상황이 되었을 때 출산을 비롯해 하고 싶은 일을 계속 해나간다. 삶의 다른 목표를 추구하는 것은 임신중지를 한 여성들이 임신중지를 거부당해 출산을 한 여성들과 비슷한 수준의 삶의 만족도를 느끼게 한다.

우리가 기대하지 않은 가장 비극적인 발견은 임신중지를 거부당한 여성들에게서 나타나는 높은 모성 사망률이다. 미국의 모성 사망률이 1만 명당 1.7명이라는 점에서 여성 1000명을 대상으로 한 연구에서 한 명의 사망자도 발견하지 못할 것이라 생각했다.[17] 모성 사망률은 흑인 여성이 1만 명당 4.2명으로 백인 여성보다 세 배 높지만, 인종과 민족에 따른 임신중지 접근성과 질의 차이는 우리 연구 결과를 설명하지 못한다.[18] 사망한 여성들 중 누구도 아프리카계 미국인이 아니다. 그러나 아프리카계 미국인 여성에게 영향을 미치는 사회적 스트레스 요인과 차별이 임신과 출산으로 낙인과 고립에 처한 다른 인종, 민족의 여성들에게도 괴로움이 될 수 있음을 상상하는 건 어렵지 않다.

내 가족의 이야기

나는 턴어웨이 연구의 발견에 공감했다. 비록 임신중지 경험이 없지만 말이다. 나는 남편과 사귀던 초기에 임신에 대한 공포를 느꼈다. 내가 한 달 중 안전한 때라고 생각할 때만 남편과 성관계를 했다. 내가 통제할 수 없는, 어쩌면 내 인생을 바꿀 수도 있는 내 몸 안의 어떤 것에 대한 두려움을 기억한다. 나는 계속 임신을 하지 않았고, 임신중지에 대해 고민할 필요가 없었다. 약 10년 후 우리가 아이를 갖기로 마음을 먹었을 때는 매우 신났다. 임신은 특별한 일인 것 같았다. 나는 이 놀라운 일을 해온 앞선 세대의 여성들에게 깊은 감사와 유대감을 느꼈다.

　비록 내가 원하지 않은 임신을 한 적은 없지만, 우리 가족 중에 그런 여성을 찾기는 어렵지 않았다. 친할머니이자 유대인인 샐리Sally는 대공황 시절에 임신중지를 했고, 그 후에 세 아이를 낳았다. 친할머니는 당시 불법이던 임신중지를 하기 위해 남편과 뉴욕에서 푸에르토리코까지 갔다. 친할머니는 내가 고등학교에 다닐 무렵 돌아가셨는데, 기억나는 그의 모습은 쇼핑을 좋아하고 친구가 많고 농담을 잘했다는 것이다. 임신중지는 가족이 공공연하게 말하는 주제는 아니었다. 그랬기에 친할머니가 돌아가셨을 때, 친할아버지가 꽃 대신 플랜드 패런트후드에 기부를 하자고 말한 게 놀라웠다. 나는 친할머니에게 푸에르토리코에 가야 한다는 사실을 어떻게 알았는지, 그때 기분은 어땠는지, 시술 제공자가 친절했는지, 합병증을 경험했는지, 그 경험을 어떻게 느끼는지 묻고 싶었다. 플랜드 패런트후드에 기부하기로 한 결정은 친할머니의 뜻이었을까. 합법적 임신중지가 불가능한 게 어떤 의미인지 알았기에 그런 결정을 내리신 걸까.

반면에 외할머니인 도로시Dorothy는 19살 때 캘리포니아 남부에서 임신했다. 외할머니는 "나를 가르치던 골프 강사가 내가 알아야 할 것보다 더 많은 걸 가르쳐줬지"라고 싸늘하게 말했다. 골프 강사에게 임신 사실을 밝히자 그는 외할머니가 임신한 아이가 자기 아이라고 다른 사람들에게 말한다면, 자기 친구들에게 그들의 아이일 수도 있다고 거짓말할 것이라고 했다. 참 '대단한' 외할아버지다. 그는 이미 아들이 둘 있었고, 아내와 별거 중이었다.

외할머니는 매우 엄격한 기독교 가정에서 자랐기 때문에 부모님은 이 임신에 매우 분노했다. 그들은 임신중지를 하도록 압력을 가했다. 그 당시(1940년), 임신중지는 불법이었지만 일반적이기도 했다. 외할머니의 엄마는 결혼 후 도로시를 갖기 전 두 번 임신중지를 했는데, 오늘날 임신중지를 하는 여성들과 마찬가지로 아이를 키울 수 없을 것이라고 느꼈기 때문이다. 그런 임신중지는 낙인찍히지 않았다. 혼전 성관계와 혼외 임신은 스캔들이다. 외할머니는 임신중지를 거부했고 부모는 외할머니를 샌디에고에 있는 비혼모를 위한 구세군 시설로 보냈다. 외할머니는 임신 기간 내내 그곳에 머물다 험난한 출산 과정을 거쳐야 했다. 걷기가 어려워서 집에 갈 수 없었다. 외할머니의 부모가 그를 조산 시설에 맡긴 후 방문하거나 확인하지 않았기 때문에 외할머니가 부모에게 환영받을지 확신할 수도 없었다. 대신 외할머니는 구세군 시설에서 만난 같은 처지에 있는 친구의 집으로 갔다. 외할머니가 이 친구 집에서 출산 후 회복하는 동안 친구의 남자 형제가 외할머니를 강간했다.

외할머니는 그 모든 경험에서 가장 상처가 된 건 강간 후의 기분이었다고 말했다. 강간범은 그가 '쓸모없는' 여성이기 때문에 강간했다고 했다. 그가 더럽혀졌거나 망쳐졌기 때문에 자신의 몸에 대한 모든 권리를 상실했다는 생각은 원하지 않은 임신을 경험한 여성들이 자주 듣게 되는 말 중 하나다. 여성이 의도하지 않은 임신을 하게 되면, 자신의 몸에 대한 발언권을 잃게 된다.

내 엄마는 유니테리언 집안의 해양생물학자 아빠와 조류학자인 엄마에게 입양되어 과학과 인류애를 배웠다. 내 아들의 중간 이름인 마르스턴Marston은 엄마의 평화롭고 사려 깊은 양아버지를 기리며 지은 것이다. 엄마의 양아버지는 1940년대 비키니 환초에서 원자폭탄 실험의 영향을 목격한 사람이다. 한편 외할머니는 매우 흥미로운 삶을 살았다. 첫 결혼에서 몇 년간 임신을 하려고 노력했지만 임신이 되지 않았다. 그러다 남편이 몇 년 전 비밀리에 정관수술을 받았다는 사실을 알게 되면서 이혼했다. 결혼 생활 동안 외할머니는 변호사 보조원 자격증을 땄고 미용실과 보험사를 비롯한 몇 개의 사업을 운영했다. 그는 40대 중반에 로스앤젤레스 카운티 페어*를 운영하는 이탈리아인과 결혼했다. 새 남편은 외할머니보다 수십 살이 많았지만 결혼한 적이 없었다. 이탈리아인은 외할머니에게 자신과 결혼을 한다면 일을 할 필요가 없을 것이라고 말했다. 놀랍게도 외할머니는 결혼 후 가족 사업을 위해 누구보다 열심히 일했다. 외할머니가 이 점을 지적하자 남편은 임금을 받는 일을 다시 할 필요가 없다는 말이었다고 했다. 이 두 번째 남편은 10년 뒤 암으로 죽었다. 그 10년 동안 그들은 매년 박람회 기간 동안 몇 달을 일했고 나머지 시간에는 배로 세계여행을 다녔다.

나는 외할머니의 모든 걸 안다. 내가 12살 때 엄마가 외할머니를 찾았기 때문이다. 그때 외할머니는 64살이었고 엄마는 44살이었다. 가계도에 관심이 있는 엄마의 친구가 엄마의 출생증명서를 통해 도로시를 찾았다. 최근의 출생증명서에는 양부모의 이름이 나오지만 1940년에는 생모의 이름이 나와 있다. 턴어웨이 연구에 참여한 여성들이 자신들이 아이를 입양 보낼 경우 느낄 것이라 예상한 감정과 대조적으로, 외할머니는 행복해 보였다. 다른 아이들도 없었다. 그는 캘리포니아 산타크루즈 언덕에 있는 아늑한 오두막집에 살았다. 내가 메릴랜드에서 고등학교를 졸업하고 대학을 위해 버클리로 이사했을 때, 외할머니는 내 가장 가까운 친척이었다. 외할머니는 샌프란시스코 공항으로 나를 데리러 와 대학교 입학 첫날 기숙사로 데려다줬다. 외할머니의 집에 방문하면 내가 머물 수 있도록 작은 트레일러도 설치해줬다. 우리

---

* 로스앤젤레스에서 매년 열리는 박람회로 1922년 처음 열렸다. 다양한 먹거리와 놀이 기구가 있고 공연, 전시 등이 열린다.

는 몇 년간 행복한 주말을 보냈다. 숲속을 산책하고 산호세에서 열리는 박람회에 가고 볼더 크릭에서 춤을 췄다. 나는 외할머니를 사랑했고 외할머니와 시간을 보내는 게 좋았다.

재밌는 건 오늘날 기준으로 보면 외할머니는 페미니스트는 아니었다는 것이다. 외할머니는 여성의 가장 중요한 일은 자신을 돌볼 남성과 결혼하는 것이라고 생각했다. 나는 외할머니가 그런 남성과 가정을 꾸리는 게 1960년대에 전문직에 종사하고 임대사업을 하는 것보다 쉬워보였지만 결국 그에겐 이룰 수 없는 꿈일 뿐이었다. 그런데 외할머니는 임신중지 권리를 적극적으로 찬성했다. 하지만 외할머니는 왜 자신이 엄마를 임신했을 때 임신중지를 하지 않았는지 결코 설명하지 않았다.

성인이 되어 샌프란시스코만 지역에 정착해 외할머니를 찾아갔다. 때로는 아들과 딸을 데리고 갔다. 나중에 외할머니가 꽤 노쇠해졌을 때 나를 알아보긴 했지만 종종 내가 여전히 대학생이라고 생각하는 것 같았다. 작년에는 외할머니를 우리 집 가까이로 모시고 더 자주 같이 있게 되었다. 외할머니가 92세의 나이로 평화롭게 세상을 떠났을 때, 나는 외할머니와 함께였다.

내 삶과 가족의 이야기는 턴어웨이 연구 결과를 더 보강한다. 분명 사람들은 번번이 아이를 가질 의도 없이 성관계를 한다. 내 경험상 보통은 임신하지 않지만 의도하지 않은 임신은 누구에게나 일어날 수 있다. 원하지 않은 임신을 하는 여성은 우리와 다를 바 없는 사람들이다. 친할머니의 경험에 비춰볼 때 임신중지는 자신의 삶과 가족을 계획할 수 있는 매우 중요한 부분이기 때문에 여성들은 이를 위해 모든 노력을 기울인다. 보통 그들은 후회하지 않고 후에 새 아이를 갖는 것을 포함한 다른 삶의 목표를 쟁취한다. 외할머니의 젊은 시절 경험을 통해 배운 것은 선택의 중요성과 낙인의 힘이다. 임신중지는 모두에게 적절한 일은 아니다. 외할머니도 경험했듯 출산은 큰 신체적 위험과 관련이 있다. 혼전 성관계, 혼외 출산, 입양, 임신중지, 난임 등 낙인이 심한 재생산 경험을 한 여성들에 대한 대우는 심각하다. 그럼에도 불구하고 턴어웨이 연구와 내 할머니들의 이야기들에서, 우리는 여성들이 큰 역경들을 뛰어넘어 성취를 일궈내는 것을 본다.

외할머니는 임신중지를 거부하고 엄마를 낳았다. 그가 임신중지를 했다면 나는 존재하지 않았을 것이다. 친할머니는 원하던 임신중지 시술을 받기 위해 큰 장애물을 극복했고 아빠를 낳았다. 친할머니가 임신중지를 하지 않았다면 아빠가 존재하지 않았을 테니 나도 없었을 것이다. 우리가 한때 자궁 안의 태아였고 고유한 DNA를 가진 수정란이 사람으로 태어날 기회를 가져야 하기 때문에 임신중지를 금지해야 한다는 주장을 자주 듣는다. 그러나 임신중지는 45년 이상 합법적이었고 그전에도 꽤 흔했다. 우리 중 많은 이가 우리의 엄마나 할머니들이 전에 원하지 않은 임신을 유지해 출산하는 것을 피할 수 있었기 때문에 존재한다. 임신중지가 한 생명의 가능성을 끝내는 반면, 턴어웨이 연구는 임신중지가 여성이 이미 키우는 아이를 더 잘 돌볼 수 있게 하고 여성이 선택한다면 후에 보다 나은 환경에서 아이를 가질 수 있게 한다는 것을 보여준다.

임신중지라는 사건이 일어나는지 일어나지 않는지가 중요한 게 아니다. 여성이 자신의 삶을 계획할 수 있는지에 관한 문제다. 나는 우연히 그들 자신의 선택대로 할 수 있던 두 여성의 손녀다. 원하지 않은 임신을 경험하고 임신중지를 결심한 친척들이 있는 건 드문 일이 아니다. 임신중지는 흔한 일이다. 현재 비율에 따르면 미국에서 여성 세 명 중 한 명은 임신중지를 경험하고, 전 세계적으로는 두 명 중 한 명이 임신중지를 한다.[19] 여러분의 가족 중 누군가 이런 이야기를 갖고 있을 가능성이 높다는 말이다. 세상을 더 나은 곳으로 만들기 위한 느리고도 험난한 길에서 출산의 상황, 아이의 수, 시기를 계획하는 여성의 가능성을 증가시키는 것은 매우 중요한 목표다. 턴어웨이 연구는 여성들이 자신의 출산에 대한 통제력을 가질 때 여성과 아이 들이 더 잘 산다는 것을 보여준다.

다음에 만나게 될 브렌다는 최악의 상황에서 결정을 내리려고 애쓴다. 브렌다의 삶은 약물 사용, 알코올 남용, 물질적 어려움, 신체적 폭력으로 가득 차 있다. 브렌다의 날카로운 지성이 이 혼란을 극복해주진 않는다. 임신중지를 하고 싶을 때 아이를 갖는 것이 브렌다를 보다 나은 삶으로 이끌지 않았다. 브렌다의 상황에서 아이를 돌보는 것은 불가능했다.

브렌다
Brenda

임신했을 때 직업을 구하거나 그만두지 않는 것,

또는 아이를 데리고 일을 찾거나 계속하는 것은 매우 어렵습니다.

특히 당신의 파트너가 멍청하고 도움이 안 된다면 말이죠.

남쪽 지방에서 태어났고 어렸을 때 그곳에서 살았습니다. 엄마의 가족이 뉴욕 북부에 살고, 아빠가 아팠기 때문에 우리는 뉴욕으로 이사를 결정했어요. 거기에서 엄마는 외가의 도움을 받았어요. 남편은 죽을병에 걸렸고 아기인 제가 있었으니까요.

아빠가 돌아가실 때까지 한동안 조부모님과 함께 살았는데, 그 이후 우리만의 공간을 구했어요. 뉴욕 북부에서 자라는 건 즐거운 일이었어요. 엄마는 보통 사람들과 다른 방식으로 돈을 벌었기 때문에 가끔 어색하기도 했어요. 오해하지 마요. 엄마는 건물의 관리인이었거든요. 엄마가 우리 학교의 관리인으로 일했을 때 좀 곤란했죠. 엄마는 열심히 일했고, 잘했어요. 부족함 없이 자랐습니다. 승마도 했고요.

저한테는 말이 많았죠. 처음부터 많았던 건 아니고 시간이 지나면서 한 마리씩 늘었어요. 사회성은 좀 부족한 것 같아요. 대부분의 시간을 동물과 보냈거든요. 하지만 재밌었어요. 학교에 가고, 일을 하고, 숙제를 하고, 마구간으로 갔죠. 그런데 너무 많은 일이 벌어졌고, 형편이 매우 나빠져서 결국 말을 팔아야 했어요. 말을 타는 게 거의 우리 집 임대료와 맞먹었어요.

저는 말 타는 것보다 더 좋아하는 걸 발견했어요. 파티였죠. 남자친구와 데이트도 하고 싶었죠. 어쨌든 저는 몇 년 동안 그렇게 지냈어요. 엄마는 질색했어요. 절 텍사스 어느 시설에 보냈고, 저는 그곳에 갇혀 살아야 했어요. 끔찍했죠. 어딜 가는 게 허락되지 않았어요. 그곳의 관리자들은 우리를 같은 방에 가두고 문을 잠갔어요. 빌어먹을.

　　이제 엄마는 그게 완전히 잘못된 일이었다는 걸 인정하지만 그 당시에는 저를 걱정한 것이고, 그 텍사스 시설의 영업사원이 저를 그곳에 보내는게 최선이라고 말하는 것에 설득되었다고 했어요. 엄마는 제 인생의 18개월을 허비하게 한 이 일에 말을 팔아서 가진 돈과 엄마가 일터에서 빌리고 갚지도 않은 돈, 사회보장제도로 받은 돈, 제 대학 등록금 전부를 다 쏟아부었어요.

　　저는 18세가 되기에 두 달이 모자랐고 과체중으로 매우 건강하지 못했어요. 시설에서는 운동도 허락되지 않았기 때문에요. 대학교를 막 다닐 무렵에 이런 상태였죠. 저는 시설에 갇혀 있을 때에도 포기하지 않았어요. 학교에서 하는 것들을 계속 했어요. 혼자 공부했는데도 좋은 성적을 받았는데 나중에야 그 시설은 공인된 학교가 아니라서 고등학교 졸업장을 받을 수 없다는 걸 알았죠. 하지만 제가 다닌 대학은 졸업장을 신경 쓰지 않았어요. 저는 감금된 상태에서 SAT를 치렀고, 대학교에 들어갔죠. 18살이 되고 입학했어요. 그리고 엄마한테 지난 2년에 대해 욕을 퍼부었어요. 저는 건강을 되찾고 학교에 가고 파티를 마음껏 즐겼죠.

　　저는 정치학을 전공해서 취업이 어려웠어요. 그래서 지금 식당에서 일을 하는 거예요. 음주운전 기록이 있어도 안 되는데 면허정지 상태에서 운전을 했어요. 남자친구에게 폭력도 당했어요. 정확히 말하면 쌍방 폭행이었지만 묵비권을 행사했어요. "다 저 남자 때문이에요. 감옥에 처넣어요"라고 말하고 싶지 않았지만 그 남자는 "저 여자 때문이에요. 감옥에 처넣어요"라고 말했어요. 제가 피를 흘릴 때를 빼면 경찰은 남자친구를 잡아갔죠. 어쨌든 그런 사실들이 제가 절대 공적인 직업, 예를 들면 군대에 갈 수 없는 이유예요. 법원 명령 위반도 있네요. 마약 소지도요. 다 경범죄예요. 하지만 너무 많아서 나쁘게 보이겠군요.

어쨌든 저는 대학교에서 정치와 커뮤니케이션에 대한 제 연구를 진행했어요. 한 교수의 책 작업을 돕기도 했어요. 또 학생들의 과제를 해주고 돈을 받기도 했어요. "돈을 내. 그러면 너는 과제를 하지 않아도 돼. 네 부모가 모든 비용을 나한테 주게 해." 이게 제가 대학교에서 한 짓이에요. 한동안 빈둥거리며 지냈고 즐거웠죠.

임신했을 때 저와 남자친구인 맷Matt은 사귀고 헤어지기를 반복하는 사이였죠. 맷은 개자식이었고 우린 여러 번 헤어졌어요. 보통 제가 결정했어요. 화가 난 맷을 제가 떠났죠. 가끔 저는 엄마가 더 이상 집에 못 오게 하기 전까지 엄마 집에 남는 침실에 머물곤 했어요. 저는 일을 하지 않았고 돈이 전혀 없었어요. 어떻게 담배를 살 수 있었는지도 모르겠네요. 엄마가 "넌 여기 더 이상 있을 수 없어"라고 말했을 때는 제 차에 가서 자곤 했어요. 스트레스가 많았고 술을 많이 마시는 편이었어요. 임신을 함께한 맷과의 관계는 엄청나게 복잡했죠. 몇 주 동안 그의 전화를 무시했어요. 머물 곳이 필요했고 차에서 자기 싫었어요. 그래서 맷을 다시 만났고, 그의 이모랑 같이 살았어요.

임신했을 때, 약 1년 동안 맷에게 신체적 폭력을 당했어요. 제가 임신했다는 걸 알게 되자 한동안 멈추기도 했지만 아이가 태어나자 다시 시작하더군요. 임신 4개월까지 임신 사실을 몰랐어요. 어떻게 하기에는 너무 늦은 시점이었어요. 정말, 정말, 정말, 맷과 아이를 갖고 싶지 않았어요. 임신한 걸 알았을 때 저는 너무 두려웠어요. 맥주 때문에 뱃살이 생긴 건지 궁금했는데 살이 찐 게 아니라서 다행이었지만 감정에 압도당했어요. 임신 사실을 알고 술을 끊었는데 특히 그가 제 앞에서 취해 있을 때는 정말 힘들었어요.

임신한 걸 알았을 때 바로 근처에 임신중지 클리닉이 있었어요. 아이가 태아 알코올 증후군에 걸릴 확률이 엄청나게 높았죠. 다행히 그런 일은 일어나지 않았지만 저는 아이를 낳고 싶지 않았어요. 클리닉에서 임신중지를 거부했고 제가 병원에 가야 한다고 했어요. 저는 병원에서 임신중지를 거부당할 때 가슴이 무너졌어요. 아이를 키울 처지가 아니었어요. 우선 기저귀를 살 돈이 없었어요. 그럼에도 긍정적으로 살 수 있던 건 메디케이드를 통해 제 아픈 치아를 고칠 수 있었기 때문이에요. 저처럼 저소득층이 임신하면 메디케이드에 가입되었거든요. 그때 제 치아는 끔찍한 상태였죠. 앞부분이 완전히 망가졌고 여기저기 충치가 생겼어요. 이걸 치료할 수 있었던 게 긍정적인 태도를 유지하는 데 도움을 줬어요. 임신 때문에 진통제를 쓰지 않아 아팠지만 입안을 다 치료해서 개운했어요. 너무 필요한 일이었고 무언가를 다시 할 수 있는 힘이 되었죠.

어쨌든 월경을 네 번이나 안 했으니까 저는 임신중지 클리닉에 있는 사람들 중 몇 명이 어떻게 이때까지 임신 사실을 모를 수 있냐고, 당신은 정말 멍청하다고 할 것 같았어요. 그때는 술 때문에 저체중이었고 8개월, 9개월 동안 월경을 하지 않은 적도 있거든요. 뭔가 발길질을 하는 게 느껴질 때까지 월경을 하지 않는 게 전혀 이상할 것 없다고 말이에요. 4개월 동안 임신한 걸 몰랐다니 제가 이 방에 있는 사람들 중 가장 멍청하게 느껴졌죠. 저는 달러트리Dollar Tree의 임신테스트기를 사용했는데 아무렇지 않다고 결과가 나왔어요. 결함이 있는 제품이었죠. 병원에선 "우리는 17주까지만 임신중지를 할 수 있는데 환자분은 그걸 훨씬 지났어요"라고 말했어요. 미칠 지경이었죠. 클리닉 다음에 병원에 갔는데 "음. 조지아에서 할 수 있어요"라고 말했고 속으로 생각했죠. '나는 끝났군.'

돈도, 취직할 길도 없었어요. 임신 4, 5개월인 사람을 누가 고용하나요. 그래서 저는 전적으로 맷의 수입에 의존했어요. 그건 매우 나쁜 일이죠. 그에게는 제가 그의 이모와 같이 살지 않도록 임대료를 마련할 동기부여가 됐죠. 제가 이모와 함께 사는 걸 싫어했거든요. 이모의 규칙을 따라야 하고 시시콜콜한 잔소리를 들어야 하고요. 게다가 저는 아이를 가졌죠. 저는 그에게 이사를 가거나 너 혼자 이모와 살면서 여기서 썩어버리라고 말했어요. 그러지 않았으면 좋았을 텐데 그는 저와 아이와 함께 가기로 결정했어요.

며칠을 울었어요. 맷과 전혀 말을 하고 싶지 않았지만 그럴 수 없었어요. 술을 너무 많이 마시고 싶었고, 몇 번 마시기도 했어요. 하지만 메디케이드를 통해 치아를 고칠 수 있다는 걸 알고 나서 저는 임신이 가치 있는 일이라고 느꼈죠. 잠시만 참으면 되니까요. 아이가 2주 일찍 태어난 것에 신께 감사해요. 그때는 이미 비참한 상태였어요. 베이비 샤워도 하고 싶지 않았는데 엄마가 원했어요.

엄마는 할머니가 된다는 생각에 매우 흥분했어요. "완벽해. 멋져. 앞으로 모든 일이 나아질 거야." 저는 아니라고 했어요. 엄마는 "아마 아이를 낳으면 정착할 수 있을 거야. 네가 아이를 가졌으니 맷이 더 잘해줄지도 몰라"라고 말했지만 아니었어요.

맷은 소유욕과 통제욕이 있어서 제가 항상 어디서 무엇을 하는지 알고 싶어 했어요. 그게 너무 심해서 저는 맷에게 감정적으로 거리를 좀 둬야만 했어요. 저는 맷 같은 아빠는 아이에게 필요 없다고 생각했어요. 그렇게 통제하는 사람과 같이 지낼 수 없죠. 맷은 입양을 반대했어요. 그는 "네가 아이를 가졌다면, 그건 내 아이야. 네가 원하지 않는다면 아이를 데려가 우리 엄마랑 같이 떠날 거야"라고 했어요.

아이를 낳은 후 그가 다시 저를 때리는 바람에 경찰이 자주 왔죠. 아이가 한 살이 되었을 때, 우리는 둘 다 몇 번 감옥에 갔어요. 엄마가 우리에게 양육권 소송을 걸었고 승소했어요. 그 시점에 우리는 살던 집에서도 쫓겨났죠. 저는 구치소에 구금되어 법정 서류를 제출 받았어요. 좋지 않았죠. 저와 맷에게는 접근금지명령이 있었어요. 그건 제가 엄마 집에 들어갈 수 없기 때문에 친구네 소파에서 자야 한다는 걸 의미했죠. 접근금지명령이 내려지자 우리 부동산을 소유한 제 가족 중 한 사람은 말했어요. "당신의 엄마가 아니라면 아무도 집에 들어갈 수 없어요. 퇴출이에요. 둘 다요."

맷은 심지어 법정에 출석하지도 않았죠. 그는 자기가 똑똑해서 이 절차들을 피해서 도망갈 수 있으리라 생각했어요. 전혀 그렇지 않았지만요. 엄마와 저는 맷과 제가 사는 삶이 아이를 위해 좋은 환경이 아니라는 것을 받아들였어요. CPS는 맷의 가정 폭력 때문에 저를 몇 번 조사했어요. 마약 투약 혐의로 우리가 체포됐을 때, CPS가 또 우리를 조사했어요. 우리가 아이를 키울 수 없다는 게 분명해 보였죠.

공식적으로 엄마에게 아이를 입양시켰어요. 저는 구류된 상태에서 양육권 소송 서류와 친권 말소 서류를 받았어요. 엄마는 앤서니Anthony의 법적 부모죠. 솔직히 전 옳은 일을 했다고 생각해요. 아이가 살기에 좋은 곳에 살죠. 앤서니는 다섯 살이고 유치원에 가요. 아이는 건강해요. 지역 학교에 다니는데 엄청나게 비싸지만 좋은 학교죠.

아이가 태어난 첫해에 엄마는 아이를 3일씩 데리고 살았어요. 그리고는 전화로 "앤서니가 자. 집에 못 데려다줄 거 같아"라고 하면서 일주일 동안 저에게 안 보내기도 했죠. 맷이 아니라 거의 엄마랑 공동양육을 하는 거 같았죠. 앤서니가 그곳에 더 오래 머물수록 앤서니와 엄마의 애착도 강해졌어요. 지금까지 앤서니는 제가 엄마라는 걸 몰라요. 앤서니는 우리 엄마를 '엄마'라고 불러요. 아이는 아무것도 모르죠. 제가 누군가의 엄마라는 걸 내비치면 엄마는 엄청 흥분해서 "망할 년아. 닥쳐"라고 할 걸요.

이제 저는 아들을 자주 보려고 해요. 아들은 저랑 대화하는 걸 더 이상 좋아하지 않아요. 전에는 아니었는데 아마 나이 때문이겠죠. 하지만 엄마는 아들에게 저를 좋아할 만한 이야기를 하지 않아요. "나는 네 친엄마가 아니야"라는 말은 할 수 없어도, "브렌다는 술을 너무 많이 마신다. 너는 그러면 안 된다"라는 말은 할 걸요. 이게 네 살 아이한테 할 이야기인가요. 엄마, 대체 뭐가 문제인 거야. 네 살짜리한테 그런 이야기를 해서 나랑 더 멀어지게 하고 싶은 거야? 고맙네요. 정말.

엄마는 저를 경제적으로 도와줘요. 집도 마련해줬죠. 지난달 집세도 내주고요. 하지만 저는 일을 하고 있으니 이번 달 집세 중 일부는 제가 낼 거예요. 입양 이후 제 생활을 보면 저는 제가 옳은 일을 했다고 100퍼센트 확신해요. 맷과 계속 싸웠고 더 심해졌지 나아지지 않았어요. 헤어질 때까지 그랬죠. 멍든 눈으로 면접을 보러갔는데도 그 사람들이 저를 고용했다는 사실이 놀라워요. 저는 한 달에 한 번 정도 감옥을 드나들었어요. 그건 아이한테 좋지 않죠. 집이 없어서 말 그대로 회사 주차장에서 살았어요. 쫓겨난 뒤에는 버려진 건물에서 살았죠. 아이랑 그렇게 사는 건 미친 짓이에요.

저는 앤서니와 엄마를 위해 옳은 일을 했어요. 엄마는 아이를 돌보기 때문에 젊음을 느꼈죠. 제가 임신한 걸 알았을 때부터 엄마가 원한 건 그거였어요. 그래서 모두가 행복하죠. 엄마가 제게 경고하는 것, 저는 고백해선 안 되는 것 때문에 때때로 후회하고 쓸쓸하지만요.

지난 5년 동안 정말 끊임없이 오르락내리락 했어요. 제가 유일하게 의지할 수 있는 건 상황이 지금과는 완전히 달라질 것이라는 희망이에요. 저는 몇 년 전까지만 해도 집이 있었어요. 그러나 알다시피 저는 감옥에 갔고 집도, 일자리도 잃었어요. 맷은 노는 걸 좋아해서 일을 구하지 않았어요.

수많은 레스토랑에서 일했어요. 한곳에서 오래 일하는 편이 아닌데 여기서는 오래 일해요. 일이 쉽고 같이 일하는 사람들도 좋고요. 버스 시간표도 알아요. 저는 몇 년 동안 면허 없이 운전을 했기 때문에 차가 압수되었어요. 지금은 다시 차를 사기 위해 돈을 모으고 있어요.

몇 주 전까지만 해도 월경이 너무 늦어져서 무서웠어요. 당시 만나던 남자친구에게 "월경이 늦어져. 달러트리의 임신 테스트기를 시험해봤는데 아니래. 하지만 월경을 안 하는 건 문제가 있어. 계속 이러면 어떻게 할 거야?"라고 물었죠. 그는 "난 아이를 원하지 않아. 너도 그렇다는 걸 알아"라고 말했어요. "내가 검사를 해서 확실히 결과를 안다면, 너한테 말도 않고 임신을 끝내야 할까?"라고 물었고 그는 "아니. 말을 해야 해. 너랑 같이 가고 싶어"라고 말했죠. 하지만 다행히 며칠 후 월경이 시작되어서 매우 기뻤죠. 일을 하는 중에 월경을 시작하는 게 이렇게 고마웠던 적은 없죠.

저는 IUD를 사용해요. 그는 "가끔 네 와이어에 내 성기가 찔리기니까 그걸 꺼내고 주사를 맞아"라고 말했어요. 싫어요. 임플란트나 주사는 몸에 안 좋거든요. 그것들은 주로 호르몬에 영향을 미치잖아요.

우리 사이는 공식적인 건 아니에요. 지금 만나는 제이슨Jason은 제가 쉬는 날 와서 며칠을 머물죠. 정말 좋은 친구랑 사귀는 것 같아요. 우리는 말싸움하지 않죠. 그냥 재밌게 놀아요. 제 집이 있고 그도 자기 집이 있어요. 제이슨은 전 부인과 딸, 전 부인의 부모와 전 부인의 다른 아이와 함께 살아요. 저는 "우리 집에서 놀다가 시내에 나가 놀자"라고 말해요. 우리는 같은 취미를 즐기죠. 끊임없이 싸우는 맷과는 달라요. 제이슨은 정말 괜찮은 사람이에요. 문이 고장 나면 자물쇠를 사와서 문을 고쳐줘요. 저는 그런 대우에 익숙하지 않죠. 맷과 있는 동안 항상 맷에게 뭐든 하게 하려고 애를 썼거든요. 제이슨은 그렇지 않아요.

시간이 좀 걸렸지만 행복해졌어요. 제가 처음 연구에 참여했을 때, 삶은 엉망진창이었어요. 조금씩 좋아지기 시작했고 비록 지금은 완벽하진 않지만 훨씬 더 행복하다고 말하고 싶네요. 아이가 있었기 때문에 제가 생각했던 것보다 맷과 저는 훨씬 더 오래 함께했어요. 그러니까 제가 임신한 걸 몰랐다면 이 연구를 시작한 해에 맷과 저는 영원히 헤어졌을 거란 뜻이에요.

　제 아들이 제 인생을 바꿔버렸죠. 아들을 가진 것도, 잃은 것도 아닌 상태에서 약간 미쳐버렸어요. 저는 제가 함께해서는 안 될 사람과 있었어요. 항상 싸웠고 맷에게 정말 불만이 많았죠. 반면에 아이를 가졌을 때 치아를 모두 고쳤고 덕분에 취직할 수 있게 되었어요. 제가 치아를 고치지 않는 걸 상상도 하기 싫어요. 저는 직업이 없어 손팻말을 들고 구걸하는 사람이 됐을 거예요. 치아가 엉망이면 마약을 하지 않더라도 의심받을 테니까요.

　저는 아들을 사랑해요. 우리 엄마가 맷의 엄마보다 먼저 양육권 소송을 해서 정말 기뻐요. 제 말은, 아들이 맷과 그의 가족과 함께 자랄 수도 있었다는 말이에요. 저는 아이를 엄마에게 보낸 것에 안도감을 느껴요. 아이를 1년밖에 키우지 않았지만 저는 아마 아이를 가진 사람들을 많이 이해할 수 있을 것 같아요.

　저는 언제든지 IUD를 꺼낼 수 있지만, 아직 준비가 안 됐어요. 현재 파트너도 그렇고요. 5년 정도 더 결심의 시간이 필요해요. 그러면 저는 30대 중반이 되는데, 위험성이 더 커지죠. 5년 안에 아마 저는 훨씬 더 앞으로 나아갈 거예요. 책을 쓰고 싶어요. 글쓰기는 자신을 표현하는 건강한 배출구죠. 쓰고 이야기를 생각해내고 제 말도 안 되는 짓들을 편집하는 일이 재밌어요. 그게 여기에서의 목표고요, 제 일적인 목표는 일단 지금 직장을 유지하는 거예요. 가능하면 수입을 좀 늘릴 수 있게 부업을 하나쯤 더 하고 싶어요.

지금 당장은 90일 가택연금이나 33일 구속 중 선택해야 해요. 가택연금은 미칠 것 같죠. 그리고 무지하게 비효율적이기도 해요. 일하러 가는 거 말고는 집에만 있으라니, 나 같은 사람에겐 그건 어기라고 있는 규칙 같아요. 33일 동안 구속된 이후에 다시 일할 수 있는 것만 확실하다면 그럴 거예요. 가택연금 기간엔 저는 분명히 다른 사람들이 하는 일을 하고 싶어 할 거고 다른 사람들이 쓰는 (약이나 술) 같은 걸 쓰고 싶어 할 거예요. 그건 좋은 일은 아니죠. 저는 규칙을 어기고 싶지 않아요. 저는 90일 내내 갇혀 있는 걸 원하지 않아요. 그래서 저는 상사와 이 일을 어떻게 해야 할지 이야기를 나눠야 하죠. 그들은 제가 직장에서 일하는 것을 좋아하는 것을 알고, 일을 잘 해내는 게 제 목표이기도 해요. 개인적인 목표는 돈을 좀 더 모아서 누군가의 방에 사는 대신에 집을 렌트하는 거예요.

저는 동네를 벗어나 사업을 하고 싶어요. 아직 뭐가 뭔지, 어디서 할지 모르겠지만요. 돈도 벌고 여행도 하고 이국적인 곳에 가서 잔뜩 취하고 싶어요. 자서전을 출판하고 싶고 제가 쓴 곡들을 팔고 싶은데 누군가 녹음할 수도 있겠죠. 멋지죠! 앞으로 서너 달 안에 결정될 거예요. 제가 감옥에서 나오고도 일을 계속 할 수 있다면, 상황은 좋을 테니까. 세상에. 제가 다시 임신할 수도 있다고 생각하니 좀 충격적이네요. 월경이 일주일이라도 늦어지면 기절할 거예요. 제 말은 임신이 사람들의 경제적 행복에 악영향을 미친다는 거죠. 임신했을 때 직업을 구하거나 그만두지 않는 것, 또는 아이를 데리고 일을 찾거나 계속하는 일은 매우 어렵기 때문이죠. 특히 당신의 파트너가 멍청하고 도움이 안 된다면 말이에요.

그래서 가정 폭력이 급증한다고 생각해요. 여성이 경제적으로 파트너에게 의존하고 아이와 집에 있어야 하니까. 가정 폭력의 주된 이유는 상대에 대한 경제적인 의존이라는 걸 알아요. 저는 아이와 함께는 더더욱 홈리스가 되고 싶지 않아요. 저는 돈 때문에 파트너가 필요해요. 파트너는 저에게 자기가 원하는 모든 걸 할 수 있죠. 그런 통제력을 갖는 건 한 사람을 역겨운 인간으로 만들어버려요. 임신은 엄청나게 무서운 일이에요. 특히 당신의 파트너를 믿을 수 없다면요.

브렌다 · 뉴욕 출신 · 백인

———

임신 당시 24세 · 임신 24주에 임신중지 거부

10

임신중지
정책

1973년 미국 연방대법원이 처음으로 임신중지에 대해 헌법적 권리로 접근한 로 대 웨이드 판결이 있던 때보다 2020년 현재 임신중지에 대한 제약이 더 많이 존재한다. 그동안 보수적인 국회의원들은 누가 시술을 제공할 수 있는지, 어떤 시설에서 해야 하는지, 어느 시점으로 한정해야 하는지, 어떤 사유를 제한해야 하는지 등 임신중지에 대한 1000개 이상의 제약들을 만들었다. 일부 주의 법은 의사들이 임신중지를 원하는 여성에게 말해야 하는 내용을 규정하고 있으며, 심지어 임신중지가 유방암, 자살 및 난임의 원인이 되는 것처럼 노골적인 거짓말을 하도록 요구한다. 다른 주의 법은 여성이 얼마나 오래 기다려야 하는지, 심지어 누구에게 말을 해야 하는지까지 의무화하고 있기도 하다.[1]

전국적으로 임신중지율은 1980년대 초반 15세에서 44세 사이의 여성 1000명 중 30명에서, 2014년 1000명 중 15명으로 과거 30년 동안 급감했다. 이는 더 나은 피임 수단의 개발과 피임에 대한 접근성이 높아졌다는 좋은 소식일 수 있다. 하지만 임신중지를 제공하는 시설도 매우 감소했다. 1980년대 초반 약 2700개로 정점을 찍었고 이 책이 쓰일 당시 800개로 줄었다.[2] 몇몇 주에서는 오직 한 개의 임신중지 클리닉만 남아 있기도 하다. 클리닉에 가는 것의 어려움과 클리닉의 폐쇄 등이 임신중지율 감소를 불러왔을 가능성이 크다.[3] 즉 가능하다면 더욱 많은 여성이 클리닉에서 임신중지를 할 것이다.

임신중지를 둘러싼 정치적 논쟁이 여성이 임신중지에 접근하는 것을 더욱 어렵게 만드는 건 분명하지만, 턴어웨이 연구에 참여한 여성들은 정치에 대해 거의 언급하지 않았다. 임신중지 권리는 정치적인 논점이지만, 원하지 않은 임신을 한 대부분의 여성이 '사생활의 권리'를 위해 임신중지를 하는 것은 아니다. 임신중지를 원하는 수백 명의 미국 여성과의 인터뷰에서 "헌법상의 권리를 행사하고 싶다"라고 말하는 이는 없었다. 그들은 정치나 각 주의 임신중지 제한 혹은 로 대 웨이드 판결의 미래에 연연하지 않았다. 그보다 여성들은 자신의 어려운 상황을 이야기했다. 대학교에서 정치학을 전공한 브렌다의 이야기를 앞에서 봤듯 말이다. 브렌다는 임신중지를 시도했을 때, 자신의 절박한 상황만 고민했다. 우리가 살펴봤듯 이 연구의 참여한 여성 중 3퍼센트는 어떤 상황에서의 임신중지도 반대한다. 그보다 많은 이가(20퍼센트) 임신중지에 대해 도덕적으로 유보적인 태도를 취한다. 제시카는 "저는 평생 임신중지에 반대하는 사람이었어요"라고 말했는데, 원하지 않은 임신에 직면하자 정치적 견해는 제쳐뒀다. 그러나 우리가 그들의 경험에서 어떤 정책이 여성, 아이, 가족의 복지를 향상하거나 저해하는지에 대한 중요한 시사점을 발견할 수 있다.

턴어웨이 연구에서 도출되지 않았으면 하는 정책이 한 가지 있다. 나는 턴어웨이 연구가 가난한 여성에게 경제적 이유를 들어 임신중지를 압박하는 데 사용되지 않길 바란다. 이 연구는 임신중지를 원하는 여성이, 아마도 어떤 이유로 아이를 키울 수 없거나 다른 아이가 있는 상황일 때, 임신중지 시술을 받게 되면 더 건강해지고 경제적 여건을 갖추게 된다는 것을 보여준다. 이때 강조하는 건 임신중지가 강요된 것이 아니라, 원해서 이뤄진 것이라는 점이다. 이 연구는 계획되지 않은 임신을 어떻게 해결할지 결정하려 애쓰는 여성이 결과적으로 가난해진다고 말하지 않는다. 우리는 임신중지를 시도하고 거부당하는 여성이 불균등하게 저소득층이라는 사실을 발견했고, 이는 국가적 통계와도 일치한다. 충분한 돈이 없기 때문에 임신중지를 하겠다고 마음먹는 여성들은 염려할 만하다. 그러나 각자의 상황은 고유한 것이기도 하다. 카밀라처럼 어떤 이들은 원하지 않는 임신에 따른 출산을 했음에도 불구하고, 혹은 했기 때문에 경제적으로 상황이 나아질 수 있다. 임신중지를 원하는 여성의 임신중지 비용을 증가시키고 접근성을 줄이는 등의 제한이 여성들에게 끼칠 영향이 무엇인지 궁금한 정치인들에게 제시할 해답은 분명하다. 그 정책은 여성과 아이들의 더 큰 경제적 박탈을 야기할 것이다.

임신중지에 대한 접근성을 높이는 것이 미국의 빈곤 문제를 해결할 수 있냐고? 아니다. 그 이유는 아이를 갖는 여성은 가난한 사람 중 매우 일부에 지나지 않기 때문이다.[4] 아이를 가진 후 잠시 가난해지는 여성들로 미국의 빈곤을 설명할 수는 없다. 임신중지에 대한 접근성을 높이는 것은 개별 여성들에게 도움이 되겠지만, 저임금, 차별, 구조적 인종주의, 의료보장제도의 부재, 질 낮은 교육 등 광범위한 문제를 해결하지는 못한다. 새로 엄마가 된 이들에 대한 전폭적 지원(육아, 의료 보장 지원, 복지, 유급 육아 휴직 등)은 그 여성이 임신중지를 고려했든 아니든 아이가 있는 여성의 삶을 더 나아지게 만들 것이다.

재생산 정의

여성의 노동시장 참여, 신용 거래 접근성, 희망적인 계획의 수립, 좋은 관계를 맺을 가능성, 미래의 임신 계획 등에 대한 우리의 발견은 삶의 목표를 달성하는 데 임신중지가 중요한 역할을 한다는 걸 알려준다. 임신중지에 대한 권리는 분명 사회에 평등하게 참여하기 위한 중심적인 의제다. 여성과 트랜스, 논바이너리 등 비교적 특권과 기회가 적은 이들은 당연하게도 더 많은 이슈들과 관련이 있다. 임신중지와 피임이 그들의 모든 문제를 해결하진 못한다. 임신중지 권리'만'에 대한 과도한 집중은 여성들이 직면하는 다양한 어려움을 간과할 위험이 있다. 이를 알았던 흑인 페미니스트 활동가와 연구자 들은 1994년 시카고에서 열린 임신중지 권리 회의에 모였다. 그들은 개인의 신체 자율성은 아이를 갖거나 갖지 않을 권리, 안전한 공동체에서 아이를 양육할 권리, 모든 종류의 의료 체계에 접근할 권리 등을 포함하는 보편적인 인권의 문제라 봤고, 이를 '재생산 정의reproductive justice'라 규정했다.[5] 이런 개념은 의도적으로 유색인 여성, 투옥된 여성, 소외된 여성, 트랜스젠더 등을 중심에 둔다. 재생산 정의 개념은 백인 여성의 세 배에 달하는 흑인 및 원주민 여성의 모성 사망률과 같이 미국의 유색인종 여성이 불평등하게 직면하는 다양한 재생산 건강과 공평성의 문제를 강조한다.[6] 재생산 정의 개념은 유색인 여성이 건강하고 안전한 환경 속에서 그들의 가족을 부양하는 것을 차단하는 법, 정책, 관행 들이 구조적 문제임을 인정한다.

재생산 정의 관련 기구들은 임신중지 권리만큼 출산과 양육의 권리를 주장하기 때문에 임신중지 권리에만 초점을 맞추지 않는다. 턴어웨이 연구에서 임신중지를 거부당한 여성들에게 발견되는 모든 것(신체적 건강 위험의 증가, 빈곤 확률 증가, 삶의 목표에 대한 기회 감소, 미래에 원하는 아이를 가질 확률 감소 등)은 아프리카계 미국인, 라틴계, 아시아계 미국인, 백인 등 모든 인종 및 민족의 여성에게 나타났다. 하지만 턴어웨이 연구에서 원하지 않은 임신을 끝내지 못하는 경우만 살펴봤기 때문에, 여성들이 원할 때 아이를 낳을 수 없거나, 이미 낳은 아이를 키울 수 없을 때 어떻게 하는지에 대한 것은 중요한 질문은 아니었다.

재생산 정의는 여성이 추구할 수 있는 권리의 수를 늘리는 것 이상의 개념이다. 중요한 것은 여성들이 자신의 욕망과 목표를 추구할 수 있을 때, 재생산 권리를 누릴 수 있다는 것이다. 국제가족계획프로그램을 보면, 임신중지 권리에 대한 대안적인 정당화가 여전히 우세한 곳들도 있다. "여성들이 자신들의 삶을 위해 원하는 것이므로 임신중지를 할 수 있게 해야 한다"라는 급진적인 생각은 정치적으로 수용되기 어렵기 때문이다. "임신중지를 합법화하라. 그렇지 않으면 불법적인 임신중지로 여성들이 죽을 것이다"와 같은 문구는 공중보건에 근거를 둔다. "인구 성장을 줄이기 위해서 피임과 임신중지에 재정 지원을 하라"는 인구통계학적 논쟁이다. "가족계획에 재정을 지출하면, 원하지 않은 임신에 대한 의료비 지출을 줄인다"라는 재정적 논쟁이다. "탄소 배출을 줄이기 위해 임신중지를 허용하라"는 주장은 환경적 주장이다. 이 중 어느 것도 우리 연구에서 여성들이 임신중지의 이유로 들지 않았음을 유의하라.

피임과 임신중지 접근권을 높임으로써 경제, 환경, 정부 예산에 이점이 있을 수 있다. 하지만 나는 이것이 여성에게 진료를 제공하는 좋은 동기는 아니라고 생각한다. 저소득층 여성이나 유색인 여성은 가족계획프로그램에 대해 역사적으로 그럴 만한 이유가 있는 불신을 표현한다. 미국에서 산아제한옹호론은 누가 재생산을 해야 하는지에 대한 우생주의적 사상으로 이어져 오염되었다.[7] 미국에서는 강제 피임과 불임, 비윤리적인 산아제한 실험의 오랜 역사가 있는데, 모두 유색인종 비장애인 여성과 장애 여성을 대상으로 진행되었다.[8] 연구에 따르면 사람들은 다른 유형의 의료에 비해 피임에 대한 통제권을 더욱 원한다.[9] 피임에 관한 시술이 출산에 대한 여성의 의지 이외에 다른 이유로 행해진다는 암시는 불신을 불러일으킨다. 신뢰를 높이는 유일한 방법은 임상의의 목표가 납세자, 환경, 교회가 아닌 환자의 이익에 봉사하는 일임을 분명히 하는 것이다.

연구가 정책에 미친 영향

임신중지에 관한 (비교적 짧은) 역사에서 가장 빛나는 순간 중 하나는 2016년 6월 27일, 미국 연방대법원이 '홀 우먼스헬스 대 헬러스테트Whole Woman's Health v. Hellerstedt'*결정을 발표한 때다. 이는 텍사스가 2013년 새로운 법의 일환으로 제정한 두 가지 임신중지 제한에 대한 사례다. 제한들이 여전히 존재하는 한, 이

---

* 2016년 6월 27일 미국 연방대법원이 임신중지 클리닉 접근성을 제한하기 위해 고안된 텍사스의 법이 안전하고 합법적인 임신중지에 '과도한 부담'을 줄 것이기 때문에 헌법에 위배된다는 결정을 내렸다. 이 판결은 합법적인 임신중지에 대한 헌법상의 권리를 재확인한 역사적인 사건이다.

결정은 매우 중요한 것이다. 그들은 모든 임신중지 클리닉에 근본적으로 소형 병원에 해당하는 통원수술센터를 설치하도록 요구했다. 또한 임신중지 시술을 제공하는 모든 의사가 임신중지 시설로부터 50여 킬로미터 내의 병원에서 환자 이송 및 입원에 대한 권리를 인정받아야 한다고 의무화했다. 임신중지 시술을 제공하는 텍사스의 의료진들은 이 새로운 법에 이의를 제기하며 주를 상대로 고소를 진행했다. 이런 규제들이 여성들의 건강을 개선하기 위해 제안된 것처럼 보일 수도 있지만, 텍사스의 입법부는 실질적인 근거를 제시하지 않았다. 한편 원고 측은 이 새로운 규정들이 명백히 과도하며, 임신중지 클리닉들의 문을 닫게 고안되었다고 주장했다. 환자에게는 아무런 이점이 없지만 임신중지에 대한 접근은 더욱 어렵거나 불가능하게 하는 이런 법은 대법원이 1992년 플랜드 패런트후드 대 케이시 판결에서 사용한 임신중지 제한에 대한 '과도한 부담undue burden' 기준을 위반한다. 당시 연방대법원의 대다수는 임신중지에 대한 제약들이 임신중지를 원하는 여성에게 (태아 생존 가능 시점 이내에는) 장애물이 되어서는 안 된다고 판결했다.

원고들에겐 좋은 사례가 있었다. 환자 이송 및 입원 특권법이 발효된 후 텍사스의 40개 임신중지 시설 중 약 절반이 문을 닫았는데, 주로 다른 병원들이 임신중지 시술을 제공하는 의사들에게 이런 특권을 주는 것을 단호히 거부했기 때문이다. 텍사스의 임신중지율은 14퍼센트 감소했다.[10] 통원수술센터 요건이 발효되도록 허용되었다면, 주 전체에 10개 미만의 임신중지 시설이 남았을 것이다. 텍사스의 소송과 유사한 다른 주의 소송들이 법원에서 진행되기 시작하자 각 주의 변호사들은 '임신중지 제약법'이 여성의 생명을 구하고 건강을 향상하기 위해 필요하다고 주장했다. 그러나 임신중지 시설을 완전한 수술센터로 바꾸거나 임신중지 시술을 제공하는 의사에게 근처 병원에서 입원 특권을 인정받도록 요구하는 것이 이미 극히 안전한 임신중지 시술의 안전을 증가시킨다는 실질적인 증거는 없었다.

연방대법원은 홀 우먼스헬스 대 헬러스테트 판결에서 텍사스 주법을 위헌이라고 판결했다. 임신중지 권리를 옹호하는 사람들은 매우 기뻐했다. 나 같은 임신중지 연구자들은 이 결정의 특정 부분에 대해 크게 반가워했다. 임신중지에 대한 제한은 여성의 건강에 미치는 실질적인 영향을 고려하지 않고 통과되었는데 수십 년 후, 마침내 대법원이 여성의 건강 보호를 목적으로 하는 임신중지 제한은 그저 국회의원이 명시한 의도뿐 아니라 '증명된' 이익에 기초해야 한다고 판결했다. 일부 주의 입법부가 임신중지 시술을 제공하는 의료진에게 새로운 요구 조건을 도입하고 싶다면, 이 법이 여성의 건강을 증진시킬 것이라는 주장만으로는 충분하지 않다는 말이다. 법원은 이런 법이 헌법적 검토를 통과하기 위해서는 실제로 여성의 건강을 증진할 것이라는 유효한 자료나 경험적 연구가 있어야 한다고 판결했다. 이 결정은 법원이 우리 연구와 같은 자료들을 검토하도록 했다. 나는 대법원의 이 중대한 결정이 근거에 의거한 임신중지 관련 법을 만들도록 동기부여를 할 것이라는 데 희망을 느낀다. 홀 우먼스헬스 대 헬러스테트 판결은 턴어웨이 연구가 미국 전역의 임신중지 관련 정책에 긍정적 영향을 미칠 수 있다는 희망으로 나를 가득 채웠다.

난 너무 순진했다. 홀 우먼스헬스 대 헬러스테트 판결 5개월 후, 도널드 트럼프가 미국의 대통령이 됐다. 트럼프는 로 대 웨이드 판결을 뒤집을 것이라고 이야기한 보수 성향의 판사 명단에서 닐 고서치와 브렛 캐버노 두 명을 대법관으로 선택했다. 앞서 말했듯이 주마다 임신중지에 반대하는 의원들이 법률의 잠재적 영향에 대해 알려진 바에 대해 무관심한 듯 새로운 규제를 통과시켰다. 그들은 이 새로운 법이 대법원까지 가길 원했고 새로운 임명자들이 홀 우먼스헬스 대 헬러스테트 결정, 즉 실질적인 근거를 고려해야 된다는 결정을 포기할 수도 있었다.

물론 정치인과 판사, 대법관이 과학적 근거를 신경 쓴다면 여성 건강을 증진하지 않는 이런 제한들을 거부할 수 있다. 턴어웨이 연구가 우리에게 보여주는 것은 임신중지를 더 어렵게 하는 것이 여성과 아이 들의 건강과 행복을 향상하지 못한다는 것이다. 임신중지에 대한 여성의 접근을 받아들이지 않는 것은 그들의 신체 건강을 악화시키고, 가난하게 하며, 양질의 관계를 가질 기회와 추후 임신에 대한 욕구를 포함한 삶의 열망을 감소시키는 결과를 초래한다. 국회와 법원에서 우리의 근거들을 고려할지는 아직 미지수다. 턴어웨이 연구를 진행하는 과학자팀은 전 세계의 입법부 및 사법부에 우리의 결과를 공유했다. 일부 긍정적인 결과가 나오기는 했지만 정치권력은 과학을 위축시킬 수 있다.

2016년 봄, 워싱턴 DC를 방문하고 왔을 때가 생각난다. 나는 린지 그레이엄Lindsey Graham 공화당 상원의원이 발의한 법안 공청회가 열렸을 때 미국 상원 사법위원회에서 증언하기 위해 수도로 갔다. 이 법안의 이름은 '고통을 느낄 수 있는 태아 보호법Pain-Capable Unborn Child Protection Act'으로 자극적이지만 부정확하다. 이 법은 공화당 상원의원 벤 새스Ben Sasse가 발의한, 임신중지는 이미 태어난 아이를 죽이는 것이라는 '살아 태어난 임신중지 생존아 보호법Born-Alive Abortion Survivors Protection Act'과 함께였다. 그레이엄의 법안은 태아가 20주 후부터 고통을 느낄 수 있다는 입증되지 않은 추측에 근거해 전국에서 20주 이후 임신중지를 금지할 것을 제안하는 내용이었다. 나는 20주 이후 임신중지 금지를 반대하는 전문가 한 명, 찬성하는 전문가 세 명과 함께 내 증언을 읽어내려 갔다. 나는 턴어웨이 연구 결과를 보고했다. 즉 임신중지에 대한 접근을 거부하는 것은 여성의 신체적 건강, 경제적 안정, 아이들의 행복을 저해한다는 사실 말이다.[11]

증언을 끝낸 후 양쪽의 정치인과 지지자 들이 우리가 모두 여성과 아이 들의 행복을 증진하려는 공통의 목표가 있다는 것을 깨닫고 놀라는 소리가 들려왔다. 임신중지 금지에 찬성하는 사람들이 임신중지를 금지하는 일이 얼마나 해로운지 깨달으며 법안을 철회하고 공청회를 끝냈다. 모두가 얼싸안고 눈물을 흘렸으며 우리는 좋은 친구가 되었다.

뻥이다. 우리가 증언을 끝낸 후 임신중지가 이미 태어난 아이를 죽이는 것이라는, 가장 추악한 시나리오로 관심이 흘러갔다. 루이지애나의 공화당 상원의원 데이비드 비터David Vitter는 "증인을 포함한 여러분 중 임신중지 실패 후든 아니든 살아서 태어난 아이는 생존을 위해 모든 의료적 서비스를 받아야 하는 것에 이의가 있는 사람 있습니까?"라고 물었다. 나는 내가 끼어들 필요가 없길 바랐지만, 결국 목소리를 높였다. 나는 임신을 원했으나 태아에게 치명적인 이상이 발견된 여성의 이야기를 떠올렸다. 한 엄마는 아이와의 시간이 얼마나 짧든 간에 아이와 시간을 보내길 원했고 의사는 아이를 살아서 태어나게 하기 위해 온갖 애를 썼다. 이때 아이는 생명의 신호를 보낼 수도 있지만 이미 독립적으로 생존할 수 없는 상태이기 때문에, 이는 부모가 아이와 함께 보낼 수 있는 유일한 시간일 수 있다. 이럴 때 아이의 생명을 연장하려는 헛된 의료적 개입을 시도하는 건 부모와 아이가 함께하는 몇 분의 시간을 빼앗는 일일 뿐이다.[12] 이런 상황을 겪는 부모들의 가슴 아픈 사연들이 있다. 그래서 나는 상원의원과 의견이 다르다고 말했다. "의사와 간호사들은 의학적 개입이 이미 의미가 없다고 판단하는 상황에 있을 수 있습니다. 의학적 개입을 위해 아이를 데려감으로써 아이를 안고 작별 인사를 할 수 있는 여성의 기회를 빼앗는 것입니다."[13]

상원의원은 "의학적 치료가 아기의 생존으로 이어질 수 있다면, 치료가 거부될 수 있다고 생각하나요?"라고 물었고 나는 "의사, 간호사, 여성 스스로가 그 치료가 생존으로 이어질지 여부를 가장 잘 안다고 생각합니다. 이 법안은 그런 판단을 허용하지 않고요"라고 답했다. 나는 내가 상상하는 어떤 시나리오들을 설명하지는 않았지만《브라잇바르트Breitbart》를 포함한 보수 성향의 언론들은 공청회를 보도하며, 내가 임신중지 실패 후 태어난 아이들에 대한 치료를 하지 말아야 한다고 했다고 보도했다.[14] 내가 말하고자 한 건 모든 사람이 생존이 불가능하다고 판정한 아기에게 가슴 압박이나 삽관을 하는 것보다는, 가능한 한 따뜻하고 사랑스럽고 온화한 삶의 마지막을 주는 것을 찬성한다는 사실이다. 나는 그 다음 주, 그리고 그 다음 주까지 나를 괴물, 나쁜 사람이라고 말하는 어마어마한 양의 메일을 받았다.

다행히 턴어웨이 연구는 다른 사례들에 훨씬 더 많은 영향을 끼쳤다. 미국 지방법원은 임신중지가 왜 2분기로 지연되는지, 임신중지에 대한 후회를 막기 위한 의무 대기 기간과 초음파 보여주기, 상담 각본 등이 왜 필요하지 않은지를 설명하기 위해 턴어

웨이 연구를 인용했다. 아이오와 대법원은 72시간의 대기 기간을
폐지하면서 원고들이 "전문가 증언을 제공했다. 대부분의 임신중
지를 한 여성들이 수년이 지나도 그것을 후회하지 않으며 오히려
안도감과 자신이 받아들여지는 느낌을 갖는다"라고 지적했다.[15]
턴어웨이 연구 전에는 이 사실을 증명할 방법이, 아니 심지어 알
방법이 없었다.

　2017년 8월, 안토니아 빅스 박사는 '임신중지 전면 금지
법'에 대한 폐지를 고려하는 칠레의 최고 법원인 헌법재판소 앞에
서 증언했다. 칠레와 미국의 이중 국적을 가진 빅스 박사는 턴어
웨이 연구의 정신 건강에 관한 대부분의 분석을 주도했으며, 임신
중지가 정신 건강에 해를 끼치지 않는다는 것을 증언했다. 칠레의
재판소는 이틀 동안 130명 이상의 사람들에게 증언을 들었다. 전
세계의 인권 옹호자와 변호사 들은 임신중지 자유화에 찬성한다
고 증언했다. 가톨릭 대학교의 학장들은 반대 증언을 했다. 정치
인, 성직자, 의료진, 사회복지기관 등 모든 영역의 증언이 나왔다.
며칠 후 법원은 제한된 세 가지 상황에서의 임신중지를 비범죄화
했다. ① 여성의 생명을 구하기 위해, ② 태아가 임신 과정에서 살
아남지 못할 때, ③ 강간으로 인한 임신일 때. 판결문을 통해 법원
은 대부분의 여성이 임신중지 이후 안도감을 느낀다고 선언했는
데, 이는 턴어웨이 연구 결과에 대한 빅스 박사의 증언으로 추정
할 수 있다.[16]

로 대 웨이드 판결이 뒤집힌다면

이 글을 2020년에 쓰는 지금, 현재 미국 대법원에는 로 대 웨이드 판결을 뒤집을 만큼 임신중지 권리 반대를 공언하거나, 이를 암시한 대법관들이 포진해 있다. 그 유명한 판결은 헌법이 임신중지 권리를 보호한다는 것을 인정했고, 1분기에는 임신중지를 제한할 수 없으며, 2분기에는 어느 정도 제한할 수 있고, 여성의 생명이나 건강을 위한 경우를 제외하고 태아의 생존 가능성이 있는(3분기 무렵) 때부터 임신중지를 금지할 수 있는 '3분기설'을 마련했다.

1992년 연방대법원의 플랜드 패런트후드 대 케이시 판결은 태아의 생존 가능성 이전의 임신중지 금지 전제는 유지하면서도 3분기설을 폐지했다. 이는 여성에게 '과도한 부담'을 주지 않는 한 임신 전 기간의 임신중지를 허용하는 것이다. 지금까지의 이 판결들을 뒤집으려면, 대법원은 지금 계류되어 있는 법안들('준 메디컬 서비스 대 루소June Medical Services v. Russo* 같은 임신중지 제약을 늘리려는 법안들)을 받아들여, 헌법이 임신중지 권리를 보호하지 않겠다고, 또는 약한 보호 조치들만 하겠다고 판

---

*   2020년 연방대법원이 루이지애나의 '임신중지 제한법'이 위헌이라고 결정한 사건.

결해야 할 것이다. 임신중지에 반대하는 사람들은 앨라배마에서 2019년 5월 법제화했지만 아직 시행은 되지 않은, 임신 주수에 관계없이 거의 모든 임신중지를 금지하는 법과 같이 태아의 생존 가능성 이전의 임신중지를 금지하는 법을 채택하기를 바란다.

더 이상 임신중지에 대한 권리가 연방 차원에서 보장되지 않는다면 어떻게 될까? 한 가지 시나리오는 임신중지가 합법적인지, 어떤 때에 합법적인지에 대한 결정이 각 주의 판단으로 되돌아가는 것이다. 어떤 주는 임신중지를 금지하고, 어떤 주는 임신중지 권리를 보호할 것이다. 이런 일이 벌어진다면 임신중지를 금지하는 주에 사는 여성은 임신중지가 금지되지 않은 주로 가야 한다. 이런 여성들은 더 많은 비용을 지불하고 더 많은 시간을 쓰고 더 많은 낙인을 경험하게 된다. 그럼에도 임신중지를 할 것이다. 인터넷에 익숙한 여성들은 온라인에서 약을 주문할 것이다. 현재 온라인상으로 판매되는 많은 임신중지 약물들은 적절하게 복용되는 것으로 보이며, 임상의의 감독 없이 복용해도 안전할 수 있다.[17] 온라인에서 약을 구입하는 것의 위험(어디서도 불법은 아니지만, 임신중지 클리닉이 불법이 된다면, 스스로 복용하는 약물 또한 불법이 될 것이다)은 여성이 기소될 수 있다는 점이다.

이미 미국에서 임신중지 클리닉에서 합법적으로 받을 수 있는 약을 스스로 사용했다는 이유로, 혹은 딸에게 줬다는 이유로 감옥에 간 여성들이 있다.[18] 다른 주에서는 합법적인 행동임에도 이 주에서 불법인 행동을 한 여성에 대한 기소가 증가할 것으로 예상된다. 어떤 여성은 임신을 끝내기 위해 독극물을 마시거나 자궁에 이물질을 삽입하거나 누군가 그들의 복부를 때리도록 하는 등 매우 위험한 일을 할 수도 있다. 하지만 불법 임신중지로 인한 사망자가 임신중지 합법화 전에 1970년 뉴욕에서 관찰된 수치만큼 높을 것이라고 생각하진 않는다. 절박한 여성들은 앞서 언급한 다른 선택지들을 고를 것이기 때문이다.[19]

　　마지막으로 로 대 웨이드 판결이 뒤집히고 합법성 여부가 주 정부에 달려 있게 된다면, 턴어웨이 연구의 결과대로라면 많은 여성이 원하지 않는 임신을 출산까지 이어가게 될 것이다. 내 추정으로는 4분의 1에서 3분의 1정도의 여성이 말이다. 여기에는 정보가 없거나 온라인으로 약을 주문하거나 다른 곳으로 임신중지를 하러 갈 수 없는 가난한 여성이 포함된다. 이런 여성이 짊어져야 할 짐은 앞서 다 설명했다. 신체 건강의 악화, 삶에 대한 열망 감소, 가정 폭력의 위험 증가, 빈곤 증가, 원하는 임신을 하게 될 가능성의 감소, 키우고 있는 아이에게 나쁜 결과 등이 일어날 수 있다.

　　더 안 좋은 시나리오도 있다. 로 대 웨이드, 플랜드 패런트후드 대 케이시 판결은 태아의 생존 가능성 이전의 임신중지가 가능해야 한다고 규정한다. 로 대 웨이드 판결이 뒤집힌다면, 의회를 막을 어떤 장치도 없다면, 표결을 통해 전국적으로 20주를 기준으로 임신중지가 금지될 수도 있다. 심지어는 6주를 기준으로 금지되거나 전면적으로 금지될 수도 있다. 임신중지가 살인이라고 믿는 사람들은 자신이 사는 주에서 다음처럼 만족할 것 같지 않다. "좋아, 우리 주에서 살인은 불법이니 됐어. 다른 주에 사는 여성은 자기가 스스로 결정을 내리도록 놔둘 거야." 이런 식의 태도가 가능했다면 법을 바꿀 필요가 없을 것이다. 그들은 스스로 임신중지를 거부하거나, 다른 여성들이 자신들의 양심을 따르도록 놔둘 수도 있다. 그래서 로 대 웨이드가 뒤집혀서 이런 시나리오가 벌어진다면, 자기가 사는 주에서 임신중지가 금지된다면, 임신중지에 반대하는 사람들과 정치인들은 무엇을 할 것인가? 그들은 자신이 얻은 결과에 만족하고 다른 주의 여성들이 알아서 선택하도록 놔둘 것인가? 글쎄. 로 대 웨이드 판결이 뒤집힌다면 파급력이 어마어마할 것이다. 일부 주에서는 임신중지를 불법으로 만드는 법을 통과시키거나, 이미 존재하지만 로 대 웨이드 판결 때문에 효력이 없는 법을 강화하기 시작할 것이다. 다른 주들은 임신중지 권리를 보호하는 법을 통과시키거나, 접근권을 향상할 수 있도록 가용성과 시술 제공자를 늘리는 적극적인 법을 확대하려고 할 것이다. 이렇게 주별로 모자이크처럼 상이한 시나리오들이 펼쳐진다면, 임신중지 반대 활동가와 국회의원 들은 아예 미국 내에서는 어디를 가서도 합법적으로 임신중지를 할 수 없게, 전국적으로 임신중지를 금지하는 법을 제정하도록 추동하게 될 것이다.

턴어웨이 연구 결과 중 일부가 의도적으로 맥락에서 벗어나 잘못 인용되던 사례를 기억하는가? 나는 그런 일이 계속 일어나리라고 생각한다. 어떤 사람들은 턴어웨이 연구 결과를 임신중지를 제한하거나 금지하는 것을 정당화하기 위해 사용할 것이다. 그들은 여성들이 원하지 않은 임신을 출산으로 이어갔을 때 장기적으로 정신 건강에 위해가 없다는 사실을 지적하며, 여성들이 회복탄력성이 있다고 말할 것이다. 그들은 임신중지에 비해 아이 양육에 따른 수년간의 경제적 어려움을 새로운 인간을 길러내기 위해 지불해야 하는 작은 대가로 치부할 것이다. 이건 턴어웨이 연구의 정책적 함의를 파악하는 적절한 방법이 아니다.

여성들은 정서적 회복탄력성이 있다. 하지만 그게 집세를 내주진 않는다. 임신중지를 거부당한 여성들은 연구 기간 동안 식비, 주거비, 교통비를 감당할 충분한 돈이 없다고 계속해서 말했다. 우리는 그런 경험이 얼마나 오래 지속되는지는 모르지만, 신용 보고서 연구 결과는 그런 경제적 결과가 우리의 연구 기간 이후까지 이어진다는 걸 보여준다. 임신중지의 합법성과 관계없이 현재의 무자비한 복지 기간 제한과 보장 자녀 수 제한 등을 없애는 건 좋은 출발점이 되겠지만, 이런 어려움을 없앨 단기적은 해결책은 없다.

경제적 부담을 넘어 언제 누구와 함께 아이를 가질지 결정하는 여성의 행위자성을 빼앗는 것은 여성의 삶의 양상을 근본적으로 바꾼다. 턴어웨이 연구를 통해 임신중지를 거부당하면 여성들은 자신들의 삶의 계획을 축소하고 임신에 함께한 남성과 더 이상 같이 있지 않더라도 좋지 않은 관계에 이르게 된다는 것을 발견했다. 경제적인 부분을 포함해 안정적인 삶이 실현되지 않기 때문에, 키아라나 멜리사가 그런 것처럼 나중에 더 나은 상황에서 아이를 가질 기회를 얻지 못하기도 한다. 또한 우리는 많은 여성이 브렌다처럼 친밀한 파트너의 폭력을 경험한다는 사실을 발견했다. 그들이 원하던 임신중지를 할 수 있었다면 피할 수 있었을지도 모른다.

임신중지에 대한 여성의 접근 제한은 여성의 의지에 반하는 임신의 심각한 위험성을 유발한다. 여성의 건강을 위협하며, 심지어 죽음까지도 초래할 위험 말이다. 임신중지를 거부당한 여성이 임신중지를 한 여성에 비해 5년 후 건강이 나빠졌다고 보고한 것처럼, 임신에 따른 건강 위험은 사소하지 않으며 출산 후에도 오랫동안 지속된다. 정서적 회복탄력성만으로 이 연구에서 보고된 두 명의 사망 여성과, 딸과 엄마를 잃어 비통한 남겨진 가족들을 구할 수는 없다.

다음은 소피아의 이야기다. 소피아의 사례는 사회적 지지의 중요성을 분명하게 보여준다. 소피아는 임신 후 파트너에게 거부당했고 고립감을 느꼈다. 소피아는 가족이 스트레스를 받을까봐 경제적인 도움도 바라지 않았다. 가까운 사람들에게 자신의 임신 사실을 비밀로 했고, 심지어 출산 후에 입양을 보낸 것도 말하지 않았다. 소피아의 입양을 도와준 기관들이 있었지만 이 사례를 통해 우리는 입양의 어려움을 볼 수 있다. 소피아의 또 한 번 뒤이은 임신과 출산은 가족의 지원이 경제적 어려움과 건강의 문제를 해결하는 핵심이 될 수 있음을 보여준다. 어떤 이야기도 전형적이지 않다. 이 이야기의 특이한 측면(두 번의 임신 모두에서 임신 사실을 늦게 발견한 것과 가족으로부터의 완전한 고립)은 여성의 경험의 폭을 이해하는 데 도움을 준다.

소피아
Sofia

입양은 제 삶에 영향을 미쳤어요.

그건 여전히 누구와도 이야기할 수 없는 주제예요.

로스앤젤레스에서 자랐어요. 1990년대에 그곳은 히스패닉계 사람들이 많이 사는 동네였어요. 10살쯤 됐을 때 그곳과는 완전히 다른, 대부분 백인들이 살고 영어를 모르면 돌아다니기 어려운 동네로 이사를 갔어요. 저는 멕시코 출신이고, 엄마는 영어를 전혀 하지 못해서 엄마는 저와 형제들에게 의지했어요. 우리는 거의 엄마의 지원단이었죠.

아빠가 감옥에 가는 바람에 이사를 해야 했고, 삶이 완전히 뒤집어졌죠. 엄마가 우리 셋을 키웠어요. 형편이 더 안 좋아져서 집값이 더 싼 동네를 발견하고 이사를 했죠. 우리는 사이가 끈끈했고 무슨 일이 벌어질 때마다 우리를 도와주는 다른 가족들이 많았어요. 엄마가 우리를 혼자 키웠을 때 친척들이 우리를 돕고 지켜줬어요. 엄마가 일을 하러 간 동안 할머니가 요리를 해주시기도 했고요.

가톨릭 신자인 엄마의 영향으로 저도 가톨릭 신자로 자랐죠. 일요일 아침마다 교회에 가는 건 필수였어요. 성모 마리아는 우리 히스패닉 사람들에게 정말 큰 존재니까요. 어릴 때는 교회에 가는 이유를 잘 알지 못했어요. 친구들과 함께 있거나 그냥 집에서 만화를 보고 싶었어요. 하지만 성장하면서 계속 교회에 의존했기 때문에 교회에 의지하게 되었죠.

아빠가 투옥된 후 엄마는 매우 힘들어졌어요. 때때로 두세 개의 일을 해야 했고 음식을 준비하고 우리를 입혀야 했으니까요. 엄마가 직장을 잃었을 때는 세상이 무너지는 것 같았죠. 엄마는 우리를 키우기 위해 최선을 다하고 있었거든요. 정말 잘 해냈고요. 이제는 우리가 컸으니 엄마를 돌봐요.

아빠를 몇 년 동안 만나지 못했어요. 출소한 아빠한테 말을 안 걸었어요. 아빠가 왜 감옥에 갔는지 모르겠어요. 엄마는 항상 아빠가 기꺼이 이유를 말해줄 거라고 했지만, 막상 물어보니까 아빠가 제 눈도 똑바로 못 쳐다보거나 대화 주제를 바꾸던데요. 아빠가 우리에게 손을 내밀지만, 저는 설명을 듣지 못한다면 할 이야기가 별로 없다고 생각해요. 아직 아빠를 완전히 용서할 수 없지만 노력하는 중이죠.

남자친구는 친구들을 통해 만났어요. 군 복무를 마치고 돌아온 그가 파티를 열었죠. 그날 남자친구를 만났는데 보자마자 우리는 연결되었고 떨어질 수 없는 사이가 되어버렸죠. 그때 저는 열일곱 살이나 열여덟 살이었던 같아요. 남자친구는 저보다 여덟 살 많아요. 저는 아직 학교에 다녔고 일도 했어요. 남자친구는 제가 가능한 많은 시간을 그와 보내길 원했어요. 학교에 있을 때는 문자로 "학교에서 일찍 나올 수 있어?"라고 물었어요. 화가 났죠. 그는 저보다 나이도 많고 현명하니 누군가의 인생에서 교육이란 정말 중요하다는 걸 알아야 했어요. 그와 헤어진 건 단지 일 때문이 아니라 학교와 형제, 자매 들 때문이에요. 하지만 아빠가 곁에 없었던 게 제가 다른 남성들의 사랑을 구걸하게 만든 것 같아요. 마치 남자와 제 인생 중에 택하는 것처럼요. 저는 남자친구와 함께 있기 위해 제 모든 걸 포기했어요. 동생들을 위해 해야 할 일을 알고는 있었어요. 동생들은 제게 너무 많이 의지했고 동생들의 삶을 망하게 둘 순 없었어요.

임신한 지 5개월에서 6개월 됐을 때 그 사실을 알게 됐어요. 계속 월경을 해서 임신한 줄 몰랐거든요. 메스껍지도, 토하지도 않았죠. 제가 알던 임신 증상이 나타나지 않았어요. 이런 사례를 텔레비전에서 봤지만, 저한테는 있을 수 없는 일이라고요. 출혈이 시작됐을 때 남자친구와 함께 있었어요. 저는 그게 그냥 월경인 줄 알았어요. 하지만 멈추지 않고 걷거나 앉을 때마다 오줌을 싸는 것 같았어요. 평범한 일이 아니라는 걸 알았죠.

남자친구에게 "병원에 가야할 거 같아"라고 말했어요. 우리는 이미 헤어지려고 했기 때문에 그는 같이 가지 않았어요. 저는 영문을 모르니까 응급실에 갔죠. 이상하게 피가 많이 난다고 말했더니 유산 직전이었어요. 의사가 제게 임신했냐고 물었죠. 제가 아는 한 아니라고 말했고요. 정상적인 임신이라면 나타났어야 할 증상들이 없었으니까요. 임신 테스트기를 사용하니 임신이라고 나오더군요. 믿을 수 없었죠. 의사가 초음파 검사를 했고 임신 5개월이라고 나왔어요. 정신이 없었어요. 남자친구에게 전화를 걸어 사실을 말하자 남자친구가 전화를 끊어버리더라고요. 다음 날까지 연락이 오지 않았죠. 남자친구는 "지금은 적당한 때가 아닌 거 같아. 아이를 지웠으면 해. 내가 비용의 반을 낼 테니 네가 나머지 반을 내"라고 했어요. 그 말을 들었을 때, 아이를 이 세상에 데려오는 것이 제가 생각한 만큼 좋은 일이 아님을 깨달았죠. 남자친구는 우리 관계가 좋지 않기 때문에 임신중지가 최선이라고 하더군요. 아이를 낳는 게 도움이 안 될 것 같다고도요.

실망했죠. 남자친구가 원하지 않는데 아빠가 되라고 강요하고 싶지 않았어요. 그때부터 임신중지에 대해 찾아봤어요. 누군가 다른 이야기를 해주길 바랐는데, 임신중지가 더 이상 선택지가 될 수 없다는 걸 알았죠. 경제적으로 안정적이지 않았어요. 아르바이트를 하느라 수업을 따라가기 힘들었고요. 엄마가 우리를 키우기 위해 너무나 애를 쓰는 걸 보기도 했죠. 형편이 나빠지고 우리 가족은 쫓겨나고 떠나야 했고 또 다른 일이 벌어졌고요. 아이를 낳으면 엄마에게 짐이 될 것 같았어요. 엄마는 이미 세 아이를 키우니까요. 엄마는 모든 수단을 동원해 저를 도울 거란 걸 알지만 엄마의 마음을 아프게 하고 싶지 않았을 뿐이에요.

사실은 마음속 깊은 곳에서는 행복을 느꼈어요. 제가 이 세상에 아주 아름다운 생명을 데려올 것이라고 생각했거든요. 그러다 남자친구가 아이의 아빠가 되지 않는다면 어떻게 해야 할지 고민했어요. 모든 게 다 제 몫이 될 거예요. 엄마가 힘들어하는 걸 봐왔어요. '내가 이 일을 겪어야만 하나? 지금이 적절한 때인가?' 많은 의문들이 떠올랐고 혼란스러웠죠. 이 일이 생각하는 것보다 훨씬 힘든 일임을 알았을 때 처음 2분간의 행복한 감정은 사라졌어요. 그때부터 임신중지를 알아본 거예요.

클리닉에 가서 예약했어요. 의료진이 임신 테스트를 하더니 임신중지가 불가능하다고 단언했어요. 엄청난 충격을 받았어요. 클리닉 직원은 저를 입양 상담사와 연결해줬어요. 저는 그게 저의 최선이자 유일한 선택지라는 걸 알았죠. 상담사는 자신의 생각을 이야기하면서 팸플릿을 줬어요. 저는 그저 가족이나 주위 사람들이 저를 어떻게 생각할까 고민했어요. 저는 아이가 있는 사촌들이 있었지만 그들의 남자친구는 아이 양육을 도왔어요. 저는 아이를 키우는 게 엄마한테 부담이 될 것이라고 생각했고요. 가뜩이나 상황이 안 좋은데 아이를 낳으면 더 나빠질 테고요.

가족이 저를 어떻게 볼지 몰라서 두려웠어요. 이미 남자친구에게 거부당했으니까 가족들도 그럴까 봐 걱정스러웠어요. 호세 Jose는 이야기를 털어놓을 수 있는 유일한 친구죠. 호세는 저와 클리닉에 갔고 내내 곁에 있었어요. 가족이 그랬으면 더 좋았겠지만 운좋게도 친한 친구가 옆에 있었죠.

아이를 가질 마음의 준비를 한 적이 없는 것 같아요. 부랴부랴 진료 예약을 하기 시작했는데 의사들이 제가 임신한 걸 몰랐던 것에 대해 화를 낼 거라고 생각했어요. 하지만 아무런 증상이 없었어요. 배도 안 나왔고요. 그래서 가족을 속일 수 있었겠죠. 첫 진료에서 의사가 "태아 검진을 이렇게 오랫동안 받지 않았다니 믿을 수가 없군요. 대체 당신은 어떤 엄마이기에 이런 짓을 하죠?"라고 따졌어요. 제 상황을 몰랐기 때문에 그렇게 말했을 테지만 저는 마음이 무너졌어요. 의사는 그저 제가 산전 관리를 하지 않았다고 생각했겠지만요. 저는 검진실을 나갔어요. 불편함을 느끼지 않았더라도 그 의사와 더 있지는 않았을 거예요.

정말 힘들었어요. 더 이상 학교나 일에 집중할 수 없었죠. 관계도 완전히 끊어지고요. 두 달 동안은 괜찮았어요. 남자친구는 가족이 될 준비가 되지 않았다고 말했는데 저는 제가 할 수 있는 건 없다고 답해줬죠. 저는 이미 너무 멀리 왔고 그 일을 겪어버렸어요. 남자친구에게는 입양에 대해 말한 적이 없어서 그는 제가 아이를 키울 거라고 생각했어요. 저는 사람들의 시선 때문에 학교를 그만뒀죠. 제가 임신했다는 것을 알고 저를 다르게 대하는 건지도 모른다고 편집증적으로 생각했어요. 더 심각한 건 엄마를 매일 보면서도 입도 뻥긋할 수 없는 거예요. 그게 가장 괴로웠어요. 제가 항상 모든 걸 털어놓는 사람, 제가 화가 나면 항상 의지하는 사람에게 말을 하지 못하니까요. 온갖 서류들을 숨겨야 할 것 같았죠. 누군가 이걸 아는 게 두려웠거든요.

지금까지 입양에 대해 아무에게도 말하지 않았어요. 가장 친한 친구만 알아요. 호세와 저는 조금씩 멀어졌지만 여전히 연락을 하고 지내요. 매년 제 아들이 태어난 날이 되면 우리는 다시 연락해요. 제가 울고 싶을 때 말을 하지 않더라도 친구는 곁에 있었죠. 호세는 저를 무시하지 않아요. 고맙죠. 저를 다르게 대하지도 않고요. 이 모든 상황을 혼자 헤쳐 나가는 것보다 훨씬 낫게 해줬어요. 입양 서류에 서명할 때 곁에 있었어요. 아이를 입양 보낼 부모를 선택할 때도 요. 호세는 제가 진통이 시작됐을 때 저를 병원에 데려간 사람이에요. 호세는 천사에요.

그날, 그게 진통인지 아닌지 알 수 없었어요. 그냥 등이 너무 아팠거든요. 호세에게 전화를 걸어 뭔가 잘못된 것 같다고 말한 기억이 나요. 호세가 병원에 데려다줬어요. 의료진이 제게 양수가 터지지는 않았지만 진통이 시작됐다고 했어요. 너무 무서웠어요. 아이 때문이 아니라 직장에 뭐라고 말을 해야 할지 고민했죠. 그날 늦게 출근해야 했어요. 엄마에게는 또 뭐라고 말을 해야 할지 몰랐죠.

호세는 모든 과정 동안 곁에 있었어요. 수술실에 들어올 수 있었다면, 아마 그랬을 거예요. 하지만 고위험 임신이었기 때문에 들어올 수 없었어요. 호세에게 말한 것 중 입양을 담당한 리사Lisa에게 전화해달라고 한 게 기억이 나요. 리사는 제가 아이를 낳은 뒤에 병원에서 우리를 만났죠.

임신 사실을 알게 된 후 입양 기관에 간 게 기억나요. 입양 기관 직원들은 제게 입양은 긴 과정이 될 거라고 했어요. 리사가 과정을 알려줬어요. 저는 아직도 제가 이 일을 겪은 걸 받아들이지 못했어요. 아이가 태어나기 전에 모든 걸 처리할 시간이 충분하지 않은 것 같았어요. 아이가 2주 일찍 태어났을 때는 너무 놀랐죠. 그때 리사가 있었어요. 그들은 아이를 입양 기관과 보육원에 데려갔어요. 그리고 모든 것을 더 빨리 처리해줬죠. 리사는 아이에게 완벽한 가족이 되어줄 사람들을 찾는 걸 도왔어요. 리사를 만난 건 축복이에요. 저는 양부모와 계속 소통하고 싶다고 말했고, 공개 입양을 선택했어요. 그래서 아이와 접촉하진 않지만 양부모와는 계속 소통해요. 그들은 정말 멋진 사람이에요. 우리는 가능한 많이 연락하려고 해요. 제가 그들에게 부탁한 한 가지는 아이가 자신의 문화를 배우고 그가 어디서 왔는지 알게 하는 거예요. 저는 양부모가 저희의 문화를 아이에게 가르쳐주기를 바랐죠. 그들은 훌륭히 해내고 있고요. 그래서 행복해요. 양부모가 보내주는 사진을 보니 아이가 너무 건강해서 입양이 제가 내린 최고의 결정인 것 같아요. 아이가 행복해하는 것을 보면 저도 그래요. 저는 그들처럼 해줄 수 없을 거란 걸 알거든요.

입양 후 남자친구와 다시 연락이 닿았어요. 남자친구에게 말하지는 않았죠. 유산했다고 거짓말을 했어요. 반응이 어떨지 몰랐기 때문에 그게 최선이라고 생각했죠. 그 후로 관계가 잘 풀렸어요. 그리고 약 두 달 후 남자친구와 제가 다시 만나게 되었을 때 둘째를 임신하게 됐어요. 가족을 원하지 않는 그와 모든 과정이 다시 시작된 셈이죠. 하지만 이번에 저는 더욱 성숙했고 이미 한 번 겪었기 때문에 또 같은 과정을 겪진 않았어요.

가족이 저를 외면하지 않을 거라고 생각했어요. 엄마에게 임신 사실을 말했으니까요. 한 가지 비밀을 만든 것만으로도 마음이 아팠기 때문에 엄마에게 이번 임신을 말해야 한다고 생각했어요. 엄마는 기뻐했어요. 할머니가 되는 것에 행복해했죠. 저는 언제나 엄마의 딸일 것이고 제가 무엇을 하든 무슨 말을 하든 엄마는 저를 사랑할 거예요. 엄마는 제가 어떤 결정을 내리든 지지해요.

이번 임신도 5개월 가까이 되어서야 알았기 때문에 이전과 같았어요. 하지만 이 딸을 낳고 싶었어요. 비록 아이 아빠가 없더라도 이번에는 엄마가 곁에 있었죠. 그래서 훨씬 수월했어요. 남자친구에게 도움을 받지 못하더라도 가족의 지원을 받았죠. 임신중독증을 앓아서 힘들었어요. 엄마는 진료받을 때마다 함께했어요. 그래서 모든 게 더 쉬웠죠. 가끔 첫 임신에 대해 이야기하고 싶지만 그럴 수 없어요. 엄마에게 거부당하고 싶지 않아요. 항상 비밀을 지켜요.

제 삶은 잘 흘러가요. 딸을 사랑하고, 딸은 저를 변화시켜요. 저를 더 나은 사람으로 만들었죠. 딸은 제가 삶을 다르게 보도록 했어요. 아이가 생겼을 때 저는 많은 것을 배웠어요. 딸은 몸이 약해 항상 아프기 때문에 애를 써야만 했죠. 의사들이 첫해를 넘기지 못할 것이라고 했을 때 너무 충격을 받았죠. 딸을 임신했을 때 저는 발작을 일으키곤 했어요. 제왕절개를 할 때도 발작을 일으켰어요. 의사들은 제가 임신 내내 고혈압이었던 것이 딸의 건강이 좋지 않은 이유일 수 있다고 했어요. 고혈압이 저뿐만 아니라 딸에게까지 영향을 미친 거예요. 딸의 산소포화도는 언제나 떨어졌고 호흡기 질환 때문에 항상 아팠죠. 면역체계가 약했는데 의사는 왜 그런지 설명하지 못했어요. 하지만 자랄수록 딸의 면역력은 강해졌어요. 기적이었죠. 더 이상은 아프지 않아요.

너무 기뻐요. 엄마가 될 또 한 번의 기회를 주시고 삶이 얼마나 아름다울 수 있는지, 얼마나 많은 기쁨을 누릴 수 있는지 깨닫게 해주신 하나님께 감사해요. 딸은 저를 웃게 할 줄 알아요. 제가 화난 것도 알고, 딸은 절 매우 잘 이해해요. 제가 화가 나거나 슬플 때 옆에 와 누워 모든 게 잘 될 거라고 말해줘요. 딸은 축복 같아요.

딸이 한 살 더 먹을 때마다 감정이 북받쳐요. 딸이 성장하고 자신만의 개성을 키우고 독립적이 되어간다는 사실이 힘들죠. 이사벨라Isabella에게 "이제 그만 자라면 좋겠어"라고 말하면, 딸은 "괜찮아. 난 아직도 엄마의 아기야"라고 말해요. 딸은 자신이 매우 똑똑하고 건강하다는 걸 정확히 아는 것 같아요. 의사가 딸이 좀 통통한 편이라고 해서 좀 곤란하기는 했죠. 하지만 딸은 매우 활동적이고 키가 꽤 커요. 아이 아빠를 닮아서요. 의사는 딸이 키가 크니 그 정도의 몸무게도 괜찮다고 했어요.

아이의 아빠는 곁에 없어요. 하지만 그 남자가 없어서 저는 훨씬 더 강해졌어요. 한때 아이 아빠도 있었고, 모든 것이 완벽할 때가 있었죠. 하지만 그는 아직 성숙하지도 헌신할 준비도 되어 있지 않았죠. 저는 딸이 단단한 관계와 안정적인 가정, 편안한 집을 갖길 바랐어요. 이제 저는 이전과 완전히 다른 일을 해요. 여전히 학교에 다니지 않지만 공부를 계속 하고 싶어요. 하지만 지금은 딸을 키우고 돌보는 것이 가장 중요하죠. 딸은 너무 빨리 자라고 있기 때문에, 순간순간 즐겨야 해요.

입양은 제 삶에 영향을 미쳤어요. 그건 여전히 누구와도 이야기할 수 없는 주제예요. 가장 친한 친구 호세는 그 과정 내내 함께 있었어요. 이 상황에 어떻게 대처해야 할지 몰랐기 때문에 어떤 면에서는 정말 혼란스러웠죠. 모든 게 조금씩 점점 더 쉬워졌어요. 가장 친한 친구가 곁에 있고 다 괜찮을 거라고 말해주는 한 사람이 있다는 것만으로도 큰 변화가 있었어요. 혼자서는 할 수 있었을지 모르겠어요. 긍정적으로 생각해요. 제게 많은 것을 가르쳐준 일이잖아요. 그 일은 저를 완전히 다른 사람으로 변화시켰어요. 저를 훨씬 더 성숙하게 했어요. 제가 피임을 고려하도록 했죠. 제가 모든 것을 당연히 여기지 않고 더 나은 사람이 되도록 하고 가족과 더 가까워지게 해줬어요.

입양을 선택하지 않았다면 아들을 키우기 너무 힘들었을 것 같아요. 아들이 필요로 하는 것들을 주지 못하고 나중에 아들이 커서 그걸 원망하게 되는 상황을 두려워했어요. 아들을 입양 보내서 행복해요. 입양 기관도 고맙고 아이를 키우는 양부모님께도 감사해요. 안심이 되죠. 전혀 기분 나쁘지 않고 후회도 되지 않아요. 인생의 교훈이 되었어요.

첫아이를 키우지 못했기 때문에 아이를 더 갖고 싶었어요. 아들과 딸이었다면 정말 완벽했을 것 같아요. 하지만 아들을 키우고 있지 않기 때문에 또 다른 아들을 갖고 싶어요. 때때로 딸이 외롭다고 느껴지거든요. 딸이 같이 놀 사람이 없어요. 한 아이가 더 있으면 우리 가족도 완벽해질 것 같아요. 새로 사귄 남자친구와 노력하는 중이에요. 저는 제 딸의 아빠가 아닌 다른 남자의 아이를 가지면 사람들이 저를 업신여길 거 같아요. 정말 괴롭죠. 하지만 아이를 갖는 게 지금 최우선 과제는 아니니 기다릴 수 있어요.

사실 학교로 돌아가 더 나은 직장을 얻는 것을 생각해요. 야간 매니저로 일하면서 교대 근무를 하는데 일찍 집에 오기 때문에 정말 힘들거든요. 밤 10시부터 오전 7시까지 일해요. 집에 오면 딸은 이미 깨어 있죠. 너무 녹초가 되어 돌아오기 때문에 딸과 원하는 만큼 시간을 보내기가 어려워요. 임금은 괜찮아요. 그래서 그 일을 계속 하는 거고요. 다음주에 시에서 채용하는 일자리를 위해 시험을 볼 예정이에요. 정말 학교로 돌아가고 싶고 집도 갖고 싶어요. 딸이 행복하다면 저도 행복해요. 내 집이라고 부를 수 있는 집을 갖는 건 큰 성취가 될 거예요.

저를 도와줄 사람이 아무도 없다고 느낄 때가 있었어요. 전에 저를 거부한 많은 사람이 있었거든요. 그래서 입양이 놀라워요. 입양 기관과 양부모가 모든 상황을 더욱 쉽게 만들어줬어요. 그들은 축복 같아요. 저를 전혀 모르는 누군가가, 저를 이렇게 아껴줄 수 있다는 게, 상상도 못했던 일이죠. 임신중지와 입양은 사람들에 대한 제 관점을 완전히 바꿔놓았어요.

소피아 · 캘리포니아 출신 · 라틴계

임신 당시 19세 · 임신 26주에 임신중지 거부

11

연구 이후

임신중지에 관해 되풀이되는 주장 중에는 근거 없는 것들이 많다. 증명이나 반증을 인정하지 않는 도덕적 혹은 종교적 논쟁에 대해 말하는 것이 아니다. 나는 임신중지의 사회적 역할에 대한 믿음이나 주장, 여성과 아이 들의 삶에 미치는 영향을 말한다. 이것들은 측정되고 평가될 수 있다. 예를 들어 "임신중지가 여성에게 위험한가" 같은 명제들은 검증될 수 있다. 턴어웨이 연구의 과학적 증거는 임신중지 권리를 지지하거나 반대하는 사람들이 말하는 임신중지에 대한 흔한 속설을 반박한다.

① 가난한, 아이가 없는, 10대인, 무책임한, 종교가 없는, (그 외에 당신의 고정관념에 부합하는) 여성들만이 임신중지를 한다.

임신중지가 필요 없다고 확신할 수 있는 유일한 여성은 임신을 할 수 없는 여성뿐이다. 나이, 인종, 민족, 소득 수준, 종교, 정치적 성향, 성적 지향, 젠더 정체성에 관계없이 모든 유형의 여성들이 임신중지를 한다. 심지어 임신중지에 반대하는 여성도 임신중지를 한다. 피임에 대한 접근성이 뛰어나고, 이용 가능한 피임법들을 선호하고, 꼼꼼하게 피임을 하는 것은 원하지 않은 임신을 할 가능성을 줄이지만 0퍼센트까지 줄일 순 없다. 임신중지를 원하는 여성 중에는 저소득층, 유색인종, 20대 초반이 많다. 이는 피임법과 의료인들에 대한 접근성과 신뢰가 비교적 낮기 때문일 수 있다. 어떤 여성은 성관계와 피임에 대해 결정할 수 있는 자율성이 낮기도 하다. 2장을 보라.

② 임신중지는 항상 어려운 결정이다.
여성에게는 더 많은 시간이 필요하다.

턴어웨이 연구를 통해 임신중지를 결정하는 여성들 중 절반이 임신중지를 수월하게, 심지어는 쉽게 결정하고, 나머지 절반이 결정에 어려움을 겪는다는 것을 알았다. 여성이 쉽게 결정을 내린다고 해서 이를 가볍게 생각한다는 말은 아니다. 자신이 처한 상황과 선택권을 고려할 때, 결정은 분명할 수 있다. 왜 임신중지를 하고 싶은지 물었을 때 여성들이 우려한 상황들이 임신중지를 거부당한 여성들의 삶에서 현실이 되는 것을 관찰했다. 여성들은 매우 숙고해 결정을 내린다. 국가가 부여하는 의무 대기 기간 같은 지연 체계는 불필요하고, 솔직히 말하면 이는 임신중지 시점을 뒤로 미룰 뿐이다. 임신중지 가능 기한을 설정하는 것은 여성들이 그 시점을 맞추기 위해 결정을 서두르게 만들 위험이 있다.

임신중지를 원하는 여성들은 시간이 촉박한 상황일 수도 있다. 임신중지가 지연되는 가장 큰 원인은 임신 사실을 깨닫지 못하는 것이다. 임신 증상이 없거나, 피곤하거나 메스껍거나 월경을 건너뛰는 건강 상태일 때, 이런 일이 벌어질 수 있다. 두 번째로 흔한 원인은 임신중지를 위한 비용을 마련하고, 점점 수가 줄어드는 임신중지 시설을 찾아 먼 거리를 이동해야 하는 것이다. 2장을 보라.

---

③ 입양이 해결책이다.

임신중지를 할 수 없을 때 아이를 입양 보내겠다고 답한 여성은 거의 없다(9퍼센트). 임신과 출산이라는 신체적 경험과 자신의 의지에 반해 입양을 보내도록 만드는 상황에 따른 정서적 경험은 여성의 건강과 생명을 위험에 빠트린다. 임신중지를 하고 싶었지만 출산 후 입양을 보내게 된 여성들에게서 임신중지를 하지 못한 것에 대한 후회가 높게 나타났다. 4, 5, 7장을 보라.

---

④ 임신중지를 불법화해서 임신중지를 막을 수는 없다.
다만 위험하게 할 뿐이다.

"임신중지를 불법화해서 임신중지를 막을 수는 없다"라는 말은 여성들이 법과 관계없이 원하지 않은 임신을 끝낼 방법을 찾는다는 인상을 준다. 하지만 항상 그렇지는 않다. 임신중지를 금지하는 것은, 많은 여성이 임신중지를 할 수 없게 만들 뿐이다. 임신중지를 원하지만 할 수 없던 여성의 대략 4분의 1은 출산을 하게 된다. 미국에서는 각 주의 법과 임신중지 가능 기한에 따라 매년 최소 4000명의 여성이 임신중지를 원함에도 시술을 받을 수 없는 상황이다. 모든 여성이 클리닉에서 임신중지를 하지 않고도 원하지 않은 임신을 마법처럼 끝낼 수 있다면, 턴어웨이 연구는 불가능했을 것이다. 3장을 보라.

"다만 위험하게 할 뿐이다"라는 말은 불법 임신중지는 항상 안전하지 않다는 것을 내포한다. 표백제로 질을 세척하거나 자궁에 날카로운 것을 넣거나 훈련받지 않은 사람에게 시술을 받는 건 매우 위험할 수 있다. 하지만 국경을 초월하거나 온라인을 통해 거래되는 임신중지 약물을 이용하는 것은 여성이 스스로 시행하는 임신중지가 안전할 수도 있음을 의미한다.

마지막으로 "임신중지를 불법화해서 임신중지를 막을 수는 없다. 다만 위험하게 할 뿐이다"라는 주장은 임신중지가 불법일 때 일어날 수 있는 유일한 나쁜 일이 '안전하지 않은 임신중지'라는 것을 암시한다. 임신중지가 불법이라면, 많은 여성이 원하지 않은 임신임에도 출산을 할 것이다. 그리고 여성과 그들의 아이들은 이 책에서 다룬 것처럼 신체적 건강 및 경제적 영역에서 어려움을 경험하게 될 것이다. 5, 6, 7장을 보라.

---

⑤ 임신중지는 건강에 위험하다.

임신중지에 따른 합병증 발생률은 사랑니 발치와 편도선 절제술보다도 낮다. 원하지 않은 임신과 관련한 합병증의 위험은 임신중지를 할 때가 아니라 출산할 때 훨씬 높게 나타난다. 임신중지를 거부당해 출산을 하면 사망 위험이 14배 높을 뿐 아니라, 여성의 건강이 수년간 위험해진다는 사실을 알았다. 또한 임신중지가 임신중지 이후 난임의 가능성과 관련이 있다는 증거는 없다. 5장을 보라.

⑥ 후기 임신중지의 이유는 항상
태아 이상이나 모성 건강 때문이다.

'후기 임신중지'가 전체 임신중지에 1~2퍼센트에 해당되는 20주 이후의 임신중지를 가리키는 말이라면, 이 문장은 사실이 아니다. 20주 후에 임신중지를 하는 여성의 대다수가 20주에서 24주 사이에 임신중지 한다. 여성이나 태아의 건강을 이유로 후기 임신중지를 하는 경우 외에도, 임신 사실을 늦게 발견했거나 임신중지 접근에 큰 장벽이 있는 여성들이 있다.

매우 소수의 임신중지가 임신 24주 후에 일어난다. 24주 이후로 임신중지가 지연된 이유를 알 수 있는 데이터는 현재 없다. 대부분의 주에서 태아 이상이나 모성 건강의 이유를 제외한 3분기 임신중지를 금지하고 있기 때문이다. 이는 24주 이후의 많은 임신중지가 태아 이상이나 모성 건강을 이유로 시행되고 있음을 뜻하기도 한다. 하지만 우리가 주목하는 것은 이런 말이 여성 혹은 태아의 건강을 이유로 한 임신중지만이 받아들여질 수 있음을 암시한다는 사실이다. 원하지 않은 임신이 출산으로 이어질 때의 신체적 건강, 경제적 상태, 가족, 삶의 과정을 고려할 때, 건강과 정의의 관점에서 보면 여성 혹은 태아의 건강이 원하지 않은 임신을 끝내고자 하는 유일한 이유가 아님은 명백하다. 2, 5, 6, 7장을 보라.

> ⑦ 임신중지를 한 여성은 자신의 결정을 후회하고, 외상 후 스트레스 장애를 경험하며, 이에 대처하기 위해 불법 약물을 사용하고, 우울하다. 혹은 반대로 원하지 않은 아이를 낳는 것이 훨씬 더 나쁘다.

우리는 원하지 않은 임신의 결과와 우울, 불안, 자살 생각, 약물 사용, 외상 후 스트레스와 같은 장기적인 정신 건강 결과 사이에 어떤 연관성도 발견하지 못했다. 임신중지 시술을 받은 경우와 비교해 임신중지를 거부당하게 되면 단기적으로 불안감이 고조되고 자존감이 떨어질 수 있다. 그러나 여성은 회복탄력성이 있다. 원하지 않은 임신이 별 일 아니라는 말이 아니다. 하지만 다른 사건들, 예를 들어 원하지 않은 임신, 임신중지, 출산보다 신체적 학대나 성적 학대, 과거의 정신 건강 문제들이 향후의 심리적 고통과 훨씬 더 연관되어 있다. 우울과 불안 증상은 임신에 따른 결과에 관계없이 5년 동안 점차 나아진다. 4장을 보라.

⑧ (원하지 않은) 아이를 갖는 것은 커플 관계를
유지시켜준다.

우리는 임신중지를 원해서 임신중지 시술을 받았는지, 또는 임신중지를 거부당해 출산 및 양육을 하는지에 관계없이 파트너와의 관계가 점차 해체된다는 것을 발견했다. 아이를 낳은 여성은 임신중지를 한 여성보다 임신에 함께한 남성과 향후 5년 내 어느 시점에서도 관계를 유지할 가능성이 더 높게 나타나지는 않았다. 하지만 임신중지가 거부되는 것은 학대적인 관계에 놓인 여성을 폭력에 계속 노출시키는 결과를 낳기도 한다. 8장을 보라.

⑨ 임신중지를 선택하는 여성들은 이기적이다.
임신중지를 한 여성은 엄마가 되길 원하지 않는다.

임신중지를 원하는 여성들 중 대다수(60퍼센트)는 이미 아이가 있다. 여성이 원하지 않은 임신을 끝내기로 결정했을 때,

그들은 종종 기존 아이들의 필요를 고려하거나 미래의 아이에게 제공할 수 있는 더 나은 삶을 고민한다. 턴어웨이 연구는 여성이 임신중지를 할 수 없을 때 그 여성이 이미 키우는 아이들의 발달이 늦고, 경제적으로 궁핍한 환경에 놓일 가능성이 높음을 보여준다. 더 많은 아이를 갖길 원하는 여성이 임신중지를 하게 되면, 그들의 다음 아이는 계획된 임신으로 태어나고, 경제적인 안정 속에서 자라며, 엄마와의 긴밀한 유대감을 형성할 가능성이 높아진다. 6장, 7장을 보라.

⑩ 임신중지는 여성의 삶에 해롭다.

이게 가장 중요하다. 임신중지는 원하지 않은 임신을 유지해 출산을 하는 것에 비해 여성과 아이 들에게 더 나은 결과를 가져온다. 향후 5년간 건강 위험이 낮아지고 추후에 자신이 원할 때 아이를 가질 가능성을 높인다. 또 파트너 관계가 더 행복할 가능성이 높고, 빈곤율이 감소할 뿐 아니라 공적 지원도 적게 받는다. 현재 키우는 아이를 더 잘 돌볼 수 있고, 가까운 시기에 희망적인 계획을 세우고 성취할 확률도 높았다. 소수의 여성이 자신의 임신중지를 후회했지만, 마찬가지로 임신중지를 거부당해 아이를 낳은 여성 중 소수는 자신이 임신중지를 할 수 있었으면 좋았을 것이라고 생각했다. 5장부터 8장까지 보라.

임신중지를 한 평범한 여성들

턴어웨이 연구의 핵심은 임신중지에 대해 흔히 말하는 거짓을 바로 잡는 데에만 있지 않다. 우리는 태아나 여성의 건강상 이유가 아닌 다른 이유로 후기 임신중지를 하는 사례들을 연구해 왔다. 후기 임신중지는 가장 낙인이 심하고, 사회적으로 받아들여지지 않는다. 이 책에 실린 이야기들은 후기 임신중지를 하는 여성들이 당신이 알고 지내는 사람들과 같은 사람들이라는 것을 보여준다. 여성들은 희망과 목표, 책임감과 도전 의식이 있다. 우리가 이 여성들을 평범하게 보고, 그들의 결정이 타당하다고 생각할 수 있다면, 우리는 국가가 여성들을 대신해 결정해야 한다고 생각하고픈 유혹을 떨쳐버릴 수 있을 것이다.

언론은 종종 임신중지 문제를 토론 주제로 표현한다. 임신중지에 관한 기사에는 임신중지에 반대하는 시위대의 사진이 포함될 가능성이 높고, 균형 잡힌 뉴스는 (최소한 임신한 여성의 몸통 사진을 넣지 않고) 이에 대항하는 시위대의 사진도 포함할 가능성이 있다. 임신한 여성의 배 사진을 싣지 않는 것만 해도 고맙다. 우리는 여성의 임신중지를 허용해야 하는지에 너무 집중한 나머지 여성들이 왜 임신중지를 원하는지, 임신중지를 할 수 없을 때 어떤 결과가 초래되는지에 대한 질문을 놓친다. 도덕적 판단을 서두르는 과정에서 임신중지에 관한 문제는 임신중지가 영향을 미치는 여성, 남성, 논바이너리, 아이들, 가족의 실제 삶이 아닌 추상적인 문제로 재현되어왔다.

네팔의 사례

턴어웨이 연구를 처음 구상한 2007년 전까지 나는 임신중지에 대해 아는 게 없었다. 내가 참여해온 인구통계학계와 공중보건학계는 임신중지를 주변적인 주제로 대했다. 여성의 재생산 건강까지 다뤘지만, 원하지 않은 임신에 대한 논의보다는 의도하지 않은 임신을 예방하는 것이 주된 초점이었다. 임신중지를 연구한 소수의 연구자는 과학자가 아니라 활동가로 간주될 위험을 무릅썼다. 2005년 가족계획 연구회Society of Family Planning가 출범하면서 모든 것이 바뀌었다. 이 단체에는 컬럼비아 특별구, 캐나다, 라틴 아메리카와 미국의 거의 모든 주에서 온 피임과 임신중지를 연구하는 800명의 연구원이 소속되어 있다. 역학자, 사회학자, 인구학자, 공중보건 연구자, 법학자, 간호사, 의사 등이다. 최근 15년 사이 수백 개의 임신중지 제한이 통과된 것에 대한 효과를 측정하는 일이 시급해지면서 더 많은 대학교와 연구 기관이 임신중지와 임신중지 시술을 제공하는 일에 대한 연구에 나섰다.

나는 턴어웨이 연구가 풀지 못한 두 개의 새로운 연구를 진행하는 중이다. 사실 턴어웨이 연구는 경제적으로, 사회적으로 가장 고립된 여성들에게 도달하지 못했다. 적어도 턴어웨이 연구에 참여한 여성들은 모두 임신중지 시설에 도착했다. 우리는 얼마나 많은 여성이 원하지 않은 임신을 했음에도 돈이 없어서, 클리닉에 갈 수 없어서, 임신중지 반대 시위를 직면하기 어려워서, 심지어 임신중지가 합법인지도 모르기 때문에 임신중지 클리닉에 가지 못하는지 모른다. 역학자인 코린 로카 박사와 진행하는 새로운 연구는 의도하지 않은 임신이 여성의 삶에 미치는 영향을 조사하기 위해 미국 남서부 전역에 있는 여성들을 모집한다. 이번에는 (임신중지를 받았는지 못 받았는지에 따른 것이 아니라) 임신중지를 하려고 했는지, 안 했는지를 가지고 분석할 것이다. 남서부를 선택한 까닭은 이웃한 주들이 전혀 다른, 정반대의 정치적 성향을 갖고 있기 때문이다. 예를 들어 뉴멕시코는 진보적이고 간섭하지 않는 분위기인 반면 애리조나는 현존하는 모든 제한들을 통과시킨 주다. 이 연구는 누가 임신중지를 결정하는지, 주 정부의 규제가 실제로 여성들이 임신중지를 원할 때에도 하지 못하게 하는지 관찰할 기회다.

나는 또한 카트만두에 있는 환경, 건강, 인구 활동 연구를 위한 센터CREHPA의 인구통계학자 마헤쉬 퓨리Mahesh Puri 박사와 네팔에서 턴어웨이 연구를 시작했다. 네팔은 12주까지의 임신중지가 합법이고, 강간이나 근친상간은 18주, 여성이 신체적·정신적으로 건강상 위험이 있거나 태아의 건강에 이상이 있는 경우 언제든 합법이다.[1] 2016년부터 네팔 정부는 공중보건 시설에서 임신중지 시술을 무료로 제공한다. 네팔의 모성 사망률은 미국보다 훨씬 높다. 네팔에서는 150명 중 한 명, 미국에서는 3800명 중 한 명꼴이다.[2] 임신중지를 원할 때 하지 못하고 출산으로 이어진다면, 이는 더 큰 신체적 건강의 위험을 불러일으킬 수 있다. 합법적 시술 제공자가 아닌 사람이 하는 임신중지 시술도 흔하다.[3] 이 연구는 합법적인 임신중지 시술 제공자에게 임신중지를 거부당한 뒤, 여성이 안전한 또는 안전하지 않은 임신중지 시술을 찾아내는지 살펴볼 기회다.

여성의 임신중지 서비스 접근 제한이 아이들에게 미치는 영향은 네팔과 미국에서 상당히 다를 수 있다. 우리는 엄마가 임신중지를 거부당했을 때, 기존의 자녀들이 자녀 발달 이정표에서 더 뒤처지고, 기초 생활을 위한 돈이 충분하지 않은 상황에서 키워질 확률이 더 높다는 것을 발견했다. 네팔에서는 그 영향이 더욱 크게 나타난다. 5세 미만 어린이의 3분의 1 이상이 불충분한 영양 공급이 지속되어 성장이 저해되었다.[4] 또 다른 주목할 점은 네팔에서는 딸보다 아들에 대한 선호도가 높다는 것이다. 네팔의 일부 여성은 자신의 아이가 딸일 것 같을 때 임신중지를 하기도 한다. 퓨리 박사와 한 이전 연구에서는 이것이 반드시 본질적인 여성혐오 때문이라기보다, 남성에게 더 많은 기회와 나은 삶을 제공하는 가부장적 사회 경제에 따른 반응이라고 봤다.[5] 네팔에서 임신중지를 하려는 한 여성이 우리에게 "아들보다 딸을 더 교육해야 해요. 저는 교육을 받지 못했다는 이유로 너무나 많은 어려움을 겪었어요. 저는 아이를 교육시킬 수 없을 것 같았어요. 세 아이들을 어떻게 해야 할까요?"라고 말했다. 네팔의 합법적 임신중지의 영향을 이해한다면, 건강이 좋지 않을 위험이 가장 높은 여성과 아이들을 한정해 직접적인 의료 기금을 제공하는 데 도움이 될 수 있다.

여성을 믿어라

임신중지 시술을 제공하는 사람들은 여성의 삶과 기존의 아이들, 미래의 아이들의 삶을 개선하기 위해 자신의 삶의 안전과 평화를 상당 부분 포기한다.[6] 클리닉을 방문하면서 관찰한 것은 임신중지 시술을 제공하는 사람들이 친절하고 배려심 많다는 것이다. 1973년 미국에서 임신중지가 합법화되기 전부터 활동해온 나이 든 의사들은 종종 안전하지 못한 임신중지로 패혈증을 겪거나 자궁에 문제가 생기거나 심지어 목숨을 잃은 어린 여성들에게 동기를 부여받는 것 같았다.[7] 그들은 마치 아버지 같은 분위기를 풍긴다. 그들은 여성의 생명을 구하기 위해 그곳에 있다. 보다 젊은 의사와 간호사 들은 여성일 가능성이 높다. 그들은 인정 많고 차분하고 능력 있다. 그들은 당신의 문제에 귀를 기울이고 문제를 해결하는 데 도움을 준다. 모든 세대의 임신중지 시술 제공자들은 내가 만난 가장 용감하고 헌신적인 이들 중 하나다.

조지 틸러George Tiller 박사는 2009년 암살될 때까지 3분기 임신중지를 포함한 임신중지 서비스를 제공한 캔자스의 의사였다. 그는 후기 임신중지를 할 수 있고, 기꺼이 하려고 한 미국 내 소수의 의사 중 한 명이었다. 그 이전과 이후의 많은 임신중지 시술 제공자들처럼 틸러와 그의 가족, 직원들은 끊임없는 항의와 폭력적인 위협을 견뎌냈다. 그의 클리닉은 1980년대 후반에 화염에 휩싸였고, 1990년대 초에는 틸러가 총을 맞아 부상을 입기도 했다. 그러나 위협과 폭력이 그를 단념시키지는 않았다. 그는 어느 일요일 교회에서 임신중지에 반대하는 극단주의자의 총에 맞아 67세의 나이로 죽음을 맞이할 때까지 임신중지를 필요로 하는 여성들을 계속 지원했다.

틸러는 암살되기 훨씬 전부터, 많은 임신중지 시술자들과 옹호자들의 영웅이었다. 내가 참석한 임신중지 연구자 미팅에서 가족계획 제공자 및 연구자 들은 그의 용맹함, 관대함, 철학을 얘기하곤 했다. 틸러의 가장 유명한 모토는 "여성을 믿어라"는 것이었는데, 그의 위치타 클리닉Wichita clinic 벽과 그가 옷깃에 다는 배지에 적힌 메시지다.[8] 임신중지 시술 제공자를 연구하는 사회학자 캐럴 조프Carole Joffe 박사는 틸러가 죽고 며칠 후 이렇게 썼다. 나는 모든 기자들이 틸러가 3분기 임신중지를 해서 임신중지 반대 집단에서 악명이 높았다고 언급하는 것을 보고 충격을 받았다. 대부분의 미디어에서 틸러가 왜 그렇게 했는지, 실제로 누가 이런 시술의 수혜자였는지 거의 설명하지 않았다. 틸러에 대한 많은 보도가 임신중지를 한 여성들의 상황을 망각한다는 현실 자체가 임신중지 시술 제공자와 임신중지를 하는 여성 들이 소외된 집단임을 보여주는 강력한 증거다."[9]

나는 이 책이 여성들이 왜 임신중지를 하는지, 그들이 임신중지를 원함에도 할 수 없을 때 어떤 결과를 불러일으키는지에 대한 통찰을 제공해줬길 바란다. 여성을 믿으라는 틸러의 철학은 턴어웨이 연구가 전하는 교훈이기도 하다. 우리 연구는 여성이 그들의 몸, 가족, 삶에 사려 깊고 신중한 결정을 내릴 수 있다는 강력한 증거를 제시했다. 여성은 자신의 부담, 타인에 대한 책임, 미래에 대한 열망을 저울질했다. 우리는 여성이 출산에 관한 중요하고도 개인적인 결정을 할 수 있게 하는 것이, 자신과 아이들의 건강과 경제적 안정을 도모한다는 사실을 배웠다. 임신중지에 접근할 수 있다는 것은 여성이 폭력적인 관계를 끝내고, 더 좋은 관계를 맺으며, 개인적인 목표를 세우고 성취할 더 큰 기회를 주고, 일부 여성에게는 나중에 자신이 더 원할 때 임신할 기회를 준다. 긴즈버그 전 대법관의 말을 빌리자면 임신중지는 단순히 태아 대 여성의 권리, 개인의 사적인 출산 결정에 대한 국가의 역할에 관한 것이 아니다.[10] 임신중지는 여성의 경제적 안정, 건강과 신체적 통합성, 현재 키우는 아이들을 돌보는 능력, 건강한 관계에 대한 전망, 미래 계획에 관한 것이다. 임신중지는 여성이 자신의 삶을 주체적으로 살아가는 것에 관한 문제다.

감사의 말

과학은 협력의 과정이다. 나는 이 책에서 각 논문을 인용할 때 주 저자의 이름을 언급했다. 이 주 저자들은 퍼즐의 일부를 해결하고 우리가 수집한 자료를 어떻게 풀어나갈지를 알아냈으며 연구를 설계하고 분석을 수행했다. 또한 논문의 초안을 작성하고 수없이 수정 작업을 거쳤으며 연구 아이디어를 논문으로 완성하기 위해 헌신했다. 나는 여러 주 저자(에인절 아츨란-케헤이, 안토니아 빅스, 카루나 치버, 로렌 돕킨, 케이틀린 게르츠, 헤더 굴드, 로라 해리스, 카트리나 킴포트, 제인 몰던, 몰리 매카시, 세라 밀러, 하이디 모세슨, 로런 랠프, 세라 로버츠, 코린 로카, 그레천 시슨, 우슈마 우파드헤이, 케이티 우드러프의 엄격함, 리더십, 끈기에 감사한다.

주 저자들을 통해 이 책에 수록된 주요 논문을 언급하는 것은 공동 저자들의 공헌을 정당하게 평가하지 못하는 한계가 있다. 정교한 통계 전문 지식을 나눠준 케빈 들루치Kevin Delucchi, 마리아 글리모어Maria Glymour, 척 매컬러Chuck McCulloch, 존 노이하우스John Neuhaus, 에릭 비팅호프Eric Vittinghoff, 마크 윌슨Mark Wilson, 새로운 주제에 대한 지식을 나눠준 제시카 깁슨Jessica Gipson, 대니얼 그로스먼Daniel Grossman, 레이철 존스, 알리사 페루치Alissa Perrucci, 빔라 슈워츠, 줄리아 스타인버그Julia Steinberg, 로라 웨리Laura Wherry, 분석을 도와준 린제이 아바로스Lyndsay Avalos, 미카엘라 페라리Michaela Ferrari, 전민정Jeon Minjeong, 세라 라이프먼Sarah Raifman, 브렌리 로랜드, 고린 사마리Goleen Samari, 대니얼 싱포드Danielle Sinkford, 알레한드라 바르가스-존슨Alejandra Vargas-Johnson, 엘리젯 바이스Elisette Weiss. 관대한 척 매컬러는 이 데이터 분석에 대비해 ANSIRH를 위한 맞춤형 종단 데이터 분석 과정을 가르쳐줬다. 그 뒤에는 UCSF의 사서 질 바-워커Jill Barr-Walker의 도움이 있었다.

애초에 데이터가 수집되지 않았더라면 여기 있는 그 누구도 논문을 쓸 수 없었을 것이다. 30개의 임신중지 시설에서 3년 넘게 1000여 명의 여성을 모집해 5년 이상 인터뷰를 진행하는 건 결코 쉬운 일이 아니다. 이것을 가능하게 한 건 바로 이들이다. 우선 샌디 스톤시퍼는 첫 2년간 프로젝트의 책임자였으며 내 연구가 시작될 수 있도록 도와주었다. 라나 바라는 향후 10년간 직원, 예산, 데이터 세트, 조사 도구, 대학교 내 절차, 컨설턴트를 지휘했다. 그의 에너지와 조직력이 아니었다면 이렇게 성공하지 못했을 것이다. 헤더 굴드는 IRB 승인에서부터 우리의 프로토콜을 공식화하고 31개의 심층 인터뷰를 설계하고 수행하는 것까지 모든 과정에 필수적인 사람이었다. 10명의 헌신적인 인터뷰 진행자들, 매티 뵐러-타트먼Mattie Boehler-Tatman, 제닌 카펜터Janine Carpenter, 자나 카리Jana Carrey, 우딘 다니Undine Darney, 이벳 고메즈 Ivette Gomez, 에밀리 헨드릭 C. Emily Hendrick, 셀레나 핍스Selena Phipps, 브렌리 로랜드, 클레어 슈라이버Claire Schreiber, 대니얼 싱포드는 오전 6시부터 오후 8시까지 수년간 일하며 8000건의 인터뷰를 진행했다. 그들에게 큰 감사를 전한다. 팀을 지원하고 모집 장소를 조정하는 일은 미카엘라 페라리, 데비 응우옌Debbie Nguyen, 재스민 포웰Jasmine Powell, 엘리젯 바이스가 애써주었다. 재스민 포웰은 연구 배포 단계를 계속해서 지휘 및 관리하고 있다. 제이 프레이저Jay Fraser는 더크 스트래서Dirk Strasser의 도움을 빌려 우리의 전자 데이터 수집 시스템을 작동시켰다. 서면 조사에서 전자 데이터로의 순조로운 전환은 신디 바비 아담Cindy Barbee Adam과 마이클 입Michael Ip덕분이었다. 안나 스피보겔Anna Spielvogel은 드물게 나타난 심리적 고통 사례에 대한 전문적인 임상적 조언을 해줬다.

데이터를 수집하기 전, 나는 설문 질문에 포함되어야 할 것들에 대한 엄청나게 가치 있는 조언을 낸시 아들러Nancy Adler, 제럴딘 바렛Geraldine Barrett, 케이트 코크릴Kate Cockrill, 마샤 엘리슨Marcia Ellison, 필립 다니Philip Darney, 엘리너 드레이, 신시아 하퍼 Cynthia Harper, 마리 하비Marie Harvey, 질리안 헨더슨Jillian Henderson, 스탠리 헨쇼Stanley Henshaw, 시그니 주드Signy Judd, 다이앤 모로프Diane

Morof, 로리 파쉬Lauri Pasch, 알리사 페루치, 잔 라인스Jan Rains, 나다 스토틀랜드Nada Stotland로부터 얻을 수 있었다. 케이트 코크릴, 스탠리 헨쇼, 레이철 존스Rachel Jones, 수전 야노우Susan Yanow는 참여자 모집이 가능한 장소를 찾는 것을 도와주었다. 제니퍼 던Jennifer Dunn, 존 산텔리John Santelli, 에린 슐츠Erin Schultz는 이 연구에 청소년을 포함하기 위해 법적이거나 공중보건적인 사례를 설정했다. 파커 도크레이Parker Dockray, 로리 프리드먼Lori Freedman, 카트리나 킴포트, 알리사 페루치, 그레천 시슨은 헤더 굴드가 질적 인터뷰 연구 가이드와 코드를 설계하는 것을 도왔다.

나는 매우 바쁜 와중에도 우리가 연구 참여 여성을 모집할 수 있도록 도와주고 사례를 제공해준, 30개의 임신중지 시설에서 일하는 사람들에게 매우 큰 감사를 전한다. 또한 이 연구의 가치를 알아봐주고 바쁜 와중에 시간을 내어준 이 시설의 책임자들에게도 감사하다.

UCSF는 이렇게 거대한 연구를 수행하기는 더할 나위 없이 좋은 기관이었다. 엘리너 드레이가 자신이 도울 수 없었던 여성들에 대해 걱정하지 않았더라면 턴어웨이 연구는 존재하지 않았을 것이다. 나는 대니얼 그로스먼과 트레이시 웨이츠Tracy Weitz가 나의 연구 그룹인 ANSIRH를 이끌어준 것에 감사의 마음을 전한다. 이 연구가 시작된 것은 웨이츠 덕분이다. 웨이츠는 당시 ANSIRH의 책임자로서 내가 이 연구를 계속하도록 북돋아주었다. 그는 이 연구의 과학적 중요성에 대한 기초를 다지는 데 도움을 주었다. 나는 우리의 우산 조직인 UCSF 빅스비 글로벌 재생산건강 센터의 조디 스타인아워Jody Steinauer, 필립 다니, 클레어 브린디스Claire Brindis, 조 스피델Joe Speidel이 리더십을 발휘해준 것에 고마움을 전한다. 레베카 잭슨Rebecca Jackson이 UCSF 산부인과 및 생식건강센터 내에서 애써준 것에 감사하다. 에이미 머사Amy Murtha 학과장과 여성보건우수센터Center for Excellence in Women's Health의 소장인 낸시 밀리켄Nancy Milliken의 지원에 감사하다.

UCSF가 환상적인 기관이라는 것이 이 연구가 쉬웠다는 것을 의미하는 건 아니다. 다음 내가 언급하는 이들은 관료주의가 우리를 위해 작동하도록 도움을 주었다. 미셸 벤저민Michele Benjamin, 스티브 달턴Steve Dalton, 세라 글래스Sarah Glass, 시오반 헤이스Siobhan Hayes, 존 로진 John Rosin, 제인 웡Jane Wong은 재정을 관리했다. 케이트 놀란Kate Nolan은 우리가 IRB를 진행하는 것을 도왔다. 메리 베스 블라스넥Mary Beth Blasnek, 딕시 호닝Dixie Horning, 제인 마이어Jane Meier는 사회과학을 지지해주었고, 몰리 바티스텔리Molly Battistelli, 팻 앤더슨Pat Anderson, 아우라 오로즈코-푸엔테스 Aura Orozco-Fuentes, 클레어 쿡Clare Cook은 ANSIRH가 계속 운영될 수 있게 만들었다. 학자 전략 네트워크The Scholars Strategy Network, 베를린 로젠BerlinRosen, 나의 동료 제이슨 할리스Jason Harless, 스테파니 헤럴드Stephanie Herold, 리베카 그리핀 Rebecca Griffin, 비랄리 모디-파레

크Virali Modi-Parekh는 우리의 과학적 발견을 언론에 알리기 위해 헌신적인 노력을 했다.

연구를 바탕으로 책을 만드는 것은 또 다른 거대한 협업의 과정이었다. 나는 편집자이자 사실관계를 확인하며 수많은 장면을 만들고 여러 가지 가명을 만들어낸 소피아 레스닉Sofia Resnick의 귀중한 도움에 감사를 전한다.

케이티 왓슨Katie Watson의 사려 깊은 논평과 세심한 검토에 깊은 감사를 표한다. 카트리나 킴포트, 캐럴 조프, 르네 브레이시 셔먼Renee Bracey Sherman, 에이미 마이릭 Amy Myrick, 헤더 굴드는 초고를 보고 매우 중요한 도움을 주었다. 크리스 알바흐Chris Ahlbach는 의학 문헌을 찾아주었다. 나는 에일린 가리에피Aileen Gariepy와 '아이비스 재생산 건강'의 여성들과 함께 임신중지에 관한 미신을 이야기하는 멋진 오후를 보내기도 했다. 세스Seth와 로리 포스터Lorri Foster는 내 초고를 면밀히 검토하고 중요한 편집을 더해주었다. 셸리 칼러Shelly Kaller와 안토니아 빅스는 참고문헌과 도표에 관한 도움을 주었다. 나는 로스 윤 에이전시Ross Yoon Agency의 게일 로스Gail Ross와 다라 케이Dara Kaye가 이 책에 관한 결정과 비전을 제시해준 것에 감사를 전한다. 스크라이브너Scribner의 헌신적인 팀에게도 감사를 전한다. 나는 기민하고 열정적인 편집자 발레리 스타이커Valerie Steiker, 난 그레이엄Nan Graham, 콜린 해리슨Colin Harrison, 로즈 리펠Roz Lippel, 브라이언 벨피글리오Brian Belfiglio, 케이트 로이드Kate Lloyd, 애슐리 길리엄Ashley Gilliam, 샐리 하우Sally Howe, 타마르 매컬럼Tamar McCollom, 댄 커디Dan Cuddy, 로라 체르카스Laura Cherkas와 표지 디자인을 해준 자야 미켈리 Jaya Miceli에게 큰 고마움을 표하고 싶다.

나는 이 연구에 투자해준 분들에게 임신중지에 관한 주제를 다루는 것과 내가 이 연구를 이끄는 것에 용기를 내주어서 감사하다.

그리고 그 누구보다도, 전화를 받고 자신의 경험과 감정에 대해 공유해준 연구 참여자 여성들에게 감사하다. 특히 심층 인터뷰에 참여해 그들의 언어로 자신의 경험을 이야기해준 31명의 여성에게 감사를 전하고 싶다. 자신의 이야기를 나누어준 그들의 관대함 덕분에 우리의 이해는 깊어졌고 통계에 중요한 맥락이 더해지기도 했다.

마지막으로 나는 거의 항상 모든 모임에서 임신중지에 대해 토론하는 것에 익숙해져야 했던 우리 가족에게 큰 고마움을 전하고 싶다. 또 나와 내 가족을 지지해준 친구들, 로즈마리Rosemarie, 미카Mica, 킨키니Kinkini, 마르고Margo, 질Jill, 미치Mitch, 리사Lisa, 낸시Nancy, 엘리자베스Elizabeth, 크리스Chris에게 감사하다. 내 자매 레슬리Lesley는 이야기를 각색하는 도움을 주었다. 총명하고 힘이 되어주는 남편 세스Seth, 내 삶의 빛인 노아Noah와 카이아Kaia, 내 가슴속에 있는 로리Lorri, 마이클 Michael, 게일Gail과 남편의 아버지 헤이그Hague, 아름다운 나의 어머니 앤Anne에게 깊이 감사의 마음을 전하고 싶다.

옮긴이의 말

김보영

성적권리와 재생산정의를 위한 센터 셰어SHARE 사무국장

이 책을 읽는 동안 '임신중지'라는 단어가 낯설게 느껴졌던 독자
도 있을 것이다. 한국에서는 임신중지 대신 '낙태'라는 말이 흔
히 쓰여왔다. 지금도 그렇다. 나는 의도적으로 'abortion'을 낙
태가 아닌 임신중지로 옮겼다. 낙태라는 단어에 따라붙는 낙인
을 전달하고 싶지 않았고, 앞으로도 임신중지라는 단어가 더욱
보편적으로 사용되어야 한다고 믿기 때문이다. 임신중지가 더욱
적확한 단어이기도 하다. 말 그대로 임신을 중지하는 행위이기
때문이다. 임신중지라는 단어는 임신이라는 과정 자체가 본인의
의지에 따라 유지될 수도, 중지될 수도 있는 행위임을 전제한 말
이다. 임신의 전 과정은 자연스럽게 이어지지 않는다. 임신을 유
지하기 위해서는 갖가지 노력이 필요하다. 여기에는 임신을 유
지하고자 하는 의지도 포함된다. 임신이 자연스럽게 유지되는

과정이 아닌 만큼 임신은 본인의 의지에 따라 중지될 수도 있어야 한다. 모든 사람은 임신을 유지할지 중지할지 스스로 선택할 수 있어야 한다. 어찌 보면 당연히 주어져야 하는 권리처럼 보이는 임신중지에 대한 권리는 한국 사회에서 제대로 보장된 적이 없다. 한국은 임신중지 행위를 처벌하던 국가였기 때문이다.

'낙태죄'는 임신을 중지하는 임신 당사자를 처벌할 수 있는 법이었다. 낙태죄 폐지 투쟁을 발판삼아 2019년 낙태죄에 대한 헌법불합치 결정이 내려졌다. 67년의 역사를 딛고 2020년을 마지막으로 낙태죄는 최종적으로 그 실효를 다했다. 그럼에도 낙태죄 폐지를 위한, 그리고 임신중지에 대한 권리를 실질적인 권리로 만들기 위한 우리의 노력은 끝나지 않았다. 지금 한국 사회에서 이 책이 읽혀야 하는 이유다. 임신중지를 원하는 사람들은 여전히 정확한 정보를 찾아 헤맨다. 어느 지역, 어느 병원에 가야 안전하게 임신중지를 할 수 있는지를 두고 고민한다. 병원에 따라 천차만별인 임신중지 비용을 스스로 감당하고 있기도 하다. 임신중지를 적극적으로 반대하는 의료인들도 있다. 안전한 임신중지를 위한 법과 정책도 마련되어 있지 않다. 임신중지에 대한 낙인을 포함한 여러 가지 부정적 감정 또한 당사자가 온전히 짊어져야 할 짐으로 남아 있기도 한다. 임신중지에 관한 전반적인 권리를 쟁취하기 위해 애쓰는 사람들이 여전히 남아 있는 이유다.

옮긴이의 말

이 책의 저자는 여러 가지 근거에 기반해 임신중지 권리가 모두에게 보장되어야 할 이유를 보여준다. 이 근거들은 임신중지에 대한 권리 보장을 위해 나아가는 우리 모두에게 든든한 증거가 된다. 나아가 지금까지 '여성의 건강'을 이유로 임신중지를 반대해왔던 사람들에게 임신중지를 거부당하는 일이 임신중지를 원하는 당사자의 건강에 어떠한 영향을 미치는지를 알게 해준다. 특히 이 책은 임신중지에 대한 정책을 고민하고 연구하는 이들, 임신중지에 대한 권리 보장을 위해 움직이는 나와 같은 현장의 활동가들에게 도움이 되리라 생각한다.

한편으로 임신중지 권리의 보편적 보장이 필요한 이유는 데이터와 과학이 이를 보증하기 때문만은 아니다. 임신중지에 대한 권리가 필요한 이유는 누구나 각자의 삶을 온전하게 살아나가기 위한 최선의 조건을 보장받아야 하기 때문이다. 이는 '내 몸은 나의 선택'이라는 구호를 뛰어넘는다. 임신중지에 대한 권리는 단지 내 몸에 대한 자기결정권을 주장하는 것 이상이다. 모두의 온전한 삶을 위해 우리의 공동체와 국가가 어떤 준비가 되어 있어야 하는지, 우리가 어떻게 우리의 생을 즐겁게 이어갈 수 있는지에 관한 문제다. 우리는 이를 '인권'이라 부른다.

미국의 사례에서 보듯 임신중지에 대한 권리는 언제나 철회될 위험에 처해 있다. 그럼에도 나는 이 책을 옮기며 전진과 후퇴를 반복하는 이 지난한 투쟁을 지겨운 마음이 아니라, 더 나은 우리의 삶을 상상하는 즐거운 시간으로 겪을 수 있기를 간절히 바랐다.

이 책을 옮기는 과정 내내 나에게 도움을 준 사람들이 있다. 든든한 셰어 동료들, 삶을 기꺼이 함께 만들어가는 친구들의 도움이 컸다. 특히 초고를 함께 검토해준 주리, 꼼꼼하게 이 책을 살피고 의미를 읽어준 나영과 윤정원, 동녘 출판사에도 고마운 마음을 전한다. 이 책이 임신중지를 고민하고 있는 당사자에게, 모든 사람의 안전한 임신중지 권리를 위해 고군분투하는 곳곳의 동료에게, 나아가 임신중지에 대한 권리 보장에 회의적인 사람에게도 유익한 참고문헌이 될 수 있길 바란다.

주

추천의 말

1   ANSIRH, 'The Turnaway Course',
    https://www.ansirh.org/turnaway-
    course

2   대한산부인과학회,《인공임신중절
    임상가이드라인》, 2020.

2021년 서문

1   Fuentes L, Jerman J. Distance traveled
    to obtain clinical abortion care in the
    United States and reasons for clinic
    choice. Journal of Women's Health.
    2019 Dec;28(12):1623-1631.
    doi:10.1089/jwh.2018.7496.

2   Cartwright AF, Karunaratne M, Barr-
    Walker J, Johns NE, Upadhyay UD.
    Identifying national availability
    of abortion care and distance from
    major US cities: systematic online
    search. J Med Internet Res. 2018
    May;20(5):e186.doi:10.2196/
    jmir.9717

3   Jones RK, Lindberg L, Witwer E.
    COVID-19 abortion bans and their
    implications for public health.
    Perspect Sex Reprod Health. 2020
    May;52(2):65-68. doi:10.1363/
    psrh.12139. Novack S. Abortion clinics
    in Texas rely on traveling doctors.
    Coronavirus is keeping some of them
    home, Texas Observer. March 20,
    2020. https://www.texasobserver.org/
    abortion-access-coronavirus/.

4   Roberts SCM, Schroeder R, Joffe C.

COVID-19 and independent abortion
providers: findings from a rapid-
response survey. Perspect Sex Reprod
Health. 2020 Dec;52(4). doi:10.1363/
psrh.12163.

5   Sobel S, Ramaswamy A, Frederiksen
    B, Salganicoff A. State action to
    limit abortion access during the
    COVID-19 pandemic. Kaiser Family
    Foundation. August 10, 2020. https://
    www.kff.org/coronavirus-covid-
    19/issue-brief/state-action-to-limit-
    abortion-access-during-the-covid-
    19-pandemic. Bayefsky MJ, Bartz
    D, Waston KL. Abortion during the
    Covid-19 pandemic-ensuring access
    to an essential health service. N Engl J
    Med. 2020;382(19):e47. doi:10.1056/
    NEJMp2008006.

6   Keating D, Tierney L, Meko T. In these
    states, pandimic crisis response
    includes attempt to stop abortion.
    Washington Post. April 21, 2020.
    https://www.washingtonpost.com/
    nation/2020/04/21/these-states-
    pandemic-crisis-response-
    includes-attempts-stop-
    abortion/?arc404=true. Donley
    G, Chen BA, Borrero S. The legal and
    medical necessity of abortion care amid
    the COVID-19 pandemic. J Law Biosci.
    2020;7(1):a013. doi:10.1093/jlb/
    lsaa013.

7   Najmabadi S. Texas clinics resume
    abortion services as state acknowledges
    ban is no longer in place. Texas
    Tribune. April 22, 2020. https://
    www.texastribune.org/2020/04/22/
    texas-abortions-coronavirus-ban/.

476

8 White K, Kumar B, Goyal V, Wallace R, Roberts SCM, Grossman D. Changes in abortion in Texas following an executive order ban during the coronavirus pandemic. JAMA. Published online January 4, 2021. doi:10.1001/jama2020.24096

9 Mifeprex REMS Study Group. Sixteen years of overregulation: time to unburden Mifeprex. N Engl J Med. 2017;376:790-794. doi:10.1056/NEJMsb1612526. US Food and Drug Administration. Mifeprex risk evaluation and mitigation strategy (REMS) program. Updated March 2016. https://www.accessdata.fda.gov/drugsatfda_docs/rems/Mifeprex_2016-03-29_REMS_document.pdf. Accessed February 3, 2021.

10 Coleman J. Judge waives requirement for in-person visit to get abortion pill during pandemic. The Hill. July 13, 2020. https://thehill.com/policy/healthcare/507158-judge-waives-requirement-for-inperson-visit-to-get-abortion-pill-during. Accessed February 3, 2021. Kunzelman M. Federal judge rules women can get abortion pill without doctor visits. July 13, 2020. https://www.pbs.org/newshour/health/federal-judge-rules-women-can-get-abortion-pill-without-doctor-visits. Accessed February 3, 2021.

11 Upadhyay U, Schroeder R, Roberts SCM. Adoption of no-test and telehealth medication abortion care among independent abortion providers in response to COVID-19. Contracept X. 2020;2:100049. doi:10.1016/j.conx.2020.100049.

12 American College of Obstetricians and Gynecologists. Joint statement on abortion access during COVID-19 outbreak. March 18, 2020. https://www.acog.org/clinical-information/physician-faqs/~/link.asps?_id=43CF073F75B04078825 67D8C250A2A76&_z=z. Accessed February 3, 2021. National Abortion Federation. Abortion & COVID-19. 2020. https://prochoice.org/abortion-covid-19/. Accessed February 3, 2021. Raymond EG, Grossman D, Mark A, et al. Commentary: no-test medication abortion: a sample protocol for increasing access during a pandemic and beyond. Contraception. 2020 Jun;101(6):361-366. doi:10.1016/j.contraception.2020.04.005.

13 Ginsburg RB. Some thoughts on autonomy and equality in relation to Roe v. Wade. North Carol Law Rev. 1985;63:375. https://scholarship.law.unc.edu/nclr/vol63/iss2/4.

14 Barnes R. Supreme Court restores requirements for medication abortions, siding with Trump administration. Washington Post. January 12, 2021. https://www.washingtonpost.com/politics/courts_law/supreme-court-medication-abortion/2021/01/12/3720192c-4617-11eb-a277-

49a6d1f9dff1_story.html.

15 Williams J. The case for accepting
    defeat on Roe. New York Times.
    September 29, 2020. https://
    www.nytimes.com/2020/09/29/
    opinion/abortion-roe-supreme-
    court.html.

16 미국인 중 80%는 적어도 어떤
    상황에서는 임신중지가 합법화되기를
    바란다. Abortion. Gallup. https://
    news.gallup.com/poll/1576/
    abortion.aspx. Accessed February 3,
    2021.

17 Kim S, Young N, Lee Y. The role of
    reproductive justice movements in
    challenging South Korea's abortion
    ban. Health and Human Rights
    Journal. 2019 Dec; 21(2):97-107.
    https://www.ncbi.nlm.nih.gov/
    pmc/articles/PMC6927381/.
    Politi D and Londoño E. Argentina
    legalizes abortion, a milestone in
    a conservative region. New York
    Times. December 30, 2020. https://
    www.nytimes.com/2020/12/30/
    world/americas/argentina-legalizes-
    abortion.html.

18 지난 25년간 거의 50개 국이
    임신중지법을 자유화했다.
    Center for Reproductive Rights.
    https://reproductiverights.org/
    worldabortionlaws. Accessed February
    3, 2021.

19 Abortion policy in the absence
    of Roe. Guttmacher Institute.
    Updated February 1, 2021. https://
    www.guttmacher.org/state-policy/
    explore/abortion-policy-absence-roe.

Accessed February 3, 2021.

20 Jerman J, Jones RK, Onda T.
    Characteristics of U.S. abortion
    patients in 2014 and changes since
    2008. Guttmacher Institute.
    www.guttmacher.org/report/
    characteristics-us-abortion-
    patients-2014. Published May 2016.

머리말

1 Upadhyay UD, Weitz TA, Jones RK,
   Barar RE, Foster DG. Denial of abortion
   because of provider gestational age
   limits in the United States. *Am J Public
   Health*. 2014 Sep; 104(9):1687-1694.
   매년 적어도 4000명의 여성들이
   클리닉의 임신중지 가능 기한을
   지났다는 이유로 임신중지를 거부당해
   출산을 하게 된다. 아마도 훨씬 더 많은
   여성이 원하지 않은 임신의 결과로
   클리닉이 너무 멀거나, 돈을 모을 수
   없거나, 클리닉에 갈 수 없기 때문에
   출산을 할 것이다.

2 American College of Obstetricians
   and Gynecologists. Periviable birth.
   Obstetric Care Consensus. 2017 Oct; 6.
   https://www.acog.org/-/media/
   Obstetric-Care-Consensus-Series/
   occ006.pdf.
   대부분의 과학자들은 태아의 생존
   가능성을 24주로 보는데, 이 시기에는
   출생아의 50퍼센트가 살아남고
   17퍼센트가 중증 수준의 장애를 가질 수
   있다.

3 Kaiser Family Foundation. https://
   www.kff.org/womens-health-policy/
   state-indicator/gestational-limit-

abortions/. Updated June 1, 2019. 주별 임신중지 가능기한.

4   Hutchings A, et al. Heartbeat bans. *Rewire.News*. May 30, 2019. rewire.news/legislative-tracker/law-topic/heartbeat-bans/.

5   Mike Pence will send Roe v Wade to the ash heap of history, Washington, DC, 9/10/16. YouTube. https://www.youtube.com/watch?v=AILoMt8poYo. Posted September 10, 2016.; Mike Pence campaign speech, July 28, 2016, via Reuters: https://www.reuters.com/video/2016/07/28/pence-prayer-and-a-pledge-to-end-roe-v-w?videoId=369417543. 2016년 9월 10일, 마이크 펜스는 보수단체 행사 '밸류즈 보터즈 서밋Values Voters Summit'에서 로 대 웨이드 판결에 대해 이와 유사한 발언을 하기도 했다. "저는 프로라이프입니다. 이것에 대해 사과할 생각이 없습니다. 저는 우리가 생명의 존엄성을 미국 법의 중심에 돌려놓고 로 대 웨이드 판결을 역사의 잿더미로 만드는 것을 보고 싶습니다."

6   *Whole Woman's Health v. Hellerstedt*. 136 S. Ct. 2292 (2016). Decided June 27, 2016. https://www.supremecourt.gov/opinions/15pdf/15-274_new_e18f.pdf.

7   Raman S. Lawmakers urge Supreme Court to reexamine abortion decisions. *Roll call*. https://www.rollcall.com/news/congress/lawmakers-urge-supreme-court-to-reexamine-abortion-decisions. Updated January 2, 2020.

8   *Gonzales v. Carhart*. 127 S.Ct. 1610 (2007). Decided April 18, 2007. https://www.law.cornell.edu/supct/html/05-380.ZO.html.

9   Abortion surveillance 2016. Centers for Disease Control and Prevention. https://www.cdc.gov/reproductivehealth/data_stats/abortion.htm. Updated November 2, 2019.

10   Drey EA, Foster DG, Jackson RA, Lee SJ, Cardenas LH, Darney PD. Risk factors associated with presenting for abortion in the second trimester. *Obstet Gynecol*. 2006 Jan;107(1):128~135.

11   Lang J. What happens to women who are denied abortions? *New York Times*. June 12, 2013. www.nytimes.com/2013/06/16/magazine/study-women-denied-abortions.html.

통계 설명

1   이 책에 등장하는 그래프는 있는 그대로의 퍼센티지를 보여주기보다 통계 모델에서 예측된 확률을 보여준다. 이를 통해 기준 지점에서와 뒤이은 조사에서의 유의미한 차이를 설명할 수 있다. 양적 자료에 대한 분석에서는 '10주 제한'을 통해 거의 모든 여성의 임신중지를 거부하고 있어 거의 모든 여성이 임신중지를 거부당하고 다른 곳에서 임신중지를 시도하게 만드는 곳의 사례는 제외했다.

1장 턴어웨이 연구

1 Remarks at a White House briefing for right-to-life activists, July 30, 1987. Ronald Reagan Presidential Library and Museum. https:// www.reaganlibrary.gov/research/ speeches/073087a. Video available at https://www.youtube.com/watch ?v=5mIJy5kLQmA.

2 Koop CE. *The Right to Live; The Right to Die*. Carol Stream, IL: Tyndale House; 1976.

3 Letter from Surgeon General C. Everett Koop to Ronald Reagan on the health effects of abortion on women. Just Facts. https://www.justfacts.com/ abortion.koop.asp.

4 Jones RK, Jerman J. Population group abortion rates and lifetime incidence of abortion: United States, 2008-2014. *Am J Public Health*. 2017 Dec;107(12):1904-1909. doi:10.2105 /AJPH.2017.304042. Foster DG. Dramatic decreases in US abortion rates: public health achievement or failure? *Am J Public Health*. 2017 Dec;107(12):1860-1862. PMID: 29116861. PMCID: PMC5678419.

5 Finkelstein A, Taubman S, Wright B, et al. The Oregon health insurance experiment: evidence from the first year. *Q J Econ*. 2012;127(3):1057-1106.

6 Upadhyay UD, Weitz TA, Jones RK, Barar RE, Foster DG. Denial of abortion because of provider gestational age limits in the United States. *Am J Public Health*. 2014 Sep;104(9):1687-1694.

7 임신중지 제공자들에 대한 폭력 및 괴롭힘 경험에 대해서는 다음을 참고하라. David Cohen and Krysten Connon's book *Living in the Crosshairs: The Untold Stories of Anti-Abortion Terrorism* (Oxford University Press, 2015).

8 Stack L. A brief history of deadly attacks on abortion providers. *New York Times*. November 29, 2015. https://www.nytimes.com/ interactive/2015/11/29/ us/30abortion-clinic-violence.html.

9 Foster DG, Kimport K, Gould H, Roberts SC, Weitz TA. Effect of abortion protesters on women's emotional response to abortion. *Contraception*. 2013 Jan;87(1):81-87. PMID: 23062524.

10 Smith K. Violence against abortion clinics hit a record high last year. Doctors say it's getting worse. *CBS News*, CBS Interactive. September 19, 2019. www.cbsnews.com /news /violence-against-abortion-clinics-like-planned-parenthood-hit-a-record-high-last-year-doctors-say-its-getting-worse/. Editorial Board. The doctors who put their lives on the line. *New York Times*. May 25, 2019. www .nytimes .com /2019 /05 /25 /opinion /sunday/abortion-violence-protests.html.

11 Robb A. The making of an American terrorist. *New Republic*. December 19, 2016. newrepublic.com/ article/138950/making-american-

terrorist-robert-dear-planned-parenthood.

12 Jerman J, Jones RK, Onda T. Characteristics of U.S. abortion patients in 2014 and changes since 2008. Guttmacher Institute. www.guttmacher.org/report/characteristics-us-abortion-patients-2014. Published May 2016. Jatlaoui TC, Eckhaus L, Mandel MG, et al. Abortion surveillance—United States, 2016. *MMWR Surveill Summ*. 2019;68(SS-11):1-41. doi:10.15585/mmwr.ss6811a1.

13 United States Census Bureau. Current population survey. https://www.census.gov/cps/data/cpstablecreator.html. Accessed December 1, 2019. 참고로 2018년 기준 전국 성인 여성의 약 13퍼센트가 빈곤선 이하의 삶을 살았기 때문에, 임신중지를 원하는 사람들은 일반 인구의 여성보다 빈곤할 가능성이 네 배 더 높다.

14 Foster DG, Gould H, Kimport K. How women anticipate coping after an abortion. *Contraception*. 2012 Jul;86(1):84-90. PMID: 22176790.

15 Watson K. *Scarlet A: The Ethics, Law, and Politics of Ordinary Abortion*. New York: Oxford University Press; 2018.

2장   왜 임신중지를 하는가?

1 The abortion war. *Fault Lines*. Al Jazeera English. August 29, 2012. https://www.aljazeera.com/programmes/faultlines/2012/08/20128288841399701.html.

2 Hutchings A, et al. Heartbeat bans. *Rewire.News*. May 30, 2019. rewire.news/legislative-tracker/law-topic/heartbeat-bans/.

3 Woodruff K. Coverage of abortion in select U.S. newspapers. *Women's Health Issues*. 2018 Oct. doi:10.1016/j.whi.2018.08.008.

4 Cowan SK. Secrets and misperceptions: the creation of self-fulfilling illusions. *Sociol Sci*. 2014 Nov 3. doi:10.15195/v1.a26.

5 Induced abortion in the United States. Guttmacher Institute. www.guttmacher.org/fact-sheet/induced-abortion-united-states. September 18, 2019.

6 Mauldon J, Foster DG, Roberts SC. Effect of abortion vs. carrying to term on a woman's relationship with the man involved in the pregnancy. *Perspect Sex and Reprod Health*. 2015 Mar;47(1):11-18. PMID: 25199435.

7 Upadhyay UD, Biggs MA, Foster DG. The effect of abortion on having and achieving aspirational one-year plans. *BMC Womens Health*. 2015;15(1):102. PMID: 26559911. Upadhyay UD, Angel Aztlan-James E, Rocca CH, Foster DG. Intended pregnancy after receiving vs. being denied a wanted abortion. *Contraception*. 2018 Sep 20. PMID: 30244161.

8 Foster DG, Biggs MA, Ralph L, Gerdts C, Roberts S, Glymour MM. Socioeconomic outcomes of women who receive and women who are

denied wanted abortions in the United States. *Am J Public Health*. 2018 Mar;108(3):407-413. PMID: 29345993. PMCID: PMC5803812.

9   Pregnancy and drug use: the facts. National Advocates for Pregnant Women. http:// advocatesforpregnantwomen.org/ issues/pregnancy_and_ drug_use_the_facts/.

10   Personhood. Rewire.News Legislative Tracker. https://rewire.news/legisla tive-tracker/law-topic/personhood/. Updated November 7, 2018.

11   Prahan R, Haberkorn J. Personhood movement loses twice. Politico. November 5, 2014. https:// www.politico.com/story/2014/11/ person hood-movement-north- dakota-colorado-112552.

12   부모 동의법은 청소년이 부모의 서면 동의를 받지 않으면 임신중지를 하지 못하도록 막는다. 그러나 청소년이 부모 혹은 보호자의 동의를 받을 수 없는 설득력 있는 이유를 갖고 있다면 법의 적용을 받지 않을 수 있다.

13   Finer LB, Frohwirth LF, Dauphinee LA, Singh S, Moore AM. Reasons U.S. women have abortions: quantitative and qualitative perspectives. *Perspect Sex Reprod Health*. 2005;37(3):110-118.

14   I Didn't Know I Was Pregnant. TLC. www.tlc.com/tv-shows/i-didnt- know-i-was-pregnant/.

15   Boklage CE. The survival probability of human conceptions from fertilization to term. *Int J Fertil*. 1990(35):75-94. Ammon Avalos L, Galindo C, Li DK. A systematic review to calculate background miscarriage rates using life table analysis. *Birth Defects Res A Clin Mol Teratol*. 2012;94(6):417-423.

16   Upadhyay UD, Weitz TA, Jones RK, Barar RE, Foster DG. Denial of abortion because of provider gestational age limits in the United States. *Am J Public Health*. 2014 Sep;104(9):1687-1694. PMID: 23948000.

17   Rocca CH, Kimport K, Gould H, Foster DG. Women's emotions one week after receiving or being denied an abortion in the United States. *Perspect Sex Reprod Health*. 2013 Sep;45(3):122-131. PMID: 24020773.

18   Twitter thread by Gabrielle Blair (@designmom). September 13, 2018. https://twitter.com/designmom/ status/1040363431893725184. Also found at: Blair G. My Twitter thread on abortion. *Design Mom*. September 13, 2018. https://www.designmom.com/ twitter-thread-abortion.

19   Hatcher, R. A., Trussell, J., Nelson, A. L., Cates, W., Stewart, F. H., & Kowal, D. (2007). Contraceptive technology (19th rev. ed.) New York: Ardent Media. Truong K. Here's the average amount of sex people are having at your age. *Refinery29*. September 1, 2017. www.refinery29.com/en- us/2017/08/168733/sex-frequency- age-average.

20   Finer LB, Henshaw SK. Disparities in rates of unintended pregnancy in the

United States, 1994 and 2001. *Perspect Sex Reprod Health.* 2006 Jun;38(2):90-96.

21 Moseson H, Foster DG, Upadhyay UD, Vittinghoff E, Rocca CH. Contraceptive use over five years after receipt or denial of abortion service. *Perspect Sex Reprod Health.* 2018 Mar;50(1):7-14. PMID: 29329494.

22 Wilcox AJ, Dunson DB, Weinberg CR, Trussell J, Baird DD. Likelihood of conception with a single act of intercourse: providing benchmark rates for assessment of post-coital contraceptives. *Contraception.* 2001 Apr;63(4):211-215.

23 Foster DG, Higgins JA, Karasek D, Ma S, Grossman D. Attitudes toward unprotected intercourse and risk of pregnancy among women seeking abortion. *Womens Health Issues.* 2012 Mar;22(2):e149-155. PMID: 22000817.

24 Moreau C, Cleland K, Trussell J. Contraceptive discontinuation attributed to method dissatisfaction in the United States. *Contraception.* 2007;76(4):267-272. Frost JJ, Singh S, Finer LB. Factors associated with contraceptive use and nonuse, United States, 2004. *Perspect Sex Reprod Health.* 2007;39(2):90-99. Mills A, Barclay L. None of them were satisfactory: women's experiences with contraception. *Health Care Women Int.* 2006;27(5):379-398.

25 Lessard LN, Karasek D, Ma S, et al. Contraceptive features preferred by women at high risk of unintended pregnancy. *Perspect Sex Reprod Health.* 2012 Sep;44(3):194-200. PMID: 22958664.

26 Jackson AV, Karasek D, Dehlendorf C, Foster DG. Racial and ethnic differences in women's preferences for features of contraceptive methods. *Contraception.* 2016 May;93(5):406-11. PMID: 26738619.

27 Roberts D. *Killing the Black Body: Race, Reproduction and the Meaning of Liberty* (New York: Pantheon Books, 1997).

3장   미국의 임신중지 접근성

1 Grossman D, Grindlay K, Altshuler AL, Schulkin J. Induced abortion provision among a national sample of obstetrician-gynecologists. *Obstet Gynecol.* 2019 Mar;133(3):477-483. doi:10.1097/AOG.0000000000003110.

2 Myers C, Jones R, Upadhyay U. Predicted changes in abortion access and incidence in a post-Roe world. *Contraception.* 2019 Nov;100(5):367-373.

3 About Women's Right to Know Law. Louisiana Department of Health. http://ldh.la.gov/index.cfm/page/812. Act no. 411. HR 636 (La 2011). http://legis.la.gov/legis/ViewDocument.aspx?d=761700.

4 Upadhyay UD, Weitz TA, Jones RK, Barar RE, Foster DG. Denial of abortion

because of provider gestational age limits in the United States. *Am J Public Health*. 2014 Sep;104(9):1687-1694.

5   Roberts SC, Gould H, Kimport K, Weitz TA, Foster DG. Out-of-pocket costs and insurance coverage for abortion in the United States. *Womens Health Issues*. 2014 Mar-Apr; 24(2):e211-218. PMID: 24630423.

6   Restricting insurance coverage of abortion. Guttmacher Institute. www.guttmacher.org/state-policy/explore/restricting-insurance-coverage-abortion. December 3, 2019.

7   State funding of abortion under Medicaid. Guttmacher Institute. www.guttmacher.org/state-policy/explore/state-funding-abortion-under-medicaid. December 3, 2019. State funding of abortions under Medicaid. Henry J. Kaiser Family Foundation. June 21, 2019. www.kff.org/medicaid/state-indicator/abortion-under-medicaid/.

8   Jones RK, Upadhyay UM, Weitz TA. At what cost? Payment for abortion care by U.S. women. *Womens Health Issues*. 2013 May. www.sciencedirect.com/science/article/pii/S1049386713000224.

9   Abortion: judicial history and legislative response. Congressional Research Service. https://fas.org/sgp/crs/misc/RL33467.pdf. Updated December 7, 2018.

10 Henshaw SK, Joyce TJ, Dennis A, Finer LB, Blanchard K. Restrictions on Medicaid funding for abortions:

a literature review. Guttmacher Institute. https://ww.guttmache.or/repor/restrictions-medicaid-funing-abortions-literature-review. Published July 2009. Roberts SCM, Johns NE, Williams V, Wingo E, Upadhyay UD. Estimating the proportion of Medicaid-eligible pregnant women in Louisiana who do not get abortions when Medicaid does not cover abortion. *BMC Womens Health*. 2019 Jun;19(1):78.

11 State funding of abortion under Medicaid. Guttmacher Institute. www.guttmacher.org/state-policy/explore/state-funding-abortion-under-medicaid. December 3, 2019.

12 Upadhyay UD, Weitz TA, Jones RK, Barar RE, Foster DG. Denial of abortion because of provider gestational age limits in the United States. *Am J Public Health*. 2014 Sep;104(9):1687-1694.

13 Roberts SC, Gould H, Kimport K, Weitz TA, Foster DG. Out-of-pocket costs and insurance coverage for abortion in the United States. *Womens Health Issues*. 2014 Mar-Apr;24(2):e211-218. PMID: 24630423.

14 Dennis A, Blanchard K. Abortion providers' experiences with Medicaid abortion coverage policies: a qualitative multistate study. *Health Serv Res*. 2013;48:236-252. doi:10.1111/j.1475-6773.2012.01443.x.

15 Salganicoff A, Sobel L, Ramaswamy A. The Hyde Amendment and coverage for abortion services—Appendix. Henry J. Kaiser Family Foundation.

https://www.kff.org/womens-health-policy/issue-brief/the-hyde-amendment-and-coverage-for-abortion-services/. September 27, 2019.

16 Donovan MK, Guttmacher Institute. In real life: federal restrictions on abortion coverage and the women they impact. Guttmacher Institute. www.guttmacher.org/gpr/2017/01/real-life-federal-restrictions-abortion-coverage-and-women-they-impact. October 2, 2018.

17 Roberts SC, Gould H, Kimport K, Weitz TA, Foster DG. Out-of-pocket costs and insurance coverage for abortion in the United States. Womens Health Issues. 2014 Mar-Apr; 24(2):e211-218. PMID: 24630423.

18 Jerman J, Jones RK, Onda T. Characteristics of U.S. abortion patients in 2014 and changes since 2008. Guttmacher Institute. www.guttmacher.org/report/characteristics-us-abortion-patients-2014. Published May 2016.

19 Gerdts C, Fuentes L, Grossman D, et al. Impact of clinic closures on women obtaining abortion services after implementation of a restrictive law in Texas. Am J Public Health. 2016 May;106(5):857-864. doi:10.2105/AJPH.2016.303134. Grossman D, White K, Hopkins K, Potter J. Change in distance to nearest facility and abortion in Texas, 2012 to 2014. JAMA. 2017;317(4):437-439. doi:10.1001/jama.2016.17026.

20 Upadhyay UD, Weitz TA, Jones RK,

Barar RE, Foster DG. Denial of abortion because of provider gestational age limits in the United States. Am J Public Health. 2014 Sep; 104(9):1687-1694. PMID: 23948000.

21 Foster DG, Kimport K. Who seeks abortions at or after 20 weeks? Perspect Sex Reprod Health. 2013 Dec;45(4):210-218. PMID: 24188634.

22 Jones RK, Ingerick M, Jerman J. Differences in abortion service delivery in hostile, middle-ground and supportive states in 2014. Womens Health Issues. 2018 May-Jun;28(3):212-218. doi:10.1016/j.whi.2017.12.003.

23 Cohen D, Joffe C. Obstacle Course: The Everyday Struggle to Get an Abortion in America. Berkeley: UC Press; 2020. This book by my colleague Carole Joffe and Drexel University law professor David Cohen explores how these restrictions affect abortion providers.

24 Fletcher JC, Evans MI. Maternal bonding in early fetal ultrasound examinations. N Engl J Med. 1983;308:392-393.

25 Kimport K, Weitz TA, Foster DG. Beyond political claims: women's interest in and emotional response to viewing their ultrasound image in abortion care. Perspect Sex Reprod Health. 2014 Dec;46(4):185-191. PMID:25209369.

26 Beusman C. A state-by-state list of the lies abortion doctors are forced

to tell women. *Vice*. August 18, 2016.
www.vice.com/en_us/article/nz88gx/
a-state-by-state-list-of-the-lies-
abortion-doctors-are-forced-to-tell-
women.

27 American College of Obstetricians and
Gynecologists. Induced abortion and
breast cancer risk: ACOG Committee
Opinion No. 434. *Obstet Gynecol*.
2009;113:1417-1418. Männistö
J, Mentula M, Bloigu A, Gissler
M, Heikinheimo O, Niinimäki M.
Induced abortion and future use of IVF
treatment: a nationwide register study.
PLoS ONE. 2019 Nov;14(11):e0225162.
doi:10.1371/journal.pone.0225162.

28 Daniels CR, Ferguson J, Howard G,
Roberti A. Informed or misinformed
consent? Abortion policy in the
United States. *J Health Polit Policy Law*.
2016;41(2):181-209. Beusman C. A
state-by-state list of the lies abortion
doctors are forced to tell women. *Vice*.
August 18, 2016. www.vice.com/
en_us/article/nz88gx/a-state-by-
state-list-of-the-lies-abortion-
doctors-are-forced-to-tell-women.

29 Counseling and waiting periods for
abortion. Guttmacher Institute.
www.guttmacher.org/state-policy/
explore/counseling-and-waiting-
periods-abortion. December 3, 2019.

30 Gould H, Foster DG, Perrucci AC, Barar
RE, Roberts SC. Predictors of abortion
counseling receipt and helpfulness in
the United States. *Womens Health Issues*.
2013 Jul-Aug;23(4):e249-255. PMID:
23816155.

31 Munson ZW. *The Making of Pro-
Life Activists: How Social Movement
Mobilization Works* (Chicago: University
of Chicago Press, 2008).

32 Kissling F. Abortion rights are
under attack, and pro-choice
advocates are caught in a time warp.
Washington Post. February 19, 2011.
www.washingtonpost.com/wp-
dyn/content/article/2011/02/18/
AR2011021802434.html.

33 Historical living arrangements of
children. United States Census Bureau.
www.census.gov/data/tables/time-
series/demo/families/children.html.
Updated October 10, 2019.

34 Parental involvement in minors'
abortions. Guttmacher Institute.
www.guttmacher.org/state-policy/
explore/parental-involvement-
minors-abortions. December 3, 2019.

35 Henshaw SK, Kost K. Parental
involvement in minors' abortion
decisions. *Family Plann Perspect*.
1992;24(5):196-207, 213. Ralph L,
Gould H, Baker A, Foster DG. The role
of parents and partners in minors'
decisions to have an abortion and
anticipated coping after abortion. *J
Adolesc Health*. 2014;54(4):428-434.
doi:10.1016/j.jadohealth.2013.09.021.

36 Benson LS, Micks EA, Ingalls C, Prager
SW. Safety of outpatient surgical
abortion for obese patients in the first
and second trimesters. *Obstet Gynecol*.
2016 Nov;128(5):1065-1070. 하지만
최근의 분석은 환자의 체중에 따라
1분기, 2분기 임신중지에서 합병증

비율에차이가 없는 것으로 나타났다.

4장   정신 건강

1   Belluck P. Pregnancy centers gain influence in anti-abortion arena. *New York Times.* January 4, 2013. Kelly K. The spread of 'Post Abortion Syndrome' as social diagnosis. *Soc Sci Med.* 2014 Feb;102:18-25.

2   Foster DG, Gould H, Taylor J, Weitz TA. Attitudes and decision making among women seeking abortions at one U.S. clinic. *Perspect Sex Reprod Health.* 2012 Jun;44(2):117-124. PMID: 22681427.

3   Woodruff K, Biggs MA, Gould H, Foster DG. Attitudes toward abortion after receiving vs. being denied an abortion in the USA. *Sex Res Social Policy.* 2018;15:452-463. doi:10.1007/s13178-018-0325-1.

4   Joffe C. The politicization of abortion and the evolution of abortion counseling. *Am J Public Health.* 2013 Jan;103(1):57-65. doi:10.2105/AJPH.2012.301063.

5   Biggs A, Brown K, Foster DG. Perceived abortion stigma and psychological well-being over five years after receiving or being denied an abortion. *PLoS ONE* 15(1): e0226417. https://doi.org/10.1371/journal.pone.0226417

6   Schiller CE, Meltzer-Brody S, Rubinow DR. The role of reproductive hormones in postpartum depression. *CNS Spectrums.* 2015;20(1):48-59. doi:10.1

017/S1092852914000480.

7   Biggs A, Brown K, Foster DG. Perceived abortion stigma and psychological well-being over five years after receiving or being denied an abortion. *PLoS ONE* 15(1): e0226417. https://doi.org/10.1371/journal.pone.0226417.

8   However, I do know about support groups for people who have ended wanted pregnancies, for example https://endingawantedpregnancy.com/.

9   Foster DG, Gould H, Kimport K. How women anticipate coping after an abortion. *Contraception.* 2012 Jul;86(1):84-90. PMID: 22176790.

내가 2008년 중서부에서 시행한 클리닉에서 임신중지를 한 5000명 이상의 여성을 대상으로 한 조사에서 96.6퍼센트가 임신중지 이후에도 그들이 일상을 잘 살아갈 것이라고 응답했다. 임신중지에 대한 대처를 잘 하지 못할 것이라고 응답한 3.4퍼센트는 태아 이상을 이유로 원했던 임신이지만 임신중지를 한 여성, 자신의 결정에 대해 자신감이 높지 않은 여성, 임신중지에 대해 정신적으로 우려를 가진 여성, 우울을 앓는 여성, 임신중지를 강요당했다고 느끼는 여성, 10대 등이다. 그럼에도 불구하고 이런 특성을 가진 여성들을 대다수 또한 그들이 여전히 잘 해나갈 수 있을 것이라고 기대하기도 했다.

10   Biggs MA, Upadhyay UD, McCulloch CE, Foster DG. Women's mental health and well-being 5 years after receiving or being denied an abortion: a

prospective, longitudinal cohort study. *JAMA Psychiatry.* 2017 Feb 1;74(2):169-178. PMID: 27973641.

11 Substance Abuse and Mental Health Services Administration. 2015 National Survey on Drug Use and Health (NSDUH): Table 2.46B—Alcohol Use, Binge Alcohol Use, and Heavy Alcohol Use in Past Month among Persons Aged 12 or Older, by Demographic Characteristics: Percentages, 2014 and 2015. https://www.samhsa.gov/data/sites/default/files/NSDUH-DetTabs-2015/NSDUH-DetTabs-2015/NSDUH-DetTabs-2015.htm#tab2-46b. Accessed January 18, 2017. Reeves, WC. Mental illness surveillance among adults in the United States. Centers for Disease Control and Prevention. https://www.cdc.gov/mmwr/preview/mmwrhtml/su6003a1.htm. Published September 2, 2011. Accessed September 12, 2019. Substance Abuse and Mental Health Services Administration. Results from the 2016 National Survey on Drug Use and Health: detailed tables. Center for Behavioral Health Statistics and Quality. https://www.samhsa.gov/data/sites/default/files/NSDUH-DetTabs-2016/NSDUH-DetTabs-2016.pdf. Published September 7, 2017. Accessed November 7, 2017. Bonomi AE, Anderson ML, Rivara FP, et al. Health care utilization and costs associated with childhood abuse. *J Gen Intern Med.* (2008)23:294. doi:10.1007/s11606-008-0516-1.

12 Biggs MA, Upadhyay UD, McCulloch CE, Foster DG. Women's mental health and well-being 5 years after receiving or being denied an abortion: a prospective, longitudinal cohort study. *JAMA Psychiatry.* 2017 Feb 01;74(2):169-178. PMID: 27973641.

13 Biggs MA, Gould H, Barar RE, Foster DG. Five-year suicidal ideation trajectories among women receiving or being denied an abortion. *Am J Psychiatry.* 2018 Sep 1;175(9):845-852 PMID: 29792049.

14 Roberts SCM, Foster DG, Gould H, Biggs MA. Changes in alcohol, tobacco, and other drug use over five years after receiving versus being denied a pregnancy termination. *J Stud Alcohol Drugs.* 2018 Mar;79(2):293- 301. PMID: 29553359.

15 임신 중 약물 사용은 태아 알코올 스펙트럼 장애를 포함한 다양한 해악을 야기한다; 담배 사용은 저체중, 사산, 영아돌연사증후군과 관련이 있다. 임신 중 약물 사용은 저체중과 조산, 신경 발달 이상으로 이어질 수 있다.

16 '우리는 증언한다We Evenness (wetestify.org)'라는 단체가 자신의 임신중지 이야기를 공유하는 사람들을 지지하기 위한 노력의 일환으로 임신중지 파티abortion shower를 했다는 것을 알게 되었기 때문에 '거의' 하지 않는다고 썼다.

17 Biggs MA, Upadhyay UD, Steinberg JR, Foster DG. Does abortion reduce self-esteem and life satisfaction? *Qual Life Res.* 2014 Nov;23(9):2505-2513. PMID: 24740325.

18 Cohen S, Kamarck T, Mermelstein R. A global measure of perceived stress. *J Health Soc Behav.* 1983;24:385-396.

19 Harris LF, Roberts SC, Biggs MA, Rocca CH, Foster DG. Perceived stress and emotional social support among women who are denied or receive abortions in the United States: a prospective cohort study. *BMC Womens Health.* 2014;14:76. PMID: 24946971.

20 빅스 박사는 5년간의 데이터 전체에 대한 분석을 다시 실행했지만, 여전히 차이점은 없었다.

21 Biggs MA, Rowland B, McCulloch CE, Foster DG. Does abortion increase women's risk for post-traumatic stress? Findings from a prospective longitudinal cohort study. *BMJ Open.* 2016;6(2):e009698. PMID: 26832431.

22 Rocca CH, Kimport K, Gould H, Foster DG. Women's emotions one week after receiving or being denied an abortion in the United States. *Perspect Sex Reprod Health.* 2013 Sep;45(3):122-131. PMID: 24020773.

23 Barrett G, Smith SC, Wellings K. Conceptualisation, development, and evaluation of a measure of unplanned pregnancy. *J Epidemiol Community Health.* 2004;58(5):426-433.

24 Rocca CH, Samari G, Foster DG, Gould H, Kimport K. Emotions and decision rightness over five years following an abortion: an examination of decision difficulty and abortion stigma. *Soc Sci Med.* 2020 Jan 2:112704. doi:10.1016/j.socscimed.2019.112704.

25 Rocca CH, Kimport K, Roberts SC, Gould H, Neuhaus J, Foster DG. Decision rightness and emotional responses to abortion in the United States: a longitudinal study. *PLoS One.* 2015; 10(7):e0128832. PMID: 26154386.

26 Brief for Sandra Cano et al. as Amici Curiae in No. 05-380: 22-24.

27 Rocca CH, Samari G, Foster DG, Gould H, Kimport K. Emotions and decision rightness over five years following an abortion: an examination of decision difficulty and abortion stigma. *Soc Sci Med.* 2020 Jan 2:112704. doi:10.1016/j.socscimed.2019.112704.

28 Rocca CH, Gould H, Kimport K, Foster DG. Emotions and decisions rightness over five years after having an abortion in the United States. Annual Meetings of the American Public Health Association, Denver, CO, Nov 2016.

29 Watson K. Reframing regret. *JAMA.* 2014;311(1):27-29. doi:10.1001/jama.2013.283739.

5장   신체 건강

1 Personal communication with Elizabeth Nash, senior state issues manager at the Guttmacher Institute. August 22, 2019.

2 Jones BS, Daniel S, Cloud LK. State law approaches to facility regulation of abortion and other office interventions. *Am J Public Health.* 2018;108(4):486-

492. doi:10.2105/AJPH.2017.304278.

3   Sisson G, Kimport K. Facts and fictions: characters seeking abortion on American television, 2005-2014. *Contraception*. 2016 May;93(5):446-451. doi:10.1016/j.contraception.2015.11.015.

4   State funding of abortions under Medicaid. Henry J. Kaiser Family Foundation. www.kff.org/medicaid/state-indicator/abortion-under-medicaid/. June 21, 2019.

5   Upadhyay et al. Incidence of emergency department visits and complications after abortion. *Obstet Gynecol*. 2015 Jan;125(1):175-183.

6   임신중지 시술의 상대적 안전성에도 불구하고 지난 수십 년 동안 환자를 장애를 갖게 하거나 죽게 한 커밋 고스넬Kermit Gosnel의 사례처럼 영아 살해를 저지른 소수의 유명하고 끔찍한 임신중지 시술 제공자들이 있다.

7   Raymond EG, Grimes DA. The comparative safety of legal induced abortion and childbirth in the United States. *Obstet Gynecol*. 2012;119:215-219.

8   Soma-Pillay P, Nelson-Piercy C, Tolppanen H, Mebazaa A. Physiological changes in pregnancy. *Cardiovasc J Afr*. 2016;27(2):89-94. doi:10.5830/CVJA-2016-021.

9   Centers for Disease Control and Prevention. Births: final data for 2017. *Natl Vital Stat Rep*. 2018 Nov 7;67(8):50. https://www.cdc.gov/nchs/data/nvsr/nvsr67/nvsr67_08-508.pdf.

10 Ananth CV, Keyes KM, Wapner RJ. Preeclampsia rates in the United States, 1980-2010: Age-period-cohort analysis. *BMJ*. 2013 Nov 7;347:f6564. https://www.ncbi.nlm.nih.gov/pubmed?term=24201165. Berg CJ, MacKay AR, Qin C, Callaghan WM. Overview of maternal morbidity during hospitalization for labor and delivery in the United States 1993-1997 and 2001-2005. *Obstet Gynecol*. 2009;113:1075-1081.

11 National Academies of Sciences, Engineering, and Medicine. The safety and quality of abortion care in the United States (Washington, DC: National Academies Press, 2018). doi:10.17226/24950.

12 '경관 확장 및 흡입술Dilatation and Evacuation'은 임신 1분기 이후에 자궁을 비우는 외과적 방법이다.

13 Biggs MA, Gould H, Foster DG. Understanding why women seek abortions in the US. *BMC Womens Health*. 2013;13:29. PMID: 23829590.

14 약물적 임신중지는 두 가지 약물의 복용을 포함한다. 미페프리스톤은 임신의 전개를 멈추고 미소프로스톨은 자궁을 수축해 내용물을 배출시키는 역할을 한다. 특히 임신중지가 합법적으로 가능하지 않은 국가에서는 미소프로스톨 단독 용법이 흔하게 사용된다. 미소프로스톨 단독 용법은 두 약물을 함께 사용하는 것보다 자궁이 불완전하게 비워지게 할 가능성이 높다.

15 Safety and effectiveness of first-

trimester medication abortion in the United States. ANSIRH issue brief. August 2016. https://www.ansirh.org/sites/default/files/publications/files/medication-abortion-safety.pdf.

Mitka M. Some men who take Viagra die—why? *JAMA*. 2000:283(5):590-593. doi:10.1001/jama.283.5.590. Ostapowicz G, Fontana RJ, Schioødt FV, et al. Results of a prospective study of acute liver failure at 17 tertiary care centers in the United States. *Ann Intern Med*. 2002;137(12):947-954. https://www.ncbi.nlm.nih.gov/pubmed/12484709. McQuaid KR, Laine L. Systematic review and meta-analysis of adverse events of low-dose aspirin and clopidogrel in randomized controlled trials. *American J Med*. 2006;119(8),624-638. doi:10.1016/j.amjmed.2005.10.039.

16 CDCs abortion surveillance system FAQs. Centers for Disease Control and Prevention. www.cdc.gov/reproductivehealth/data_stats/abortion.htm. Updated November 25, 2019.

17 Bartlett LA, Berg CJ, Shulman HB, et al. Risk factors for legal induced abortion-related mortality in the United States. *Obstet Gynecol*. 2004;103(4):729-737. doi:10.1097/01.AOG.0000116260.81570.60. Frick AC, Drey EA, Diedrich JT, Steinauer JE. Effect of prior cesarean delivery on risk of second-trimester surgical abortion complications. *Obstet Gynecol*. 2010;115(4):760-764.

18 Lisonkova S, Joseph KS. Incidence of preeclampsia: risk factors and outcomes associated with early-versus late-onset disease. *Am J Obstet Gynecol*. 2013:209(6):544.e1-12. doi:10.1016/j.ajog.2013.08.019.

19 Gerdts C, Dobkin L, Foster DG, Schwarz EB. Side effects, physical health consequences, and mortality associated with abortion and birth after an unwanted pregnancy. *Womens Health Issues*. 2016 Jan-Feb;26(1):55-59. PMID: 26576470.

20 Ralph LJ, Schwarz EB, Grossman D, Foster DG. Self-reported physical health of women who did and did not terminate pregnancy after seeking abortion services: a cohort study. *Ann Intern Med*. 2019;171(4):238-247. doi:10.7326/M18-1666.

21 이것이 의미하는 것은 임신중지가 거부되어 다른 곳에서 임신중지를 한 여성들은 그들의 임신 기간에 따라 1분기 혹은 2분기 임신중지를 한 여성에 포함되었다는 사실이다. 그리고 임신중지 가능 기한 바로 직전에 임신중지를 한 여성은 필요에 따라 1분기 그룹으로 분류되었다. (두 그룹 사이의 중복은 1분기 마지막 2주 이내에 임신중지 가능 기한이 설정되어 있는 클리닉에서 일어났다.)

22 DeSalvo KB, Bloser N, Reynolds K, et al. Mortality prediction with a single general self-rated health question: a meta-analysis. *J Gen Intern Med*. 2006;21:267-275. PMID: 16336622. Schnittker J, Bacak V. The increasing predictive validity of self-rated health. *PLoS One*. 2014;9:e84933.

doi:10.1371/journal.pone.0084933.

23 Tooher J, Thornton C, Makris A, et al. Hypertension in pregnancy and long-term cardiovascular mortality: a retrospective cohort study. *Am J Obstet Gynecol*. 2016;214(6):722.e1-6. https://www.ncbi.nlm.nih.gov/pubmed/26739795. Amaral LM, Cunningham MW, Cornelius DC, LaMarca B. Preeclampsia: long-term consequences for vascular health. *Vasc Health Risk Manag*. 2015;11:403-415.

24 Hjartardottir S, Leifsson BG, Geirsson RT, Steinthorsdottir V. Recurrence of hypertensive disorder in second pregnancy. *Am J Obstet Gynecol*. 2006;194(4):916-920. England L, Kotelchuck M, Wilson HG, et al. Estimating the recurrence rate of gestational diabetes mellitus (GDM) in Massachusetts 1998-2007: methods and findings. *Matern Child Health J*. 2015;19(10):2303-2313.

25 Pregnancy mortality surveillance system. Centers for Disease Control and Prevention. https://www.cdc.gov/reproductivehealth/maternalinfanthealth/pregnancy-mortality-surveillance-system.htm. Updated June 5, 2019. Accessed September 12, 2019.

26 우리의 연구는 유방암을 다룰 만큼 충분히 방대하거나 길게 진행되지 않았다. 그러나 임신중지와 유방암의 상관관계는 완전히 틀렸음이 밝혀졌다. American College of Obstetricians and Gynecologists. Induced abortion and breast cancer risk: ACOG Committee

Opinion No. 434. *Obstet Gynecol*. 2009;113:1417-1418.

27 Pregnancy mortality surveillance system. Centers for Disease Control and Prevention. https://www.cdc.gov/reproductivehealth/maternalinfanthealth/pregnancy-mortality-surveillance-system.htm. Updated June 5, 2019. Accessed September 12, 2019.

28 McLemore MR. To prevent women from dying in childbirth, first stop blaming them. Scientific American. May 1, 2019. https://www.scientificamerican.com/article/to-prevent-women-from-dying-in-childbirth-first-stop-blaming-them/.

6장   여성의 삶

1 *Planned Parenthood of Southeastern Pa. v. Casey* (91-744), 505 U.S. 833 (1992) https://www.law.cornell.edu/supct/html/91-744.ZO.html.

2 Ginsburg RB. Some thoughts on autonomy and equality in relation to Roe v. Wade. *North Carol Law Rev*. 1985;63:375. https://scholarship.law.unc.edu/nclr/vol63/iss2/4.

3 Zabin LS, Hirsch MB, Emerson MR. When urban adolescents choose abortion: effects on education, psychological status and subsequent pregnancy. *Fam Plann Perspect*. 1989 Nov-Dec;21(6):248-255.

4 Upadhyay UD, Biggs MA, Foster DG.

The effect of abortion on having and achieving aspirational one-year plans. *BMC Womens Health*. 2015;15:102. https://bmcwomenshealth.biomedcentral.com/articles/10.1186/s12905-015-0259-1.

5 Gallup Historical Trends. Abortion. 2014. http://www.gallup.com/poll/1576/abortion.aspx. Gallup Historical Trends. Moral issues. 2014. http://www.gallup.com/poll/1681/moral-issues.aspx. Smith TW, Son J. Trends in public attitudes on abortion: general social survey 2012 final report. NORC at the University of Chicago. 2013. https://www.norc.org/PDFs/GSS%20Reports/Trends%20in%20Attitudes%20About%20Abortion_Final.pdf.

6 Woodruff K, Biggs MA, Gould H, Foster DG. Attitudes toward abortion after receiving vs. being denied an abortion in the USA. *Sex Res Social Policy*. 2018;15:452-463. doi:10.1007/s13178-018-0325-1.

7 Saad, L. Americans' attitudes toward abortion unchanged. Gallup. 2016. http://news.gallup.com/poll/191834/americans-attitudes-toward-abortion-unchanged.aspx.

8 Rocca CH, Samari G, Foster DG, Gould H, Kimport K. Emotions and decision rightness over five years after abortion: an examination of decision difficulty and abortion stigma. *Soc Sci Med*. 2020 Jan 2:112704. doi:10.1016/j.socscimed.2019.112704.

9 Woodruff K, Biggs MA, Gould H, Foster DG. Attitudes toward abortion after receiving vs. being denied an abortion in the USA. *Sex Res Social Policy*. 2018;15:452-463. doi:10.1007/s13178-018-0325-1.

10 Jerman J, Jones RK, Onda T. Characteristics of U.S. abortion patients in 2014 and changes since 2008. Guttmacher Institute. May 2016. https://www.guttmacher.org/report/characteristics-us-abortion-patients-2014#17.

11 다음에 논의할 신용 보고서 연구에서는 임신 전에 두 집단이 서로 매우 유사한 모습을 보인다. 우리의 데이터를 분석할 때는 이 자료를 갖고 있지 않았다. 만약 내가 지금 알고 있는 것을 알았다고 하더라도 기준 지점에서의 스스로 보고한 결과의 차이를 고려할 때, 여전히 좀 더 보수적인 방식으로 분석을 진행할 것이다.

12 Foster DG, Biggs MA, Ralph L, Gerdts C, Roberts S, Glymour MM. Socioeconomic outcomes of women who receive and women who are denied wanted abortions in the United States. *Am J Public Health*. 2018 Mar;108(3):407-413. PMID: 29345993. PMCID: PMC5803812.

13 Miller S, Wherry LR, Foster DG. The economic consequences of being denied an abortion. National Bureau of Economic Research working paper 26662. Published January 2020. http://www.nber.org/papers/w26662

14 Kearney MS, Levine PB. Why is the teen birth rate in the United States so high and why does it matter? *J Econ Perspect*.

2012;26(2):141-166.

15 Ralph LJ, Mauldon J, Biggs MA, Foster DG. A prospective cohort study of the effect of receiving versus being denied an abortion on educational attainment. *Womens Health Issues.* 2019 Nov-Dec;29(6):455-464. doi:10.1016/j.whi.2019.09.004.

16 Laws requiring school districts to accommodate and not discriminate against lactating employees and students. Breastfeed LA. http://breastfeedla.org/wp-content/uploads/2015/10/BFLA-School-District-Laws-1.pdf.

17 Wells v. School districts prepared to accommodate breastfeeding teens. *Herald & Review.* January 6, 2018. herald-review.com/news/local/education/school-districts-prepared-to-accommodate-breastfeeding-teens/article_0567860b-9ea6-5243-ae86-7850169e4e9f.html. Breastfeeding rights. California Breastfeeding Coalition. http://californiabreastfeeding.org/breastfeedingrights/breastfeeding-at-work/laws-that-protect-lactating-teens-at-school/.

18 Einhorn E. Teen pregnancy is still a problem—school districts just stopped paying attention. *Hechinger Report.* April 13, 2019. hechingerreport.org/teen-pregnancy-is-still-a-problem-school-districts-just-stopped-paying-attention/.

19 McCarthy M, Upadhyay UD, Ralph L, Biggs MA, Foster DG. The effect of receiving versus being denied an abortion on having and achieving aspirational five-year plans. *BMJ Sexual & Reproductive Health.* In press

7장   아이들

1 Responsibility of the mother. BBC Ethics Guide. http://www.bbc.co.uk/ethics/abortion/philosophical/responsibility.shtml. Archived 2014. Penny L. The criminalization of women's bodies is all about conservative male power. *New Republic.* May 17, 2019. https://newrepublic.com/article/153942/criminalization-womens-bodies-conservative-male-power.

2 Foster EM. How economists think about family resources and child development. *Child Dev.* 2002;73:1904-1914. Blake J. Family size and the quality of children. *Demography.* 1981;18:421-442. Downey D. When bigger is not better: family size, parental resources, and children's educational performance. *Am Sociol Rev.* 1995;60:15.

3 Joyce TJKR, Korenman S. The effect of pregnancy intention on child development. *Demography.* 2000;37:83-94. Barber JS, East PL. Children's experiences after the unintended birth of a sibling. *Demography.* 2011;48: 101-125.

4 Foster DG, Raifman SE, Gipson JD, Rocca CH, Biggs MA. Effects of carrying an unwanted pregnancy to

term on women's existing children. *J Pediatr.* 2018 February 2019, Volume 205, Pages 183-189.e1 PMID: 30389101.

5   Jerman J, Jones RK, Onda T. Characteristics of U.S. abortion patients in 2014 and changes since 2008. Guttmacher Institute. 2016. www.guttmacher.org/report/ characteristics-us-abortion-patients-2014.

6   Brothers KB, Glascoe FP, Robertshaw NS. PEDS: Developmental Milestones—an accurate brief tool for surveillance and screening. *Clin Pediatr (Phila).* 2008;47:271-279.

7   World Health Organization. Report of a technical consultation on birth spacing. January 22, 2019. https://www.who.int/ maternal_child_adolescent/ documents/birth_spacing05/en/.

8   Further proof that the idea that one cannot become pregnant if one is still breastfeeding is a myth. Breastfeeding lowers the chance of conception, but not enough to recommend it as a primary method of contraception.

9   Hutcheon JA, Nelson HD, Stidd R, Moskosky S, Ahrens KA. Short interpregnancy intervals and adverse maternal outcomes in high-resource settings: an updated systematic review. *Paediatr Perinat Epidemiol.* 2019;33(1): O48-O59. https://onlinelibrary.wiley.com/doi/ full/10.1111/ppe.12518.

10 Foster DG, Biggs MA, Raifman S, Gipson J, Kimport K, Rocca CH. Comparison of health, development, maternal bonding, and poverty among children born after denial of abortion vs after pregnancies subsequent to an abortion. *JAMA Pediatr.* Published online September 4, 2018. PMID: 30193363.

11 Federal poverty guidelines. Families USA. https://familiesusa.org/product/ federal-poverty-guidelines.

12 We ask about male and female partners in our analyses of romantic relationships. But for cohabitation, we only have data on male partners.

13 Brockington IF, Fraser C, Wilson D. The Postpartum Bonding Questionnaire: a validation. *Arch Womens Ment Health.* 2006 Sep;9(5):233-242. https:// link.springer.com/article/10.1007 /s00737-006-0132-1.

14 우리가 사용한 유대감 척도는 유아들에게만 해당되는 것이기 때문에, 아이가 성장함에 따른 감정의 변화는 알지 못한다.

15 Crissey SR. Effect of pregnancy intention on child well-being and development: combining retrospective reports of attitude and contraceptive use. *Popul Res Policy Rev.* 2005 Dec;24(6):593-615. https:// link.springer.com/article/10.1007 /s11113-005-5734-1.

16 Sisson G, Ralph L, Gould H, Foster DG. Adoption decision making among women seeking abortion. *Womens Health Issues.* 2017 Mar-Apr;27(2):136-144.

PMID: 28153742.

17 Foster DG, Biggs MA, Ralph L,
Gerdts C, Roberts S, Glymour MM.
Socioeconomic outcomes of women
who receive and women who are
denied wanted abortions in the
United States. *Am J Public Health*.
2018 Mar;108(3):407-413. PMID:
29345993. PMCID: PMC5803812.

18 Armstrong E, et al. Intrauterine
devices and implants: a guide to
reimbursement: immediate post-
abortion. University of California,
San Francisco; http://larcprogram.
ucsf.edu/immediate-post-abortion.
Updated 2015. Cohen S. Repeat
abortion, repeat unintended pregnancy,
repeated and misguided government
policies. *Guttmacher Policy Review*.
2007;10(2):8-12.

19 Gould H, Perrucci A, Barar R, Sinkford
D, Foster DG. Patient education
and emotional support practices
in abortion care facilities in the
United States. *Womens Health Issues*.
2012 Jul-Aug;22(4):e359-364.
PMID: 22609254.

20 Moseson H, Foster DG, Upadhyay UD,
Vittinghoff E, Rocca CH. Contraceptive
use over five years after receipt or
denial of abortion services. *Perspect Sex
Reprod Health*. 2018 Mar;50(1):7-14.
PMID: 29329494.

21 Prager SW, Steinauer JE, Foster DG,
Darney PD, Drey EA. Risk factors for
repeat elective abortion. *Am J Obstet
Gynecol*. 2007 Dec;197(6):575.e1-6.
PMID: 17904511.

22 Upadhyay UD, Aztlan-James EA, Rocca
CH, Foster DG. Intended pregnancy
after receiving vs. being denied a
wanted abortion. *Contraception*. 2019
Jan; 99(1):42-47. PMID: 30244161.

23 구트마허 연구소의 레이첼 존스 박사는
2014년 미국에서 임신중지를 한 사람
중 30퍼센트가 이미 아이들을 낳았고
출산을 끝냈으며, 40퍼센트는 또 다른
아이를 원했으며 15퍼센트는 다른
아이를 원하는지 확신하지 못했으며 또
다른 15퍼센트는 아이를 갖지 않았으며
원하지도 않았다.

24 Upadhyay UD, Aztlan-James EA, Rocca
CH, Foster DG. Intended pregnancy
after receiving vs. being denied a
wanted abortion. *Contraception*. 2018
Sep 20. PMID: 30244161.

25 출산 후와 비교하여 임신중지
이후의 더 높은 임신율을 감안할 때,
컬럼비아대학교의 골린 사마리Goleen
Samari 박사와 나는 임신중지를
하는 여성의 3분의 1이 임신중지를
거부당했더라면 가지지 않았을
'추가적인' 아이를 임신중지 이후에
낳을 것이라고 예측했다. 임신중지는
평균적으로 평생 출산하는 아이 수를
기준으로 0.66명만 줄일 뿐이다.

26 Aztlan EA, Foster DG, Upadhyay U.
Subsequent unintended pregnancy
among US women who receive or are
denied a wanted abortion. *J Midwifery
Womens Health*. 2018 Jan;63(1):45-52.
PMID: 29377521.

8장 남성들

1 Blair G. My Twitter thread on abortion.

Design Mom. September 13, 2018. https://www.designmom.com/twitter-thread-abortion.

2 우리는 임신한 여성의 성 정체성은 묻지 않았다. 우리는 그 여성에게 '임신에 관계된 남성'에 대해 물었지만, 안타깝게도 그 파트너들 중에 트랜스 여성이나 논바이너리인 사람이 있는지는 확인하지 못했다.

3 Rocca CH, Kimport K, Gould H, Foster DG. Women's emotions one week after receiving or being denied an abortion in the United States. *Perspect Sex Reprod Health.* 2013 Sep;45(3):122-131. PMID: 24020773.

4 Chibber KS, Biggs MA, Roberts SC, Foster DG. The role of intimate partners in women's reasons for seeking abortion. *Womens Health Issues.* 2014 Jan-Feb;24(1):e131-138. PMID: 24439939.

5 See the justification for California's ballot measure: California Proposition 73, Parental Notification for Minor's Abortion (2005). Ballotpedia. https://ballotpedia.org/California_Proposition_73,_Parental_Notification_for_Minor%27s_Abortion_(2005).

6 Foster DG, Gould H, Taylor J, Weitz TA. Attitudes and decision making among women seeking abortions at one U.S. clinic. *Perspect Sex Reprod Health.* 2012 Jun;44(2):117-124. PMID: 22681427.

7 Finer LB, Frohwirth LF, Dauphinee LA, Singh S, Moore AM. Reasons U.S. women have abortions: quantitative and qualitative perspectives. *Perspect Sex Reprod Health.* 2005;37(3):110-118.

8 Roberts SC, Biggs MA, Chibber KS, Gould H, Rocca CH, Foster DG. Risk of violence from the man involved in the pregnancy after receiving or being denied an abortion. *BMC Med.* 2014;12:144. PMID: 25262880.

9 Mauldon J, Foster DG, Roberts SC. Effect of abortion vs. carrying to term on a woman's relationship with the man involved in the pregnancy. *Perspect Sex Reprod Health.* 2015 Mar;47(1):11-18.

10 Upadhyay U, Foster DG, Biggs MA. Effects of abortion on women's intimate relationships: findings from a prospective 5-year longitudinal cohort study. Under review.

11 임신중지와 난임이 관계가 없음에 주목하라. 하지만 제이다가 지적한 것처럼 30대 중반 혹은 40대 초반까지 임신 시도를 미루게 된다면 임신이 어려워질 수는 있다.

9장   연구의 영향

1 Biggs MA, Upadhyay UD, McCulloch CE, et al. Women's mental health and well-being 5 years after receiving or being denied an abortion: a prospective, longitudinal cohort study. *JAMA Psychiatry.* February 2017;74(2):169-178. https://jamanetwork.com/journals/jamapsychiatry/fullarticle/2592320.

2 Rocca CH, Kimport K, Roberts SC, Gould H, Neuhaus J, Foster DG.

Decision rightness and emotional responses to abortion in the United States: a longitudinal study. *PLoS One.* 2015;10(7):e0128832. PMID: 26154386.

3   Foster DG, Biggs MA, Ralph L, Gerdts C, Roberts S, Glymour MM. Socioeconomic outcomes of women who receive and women who are denied wanted abortions in the United States. *Am J Public Health.* 2018 Mar;108(3):407-413. PMID: 29345993. PMCID: PMC5803812. Foster DG, Biggs MA, Raifman S, Gipson J, Kimport K, Rocca CH. Comparison of health, development, maternal bonding, and poverty among children born after denial of abortion vs after pregnancies subsequent to an abortion. *JAMA Pediatr.* 2018;172(11):1053–1060. PMID: 30193363. Foster DG, Raifman SE, Gipson JD, Rocca CH, Biggs MA. Effects of carrying an unwanted pregnancy to term on women's existing children. *J Pediatr;*205:183-9 February 2019 Volume 205, Pages 183-189.e1. PMID: 30389101. Gerdts C, Dobkin L, Foster DG, Schwarz EB. Side effects, physical health consequences, and mortality associated with abortion and birth after an unwanted pregnancy. *Womens Health Issues.* 2016 Jan-Feb;26(1):55-59. PMID: 26576470. Ralph LJ, Schwarz EB, Grossman D, Foster DG. Self-reported physical health of women who did and did not terminate pregnancy after seeking abortion services: a cohort study. *Ann Intern Med.* 2019;171(4):238-247. PMID: 31181576.

4   Foster DG, Kimport K. Who seeks abortions at or after 20 weeks? *Perspect Sex Reprod Health.* 2013 Dec;45(4):210-218. PMID: 24188634.

5   Abortion surveillance 2016. Centers for Disease Control and Prevention. https://www.cdc.gov/reproductivehealth/data_stats/abortion.htm. Updated November 25, 2019.

6   Amaral G, Foster DG, Biggs MA, Jasik CB, Judd S, Brindis CD. Public savings from the prevention of unintended pregnancy: a cost analysis of family planning services in California. *Health Serv Res.* 2007 Oct;42(5):1960-1980. PMID: 17850528. Foster DG, Rostovtseva DP, Brindis CD, Biggs MA, Hulett D, Darney PD. Cost savings from the provision of specific methods of contraception in a publicly funded program. *Am J Public Health.* 2009 Mar;99(3):446-451. PMID: 18703437.

7   Frost JJ, et al. Publicly supported family planning services in the United States: likely need, availability and impact. Guttmacher Institute. https://www.guttmacher.org/fact-sheet/publicly-supported-FP-services-US. Published October 2019.

8   Foster DG, Parvataneni R, de Bocanegra HT, Lewis C, Bradsberry M, Darney P. Number of oral contraceptive pill packages dispensed, method continuation, and costs. *Obstet Gynecol.* 2006 Nov;108(5):1107-1114.

PMID: 17077231. Foster DG, Hulett D, Bradsberry M, Darney P, Policar M. Number of oral contraceptive pill packages dispensed and subsequent unintended pregnancies. *Obstet Gynecol.* 2011 Mar;117(3):566-572. PMID: 21343759.

9   Insurance coverage of contraceptives. Guttmacher Institute. https:// www.guttmacher.org/state-policy/explore/insurance-coverage-contraceptives. Updated February 1, 2020.

10   연구 참여에 동의한 여성 중 15퍼센트는 첫 번째 인터뷰를 마치지 못했고, 자기 보고 자료를 제출한 956명에 포함되지 않았다. 하지만 사망 기록 검색(5장)과 신용 보고서 분석(6장)에는 포함되었다.

11   History of the Nurses' Health Study. Nurses' Health Study. https:// www.nurseshealthstudy.org/about-nhs/history. Morton LM, Cahill J, Hartge P. Reporting participation in epidemiologic studies: a survey of practice. *Am J Epidemiol.* 2006;163(3):197-203.

12   Dobkin LM, Gould H, Barar RE, Ferrari M, Weiss EI, Foster DG. Implementing a prospective study of women seeking abortion in the United States: understanding and overcoming barriers to recruitment. *Womens Health Issues.* 2014 Jan-Feb;24(1):e115-123. PMID: 24439937.
당시 간호학 박사과정 학생이었던 로렌 돕킨 박사는 참여율을 높이기 위한 우리의 모든 전략을 평가했고, 연구 참여자를 모집한 클리닉을 반복적으로 방문하는 것이 가장 큰 영향을 미친다는 것을 발견했다.

13   Foster DG, Higgins JA, Karasek D, Ma S, Grossman D. Attitudes toward unprotected intercourse and risk of pregnancy among women seeking abortion. *Womens Health Issues.* 2012 Mar;22(2):e149-155. PMID: 22000817. Lessard LN, Karasek D, Ma S, et al. Contraceptive features preferred by women at high risk of unintended pregnancy. *Perspect Sex Reprod Health.* 2012 Sep;44(3):194-200. PMID: 22958664.

14   Foster DG, Gould H, Taylor J, Weitz TA. Attitudes and decision making among women seeking abortions at one U.S. clinic. *Perspect Sex Reprod Health.* 2012 Jun;44(2):117-124. PMID: 22681427.

15   Munk-Olsen T, Laursen TM, Pedersen CB, Lidegaard O, Mortensen PB. Induced first-trimester abortion and risk of mental disorder. *N Engl J Med.* 2011;364(4):332-339. Munk-Olsen T, Laursen TM, Pedersen CB, Lidegaard O, Mortensen PB. First-time first-trimester induced abortion and risk of readmission to a psychiatric hospital in women with a history of treated mental disorder. *Arch Gen Psychiatry.* 2012;69(2):159-165. Steinberg JR, Laursen TM, Adler NE, Gasse C, Agerbo E, Munk-Olsen T. The association between first abortion and first-time non-fatal suicide attempt: a longitudinal cohort study of Danish population registries. *Lancet Psychiatry.* 2019 Dec;6(12):1031-1038. doi:10.1016/S2215-0366(19)30400-6.

Van Ditzhuijzen J, Ten Have M, de Graaf R, Van Nijnatten C, Vollebergh WAM. Longterm incidence and recurrence of common mental disorders after abortion: a Dutch prospective cohort study. *J Psychiatric Research*. 2018 Jul;102:132- 135. Gomez AM. Abortion and subsequent depressive symptoms: an analysis of the National Longitudinal Study of Adolescent Health. *Psychol Med*. 2018 Jan;48(2):294-304. doi:10.1017/S0033291717001684. Steinberg JR, Becker D, Henderson JT. Does the outcome of a first pregnancy predict depression, suicidal ideation, or lower self-esteem? Data from the National Comorbidity Survey. *Am J Orthopsychiatry*. 2011;81(2):193-201. Warren JT, Harvey SM, Henderson JT. Do depression and low self-esteem follow abortion among adolescents? Evidence from a national study. *Perspect Sex Reprod Health*. 2010;42(4):230-235.

16 Gilchrist AC, Hannaford PC, Frank P, Kay CR. Termination of pregnancy and psychiatric morbidity. *Br J Psychiatry*. 1995;167(2):243-248.

17 Pregnancy mortality surveillance system. Centers for Disease Control and Prevention. https://www.cdc.gov/reproductivehealth/maternalinfanthealth/pregnancy-mortality-surveillance-system.htm. Updated June 5, 2019. Accessed September 12, 2019.

18 Petersen EE, Davis NL, Goodman D, et al. Vital Signs: pregnancy-related deaths, United States, 2011-2015, and strategies for prevention, 13 states, 2013-2017. *MMWR Morb Mortal Wkly Rep*. 2019;68:423-429. doi:10.15585/mmwr.mm6818e1.

19 Jones RK, Jerman J. Abortion incidence and service availability in the United States, 2014. *Perspect Sex Reprod Health*. 2017 Mar;49(1):17-27. doi:10.1363/psrh.12015. Sedgh G, Bearak J, Singh S, et al. Abortion incidence between 1990 and 2014: global, regional, and subregional levels and trends. *Lancet*. 2016 Jul 16;388(10041):258-267. 나는 임신을 피하기 위해 피임을 실천하는 비율이 25년 동안 꾸준했다고 생각한다. 하지만 임신중지 비율은 낮아졌고 임신중지 경험에 관한 추정치는 과거에 더 높았을 것이다.

10장   임신중지 정책

1 Nash E, Benson RG, Mohammed L, Cappello O. Policy trends in the states, 2017. Guttmacher Institute. https://www.guttmacher.org/article/2018/01/policy-trends-states-2017. Published January 2, 2018.

2 Jones RK, Jerman J. Abortion incidence and service availability in the United States, 2014. *Perspect Sex Reprod Health*. 2017 Mar;49(1):17-27. doi:10.1363/psrh.12015. Jones RK, Witwer E, Jerman J. Abortion incidence and service availability in the United States, 2017. Guttmacher Institute. September 2019. https://www.guttmacher.org/report/abortion-incidence-service-availability-us-2017.

3   Foster DG. Dramatic decreases in US abortion rates: public health achievement or failure? *Am J Public Health*. 2017 Dec;107(12):1860-1862. PMID:29116861. PMCID: PMC5678419.

4   Tables S1701 and B13010 available at https://data.census.gov/cedsci/. 연방 빈곤선 이하에 살고 있는 인구의 2퍼센트는 지난해에 출산한 여성들이다.

5   Okeowo A. Fighting for abortion access in the south. *New Yorker*. October 4, 2019. https://www.newyorker.com/magazine/2019/10/14/fightingfor-abortion-access-in-the-south. What is reproductive justice? SisterSong Women of Color Reproductive Justice Collective. https://www.sistersong.net/reproductive-justice. 재생산정의 개념에 대한 훌륭한 입문서로는 다음을 보라. *Reproductive Justice: An Introduction* by Loretta Ross and Rickie Solinger (University of California Press, 2017).

6   Petersen EE, Davis NL, Goodman D, et al. Vital Signs: pregnancy-related deaths, United States, 2011-2015, and strategies for prevention, 13 states, 2013-2017. *MMWR Morb Mortal Wkly Rep*. 2019;68:423-429. doi:10.15585/mmwr.mm6818e1.

7   Roberts D. *Killing the Black Body: Race, Reproduction and the Meaning of Liberty* (New York: Vintage Books; 1999).

8   Prather C, Fuller TR, Jeffries WL IV, et al. Racism, African American women, and their sexual and reproductive health: a review of historical and contemporary evidence and implications for health equity. *Health Equity*. 2018 Sep 24;2(1):249-259. doi:10.1089/heq.2017.0045.

9   Dehlendorf C, Diedrich J, Drey E, Postone A, Steinauer J. Preferences for decision-making about contraception and general health care among reproductive age women at an abortion clinic. *Patient Educ Couns*. 2010;81(3):343-348.

10   Grossman D, White K, Hopkins K, Potter JE. Change in distance to nearest facility and abortion in Texas, 2012 to 2014. *JAMA*. 2017;317(4):437-439. doi:10.1001/jama.2016.17026.

11   Foster DG. Testimony for the Senate Judiciary Committee hearing. March 15, 2016. https://www.judiciary.senate.gov/imo/media/doc/03-15-16%20Foster%20Testimony.pdf.

12   에리카 크리스텐슨Erika Christensen과 그의 남편 가린 마샬Garin Marschall은 후기 임신중지 환자들을 옹호하는 아름다운 서한을 썼는데 다음 링크에서 볼 수 있다. https://www.abortionpatients.com.

13   Late-term abortion: protecting babies born alive and capable of feeling pain: full committee hearing [video]. Committee on the Judiciary. https://www.judiciary.senate.gov/meetings/late-term-abortion_protecting-babies-born-alive-and-capable-of-feeling-pain. Time stamp 1:32:00.

14   Berry S. Pro-abortion witness

testifies it's acceptable to deny medical care to baby born alive after abortion. *Breitbart*. March 19, 2016. https://www.breitbart.com/politics/2016/03/19/pro-abortion-witness-testifies-its-ac ceptable-to-deny-medical-care-to-baby-born-alive-after-abortion/.

15 *Planned Parenthood of the Heartland v. Reynolds ex rel. State*, 915 N.W.2d 206, 218 (Iowa 2018).

16 Tribunal Constitucional de Chile. Rol No 3729-(3751)-17-CPT. August 28, 2017. https://www.camara.cl/sala/verComunicacion.aspx?comuid=36761.

17 Murtagh C, Wells E, Raymond EG, Coeytaux F, Winikoff B. Exploring the feasibility of obtaining mifepristone and misoprostol from the internet. *Contraception*. 2018 Apr;97(4):287-291. doi:10.1016/j.contraception.2017.09.016. Grossman D. Why 2020 presidential candidates should support over-the-counter access to abortion pills. *USA Today*. December 18, 2019. https://www.usatoday.com/story/opinion/2019/12/18/abortion-pills-safe-could-ease-access-crisis-women-column/2665854001/.

18 Rowan A. Prosecuting women for self-inducing abortion: counterproductive and lacking compassion. Guttmacher Institute. *Guttmacher Policy Review*. 2015 Sep 22;18(3). https://www.guttmacher.org/gpr/2015/09/prosecuting-women-self-inducing-abortion-counterproductive-and-lack

ing-compassion.

19 Council on Scientific Affairs, American Medical Association. Induced termination of pregnancy before and after Roe v Wade: trends in the mortality and morbidity of women. *JAMA*. 1992 Dec 9;268(22):3231-3239.

11장   연구 이후

1 Government of Nepal. Muluki Ain (Eleventh Amendment), 2059 No 28(a), Chapter on Life (unofficial translation on file with Center for Reproductive Rights) 2002. *Kathmandu University Medical Journal*. 2003;2(7):177-178.

2 Alkema L, et al. Global, regional, and national levels and trends in maternal mortality between 1990 and 2015, with scenario-based projections to 2030: a systematic analysis by the UN Maternal Mortality Estimation InterAgency Group. *Lancet*. 2016;387(10017):462-474.

3 Puri M, Singh S, Sundaram A, Hussain R, Tamang A, Crowell M. Abortion incidence and unintended pregnancy in Nepal. *Int Perspect Sex Reprod Health*. 2016 Dec 1;42(4):197.

4 Devkota MD, Adhikari R K, Upreti SR. (2016) Stunting in Nepal: looking back, looking ahead. *Maternal & Child Nutrition*, 12: 257-259. doi: 10.1111/mcn.12286.

5 Puri M, Vohra D, Gerdts C, Foster DG. "I

need to terminate this pregnancy even if it will take my life": A qualitative study of the effect of being denied legal abortion on women's lives in Nepal. *BMC Women's Health* (2015) 15:85 DOI 10.1186/s12905-015-0241-y.

6   임신중지 시술 제공자들의 경험에 대한 보다 더 많은 자료는 David Cohen and Krysten Connon's *Living in the Crosshairs: The Untold Stories of Anti-Abortion Terrorism* (Oxford University Press, 2015)를 참고하라.

7   패혈증 병동은 감염이 혈류에 이른 여성이 치료받는 병동이었다. 패혈증은 항생제가 나오기 전까지 거의 치명적인 병이었고, 지금도 임신중지로 인한 것이든 아니든 패혈증 환자의 사망률은 40퍼센트다.
Sepsis. Mayo Clinic. https://www.mayoclinic.org/diseases-conditions/sepsis/symptoms-causes/syc-20351214. Council on Scientific Affairs, American Medical Association. Induced termination of pregnancy before and after Roe v Wade: trends in the mortality and morbidity of women. *JAMA.* 1992 Dec 9;268(22):3231-3239. https://www.ncbi.nlm.nih.gov/pubmed/1433765.

8   About trust women. Trust Women. http://www.trustwomenpac.org/about/.

9   Joffe C. The legacy of George Tiller. Beacon Broadside. https://www.beaconbroadside.com/broadside/2009/06/carole-joffe-the-legacy-of-george-tiller.html. Published June 4, 2009.

10 Ginsburg RB. Some thoughts on autonomy and equality in relation to Roe v. Wade. *North Carol Law Rev.* 1985;63:375. https://scholarship.law.unc.edu/nclr/vol63/iss2/4.

찾아보기

인명